미·중 관계 연구론

미·중 관계 연구론

펴낸곳 서울대학교출판문화원
펴낸이 성낙인
엮은이 정재호

초판 1쇄 인쇄 2014년 9월 1일
초판 1쇄 발행 2014년 9월 5일
출판등록 제15-3호

주소 서울 관악구 관악로 1 우편번호 151-742
대표전화 02-880-5252, 팩스 02-888-4148
마케팅팀(주문상담) 02-889-4424, 02-880-7995
이메일 snubook@snu.ac.kr
홈페이지 www.snupress.com
영문홈페이지 eng.snupress.com

ISBN 978-89-521-1630-7 93340

미·중 관계 연구론

정재호 엮음

서울대학교출판문화원

본 도서는 서울대 아시아연구소의 '아시아연구 기반구축 사업' 연구비 지원으로 만들어졌음을 밝힙니다.

서문

중국의 부상과 강대국화가 일상의 화두가 된 지금, 중국에 대한 올바른 이해의 중요성을 재삼 강조하는 것은 이미 사족에 불과한 일이 되었다. 당초의 전망과 예상보다 훨씬 빠른 속도로 제반 영역에서 패권국/선도국가를 따라잡아 가고 있는 중국의 모습은 — 조만간 현실로 다가올 가능성이 더 높아진 — 미·중 패권경쟁의 첫 번째 장(場)이 될 동아시아 여러 국가들에게 쉽지 않은 전략적 딜레마를 제기하기 시작했다. 그중에서도 미국과 '21세기를 향한 포괄적 전략동맹'을, 그리고 중국과는 '전략적 협력동반자 관계'를 수립한 한국에게 안겨진 지정학적 딜레마는 그 난도가 차원을 달리한다 할 것이다.

냉전의 종식을 통해 새로이 그 중요성이 부각되고 있는 전통적 분쟁 요인들 — 영토 분규, 역사 논쟁, 군비 경쟁, 정체성(identity)의 충돌 등 — 대부분 '중국 요인'이 섞여 있으며, 역내 재균형(rebalancing), 테러와의 전쟁, 그리고 핵 및 대량살상무기의 비확산 등에는 '미국 변수'가 내재되어 있음을 부정할 수 없다. 그뿐만 아니라 국제금융질서, 에너지, 기후변화, 환경보호 등 다양한 영역에서 미국과 중국 간의 협력과 경쟁의 동학을 통해 21세기 국제정치·경제와 동아시아 국제관계의 구조 및 규범의 대부분이 이미 창출되고 있음에 주목해야 한다.

국가안보의 확보, 경제발전의 지속, 그리고 남북통일의 성취라는 3대 명제가 여전히 한국에게 가장 중요한 국가목표가 맞는다면, 그 각각에서 미국과 중국이 무엇보다도 가장 중요한 양대 변수임을 상기할 필요가 있다. 따라서 미·중 관계에 대한 체계적이고도 심도 있는 이해가 한국에게는 생존의 문제라 해도 과언이 아니다. 그럼에도 최근까지 한국에는 미·중 관계를 전문적으로 연구하는 기관이 하나도 없었으며, 2013년 5월에 서울대 아시아연구소가 산하 기관으로 '미·중 관계 연구센터'(PUCR)를 설립하면서 비로소 새로운 변화가 시작되었다.

비록 시작된 지는 얼마 되지 않았으나 서울대 미·중 관계 연구센터는 월례세미나, 학술워크숍 및 정책대화의 개최, 대외교류 네트워크의 형성, 대학원생 지원 등 다양한 프로그램을 진행하고 있으며, 그중에서도 1년 내지 2년 단위의 학술연구 프로젝트 수행을 통해 한국에서의 미·중 관계 연구에 대한 기반을 체계적으로 다지는 작업에 매진하고 있다. 이 책은 바로 그러한 노력의 첫 번째 결실로서 한국, 미국, 중국에서의 미·중 관계 관련 연구성과에 대한 한국 학계의 독자적인 평가 작업을 우선 담아내고자 한 것이다.

다량의 연구성과들에 대한 객관적이면서도 실증적인 평가는 항상 그 난도가 높은 작업이라 할 것이다. 이러한 고난도 작업의 수행을 위해 2013년 4월 기획에 들어가 6월 초까지 네 분의 전문가 — 서울대 국제대학원의 신성호 교수(한국의 미·중 관계 연구 평가), 국립외교원의 최우선 교수(미국에서의 미·중 관계 연구 평가), 명지전문대의 김애경 교수(중국의 미·중 관계 연구 평가), 서울대 정치외교학부의 조동준 교수(미·중 관계 연구방법의 특징과 변화) — 섭외를 완료했다. 그 후 같은 해 12월까지 반 년여에 걸쳐 3회의 내부 세미나와 1회의 공개발표회를 통해 수정 및 증보를 거쳤으며, 올해 2월 중순에 최종원고를 모아 출간에 이르게 되었다. 몹시 바쁜 일정에도 불구하고 편집자의 세밀한 요구를 흔쾌히 받아들여준 네 분 필자께 큰 감사를 표한다. 물론 각 장의 내용에 대한 학술적인 평가는 온전히 동학과 독자들의 몫이다.

이 책이 나오기까지 많은 분들의 지원과 격려가 있었다. 우선 서울대 아시아연구소와 미·중 관계 연구센터에 대한 비전을 공유하고 그 창설을 위해 노력과 격려를 아끼지 않았던 초대 소장 임현진 교수께 심심한 사의를 표한다. 또 여러모로 센터의 운영에 도움을 준 2대 소장 강명구 교수, 공석기, 김종철 박사께도 고마운 마음을 보낸다. 그리고 이 책의 연구 작업은 서울대 아시아연구소의 '아시아연구 기반구축 사업'(#SNUAC-2013-004)으로부터 지원받았음을 밝힌다. 또 바쁜 일정에도 불구하고 2013년 12월에 열린 공개발표회에 참여해준 네 분의 토론자 — 한양대 국제대학원 문흥호 교수, 가톨릭대학 국제학부 김재철 교수, 동덕여대 중국학과 이동률 교수, 서울대 정치외교학부 박종희 교수 — 께도 다시 한 번 감사를 드린다.

이 책의 출판 과정에서 서울대학교출판문화원의 권영자 전문위원의 도움이 매우 컸다. 심사과정에서 전체 원고를 꼼꼼히 읽고 유용한 논평을 제시해준 익명의 심사위원께도 감사를 표하고자 한다. 또 이 책이 갖는 자료적 가치 — 특히, 부록(I) '미·중 관계 연보(1949~2013)'와 부록(II) '국내에서 출간된 미·중 관계 관련 자료 목록(1972~2014)' — 의 제고에 많은 도움을 준 미·중 관계 연구센터의 행정조교(박가희, 유준형, 리우융카이)와 프로젝트 조교(김진희)에게도 고마운 마음을 전한다. 끝으로 아내 혜경과 딸 유진에게도 — 더 많은 시간을 함께하지 못한 — 미안함과 함께 다 말할 수 없는 고마움을 이 책에 실어 보낸다.

2014년 8월 시재에서

편집자 정재호

차례

제1장

미·중 관계의 부상과 관련 연구의 중요성

정재호

정재호

서울대학교 정치외교학부 교수 겸 아시아연구소 미중관계연구센터 소장. 서울대 국어교육학 학사, Brown University 역사학 석사, University of Michigan 정치학 박사(1993). 홍콩과기대학 조교수와 브루킹스연구소 연구원을 거쳤으며, 서울대 국제문제연구소와 중국연구소 소장을 역임하였다. 『중국의 중앙-지방관계론』(1999), 『중국의 부상과 한반도의 미래』(2011), *Central Control and Local Discretion in China*(Oxford University Press, 2000), *Between Ally and Partner*(Columbia University Press, 2007) 등 15권의 저서와 80여 편의 논문이 있다. 2009년 서울대 학술연구상과 2012년 한국국제정치학회 학술상을 수상하였다.

1. 미·중 관계 부상의 국제정치적 의미

21세기에 들어 중국의 '부상'은 이미 일상생활의 주요 화두가 되었다. 소련이 갑작스레 붕괴되고 미국 및 서구 일각에서 '중국위협론'이 막 대두되기 시작한 1990년대 중반만 해도 중국의 부상은 대체로 현실과는 동떨어진 시나리오 정도로 치부되었다. 그러나 GDP 연평균 성장률 10퍼센트에 달하는 고성장을 30년 가까이 지속하면서 — 최근에도 7~8퍼센트 대를 유지하며 — 중국의 부상과 강대국화는 이제 그리 쉽게 바뀔 수 없는 추세로 인식되고 있는 듯하다.[1] 지속적인 경제 침체와 더불어 이라크, 아프가니스탄에서의 전쟁으로부터 벗어나지 못하는 미국의 모습과 '중화민족의 위대한 부흥'을 천명하고 나선 중국의 이미지가 교차되면서 두 강대국 사이에서 소위 '세력전이'(power transition)가 일어날 가능성까지 제기되고 있는 실정이기 때문이다. 20

1 예컨대 Center for Strategic and International Studies and Institute for International Economics, *China: The Balance Sheet*(New York: Public Affairs Press, 2006); James Kynge, *China Shakes the World: A Titan's Rise and Troubled Future*(New York: Houghton Mifflin, 2006); Jae Ho Chung(ed.), *Charting China's Future: Political, Social and International Dimensions*(Lanham: Rowman & Littlefield, 2006); Martin Jacques, *When China Rules the World: The End of the Western World and the Birth of a New Global Order*(New York: Penguin Books, 2012).

세기 후반부 내내 미·소 관계가 국제정치의 구조와 규범을 좌우하는 가장 핵심적인 변수였다면, 21세기에는 곧 미·중 관계가 그와 같은 역할을 수행하게 될 것으로 전망된다. 따라서 이에 대한 체계적이며 심도 있는 학문적 연구와 함께 지속적인 정책적 관심을 기울이는 것은 미·중 관계의 지정학적 교차로에 위치한 한국의 관점에서 볼 때 실로 필수불가결한 것이라 하겠다.

1) 중국의 부상 — 그 속도의 함의

1970년대 말 개혁·개방 노선이 천명된 이후 지난 30여 년간 중국이 이룩해온 발전의 성과는 가히 놀라운 수준이라고 평가할 수 있다. 1979~2007년의 기간 동안 무려 9.9퍼센트에 달하는 연평균 GDP 성장률을 기록한 것도 그렇지만 글로벌 경제위기가 몰아닥친 이후인 2009년에 9.2퍼센트, 2010년과 2011년에도 10.3, 9.2퍼센트라는 높은 성장률을 보이고 있기 때문이다. 2012년과 2013년에는 각각 7.8, 7.7퍼센트의 성장률을 기록했으나 이 또한 세계경제 성장률 — 2.3 및 2.5퍼센트 — 과 비교하면 매우 높다 할 것이다. 이러한 과정을 전반적으로 가장 잘 표현해주는 어휘는 다름 아닌 '압축'(telescoping)이라고 하겠다. 즉, 이전 사례들과 비교해볼 때, 최소한 2~3배 이상의 기간이 더 걸려야 할 일들을 너무도 짧은 시간에 중국이 이뤄내고 있기 때문이다. 가장 대표적인 예로, 2003년 GDP 기준 세계 7위이던 중국이 거의 매년 이탈리아, 프랑스, 영국, 독일을 차례로 앞지른 후 7년 만인 2010년에 드디어 일본을 제치고 세계 2위의 경제대국으로 등극한 것을 들 수 있겠다. 골드먼 삭스(Goldman Sachs)의 당초 전망에 따르자면 아무리 빨라야 2015년에 가서야 가능했을 일을 무려 5년이나 '앞당겨' 이뤄낸 셈

인 것이다.[2]

GDP 기준으로 이미 세계 2위에 등극한 중국이 현재 바라보고 있는 상대는 다름 아닌 미국인데, 이에 대해서는 세계 각지에서 매우 다양한 논쟁과 전망들이 제기되고 있다. GDP 기준으로 중국이 미국을 따라잡게 될 시점이 대략 2040년경일 것이라고 2003년에 예상했던 골드먼 삭스는 2009년에 기존의 전망을 수정해 무려 13년이나 당겨진 2027년이 될 것이라고 발표했다. 이에 대한 일본 내각부의 전망은 그보다 2년이나 앞당겨진 2025년이며, 『이코노미스트』(*Economist*)에서 제시한 예상치(미국의 경제성장률은 2.5%, 중국의 성장률은 7.5%로 전제)는 이보다 6년이나 더 앞당겨진 2019년이었다. 중국과학원(CAS)에서 자체 수행한 연구를 기반으로 『환구시보』(環球時報)가 보도한 전망 역시 그 시점을 2019년으로 전망하고 있다.[3] 이를 종합해 결론적으로 말하자면, 대략 2019~2027년 사이에 최소한 GDP를 기준으로 한 미·중 간 세력전이가 이뤄질 가능성이 높다는 전망이 대세를 이루고 있는 것이다.

중국은 2012년에 3조 8,700억 달러 규모의 교역을 달성함으로써 처음으로 미국을 제치고 세계 최대 무역국으로 등극했으며, 투자(FDI) 유치에서도 세계 2위의 자리를 지키고 있다. 또 외환보유고와 자동차 생산 및 판매에서는 세계 1위국의 위치에 있다. 『포춘』(*Fortune*)이 발표하는 세계 500대 기업 중에 중국기업이 이미 73개나 포함되어 있어 62개를 보유한 일본을 이미 앞지른 상태이며, 미국(133개)도 몇 년 안에

2 Goldman Sachs, *Dreaming with the BRICS: The Path to 2050*(October 2003), p. 1.

3 *The Economist*, 2012년 12월 16일; 『조선일보』, 2013년 2월 2일; 『環球時報』, 2013년 1월 9일.

따라잡을 가능성이 높은 것으로 전망되고 있다. 기본자산을 기준으로 할 때, 세계에서 규모가 가장 큰 은행에도 2013년에는 기존의 1위이던 미국은행(BOA) 대신 중국공상은행(ICBC)이 선정되었고, 세계 1000대 은행 중에 중국 은행이 무려 98개나 포함되었다.[4] 그뿐만 아니라 불환 화폐로만 인식되던 인민폐(元)의 국제화도 상당히 빠른 속도로 이뤄지고 있어 무역금융에서 사용되는 화폐로는 2013년 10월 기준으로 이미 유로화를 제치고 세계 2위로 부상했음에 주목할 필요가 있다.[5]

과학·기술 분야에서도 중국의 '따라잡기'가 매우 빠른 속도로 이뤄지고 있는 것으로 보인다. 2013년을 기준으로 세계에서 연산속도가 가장 빠른 컴퓨터는 중국의 톈허(天河)인 것으로 보도되었다.[6] 꿈의 영역인 우주개발에서도 1970년 첫 인공위성 발사 이후, 1999년에는 첫 무인우주선 선저우(神舟) 1호 발사에 성공했고 2005년에는 유인우주선 선저우 5호를, 2007년 10월에는 달 탐사선 창어(嫦娥) 1호를, 그리고 2011년에는 실험용 우주정거장 톈궁(天宮) 1호를 성공적으로 발사했음이 주목된다.[7] 2012년 기준으로 중국의 R&D 부문 투자액은 GDP의 2퍼센트 수준인 1조 위안(1,608억 달러)인데 이는 현재 세계 2위에 해당하며, 현 추세대로라면 2022년경에 미국을 무난히 추월할 것으로 전망되고 있다.[8]

---

4 *The Banker*, 2013년 7월 1일; *Bloomberg News*, 2013년 2월 11일.

5 *China Daily*, 2013년 12월 3일, 『조선일보』, 2013년 12월 5일자에서 재인용.

6 Pu Zhendong, "China Bytes back with Fastest Computer," *China Daily*, 2013년 6월 18일.

7 "Emerging Space Power China Looks Toward Moon," *Space Technology News*, 2010년 5월 8일; 『중앙일보』, 2012년 6월 18일; Phil McKenna, "Red Star Rising: China's Ascent to Space Superpower," *New Scientist*, February 12, 2014.

8 『조선일보』, 2013년 2월 2일.

심지어 군사 분야에서도 아직까지는 초강대국 미국에 미치지는 못하지만, 현재 진행 중인 미국의 '예산 감축'(sequester) 요인 등을 감안할 때, 중국의 방위비 규모가 빠르면 2023년(중국의 국방예산 증가율을 15.6%로 책정할 시) 또는 아무리 늦어도 2032년(10.7%로 책정 시)에는 미국을 넘어설 것으로 보는 전망이 제기되고 있다.[9] 중국이 대함탄도미사일(ASBM)을 세계 최초로 개발한 것이나, 빨라야 2018년에나 가능하리라던 당초의 예상을 깨고 2011년에 이미 스텔스전투기(J-20)의 시험 비행을 성공한 것과 2007년 위성요격(ASAT)에 성공한 것을 보더라도 그러한 개연성을 완전히 배제하기는 어려울 것으로 보인다. 즉, 군사력에서도 향후 중국이 달성할 수 있는 '기술적 도약'(technological leapfrogging)의 측면을 과소평가해서는 안 된다는 의미이다.[10]

물론 이와 같이 전반적으로 긍정적인 전망에 대한 반론도 만만치 않은 것이 사실이다. 즉, 중국의 '빠른 성장'(fast growth)이 대체로 '질 높은 발전'(quality development)으로 이어지지 못하고 있다는 점을 지금까지 제기된 대부분의 반론들이 강조하고 있기 때문이다. 예컨대, 이미 세계 2위인 중국의 GDP 수준에 비해 일인당 평균 소득은 세계 80위권에 불과하다든지, 중국의 성장 관련 통계가 상당 부분 부풀려졌다든지, 중국 내 계층 간 소득 및 지역 격차가 매우 높은 수준(0.5에 가까운 지니계수)에 달해 있어 향후 심각한 사회불안정이 예상된다든지, 금융관

---

9 『중앙일보』, 2013년 5월 30일자를 참조하라.

10 Simon Robinovitch, "Satellites – China's 'Eye-in-the-Sky' Nears Par with the US," *Financial Times*, 2011년 7월 11일. SIPRI에 의하면 2012년 중국은 미국, 러시아, 독일, 프랑스에 이어 무기 수출 제5대 강국이 되었다. 아직 미국(세계 무기 구매의 30%), 러시아(26%)에 비하면 미약하지만 그 성장 속도는 가히 무시할 수 없는 수준(5%)이라고 평가할 수 있다. "China Replaces UK as World's 5th Largest Arms Exporter," at http://www.sipri.org/media/pressrelease/2013/ATlaunch(검색일: 2013년 3월 18일).

리체계가 상당히 불안하고 지방정부의 부채가 GDP의 30퍼센트 이상 수준으로 지나치게 높다든지, 2030년이 되면 중국의 고령화가 매우 심각한 수준일 것이라든지, 중국의 경제발전 모델이 주로 '더러운 석탄'(dirty coal)에 의존하고 있어 단위 GDP의 생산을 위해 일본보다 7배, 심지어 인도보다도 2.8배의 에너지를 더 사용해야 하는 비효율적인 구조라든지, 세계 10대 환경오염도시 중 중국 도시가 무려 7개나 포함되어 있다든지 하는 것이 이에 포함된다.[11]

미래가 실제로 어떤 방향으로 전개될 것인지는 그 누구도 알 수 없다. 또 사회과학이라는 학문이 이러한 예상과 전망의 확실성 담보를 위해 그리 큰 도움이 되지 않음을 우리는 경험적으로 잘 인지하고 있기도 하다.[12] 더군다나 사람들은 대개 물이 반쯤 담긴 동일한 유리잔을 보고도 혹자는 "물이 반이나 남았네"라는 인식을 보이는 반면, 또 다른 이는 "물이 반밖에 남지 않았어"라는 상반된 반응을 나타내기도 한다. 즉, 같은 현상에 대해서도 자신이 보고 싶고 또 믿고 싶어하는 것만을 주로 인식하려 하고 또 이를 더 강화해 나가려는 경향이 있다는 의미이다. 어쩌면 중국의 미래에 대한 우리의 인식도 이와 상당 부분 맥을 같이하는지도 모른다.

이와 관련해 두 가지만 여기서 지적하고자 한다. 지난 400여 년의 세계사 흐름을 조망해볼 때, 새로운 패권의 도래가 견제 또는 저지

---

11 Shi Jiangtao, "China's Carbon Pollution Could Match US on Per Capita Basis by 2017," *South China Morning Post*, 2012년 9월 23일; *Chindia Journal*, 2013년 2월, p. 20; 『經濟參考報』, 2013년 1월 15일; 남효정, "중국 통계, 어디까지 믿습니까?" 『조선일보』, 2013년 11월 21일.

12 Bent Flyvbjerg, *Making Social Science Matter*(Cambridge: Cambridge University Press, 2001)를 참조하라.

된 적이 있기는 했지만 당초 강국의 부상 그 자체가 외부의 개입과 간섭만으로 완벽히 통제되지는 않았던 것으로 보인다. 이는 곧 그러한 강대국화의 과정이 주로 내부적인 에너지의 집적과 정치적 동학에 기인한 것이었기 때문이며,[13] 실제로 위에서 소개한 다양한 반론들이 지적한 문제들이 심각하게 작동한다 할지라도 이들이 중국의 부상 속도를 다소 늦출 수 있을지는 모르겠으나 그 추세 자체를 역전시키기는 쉽지 않을 것이라는 판단이다. 또 다른 하나는 '역사는 돌고 또 돌 수밖에 없다'는 평가에 관한 것이다. 영국의 국부(國富)가 중국의 10분의 1도 채 되지 않던 15세기 말, 그로부터 400년 후 중국이 영국의 발밑에 엎드릴 것이라고 예상했던 사람은 하나도 없었다. 거시적 관점에서 바라볼 때, 이는 중국의 지나친 자만과 '자족'(self-complacency)이 빚어낸 불가피한 결말이었다고 할 수 있다. 19세기 말, 미국이 아직도 영국의 뒤를 좇아가며 겉으로는 소위 '미완의 제국'(imperial under-stretch)인 것처럼 보였지만 그때 이미 두 거인 사이에서 힘의 역전은 시작되고 있었던 점에 주목할 필요가 있다. 이 또한 당시 영국에서는 예상치도 않았고 또 믿고 싶지도 않았던 사실이었기에 지금의 우리에게 주는 함의가 결코 적지 않다.[14]

---

13 A. F. K. Organski and Jacek Kugla, *The War Ledger* (New York: Knopf, 1980), 2장을 보라.

14 Fareed Zakaria, *From Wealth to Power: The Unusual Origins of America's World Role*(Princeton: Princeton University Press, 1998), ch. 3.

2) 중국의 부상과 연관된 핵심 질문들

실제로 미래의 흐름이 어떤 방향으로 나아가든지 지정학적 핵심 교차로에 위치한 우리 한국에게는 매우 크고도 심각한 도전으로 다가올 수밖에 없을 것이다. 향후 강대국 그리고 더 멀리 볼 때 심지어 패권으로까지도 성장해나갈 잠재력을 지닌 중국과 이에 대해 적극적으로 대응할 수밖에 없는 미국 사이에서 가장 먼저 전략적 경쟁의 장(場)이 될 지역은 다름 아닌 동아시아, 그것도 동북아가 될 개연성이 매우 높기 때문이다. 따라서 이와 관련해 우리는 다음과 같은 몇 가지 핵심질문들을 던질 필요가 있다.

첫째, 중국의 급속한 부상과 함께 국제정치·경제의 무게중심이 지금 아시아로 이동하고 있는 것으로 보아야 하는가? 얼핏 보기에도 미국의 '상대적 쇠퇴'(relative decline)는 이제 상상의 범주에만 머물러 있는 것이 아닌 듯하고, 서방 8개국 정상회의(G-8)의 전 지구적 영향력도 점차 예전만은 못해 보이는 까닭이다. 기실 기존의 G-8에는 일본만이 참여했지만, 전 지구적 거버넌스의 새로운 틀로 부상 중인 G-20에는 무려 5개의 아시아 국가(한국, 일본, 중국, 인도 그리고 인도네시아)가 그 구성원임에 주목할 필요가 있다.

물론 이 질문에 대한 가장 효과적인 해답을 찾는 방법은 곧 '현존하는 미국 중심의 국제정치구조가 앞으로 얼마나 더 지속할 수 있을 것인가'라는 질문을 던지는 것일지도 모른다. 즉, 새로운 국제질서의 도래를 늦추기 위해 미국이 얼마나 더 오래 패권적 영향력을 효과적으로 행사할 수 있을 것인가의 문제라는 의미이다. 실제로 '팍스 아메리카나'(Pax Americana) 도래 이전의 국제정치구조가 유럽의 독무대였던 것은 맞지만 그 속을 더 자세히 들여다보면 어느 하나의 유럽국가도 유럽 대륙 전체를 완전히 독자적으로 통제하지는 못했다는 사실을 발견하게 된다. 유럽에서의 패권경쟁이란 오히려 유럽 바깥에서의 끊임없는 식민지 획득과 쟁탈을 통한 갈등과 분쟁의 과정이었다고 해도 과언이 아니다.[15] 따라서 지역적 그리고 전 지구적 통제의 성격이 유럽에서의 그것보다 훨씬 더 '완전'(total)하고도 단독적이었던 미국 패권의 쇠퇴는 당초의 예상보다 훨씬 더디고 지루한 과정일 수 있다.

둘째, 현존하는 미국 중심의 국제질서가 실제로 무너진다면 그 이후에 도래하게 될 국제정치 및 경제의 질서는 과연 어떤 모습을 띨 것인가?[16] 현재 인구에 회자되듯이 소위 '아시아 중심의 질서'로 구현될 가능성이 높은지, 아니면 여전히 일정 부분 미국이 '융화'(amalgamated) 되어 있는 모습을 가진 복합적 질서(i.e., Chimerica 또는 Amerina)가 될 것인가? 만약 전자, 즉 '아시아 중심의 질서'가 맞다면 이는 곧 중국적 질서에 더 가까울 것인가 아니면 또 다른 아시아적 '조합'(예컨대 인도 및 동남아와 같은 지역 성격을 포함하는)을 내포한 새로운 유형의 질서가 될 것인가? 또 그것이 아시아적 질서가 맞다면, 과연 그 새로운 국제질서는 지금까지 그토록 많은 비판의 대상이 되어왔던 소위 '서구적 문제들'(Western ills)을 제대로 해결해낼 능력과 의도를 가진 존재일 것인가?

셋째, 새로이 도래하게 될 국제질서가 아시아적 질서에 더 가깝고 또 그 중심에 중국이 위치해 있는 것이 맞다면, 그때의 중국은 과연 어떤 모습과 행태를 지닌 존재일 것인가? 초강대국 미국의 종합국력까

---

15 Amy Chua, *Day of Empire — How Hyperpowers Rise to Global Dominance — and Why They Fall*(New York: Doubleday, 2007), chs. 5-9.

16 아시아적 질서의 도래를 말하는 저작으로 Kishore Mahbubani, *The New Asian Hemisphere: The Irresistible Shift of Global Power to the East*(New York: PublicAffairs, 2009)을 보라.

지도 이미 뛰어넘은 중국이 여전히 '도광양회'(韜光養晦)와 같은 '전략적 겸허'의 모습을 견지하고 있을 것인가 아니면 소위 '주동진취'(主動進取)와 같은 더 적극적인 외교행위자로 드러날 것인가? 중국의 힘을 저지할 세력이 별로 없는 상황에서도 예의 '상대가 먼저 건드리지 않는 한 그를 건드리지 않는'(人不犯我 我不犯人) '방어성 국방'(先禮後兵) 원칙을 지속할 수 있을 것인가? 나름대로 전략적 좌표의 모색 노력을 지속하고 있는 중국이 과연 수평적이며 호혜적인 '세계'(世界)와 위계적이면서 자기중심적인 '천하'(天下)라는 두 가지 질서 중에서 어느 쪽에 더 비중을 둘 것인지가 국제사회의 지대한 관심사가 아닐 수 없기 때문이다.[17]

넷째, 미국과 서구 중심의 질서가 서서히 쇠퇴하고 실제로 아시아적이자 그 중심에 중국이 위치한 새로운 구조가 구축되기 시작할 무렵, 국제사회와 동아시아는 이에 구체적으로 어떤 반응을 보이게 될 것인가? 이미 세계학계는 지난 10여 년간 중국의 부상에 대한 국제사회 및 개별국가들의 가능한 반응으로 다양한 시나리오들을 선보인 바 있고, 이는 대체로 조합적이면서도 복합적인 모습을 띠고 있다. 전반적으로 '대응'의 모습을 갖는 '균형'(balancing), '저지'(constraining), '격하'(downgrading), '단절'(severing) 등의 선택이 있고, 또 대체로 '적응'의 성격을 지닌 '교류/개입'(engagement), '연계'(enmeshment), '구속'(binding), '위험 분산'(hedging)도 있으며, 마지막으로는 전반적으로 '순응' 차원

17 중국 내 이와 관련한 서로 다른 시각에 대해서는 『國際關係研究』, 제1기(2013), pp. 10-11, 14에 실린 우젠민(吳健民)과 추이리루(崔立如)의 견해를 비교하라. 또 Alastair Iain Johnston, "How New and Assertive Is China's New Assertiveness?" *International Security*, Vol. 37, No. 4(Spring 2013), pp. 7-48를 참조하라.

의 '유화'(appeasement)와 '편승'(bandwagoning)도 있다.[18] 극단의 이데올로기로 양분되지 않는 21세기의 국제정치에서 구체적으로 어떤 분기점을 통해 중국 중심 질서의 도래에 대한 국가 간 반응의 편차가 드러날지 향후 학문적으로나 정책적으로 큰 관심사가 아닐 수 없다.

---

18 이에 대하여는 Alastair I. Johnston and Robert S. Ross(eds.), *Engaging China: The Management of an Emerging Power*(London: Routledge, 1999); Herbert Yee and Ian Storey(eds.), *China Threat: Perceptions, Myths and Reality*(London: RoutledgeCurzon, 2002); David Shambaugh(ed.), *Power Shift: China and Asia's New Dynamics*(Berkeley: University of California Press, 2005); William W. Keller and Thomas G. Rawski(eds.), *China's Rise and the Balance of Influence in Asia*(Pittsburgh, PA: University of Pittsburgh Press, 2007); Robert S. Ross and Zhu Feng(eds.), *China's Ascent: Power, Security, and the Future of International Politics*(Ithaca: Cornell University Press, 2008); Shiping Tang, Mingjiang Li and Amitav Acharya(eds.), *Living with China: Regional States and China through Crises and Turning Points*(London: Palgrave, 2009); Jae Ho Chung, "East Asia Responds to the Rise of China: Patterns and Variations," *Pacific Affairs*, Vol. 82, No. 4(2010), pp. 657-675; Ian Storey, *Southeast Asia and the Rise of China: The Search for Security*(London: Routledge, 2011)를 참조하라.

2. 향후 미·중 관계의 전개 방향[19]

향후 미·중 관계의 전개 방향에 대해서는 세계 학계와 정책서클에서 격렬한 논쟁이 진행 중이다. 미국의 '상대적 쇠퇴'라는 추세가 매우 오랜 기간 진행되고 있듯이, 실제로 일어나게 될 미·중 관계의 변화도 미리 확정적으로 결론을 내리기는 어려운 문제라고 보는 것이 타당하다. 또 사회과학은 대체로 미래에 대한 정확한 예측을 담보해주지 않기에 여기서 어떤 특정한 결론을 내리기보다는 그동안 학계와 정책서클에서 널리 회자되었던 몇 가지 개연성 있는 시나리오들을 구체적으로 검토하고 이와 관련한 필자의 평가를 제시하는 편이 나을 것으로 판단된다.

1) '중등 중국(middle Kingdom)론'에 기반한 현상 유지

30여 년 넘게 개혁·개방노선이 괄목할 성과를 내고 있음에도 오랫동안 수그러들지 않고 있는 관점 중의 하나가 바로 중국의 부상과

---

19 이 부분은 정재호, "미·중 관계의 진화(進化): '전략적 경쟁' 단계로의 진입?" 『중소연구』, 37권, 4호(2013/2014)에서 상당 부분 차용한 것임.

강대국화가 이뤄지더라도 결코 현재 미국이 수행하고 있는 전 지구적 기능과 역할을 대체할 수 없을 것이라는 주장이다.[20] 즉, 중국의 부상(강대국화)이 오랜 기간에 걸쳐 결국 이뤄지기는 하겠으나 그것이 전 지구적 패권의 수준에 이르기는 어려울 것(즉, 중국의 위상이 중등 강대국 수준에 머물 것)이라는 전망에서부터, 중국이 지닌 다양한 내부적 문제들로 인해 중국의 부상 그 자체도 그리 쉽게 이뤄지지 않을 것(소위 'muddling China'의 관점)이라는 평가에 이르기까지 이와 같은 관점을 공유하는 이들이 적지 않다. 이들 대부분은 향후에도 미국과 중국 사이에서 궁극적인 힘의 '우열'은 바뀌지 않을 것이라고 믿으며, 특히 최근 들어 군사력 부문에서 미국의 압도적 우위의 유지에 그 논리적 강조점을 두곤 한다. 그러나 2000년대 후반까지만 해도 적잖은 청중을 확보하던 이 관점은 당초 예상을 깨고 2010년에 일본의 GDP를 중국이 앞지른 후 그 기반이 약화되기 시작한 것으로 평가된다.

2) '신중화론(neo-Sinocentricism)'에 기반한 신질서의 구축

서구 학계에서는 아직 주류적 관점에 속하지는 않지만 최소한 아

20 元成章, 王堅紅, 『當前國際環境與中國對外戰略, 方針, 政策』(北京: 黨建讀物出版社, 2000); 方柏華, 『國際關係格局』(北京: 中國社會科學出版社, 2001); 『不確定的世界』(北京: 中國國際問題硏究所, 2002); David S. G. Goodman and Gerald Segal(eds.), *China Deconstructs*(London: Routledge, 1995); Gerald Segal, "Does China Matter?" *Foreign Affairs*, Vol. 78, No. 5(September-October 1999), pp. 24-36; Robert Sutter, *China's Rise in Asia: Promises and Perils*(Lanham: Rowman & Littlefield, 2005); Wang Jisi(王緝思), "America Will Still Be the Only Superpower for the Next 20 Years," *Xinhua*, August 2, 2011; Michel Beckley, "China's Century? Why America's Edge Will Endure," *International Security*, Vol. 36. No. 3(Winter 2011/2012), pp. 46-78, Jonathan Fenby, *Will China Dominate the 21st Century?*(New York: Wiley, 2014)를 참조하라.

시아에서는 미국 중심의 질서를 대체하는 신질서의 구축이 가능할 수도 있다는 주장이 존재한다. 이러한 관점은 19세기 유럽과는 사뭇 달리 동아시아에서는 부상하는 중국에 대한 '두려움'이나 '세력균형'과 같은 명시적 움직임이 별로 없다는 것에 주목하고 있다.[21] 따라서 단순히 미국의 선호를 따라 동아시아 국가들이 획일적으로 중국을 견제하거나 포위에 동참할 가능성은 별로 없으며, 궁극적으로는 동아시아에서 오히려 중국 중심의 신질서가 구축될 가능성이 높다고 주장하는 것이다.[22] 물론 이와 관련해 여러 가지 반론이 있을 수 있다. 즉, 동아시아 국가들이 중국에 대한 두려움이 아예 없다기보다는 이를 효과적으로 드러낼 수 있는 방법과 계기를 제대로 찾지 못했다는 것이 그중 하나이다. 특히 이 관점이 더 설득력 있게 적용될 수 있었던 시점은 2010년 이전으로 보이며, 소위 '공세적 외교'의 추세가 드러나기 시작한 2010년 이후의 동아시아에서는 오히려 다양한 측면에서 중국의 부상에 적극적으로 대비하는 모습이 나타나고 있다.[23]

---

21 Barry Buzan, "How and To Whom Does China Matter?" in Barry Buzan and Rosemary Foot(eds.), *Does China Matter? A Reassessment*(London: Routledge, 2004), pp. 152-154; Robert S. Ross,"Balance of Power Politics and the Rise of China: Accommodation and Balancing in East Asia," *Security Studies*, Vol. 15, No. 3(July-September 2006), pp. 392-395; David C. Kang, *China Rising: Peace, Power, and Order in East Asia*(New York: Columbia Univeristy Press, 2007), ch.1; David Kang, "Paper Tiger: Why Isn't the Rest of Asia Afraid of China?" *Foreign Policy*, April 25, 2013 at http://www.foreignpolicy.com/articles/2013/04/25/paper_tiger_china_military_buildup.

22 趙汀陽,『天下體系: 世界制度哲學導論』(南京: 江蘇教育出版社, 2005); 張鋒, "解構朝貢體系,"『國際政治科學』, 第2期(2010), pp. 33-62; 周方銀, "朝貢體系的均衡分析," 陳琪(主編),『中國起與世界秩序』(北京: 社會科學文獻出版社, 2011), pp. 368-403, 404-435를 보라.

23 Robert G. Sutter, Michael E. Brown, Timothy J. A. Adamson, Mike M. Mochizuki and Deepa Ollapally, *Balancing Acts: The US Rebalance and Asia-Pacific Stability*(Washington, D.C.: Sigur Center for Asian Studies, August 2013)를 참조하라.

3) 미·중 간 조화로운 관계의 유지

적지 않은 전문가들이 중국의 외교가 이제까지 비교적 세련되고 상당히 미묘한 균형을 유지해 왔음에 주목한다. 현재를 소위 '백 년의 국치'(百年國恥)를 떨쳐낼 수 있는 가장 절호의 기회이자 '전략적 시기'(戰略機遇期)로 간주해온 중국이 일부러 미국에 대해 도발하거나 국제사회의 심각한 우려를 자아낼 일을 하지 않을 것이라는 관점이 이에 속한다. 20세기 초 미국의 부상 역시 당시 패권국이던 영국의 부정적인 관심을 가능한 한 불러일으키지 않으려 했던 것에 착안해 중국도 '도광양회'(韜光養晦) 전략을 기반으로 대체로 국제사회와 패권국의 의심과 우려를 만들지 않으려 한다는 것이다.[24] 물론 지금까지 중국이 보인 모습은 상당 부분(2010년 및 이후의 일부 시기를 제외하면) 이러한 관점과 일치하고 있다. '평화적인 부상/발전'의 원칙을 대외적으로 견지해온 것이라든지, 소위 '방어적 국방'을 강조해온 것 등이 그러하다. 반면에 이와 같은 관점과 입장은 중요한 한 가지의 가능성을 제대로 다루지 않았다는 비판에 직면할 수도 있다. 즉, 중국이 지닌 '전략적 겸허'(strategic modesty)가 지금으로서는 상당한 설득력이 있어 보이지만, 일단 중국의 종합국력이 패권국 미국을 뛰어넘은 후에도 과연 지속될 수 있을 것인가라는 질문에 이 관점은 명확한 대답을 제시하지 않기 때문이다.[25]

---

24 이러한 관점과 연관해서는 Avery Goldstein, Evan Medeiros, David Shambaugh 등의 저작을 참조하라.

25 2014년 3월 8일 전국인민대표대회 기자간담회 석상에서 중국 외교부장 왕이(王毅)가 했던 언급 중 가장 자주 등장한 말은 '주동'(主動)이었다. 즉, 이제는 중국이 도광양회에서 벗어나 더 적극적이고 진취적인 정책을 펴겠다는 의미인 것이다. "外交部長

4) 미·중 간 전략적 경쟁론 I: 인식론적 견해

미·중 간 국력 격차가 빠른 속도로 좁혀지면서 갈수록 많은 전문가들은 양국 사이에 치열한 전략적 경쟁의 관계가 형성되고 있으며 심지어 앞으로 심각한 분쟁의 모습으로 양국 관계가 구현될 수도 있음을 지적하고 있다. 이와 같은 소위 '전략적 경쟁'의 관점에는 크게 두 개의 세부 유형이 존재하는데, 하나는 인식론의 입장을 따르고 있으며 또 다른 하나는 구조론적 견해를 제시하고 있다. 우선 인식론적 견해에 따르면, 향후 미·중 관계가 궁극적으로 경쟁적 관계가 될 것인지 여부는 무엇보다도 중국의 전략적 의도(intentions)가 무엇인지에 달려있다는 입장을 견지한다. 다만 대체로 아직까지는 중국이 '현상 변경'을 추구하는 '수정주의 국가'인지 여부에 대해 명확한 결론을 내리기가 쉽지 않다는 의견과 함께 비교적 오랜 기간에 걸쳐 이뤄지는 중국의 부상 과정에서 중국을 책임 있는 성원으로 만들기 위해 국제사회가 더욱 적극적으로 교류 및 개입(engagement)에 뛰어들어야 한다는 주장을 제시한다.[26] 이러한 인식론적 견해에는 언제라도 중국의 '현상 변경적' 의도가 구체적으로 드러날 경우, 미·중 관계가 경쟁적 관계 내지는 분쟁의 길목으로 갈 수밖에 없다는 관점도 함께 포함하고 있다. 그러나 구체적으로 어떠한 임계점을 설정해야만 '현상 변경적' 의도 여부에 대한 명

王毅就中國外交政策和對外關係回答中外記者提問"(2014年 3月 8日), http://www.frprc.gov.cn/mfa_chn/zyxw_602251/t1135388.shtml(검색일: 2014년 3월 10일).

26 Alastair I. Johnston, "Is China a Status Quo Power?" *International Security*, Vol. 27, No. 4(Spring 2003), pp. 5-56; Alastair Iain Johnston, "How New and Assertive Is China's New Assertiveness?" *International Security*, Vol. 37, No. 4(Spring 2013), pp. 7-48; Henry Kissinger, "The Future of US-China Relations: Conflict Is a Choice, Not a Necessity," *Foreign Affairs*, March-April 2012, pp. 44-55을 참조하라.

확한 판단을 내릴 수 있는지에 대하여는 유용한 길라잡이를 제공해주지 않고 있다.

5) 미·중 간 전략적 경쟁론 II: 구조론적 입장

인식론적 입장을 지닌 전략적 경쟁론 I과는 대조적으로 전략적 경쟁론 II는 구조론에 입각해 상당히 다른 관점을 담아내고 있다. 즉, 중국의 의도가 수정주의적인지 여부가 중요한 것이 아니며, 중국의 부상 그 자체가 이미 미국의 '전략적 운용의 공간'(room for strategic maneuvering)을 축소시키고 있다는 구조적 측면에 주목해야 한다고 주장한다. 따라서 이러한 상황에서 패권국 미국은 그냥 보고만 있지 않을 것이며 또 그래서도 안 될 것이기에 향후 미·중 간에 치열한 전략적 경쟁이 불가피하며, 그러한 상황이 발생하기 전에 중국을 선제적으로 '제약'(constrain)하고 견제해야 한다는 입장을 제시한다.[27] 이 관점이 갖는 하나의 중요한 문제는 여기서 말하는 전략적 경쟁이 구체적으로 무엇을 의미하며 실제 상황에서 어떻게 구현될 것인지에 대해서는 분명하게 제시하지 않고 있다는 점이다. 예컨대, 핵전력에 있어 미·중 간 최

---

27 Aaron Friedberg, "Ripe for Rivalry: Prospects for Peace in a Multipolar Asia," *International Security*, Vol. 18, No. 3(Winter 1993-94), pp. 5-33; Richard Betts, "Wealth, Power and Instability: East Asia and the United States after the Cold War," *International Security*, Vol. 18, No. 3(Winter 1993-94), pp. 34-77; Thomas Christensen, "Posing Problems without Catching Up: China's Rise and Challenges for U.S. Security Policy," *International Security*, Vol. 25, No. 4(Spring 2001), pp. 5-40; John Mearsheimer, *The Tragedy of Great Power Politics*(New York: W. W. Norton, 2001), ch. 10; John Mearsheimer, "China's Unpeaceful Rise," *Current History*, No. 105(2006), pp. 160-162; 閻學通, 『歷史的慣性』(北京: 中信出版社, 2013); 周天勇, "中美國家利益衝突的可能性分析," 『理論動態』, 1936期(2012年 9月 30日), pp. 13-18를 보라.

소한의 억지(minimum deterrence)가 유지되고 있는 상태에서, 그리고 현재의 국제정치·경제 체제 안에서 미국과 중국 모두 기존 구조와 규범의 가장 큰 수혜자라는 점에서 양국 간 전략적 경쟁이 구체적으로 어느 수준에까지 이르게 될 것이며 그 임계점이 어디인지를 밝히는 연구가 아직은 없다는 점이다.[28]

향후 미·중 관계의 전개방향과 관련해 이상에서 살펴본 다섯 가지의 관점 중에서 첫째와 둘째는 중기적 관점에서 그 가능성이 점차 떨어지고 있거나 아직은 그 개연성이 별로 없는 것으로 평가할 수 있다.[29] 그러나 셋째부터 다섯째까지의 세 시나리오는 향후 5~10년의 기간 내 그 개연성이 비교적 높은 것으로 전망된다. 특히, 현재의 시점에서 평가하는 중기적 전망으로는 셋째와 넷째 관점이 비교적 설득력이 높은 것으로 보인다. 그러나 아마도 시간의 축을 조금 더 늘려 장기적으로 가게 되면 — 2020년 전반기 내지 중반기 즈음에 미·중 간 힘의 '평형'(parity)이 현실화될 경우 — 다섯째 시나리오로 그 무게 중심이 점차 옮겨가게 될지도 모르는 일이다.[30]

---

28 예컨대 Denny Roy, "The 'Power Transition': A Spot Check," *PacNet*, No. 71(September 11, 2013)을 보라.

29 물론 장기적인 관점에서는 둘째의 가능성도 아예 배제하기는 어렵다고 할 것이다.

30 이는 미국의 경제력이 계속해서 빠른 속도로 회복되지 않고, 현재 부각되고 있는 소위 '쇠퇴'의 이미지가 지속된다는 가정하에서의 얘기이다. 예컨대 Matthew P. Goodman, "Cooperate and Compete: Getting the Most out of U.S.-China Economic Relations," CSIS, February 5, 2013 at http://csis.org/publication/cooperate-and-compete-getting-most-out-us-china-economic-relations. 또 David Shambaugh, "Tangled Titans: Conceptualizing the US-China Relationship," in David Shambaugh(ed.), *Tangled Titans: The US and China*(Lanham: Rowman & Littlefield, 2013), pp. 4-5를 보라.

3. 학술연구와 정책연구: 필요성, 연계 그리고 괴리

이상에서 자세히 논한 것처럼 미·중 관계는 21세기 국제정치·경제 질서의 가장 핵심적인 변수이자 지역적으로는 동아시아, 동북아, 한반도에서 공히 가장 중요한 외교 및 안보 요인으로 작동할 수밖에 없도록 되어 있다. 그러나 한국 본연의 국익이라는 관점에서 미·중 관계의 중요성을 제대로 인식하게 된 것은 사전적(事前的)이었다기보다는 오히려 주요 현안들이 상당 부분 터지고 나서였다고 보는 것이 타당할 것이다.[31] 2010년 3월 천안함 피폭 사건이 발발했을 때에도, 남북 간의 문제가 순식간에 — 미 항모의 서해 진입이라는 이슈를 중심으로 — 미·중 간 긴장과 갈등으로 전화(轉化)되는 모습에서 한반도와 미·중 관계의 '불행한 연계성'을 목도할 수밖에 없었다. 따라서 넓게는 동아시아 안보, 그리고 좁게는 한국의 미래를 좌우하는 가장 핵심적인 독립변수로서의 미·중 관계에 대한 체계적 연구의 필요성은 아무리 강조해도 지나침이 없을 것이다.

현실에서는 매우 아쉽게도 동북아와 한국의 미래에 가장 큰 영향

31 이에 대하여는 정재호, 『중국의 부상과 한반도의 미래』(서울: 서울대출판문화원, 2011), p. 2를 보라.

을 미치는 독립변수로서의 미·중 관계에 대한 연구가 양적으로나 질적으로 매우 부족한 것을 부인할 수가 없다.[32] 미·중 관계를 비교적 객관적이고도 심도 있게 연구하기 위해서는 영어 및 중국어 1차 자료를 모두 활용할 수 있어야 한다는 전제하에 2006~2012년 기간 동안 한국에서 생산된 중국 정치 및 외교 관련 박사학위 논문의 내용을 살펴본 결과, 총 55개의 학위 논문 중 단 4개만이 미·중 관계 또는 그와 긴밀한 연계를 갖는 주제에 대한 연구로 드러났다.[33] 특히, 잘 짜인 방법론적 논리와 미·중 양국의 1차 자료의 광범위한 활용이 어우러진 연구는 그 이전 시기에도 쉽게 찾아보기가 어려웠다는 것이 필자의 주관적인 평가이다.[34]

한국에서의 미·중 관계 연구 현황을 살펴볼 수 있는 또 다른 지표는 단행본과 학술지 게재 논문일 것이다. 1995~2013년까지 한국에서 출간된 미·중 관계 관련 단행본의 수는 총 29권으로 이는 연 1.5권 정도로 상당히 미약한 수준이라고 평가할 수 있다(자세한 목록은 권말의 〈부록 Ⅱ〉 참조). 유사한 논리로 미·중 관계 관련 학술지 게재 논문의 경우에도 — 이 책의 제Ⅱ장에서(『국제정치논총』, 『한국정치학회보』, 『국가전략』, 『한국과 국제정치』, 『중소연구』 게재 논문들을 대상으로) 상세히 논하고 있듯이 — 1990년대에는 전무하다가 2000년대에 들어 그 수가 늘어가는

32 미국의 대외관계 그 자체보다는 한·미 동맹 전문가가 더 많고, 중국 내부에 대한 심도 있는 이해보다는 한·중 교류에 더 큰 관심이 주어지는 이상 현상도 이러한 문제점의 한 원인일 것이다.

33 이에는 안윤호(한남대 2007), 정상기(건국대 2010), 차도희(한남대 2012), 임경한(서울대 2012)이 포함된다.

34 물론 중국의 부상과 더불어 중국에 대한 영어자료가 많이 발간되고는 있으나 양국 관계에 대한 심도 있는 실증연구의 수행을 위해서는 두 나라에서 발간되는 1차 자료를 가능한 한 광범위하게 활용할 필요가 있음은 재론의 여지가 없을 것이다. 정재호(편), 『중국연구방법론』(서울: 서울대출판문화원, 2010)을 보라.

추세를 보이고 있다. 그럼에도 『국제정치논총』의 경우 게재 논문 총수의 1.3퍼센트, 『중소연구』의 경우 게재 논문 총수의 3.6퍼센트 정도의 수준이라 여전히 그 수는 많지 않은 것으로 평가할 수 있다(표 2-4 참조). 따라서 박사학위 논문, 단행본 및 학술지 게재 논문 등의 지표 모두에서 미·중 관계 연구의 태부족 상태가 잘 드러난다 할 것이다.

물론 정책서클, 싱크탱크, 특히 관변 연구소 등에서 미·중 관계 관련 연구들이 적잖이 이뤄지고 있고 또 그 성과물들도 주로 '정책보고서'(policy brief/policy report)의 형식으로 출간되고 있지만 이들은 크게 다음의 세 가지 특징을 지니는 것으로 평가된다. 첫째, 이들 연구 중 인구에 널리 회자되거나 지속적으로 인용되는 것이 매우 적다는 점이다. 주로 시사적, 단기적 주제에 그 초점이 맞춰져 있어 그 수명이 지나치게 짧은 경향이 있으며 따라서 학술적인 가치는 상대적으로 떨어진다는 의미이다. 둘째, 이들 연구는 지나치게 특정 시기의 현안, 사건(events) 위주로 짜여 있다는 점이다. 특히, 정책 제언 및 대안의 제시에 초점을 맞추다 보니 미·중 관계에서 드러나는 현상 자체에 대한 심도 있는 접근이나 추론 도출이 미흡한 경우가 태반이라 하겠다. 셋째, 독립변수로서의 미·중 관계에 대한 본원적 연구보다는 종속변수로서의 동아시아 또는 한국의 대응방안 — 즉, '균형', '저지', '격하', '단절', '교류/개입', '연계', '구속', '위험 분산', '유화', '편승' 등의 사이에서의 다양한 조합과 선택 — 에 지나치게 많은 비중이 주어진다는 점이다. 무릇 정책연구도 학술연구가 그 핵심 기본이 되어야 하는바, 미·중 관계의 근원적 성격 파악에 대한 기초연구에 더 많은 관심과 지원이 이뤄져야 할 것으로 보인다.[35]

35 Andrew Marble et al., "Special Roundtable: Bridging the Gap between the

최근 들어 중국의 부상과 함께 중국연구 — 특히, 미·중 관계의 영역 — 에 국제관계 전문가들의 진입 추세가 두드러지고 있다.[36] 미·중 관계라는 주제 자체가 갖는 특수성 — 즉, 양국에 대한 폭넓은 지식과 양국 사이의 관계 및 동학에 대한 이해가 공히 필요하다는 점 — 으로 인해 이와 같은 추세는 당연히 환영해야 할 일이다. 다만 한 가지 우려스러운 일은 국제관계 전문가들이 주로 활용하는 '합리적 선택'의 논리에 기반한 '밖에서 안을 들여다보기'는 적지 않은 경우에서 매우 피상적이거나 심지어 오류가 큰 평가를 낳을 수도 있다는 것이다. 따라서 향후 미·중 관계의 연구에서 국제관계 전문가들과 함께 미국 및 중국지역 연구자들 사이의 좀 더 많은 '섞기'와 협업이 이뤄져야 할 것임은 자명한 일이다. 이 책도 바로 그러한 문제의식에서 기획되었다고 할 수 있다.

Academic and Policy Worlds," *Asia Policy*, No. 1(2006)을 참조하라.

36 이 책 Ⅱ장의 〈표 2-7〉을 참조하라.

4. 책의 구성

이 책은 서장을 포함해 총 5장의 연구논문과 두 개의 부록으로 구성되어 있다. 편집자가 집필한 서장 겸 Ⅰ장에서는 중국이 가진 종합국력의 급속한 증대와 그로 인한 미·중 관계의 변화가 이미 초래하고 있으며 또 향후에 파생시킬 국제정치·경제의 구조 및 규범의 전환 그리고 그것이 세계 질서에 대해 갖는 함의를 함께 다루고 있다. 또 Ⅰ장에서는 미·중 관계의 중장기적 성격의 변화에 대해서 다섯 가지('현상 유지[=대체 불가론]', '신중화질서의 구축', '미·중 간의 조화로운 관계 유지', '미·중 간의 전략적 경쟁 I과 II')의 시나리오들을 소개하고 그 각각에 대한 구체적인 평가를 제시하고 있다. 이어서 미·중 관계가 학술적으로나 정책적으로 한반도에 제공하는 함의의 중추적인 중요성에도 불구하고 미·중 관계에 대한 한국에서의 연구가 매우 일천함을 비판적으로 평가하고 이에 대한 관심과 주의를 환기시키고 있다. 또 Ⅰ장에서는 이 책의 전반적인 구성에 대한 소개도 함께 제시하고 있다.

Ⅱ장은 신성호 교수가 집필한 것으로 이 장에서는 한국 학계의 미·중 관계 연구에 대한 현황과 분석을 상세히 제시하고 있다. 이 연구를 위해 필자는 『국제정치논총』, 『한국정치학회보』, 『국가전략』, 『한국과 국제정치』, 『중소연구』 등 다섯 개 주요학술지에 게재된 관련 논문 총 47편을 분석하였다. 그 결과 첫째, 한국의 미·중 관계 연구는 시기

적으로 1990년대의 공백을 넘어 2000년대 들어 본격화되기 시작했음이 드러났다. 둘째, 한국에서의 미·중 관계 연구는 여타 4강 국가들 간의 양자관계 연구에 비해 상대적으로 더 많이 주목받아온 것으로 평가된다. 이는 중국의 부상과 이에 대한 미국의 대응이 21세기 국제정치의 핵심 화두로 등장한 가운데 이 둘 사이에서 어떻게 관계 설정을 해야 할지에 대한 한국의 전략적 고민을 반영하는 것이기도 하다. 셋째, 대부분의 연구자들은 중국의 부상이 일시적이기보다는 장기적인 추세라고 보며 미·중 관계가 국제정치의 핵심변수로 등장하고 있음에 동의하는 모습을 보인다. 이는 곧 미·중 관계가 경쟁과 대립의 양상을 보일 경우 한국의 선택지는 어디여야 할 것인지가 곧 국가전략의 가장 중요한 화두가 되었음을 의미한다. 마지막으로, 한국의 미·중 관계 연구가 풀어야 할 과제로 가장 핵심적인 것은 바로 한국 학계가 주로 국내 독자를 대상으로 연구를 수행하고 있다는 점이다. 이에는 그동안 상대적으로 소홀했던 미·중 관계의 중요성과 의미를 한국의 식자층에게 폭넓게 그리고 제대로 알린다는 정당성과 순기능도 존재하는 반면, 영어나 중국어를 포함한 제3국어로 출간된 한국인 학자들의 미·중 관계 연구 성과가 미미하다는 사실은 한국에서의 미·중 관계 연구의 일천한 현실을 반증하는 것이라고 필자는 평가한다.

이 책의 Ⅲ장은 최우선 교수가 집필한 것으로, 미국에서의 미·중 관계 연구에 대한 전반적인 평가를 제시하고 있다. 특히, 제2차 세계대전 이후 미·중 관계의 성격과 설명요인에 대한 논쟁에서 중요한 공헌을 했던 저자들을 중심으로 한 분석과 평가를 제시하고 있다. 우선 냉전 초기 미·중 관계에 대한 연구를 국내정치적 설명, 이념적 설명, 전략적 설명으로 분류한 후, 한스 모겐소(H. Morgenthau), 잭 스나이더(J. Snyder), 토마스 크리스텐센(T. Christensen), 첸젠(J. Chen), 마이

클 성(M. Sheng), 자오취안성(Q. Zhao), 스티븐 왈트(S. Walt), 도크 바넷(A. D. Barnett) 등의 핵심 저술을 중심으로 평가를 제시한다. 새로운 관계가 설정된 1972년 이후의 미·중 관계와 관련해서는 헨리 키신저(H. Kissinger) 등 대부분의 학자들이 구조적인 설명에 동의하고 있지만 국내정치적 그리고 이념적 설명의 경우 국내정치의 영향을 과대평가한 면이 있고, 전략적 설명은 구조적 원인에 대한 인식을 상당 부분 결여한 것으로 필자는 평가하고 있다.

냉전 이후의 미·중 관계에 대한 연구를 필자는 크게 자유주의에 기반한 협력적 관계, 현실주의에 기초한 적대적 관계, 구성주의적 사회화와 맥을 같이하는 경쟁과 협력의 관계 등 세 가지 시각으로 분류하고 특히 브루스 러셋(B. Russett)과 존 오닐(J. O'Neil) 등의 낙관론과 이안 존스턴(A. I. Johnston)의 구성주의 이론과 사회화론, 존 미어샤이머(J. Mearsheimer) 및 아론 프리드버그(A. Friedberg)의 공격적 현실주의, 그리고 데이비드 샴보우(D. Shambaugh)와 조셉 나이(J. Nye) 등의 관점도 함께 다루고 있다. 다양한 국제관계이론과 미·중 양자 관계에 대한 관점들이 어떻게 상호윤화(相互潤化: mutual fertilization)의 과정을 거치는지의 중요성을 잘 보여주고 있다.

김애경 교수가 집필한 제Ⅳ장에서는 중국에서 이뤄진 중-미 관계 연구에 대한 평가를 제시하고 있다. 이 장의 초점은 중국에서의 미·중 관계 연구가 어떤 주제를 중심으로 이뤄져 왔으며 또 대체로 어떤 방향으로 전개되고 있는지에 대해 평가, 분석함으로써 대미국 관계에 대한 중국의 인식 범위를 고찰하는 데에 있다. 이를 위해 『미국연구』(美國硏究), 『현대국제관계』(現代國際關係), 『국제문제연구』(國際問題硏究) 등 3개 주요 학술지에 발표된 미·중 관계 관련 논문 153편에 대해 정량적 분석과 함께 질적 평가를 수행한 결과를 제시하고 있다. 무엇보다도 양국 간의 정책 및 관계 요인에 대한 분석과 미·중 관계 발전의 특징 및 현안분석의 성격을 가진 연구가 가장 많음을 밝히고 있다. 이는 중국 전문가들의 개인적 관심도를 반영하는 것이기도 하지만 국가 차원의 정책 수요가 중국 학계에 큰 영향을 미친 결과라고 필자는 판단한다. 미·중 관계의 전략적·정책적 중요성이 갈수록 커지고 있는 만큼 중국 학계의 관련 연구 총량도 증가하는 추세이며, 다뤄지는 연구 주제도 갈수록 다양해지고 분석 시각 역시 함께 진화하고 있는 것으로 필자는 평가하고 있다. 최근 들어 비확산, 반테러, 해양안보, 인민폐 환율, IMF 개혁문제, 세계경제의 균형발전 등과 같이 양국 관계를 초월한 광역 이슈로 중국에서의 미·중 관계 연구가 확대되고 있는 추세도 실증적으로 지적하고 있다.

조동준 교수가 저술한 제Ⅴ장은 미국의 주요 학술지(*International Security*와 *International Studies Quarterly*)에 게재된 미·중 관계 관련 연구성과를 방법론적 관점에서 평가한 결과를 제시하는데 크게 세 가지의 특징을 지적하고 있다. 첫째, 미·중 관계 관련 연구의 빈도는 중국의 분쟁 개입 정도를 일정 부분 함께 반영하는 것으로 보이는데, 즉 중국이 국제분쟁에 관여하는 횟수가 늘수록 미·중 관계에 대한 연구도 함께 증가하는 경향을 보인다는 점이다. 이는 미·중 관계 연구가 상당 부분 당면 현안 중심으로 진행된다는 것을 의미한다. 둘째, 미·중 관계 연구는 아직도 상당부분 '방법론적 미분화' 상태에 있는 것으로 필자는 평가하고 있다. 국제정치학계에서는 소위 서술적 방법, 통계적 분석방법, '공식이론'(formal theory) 적용의 세 가지가 소위 '방법론적 삼위일체'를 구성하고 있는데 이 장에서 분석한 미·중 관계 연구성과는 대체로 서술적 방법을 압도적으로 많이 사용하고 있기 때문이다. 1990년대부터 기술통계(descriptive statistics)가 부분적으로 활용되고는 있으나 서술 또는 주장의 객관성 제고를 위한 보조적 수단으로 사용되는 수준에 그치고 있다. 한편, '공식이론'의 적용은 미·중 관계 연구에서 별로 사용되지 않고 있는 것으로 보인다. 셋째, 미·중 관계 연구에서는 엄격한 이론 검증의 작업이 아직은 진행되지 않고 있는 것으로 필자는 평가하고 있다. 정치학 연구 일반에서는 1980년대 이후 기존 주장 및 이론의 실증적 검증을 위한 연구가 대세를 이루고 있는 반면, 미·중 관계 연구에서는 매번 새로운 사례와 주장을 담은 논문들이 차지하는 비중이 여전히 매우 높다는 점이다. 즉, 이러한 현상은 미·중 관계 연구 분야가 아직은 여러 면에서 소위 '포화 상태'에 이르지 않았음을 의미하는 것이다.

이 책은 위에서 소개한 다섯 편의 학술논문 이외에도 두 개의 중요한 부록을 함께 실었다. 부록 Ⅰ은 미·중 관계의 연보(年譜)로서 1949년 중화인민공화국의 건국 이후 2013년 말까지 미·중 관계에서 일어난 주요 사실, 핵심 사건들을 연도별로 정리하였으며, 이를 통해 양국 관계를 일목요연하게 볼 수 있는 외교사적 자료를 제공하고자 하였다. 미국, 중국에서 정리된 공식연보와 학술연보를 함께 비교한 후 선정했으며 다양한 개념과 사건에 대한 주석을 함께 달았음을 밝힌다. 부록 Ⅱ에서는 한국에서 이뤄진 미·중 관계 연구의 학술적 성과에 대한 전면적이고도 포괄적인 서지 목록을 담아내고 있다. 이 책의 Ⅱ장에 한국에서의 연구성과를 분석하는 논문이 실리기는 했지만 5개의 국문 정기 학술지에 게재된 논문만을 대상으로 분석하고 있어서, 학위논문, 단행본, 편집서 등 다른 유형의 연구성과에 대한 언급은 이뤄지지 않았다. 따라서 그에 대한 보완작업이자 향후 학문 후속세대들에게 중요한 길라잡이 및 사료적 가치를 갖는 포괄적인 서지목록을 제공하고자 하였다.

'첫술에 배부를 수는 없다'는 말처럼 이 책 한 권이 일거에 미·중 관계에 대한 지적 갈증을 다 해소할 수는 없을 것이다. 제대로 된 정책 제안은 기초가 튼튼한 학술연구에 의지할 수밖에 없고, 제대로 된 학술 연구는 결코 단기간에 이뤄지는 것이 아니기 때문이다. 그러나 서울대 아시아연구소 미·중 관계 연구센터에서 의미 있는 첫발을 내디뎠고, 2년쯤 후 미·중 관계 학술연구의 또 다른 획을 그을 작업이 이미 기획 중에 있다. 국내외 많은 동학들의 기대와 격려를 바란다.

제Ⅱ장

한국의 미·중 관계 연구 평가

신성호

신성호

서울대학교 국제대학원 부교수. 서울대 외교학과 학사, Fletcher School, Tufts University 정치학 박사(2001) 학위를 받았다. 미 국방부 아태안보연구소(APCSS) 연구교수와, 브루킹스연구소와 워싱턴 East West Center 객원연구원 등을 역임하였다. 연구 영역은 동아시아 안보와 국가전략, 한미동맹과 한반도, 인구변화와 동북아 국제정치 등이다. 최근 논문으로는 "Northeast Asia's Aging Population and Regional Security: Demographic Peace?"(Asian Survey, 2013), "박근혜 정부의 4강 외교"(『외교』, 2013), "미국의 대중국 외교안보전략"(『전략연구』, 2013년) 등이 있다.

1. 서론

본 연구는 한국 학계의 미·중 관계 연구에 대한 현황과 분석을 목적으로 한다. 중국과 미국은 각기 한국과 한반도에 가장 중요한 대외변수로 작용해 왔다. 한반도가 처한 지정학적 운명에 의해 중국은 대대로 한반도의 역사에서 가장 중요한 이웃으로서, 때로는 위협국으로 때로는 든든한 동맹국으로 자리매김하였다. 그러나 천 년을 넘게 내려온 한중의 긴밀한 관계는 19세기 후반 청과 조선의 몰락을 시발로 구한말과 일제강점기를 거쳐 냉전에 이르는 동안 잠시 냉각기를 거친다. 물론 이 기간에도 중일전쟁과 한국전쟁 등을 통해 드러나듯 한반도 지정학에서 중국 변수의 영향력은 늘 직간접적으로 존재하였다. 동시에 이 시기에 지구 반대쪽의 전혀 다른 문명권에 존재하던 미국이 본격적으로 한반도와 동북아에 진출하는 모습을 볼 수 있다.

한국전쟁 당시 한반도를 놓고 중국과 본격적인 군사대결을 펼친 미국이 사실은 구한말 중국의 추천을 통해 한반도에 첫발을 들이게 된 것은 역사의 아이러니다. 당시 서구의 침탈에 공동으로 수세에 몰린 조선에게 청나라의 외교관 황준원은 제정 러시아와 일본의 패권 확장에 대항하여 조선이 미국과 우호조약을 맺을 것을 조언하였다. 그리하여 미국은 조선이 1882년 서구와 최초로 근대적인 조약을 맺은 국가가 되었다. 그러나 이후 조선반도에서 청과 러시아, 일본 세력의 각축전이 벌어질 때 미국의 역할은 미미하였다. 그러다가 양차 세계 대전을 거쳐 미국이 세계의 강대국으로 본격 부상하고 일본의 패전 이후 한반도를 분할 통치하면서 한반도와 미국의 관계는 새로운 국면에 진입한다. 한국전쟁은 미국이 냉전시기 한반도의 가장 중요한 이해 당사자로 부상하는 결정적인 사건이었다. 특히 한국에게 미국은 지난 천 년 동안 관계를 쌓아왔던 중국을 대신하며 정치, 경제, 군사, 문화 전반에 걸쳐 절대적인 영향력을 행사하였다.

냉전의 종식은 한반도와 미·중의 삼각관계가 본격적으로 전개되는 계기가 되었다. 1992년 한·중 수교를 시발로 한반도와 한국에 대한 중국의 영향력이 다시금 부상하는 전기가 마련된 것이다. 2003년 중국은 미국을 제치고 한국의 가장 중요한 무역 상대가 된 이래 양국관계는 경제는 물론 정치, 사회, 군사 분야에서도 교류를 심화하며 2008년에는 전략적 협력동반자 관계를 맺는 등 급속한 신장을 이루었다. 한중관계의 발전과 더불어 북한핵 및 북한문제 전반에 대한 중국의 영향력이 그 어느 때보다 커지면서, 오늘날 중국이 한반도에서 차지하는 위상은 한국전쟁 이후 한국의 가장 중요한 동맹국이자 여전히 세계의 패권국으로 인정받는 미국에 못지않은 것으로 이해된다.

특히 2008년 금융위기로 미국과 서구가 심각한 경제위기를 겪으면서 중국의 부상이 더욱 가시화되는 중에 한국은 미·중의 갈등과 협력이 미치는 영향에 더욱 주목하기 시작하였다. 특히 미·중의 갈등이 본격화될 경우 그것이 한반도에 미칠 영향과 그 속에서 한국의 선택은 무엇이 될지가 한국의 중장기 국가 전략의 핵심 화두로 떠올랐다. 따라서 미·중 관계 전반 및 그것의 전개방향, 그리고 그 파급효과에 대한 관심은 정부나 정책담당자는 물론 학계에서도 자연스러운 현상으로 나타나고 있다. 본 연구는 이러한 배경하에서 지난 20여 년간 한국 학계의 미·중 관계 연구 현황을 분석코자 한다. 먼저 다음 2절에서는 연구대상의 범위와 방법에 대해 간략히 논한다. 3절에서 첫 번째 분석으로 한국 학계의 미·중 관계 연구 추세를 알아본다. 지난 20년간 미·중 관계 관련 논문의 현황과 증가추세, 전체 국제정치 연구에서의 비중, 다른 유사한 연구 분야와의 비교 등을 알아볼 것이다. 4절에서는 두 번째 분석으로 미·중 관계 연구의 내용에 대해 알아본다. 연구내용의 분야와 범위, 방법론, 이론적 접근법, 그리고 미·중 관계의 미래에 대한 전망, 한반도와 한국에 미치는 영향 등을 알아볼 것이다. 마지막으로 5절에서는 앞의 두 절에서 제시된 추세와 내용 분석을 종합적으로 검토하고 한국 학계의 미·중 연구 성과와 한계, 그리고 앞으로의 과제 등을 제시코자 한다.

2. 연구 방법론

본 연구는 한국에서 국제정치 분야의 학술저널에 게재된 논문을 분석대상으로 하였다. 국제정치 분야에서 대표성을 가진다고 보이는 네 개의 한국 학술저널 『국제정치논총』, 『한국정치학회보』, 『국가전략』, 『한국과 국제정치』를 선정하였으며, 구소련 및 러시아와 더불어 중국을 주요 연구대상 지역으로 삼고 있는 『중소연구』를 포함하였다.[1] 『국제정치논총』은 한국국제정치학회에서 발간하는 학술지로 1963년에 창간된 국제정치 관련 학술지이며, 『한국정치학회보』는 한국정치학회에서 발간하는 학술지로 국내 및 국제정치학 분야를 망라하고 있다. 『국가전략』은 안보·통일·외교 분야에서 활발한 활동을 펼치고 있는 민간 공익연구소인 세종연구소에서 발간하는 대표 학술지이며, 『중소연구』는 한양대학교 아태지역연구센터에서 발간되는 한국 내 중국 지역연구의 대표적인 학술지이다. 물론 이들 학술지 외에도 최근 한국에서

1 한국연구재단에서 제공하는 영향력지수(Impact Factor)는 특정기간 동안 한 학술지에 수록된 하나의 논문이 다른 논문에 인용된 평균횟수로 같은 분야 저널의 상대적 중요성을 측정하고 비교평가하는 방식으로, 학술지의 논문이 인용된 총횟수/학술지에 수록된 논문의 수로 산출된다. KCI(한국학술지인용색인)에서 제공하고 있는 영향력지수는 『국제정치논총』 1.03, 『한국정치학회보』 0.82, 『국가전략』 1.55, 『한국과 국제정치』 1.05, 『중소연구』 0.61이다.

는 중국의 부상에 대한 관심과 함께 각종 단행본이나 정책연구소의 보고서 형태로 된 미·중 관계 관련 글들이 나오고 있다. 그러나 이들의 상당수가 전문연구자들이 미·중 관계를 심도 있게 분석한 연구라기보다는 시사적인 교양서 내지는 특정 정책 현안에 초점이 맞춰져 있는 것으로 학술적 가치가 상대적으로 떨어지는 경향이 있다. 또한 이 글에서는 국문으로 된 연구만을 대상으로 하는데 그 이유는 한국 연구자에 의한 영문이나 기타 언어의 미·중 관계 연구가 극히 드문 현실 때문이다.[2]

본 연구의 분석대상은 『국제정치논총』, 『한국정치학회보』, 『국가전략』, 『한국과 국제정치』, 『중소연구』에서 1990년부터 2013년 11월 현재까지 게재된 논문 가운데 미·중 관계를 주요 연구대상으로 하는 한국 학자의 논문이다. 일단 시기 면에서 1990년부터 2013년 11월 현재까지로 설정된 연구기간은 첫째, 한중수교가 이루어진 1992년 이후의 한국 학계의 미·중 관계에 대한 관심을 보여줄 수 있는 시간대(time span)라는 점, 둘째, 탈냉전 이후 국제정치의 축이 미·소 관계보다 미·중 관계로 넘어왔다는 점, 셋째, 분석대상으로 삼은 학술지의 학술활동

2 한국 학자에 의해 영어로 발표된 의미 있는 미·중 연구는 정재호, 최우선의 연구를 들 수 있다. 정재호는 "US-China Relations from a Regional Perspective: The Korean Factor," In Depth, Vol. 4, No. 3(Fall 1994), pp. 41-58; "America's Views of China-South Korea Relations: Public Opinions and Elite Perceptions," *The Korean Journal of Defense Analysis* 17(1)(2005), pp. 213-234; "South Korea between Eagle and Dragon: Perceptual Ambivalence and Strategic Dilemma," *Asian Survey*, Vol. 41, No. 5(September-October 2001), pp. 777-796; *Between Ally and Partner: Korea-China Relations and the United States*(New York: Columbia University Press, 2007) 등의 영어 논문과 저작을 통해 한국과 미중 사이의 갈등과 협력을 다루었다. 최우선은 "Structure and Perceptions: Explaining American Policy Toward China(1949-50)," *Security Studies* 16(4)(October-December 2007), pp. 555-582; "Structural Realism and Dulles's China Policy," *Review of International Studies* 38(01)(Jan 2012), pp. 119-140 등에서 미국의 대중 정책을 현실주의 이론의 틀을 적용하여 분석한다.

이 80년대 후반과 90년대 이후 본격화됨에 따라 그 이전에는 중국관련 혹은 미·중 관계 논문을 거의 찾아보기 힘들다는 점 등이 고려되었다.[3]

이 글의 분석대상인 미·중 관계에 관한 논문은 상기 5개 학술지에서 검색한 총 47편이다. 한편 한반도 주변 4강 관련 연구 중 미·중 관계 논문의 상대적 비중을 고찰하기 위해 미·일 관계 21편, 미·러 관계 5편, 중·일 관계 17편 등이 별도로 조사되었다. 분석방법은 기본적으로 5개 학술지의 미·중 관계 연구논문 47편에 대한 시기, 저자별 구분을 통한 정량적 분석을 통해 한국 학계에서 발표된 미·중 관계 논문의 동향을 평가하는 것이다. 시기별 분석의 경우 5년 단위로 1990년대와 2000년대의 상·하반기의 차이를 보여줄 수 있는 단순 시기별 추세 분석과 미·중 관계의 질적인 변화양상에 따른 3단계 시기 분석을 시도하였다. 시기별 분석을 통한 미·중 관계 연구 추이 분석은 미·중 관계에 대한 한국 학계의 관심 및 인식의 변화를 파악할 때 유용할 것으로 판단된다. 또한 저자별 분석은 미·중 관계 연구논문을 발표한 학자들의 전공 분석을 통해서 한국 학계의 미·중 관계 연구의 현황 및 접근방식에 대한 추정을 가능케 할 것이다. 그러나 이러한 정량적 평가만으로는 연구주제와 학자들의 관점에 대한 평가가 불가능하므로 각 연구논문들의 구체적인 내용 분석을 통한 질적 분석을 동시에 시도하였다. 이를 통해 한국 학계에서 미·중 관계의 어떠한 주제와 문제에 주목하고 있는지, 미·중 관계와 한반도 관련 주제의 문제의식 동향, 미·중 관계의 현재와 미래에 대한 한국 학계의 인식과 전망 등을 살펴볼 것이다.

---

3 이와 관련하여 1990년대 이후에 출간된 『국가전략』에 한하여 창간호인 1995년 봄·여름호부터 분석범위에 포함시켰으며, 연구 분석 마감 시점인 2013년 11월 현재 5개 저널 모두 2013년도 12월호가 아직 발간되지 못한 점을 밝혀둔다.

표본이 되는 5개의 학술지 검색은 『국제정치논총』, 『한국정치학회보』의 경우, 국내 학술 논문 관련 데이터베이스를 제공하는 DBpia(www.dbpia.co.kr)에서 검색하였으며, 『국가전략』, 『한국과 국제정치』, 『중소연구』는 각 해당 연구소 사이트에서 제공하는 서비스를 통해 검색했다. 검색방식은 제목과 키워드에서 '미국과 중국'을 직접적으로 언급하는 논문을 일차적 대상으로 삼았으며, 이 중 엄밀하게 미·중 관계를 주요 연구대상으로 삼은 논문만을 이차적으로 추렸다. 미·중이 제3국과 동시에 연구되는 경우, 미·중 양자관계가 중심적인 연구 대상이 되는 경우에 한하여 분석대상으로 선정하였다. 따라서 미·중·일 삼각관계처럼 미국과 중국, 그리고 제3국이 동일한 비중으로 논의되는 경우는 제외하였으며, 제3국을 변수로 미·중 관계가 논의되는 경우는 포함하였다. 이러한 분석대상 설정 방식은 이후에 진행될 한반도 주변 4강 간 양자관계(미·일, 미·러, 중·일)에 대한 연구논문의 선정방식에도 동일하게 적용하였다.

3. 미·중 관계 연구 추세 분석

이 장에서는 5개 학술지에 나타난 미·중 관계 관련 연구 논문의 시기별 분석과 한반도 주변 4강 연구와의 비교분석을 통해 한국의 미·중 관계 연구 추이를 살펴본다. 또한 논문 저자의 전공분야별 분류를 통해 한국 학계의 미·중 관계 연구 동향을 평가한다.

1) 시기별 증감 분석

5개 학술지에 발표된 미·중 관계 논문 총 47편을 분석한 결과 시기적으로 다음과 같은 특징을 보이고 있음을 알 수 있다. 미·중 관계에 대한 논문이 2000년대에 들어 처음으로 발표되었으며, 그 결과 1990년대와 2000년대의 미·중 관계 연구의 차이가 뚜렷하게 나타났다. 〈표 2-1〉에서 나타나듯이 한국에서의 미·중 관계 연구는 2000년대 이후에 편중되어 나타났다.

미·중 관계 발표논문을 5년 단위로 나누어 살펴보면 미·중 관계 논문 수가 2000년대에 큰 폭으로 증가했다. 특히 2000년대 하반기(2005~2009)에 발표된 논문의 수는 2000년대 상반기(2000~2004)에 비해 약 2.29배(129퍼센트)의 증가율을 보였다. 〈표 2-2〉에서 나타나듯이

〈표 2-1〉 5개 학술지의 미 · 중 관계 논문 편수의 1990년대와 2000년대 비교

학술지명	총 편수	1990년대 편수	2000년대 편수
국제정치논총	17	없음	17
국가전략	8	없음	8
한국과 국제정치	4	없음	4
한국정치학회보	4	없음	4
중소연구	14	없음	14

〈표 2-2〉 학술지별 미 · 중 관계 발표논문: 단위시기별 비교

단위 시기별	학술지별 논문 편수						
	국제정치논총	국가전략	한국과 국제정치	한국정치 학회보	중소연구	총합	연평균
1990~1994(5년)	0	0	0	0	0	0	0
1995~1999(5년)	0	0	0	0	0	0	0
2000~2004(5년)	3	1	1	0	3	8	1.6
2005~2009(5년)	9	3	0	2	8	22	4.4
2010~2013(4년)	5	4	3	2	3	17	4.25

2000년대에 논문 편수가 크게 증가하였다. 2010년대의 경우 분석기간이 불가피하게 4년에 불과하므로 타 기간과의 공정한 비교를 위해서는 연평균 비교가 필요하다. 연구시점인 2013년 11월 현재 5개 학술지 모두 12월호가 발간되지 않은 상태임을 감안할 때, 2010년대 상반기의 연평균 4.25편이 지난 5년(2005~2009)의 연평균 4.4편에 비해 반드시 감소했다고 볼 수는 없다. 따라서 2000년대 이후로 미·중 관계에 대한 관심이 점차로 증가하고 있는 추세로 분석된다.

그러나 앞의 5년 단위 시기별 분석은 다소 기계적인 추세분석의 성격을 가진다는 한계가 있다. 1990년대 이후 미·중 관계의 변화양

상에 따른 단계시기별 분석을 통해 이를 보완한다면 한국 학계에서의 미·중 관계 연구 추세가 더욱 역동적으로 드러날 수 있다고 판단되었다. 이를 위해 90년대 이후 미·중 관계의 질적 변화를 국제정치의 구조적 변화를 수반하는 결정적 사건을 기점으로 구분하는 접근법을 사용하였다. 그 결과 미·중 관계는 크게 세 번의 질적인 변화를 가진 것으로 구분된다. 1단계(1992~2001)는 1991년 소련이 붕괴하면서 형성된 미국의 단극체제가 공고해진 시기로 미국이 냉전의 승리로 국제정치에서 압도적인 패권과 지도력을 과시하던 기간이다. 상대적으로 중국과의 격차가 큰 상태에서 미국이 아직 중국의 부상에 대해 커다란 경각심을 가지기 전으로 이해된다. 2단계(2001~2007)는 2001년 9.11 테러 사건을 기점으로 미국의 절대적인 패권이 새로운 위협에 직면하면서 이후 아프가니스탄과 이라크를 중심으로 한 테러와의 전쟁에 집중한 시기이다 이 시기 미국이 테러와의 전쟁에 전념하면서 당시 성장을 거듭하던 중국에 경계의 눈초리를 보이면서도 현실적으로는 중국과의 협조를 구하고 중국 역시 이에 적극적으로 화답하여 북핵문제 등에서 양국간 공조가 이루어진 시기이다. 마지막 3단계(2008~)는 2008년 미국발 글로벌 금융위기 발발 이후부터 현재 연구 시점까지이다. 테러와의 전쟁에 국력과 국제적 지도력을 상당히 소진한 미국은 이에 대한 새로운 반성과 함께 가속력이 붙은 중국의 부상에 새로운 관심을 가지기 시작한 시기이다. 실제 중국 스스로도 상대적으로 대등해진 미·중의 경제력과 국제적 지도력을 실감하면서 미·중 관계의 다양한 현안에 좀 더 적극적인 목소리를 내기 시작한 것으로 이해된다.

이러한 미·중 관계의 단계적 질적 변환은 한국 학계의 미·중 관계 연구 추세에 뚜렷하게 나타난다. 〈표 2-3〉에 나타나듯이, 5개 학술

〈표 2-3〉 학술지별 미 · 중 관계 발표논문: 단계시기별 비교

단계	학술지별 논문 편수						
	국제정치 논총	국가전략	한국과 국제정치	한국정치 학회보	중소연구	합계	연평균
1단계: 1992~2001(10년)	2	0	0	0	1	3	0.3
2단계: 2002~2008(7년)	6	4	1	2	7	20	2.9
3단계: 2009~2013(5년)	9	4	3	2	6	24	4.8

지에서 발표된 미·중 관계 논문 총수는 단계시기별로 증가추세를 보인다. 특히 3단계의 경우 1, 2단계보다 기간이 짧음에도 가장 많은 수의 미·중 관계 논문이 발표되었다는 특징을 보인다. 1992년부터 2008년 사이의 총 17년간 총 23편의 미·중 관계 논문이 발표된 반면 2009년부터 2013년의 5년 동안 이보다 많은 24편의 논문이 발표된 것이다. 이를 통해서 볼 때 다음과 같은 분석이 가능하다. 첫째, 중국의 부상이 가시화되면서 미국과 경쟁하는 모습에 대한 한국 사회와 학계의 관심이 어느 때보다 증가하였음을 알 수 있다. 1단계가 미국의 단극질서가 공고히 유지되어 중국이 잠재적 성장국가로 인식되던 시기였던데 반해, 3단계의 경우 2008년 글로벌 금융위기를 겪는 과정에서 미국과 중국 간의 경제력 격차가 빠르게 좁혀진 시기로 중국이 양강체제(G2)의 한 축으로 언급되기에 이르렀으며, 미국 내에서는 패권쇠퇴에 대한 대응으로 현명한 축소전략(Graceful Decline)이 논의되던 시기이다. 둘째, 특히 2단계에 비해 짧은 3단계 기간에 더 많은 논문이 발표되었다는 점이 흥미롭다. 기본적으로 미·중 관계는 양다리 걸치기(hedging) 전략에 따른 상호 경쟁과 협력이라는 이중적 전략이 동시 병

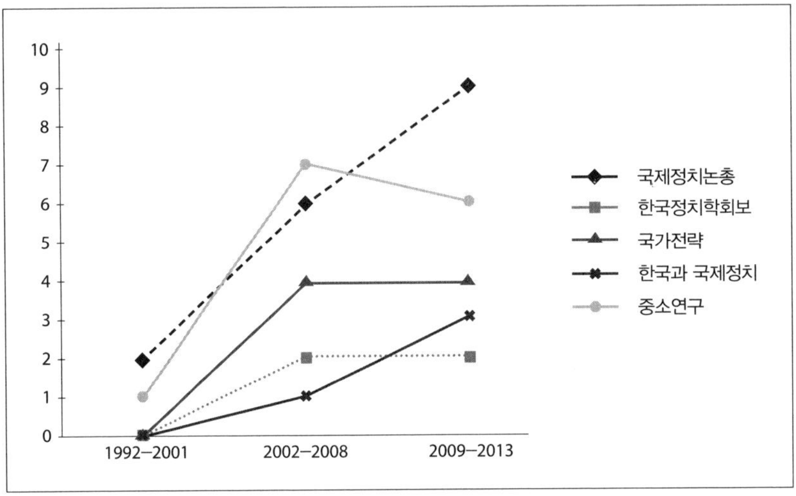

〈그림 2–1〉 학술지별 미 · 중 관계 발표논문: 단계시기별 비교

행되는 모습을 보인다. 그러나 2단계가 9.11 테러 사건으로 미국이 테러와의 전쟁을 위해 중국과 경쟁보다는 협력을 추구했던 모습이 강했던 반면, 3단계는 미·중 간 힘의 격차가 줄어들면서 양자 간 세력전이에 대한 전망이 더 가시화된 시기임을 고려하면 한국 학계에서 미·중 관계의 점증하는 경쟁적 모습과 향후 전망에 대한 관심이 고조된 것으로 추정된다.

〈그림 2-1〉은 앞의 〈표 2-3〉에 나타난 2008년 이후 미·중 관계 논문의 증가 추세를 더욱 확연하게 보여준다.

2) 비중 분석

2000년대 이후 절대적으로 증가하기 시작한 한국 학계의 미·중 관계에 대한 관심에도 불구하고, 전체 국제정치관련 연구에서 미·중 관계 연구가 차지하는 비중은 아직 일천하다. 90년대 이후 미국의 단극질서하에서의 중국의 부상이 본격화되었음에도 불구하고 1990년부터 2013년까지 총 24년 동안 미·중 관계에 대한 분석이 전체 논문수에서 차지하는 비중은 여전히 적은 것으로 드러난다. 〈표 2-4〉에서 나타나듯이 5개의 학술지 중 미·중 관계 연구가 그나마 상대적으로 많이 검색된 『국제정치논총』의 경우 24년간 전체 1,294편 중 미·중 관계 연구는 17편으로 그 비중이 1.3퍼센트에 불과하다. 중국지역 연구를 대표하는 학술지인 『중소연구』의 경우, 지난 24년간 중국을 연구 대상으로 삼은 논문은 총 384편이며 그중 미·중 관계 연구 논문은 14편으로 3.6퍼센트에 불과하다. 이는 한국의 주류 국제정치학계에서 차지하는 중국 전문 연구자의 비중이나 중국 문제 및 미·중 문제에 대한 관심이 타 분야에 비해 여전히 낮다는 것을 보여준다.

한편, 한국 학계에서 미·중 연구에 대한 비중이 얼마나 차지하는지를 평가하기 위한 또 다른 방법으로 한반도 주변 4강의 다른 양자 관

〈표 2-4〉 『국제정치논총』과 『중소연구』에서 미 · 중 관계 연구 비중

비고	논문 총 편수 (1990-2013년)	미 · 중 관계 발표논문 편수	비중(%)
국제정치논총	1,294	17	1.3
중소연구 (중국연구에 국한)	384	14	3.6

〈표 2-5〉 5개 학술지의 미중/미일/미러/중일 관계 논문 편수

양자관계	학술지별 분석대상 논문 편수						
	국제정치논총	국가전략	한국과 국제정치	한국정치학회보	중소연구	합계	비중(%)
미중	17	8	4	4	14	47	52
미일	11	4	1	5	0	21	23
미러	1	1	0	0	3	5	6
중일	9	2	1	1	4	17	19
계	38	15	6	10	21	90	100

〈표 2-6〉 미중/미일/미러/중일 관계 연구논문: 단위시기별 분석

양자관계	1990~1994	1995~1999	2000~2004	2005~2009	2010~2013	총계
미중	0	0	8	22	17	47
미일	3	6	8	2	2	21
미러	0	1	0	3	1	5
중일	2	2	1	5	7	17

계에 대한 연구와 비교분석하였다. 한국은 주변 4강에 둘러싸여 있는 지정학적 위치로 인해 주변 열강들의 정책 및 열강 상호간 관계에 큰 영향을 받는 국가인 만큼, 한반도 주변 4강 간 관계에 대한 한국 학자들의 관심이 기본적으로 높다. 그러나 한정된 시간과 자원을 고려할 때 학자들의 관심은 한국에게 가장 중요한 열강 간 관계에 집중하는 경향을 보일 수밖에 없으며, 이러한 연유로 한반도 주변 4강에 대한 연구와의 상대적 비교를 통해서 미·중 관계에 대한 한국 학계의 인식을 추정하는 것이 가능하다. 이를 위해 지난 20년간 국제정치 분야에서 미·중을 포함하여 여타 미·일, 미·러, 중·일 관계에 대한 논문을 검색한 결과 총 90편으로 조사되었다. 〈표 2-5〉에 나타나듯이 5개의 한국 국제

정치 대표 학술지에 실린 미·중 관계에 대한 논문은 47편으로 가장 많아서, 그다음의 미·일 관계 21편, 중·일 관계 17편, 미·러 관계 5편에 비해 상대적으로 많은 연구가 행해졌음을 알 수 있다.

〈표 2-6〉은 한국에서 한반도 주변 4강 관계 연구와 관련하여 5개 학술지에 발표된 논문의 단위시기별 추이를 보여준다. 이를 단위시기별로 보면 2000년대 중반을 기점으로 미·일 관계 논문 수는 급격히 감소한 데 반해, 미·중 관계와 중일관계 발표논문은 큰 폭으로 증가한 특징을 보인다. 여기서 급증하는 논문들이 모두 중국을 공통적으로 포함하고 있는 점이 흥미롭다. 이는 2000년대 이후 가시화된 중국의 부상이 단지 세계적인 차원이나 미국과의 관계뿐 아니라 한반도를 둘러싼 동북아 지역에서 더욱 중요한 영향력을 행사하기 시작했다는 추론을 가능케 한다. 즉 한반도를 둘러싼 중국의 대외정책이 미국은 물론 여타 주변 4강과의 관계에도 중요한 질적 변화를 가져오고 이것이 한반도와 한국에 더욱 직접적으로 영향을 미침에 따라 중국과 기존 강대국과의 관계에 대한 한국 학계의 관심이 증가한 것으로 추측된다. 특히 이 과정에서 2000년대 들어 두드러진 중·일 간의 세력전이가 한국 학계의 연구 추세에도 뚜렷이 반영되는 경향이 나타난다. 앞의 〈표 2-5〉에 드러나듯이 중국의 본격적 부상 이전에 동아시아의 가장 큰 경제대국이자 미국의 가장 중요한 동맹 파트너였던 일본과 연관한 미일관계 연구가 전체의 23퍼센트로 52퍼센트인 미·중 연구의 절반에도 못 미치는 모습을 보인다. 이는 1980년대 말까지 회자되던 일본의 부상 논쟁이 1990년대 이후 장기적 경제침체로 급속히 사라진 현실을 반영한다. 〈표 2-6〉을 보면 2000년대 전까지 미·중 연구는 전무한 데 비하여 미일 연구는 9편의 연구가 수행되었으나 2000년 이후 뚜렷한 역전현상이 나타나 47편의 미·중 연구가 쏟아져 나오는 동안 미·일 연구는

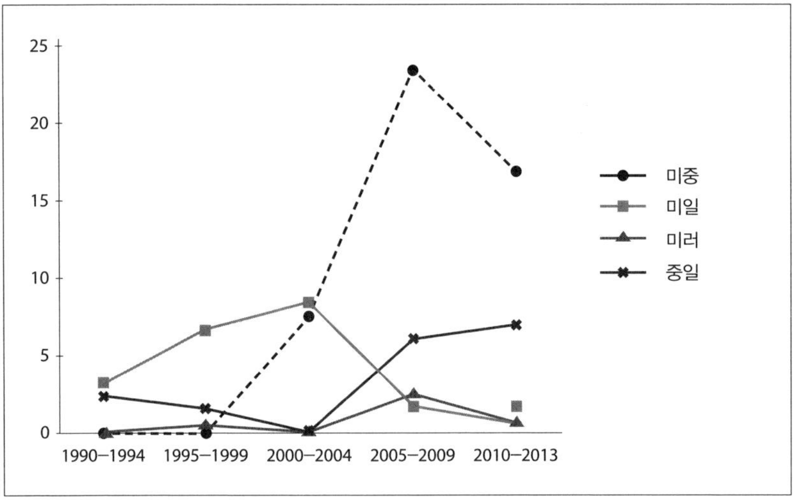

〈그림 2-2〉 미중/미일/미러/중일 연구논문: 단위시기별 분석

2000년대 초 8편을 정점으로 2005년 이후 4편에 그치는 모습을 보인다. 〈그림 2-2〉는 이와 같은 편차가 뚜렷하게 드러나는 모습을 좀 더 명시적으로 보여준다.

3) 연구자 전공 분석

미·중 관계에 대해서 분야별로 접근방식이 상이한바, 미·중 관계 연구논문을 발표한 학자들의 전공 분석을 통해서 한국에서 미·중 관계 연구를 접근하는 방식에 대한 추정이 가능하다. 한국연구재단 홈페이지(www.kci.go.kr)상 연구자 인용 정보란에 표기된 정보를 통해서 본 연구의 분석대상인 총 47편 논문의 저자들을 전공분야별로 정리한 결과는 〈표 2-7〉과 같다. 표를 보면 중국 전문가로 정의된 학자가 4명으로 일반 국제정치나 지역전문가가 압도적으로 많아 보인다. 그러나 실제

〈표 2-7〉 미 · 중 관계 연구논문 저자별 전공(KCI 전공분류)

전공 분야	국제 관계/협력	국제 기구/조직	국제 정치	국제 정치 경제	미국/미주	북한	외교/안보/통일	외교 정책	정치 외교	중국	지역 정치	합계
편수	4	1	2	1	2	1	3	1	4	4	7	30

이들 학자의 박사학위 논문이나 출신교, 학술활동에 나타난 주제 분석을 통해 확인한 바로는 11명의 추가 인원이 중국 전문가로 추정된다. 그 경우 47편 미·중 관계 총 저자 수 30명 가운데 절반인 15명이 중국 전문가임을 알 수 있다. 미·중 관계에 관한 한 중국 전문가와 일반 국제정치학자의 참여가 전체적으로 균형 있게 이루어지고 있는 것이다. 그러나 시기별로 중국 전문가와 타 분야 전문가의 연구 증감을 분석해 보면, 2000년대 전반기에 전반적으로 중국 전문가의 연구가 많고 타 분야 전공자의 미·중 관계 연구는 2008년을 정점으로 후반기에 많아지는 경향이 드러난다. 미·중 관계에 관한 총 47편의 논문 중 비중국 전문가에 의한 연구는 총 16편으로 이들은 2000년에서 2006년 사이에 4편이 발표된 반면, 2007년 이후 13편의 논문이 발표되고, 특히 이 중 9편이 2010년 이후에 발표되었다. 이러한 추세는 미·중 관계가 2000년대 후반 이후 국제정치의 가장 중요한 현안이자 동북아와 한반도의 주요 관심사로 떠오름에 따라 미국이나 기타 비중국 전공자의 미·중 관계에 대한 관심과 연구가 늘어난 것을 나타낸다.

4. 미·중 관계 연구에 대한 내용 분석

1) 주제 분석

먼저 연구 주제의 일반적인 정치, 경제, 안보적 분류로 본 한국의 미·중 관계 연구는 미·중 간의 세력전이나 패권 및 군사경쟁 등을 논한 연구가 전체 연구의 72퍼센트를 차지하며 주류를 차지한다. 그다음이 미·중 간의 경제문제를 다룬 것으로 12.5퍼센트에 이르며 나머지는 각자 특수한 영역의 개별적인 연구 주제를 다룬 것이다. 이는 한국의 미·중 연구가 주로 미·중 간의 패권경쟁이나 그것이 가지는 안보, 군사적 함의에 가장 많은 관심을 가지고 있음을 반증한다. 여기에는 앞서 지적하였듯이 한반도가 미·중의 지정학적 패권경쟁의 중심에 있게 됨에 따라 미·중 사이에서의 선택지를 고민하는 한국의 모습을 드러낸다. 물론 미·중 간의 세력전이나 패권경쟁은 미국이나 중국에서도 일반적으로 가장 많이 논의되는 주제이다. 그러나 그 비중과 관심의 정도가 한국처럼 심한 편차를 가지고 드러날지는 의문스럽다. 이는 결국 19세기에 이어 21세기에 들어서 심화되는 한반도의 지정학적 변화의 정도가 상당히 심각하게 인식되고 있음을 나타낸다.

그러나 한편으로 이러한 편중 현상이 본 연구의 분석대상으로

〈표 2-8〉 연구 분야별 미 · 중 관계 연구논문 분류

연구 주제	국제정치 논총	국가전략	한국과 국제정치	한국정치학 회보	중소연구	계
안보	12	6	4	2	10	34(72.%)
경제	2	0	0	2	2	6(12.5%)
기타	3	2	0	0	2	7(14.6%)
총 계	17	8	4	4	14	47

삼은 학술지의 성격에 영향받을 수 있음을 지적할 수 있겠다. 즉 분석대상인 5개의 학술지가 모두 정치학 분야의 전공자들이 주로 투고하는 학술지라는 점에서 이러한 편중 현상이 두드러질 수 있다는 것이다. 또한 앞의 연구자 분석에서 보듯이 총 47편의 연구논문 중 중국 전공자 15명에 의한 저작이 31편으로 다수를 차지하고 있다. 문제는 중국 연구자의 대부분이 정치학 전공자라는 점이다. 미·중 관계의 이중성이 일반적으로 경제 분야의 협력과 정치, 군사의 경쟁으로 나타난다는 점에서 연구자의 정치학적 배경은 미·중 관계를 경쟁관계로 접근하는 기본시각에 영향을 미칠 수 있음을 배제할 수 없다. 그럼에도 정치, 군사 부분에서 주로 경쟁관계로 비추어지는 미·중 관계 자체도 현실을 반영한다고 볼 수 있다. 그리고 이러한 현실이 한국의 연구자들에게 더욱 가중치를 가질 수밖에 없다는 사실도 한국이 처한 지정학적 현실을 반영한다. 〈표 2-8〉은 이와 같은 한국에서의 미·중 관계 연구의 주제별 편차를 요약하여 보여준다.

미·중 관계 연구에 대한 내용 분석에서 세부 주제별 분석을 해보면 크게 다섯 분야로 나뉘는 경향을 보인다. 가장 많은 16편의 논문이

미·중 간의 일반적인 양자관계를 다루고 있다.[4] 다음으로 많은 12편의 논문이 중·미 관계와 한반도 문제를 다루고 있다. 이 중 7편이 중·미 관계가 한국에 가지는 의미를 분석하고 있으며,[5] 4편은 중·미 관계와 북한문제의 함수를,[6] 나머지 1편은 한반도 전반의 문제를 다룬 것으로 분류된다.[7] 다음은 미·중과 한반도 이외 지역의 다른 국가나 동아시아와의 관계를 연구한 논문으로 9편에 이른다. 이들을 자세히 보면 미·중 관계와 동아시아 혹은 아태지역의 안보 질서를 다룬 연구가 4편이었으며,[8] 다음으로는 대만문제를 둘러싼 미·중 관계를 다룬 연구가 3편이었다.[9] 그 외에 미·중과 아시아, 그리고 중남미 관계를 다룬 연구가 각

---

4 김재관, "21세기 중국의 대국화 신안보전략: 미·중 간의 안보외교를 중심으로," 『한국과 국제정치』, 제19권 1호(2003), pp. 1-34; 김재철, "패권, 다극화, 그리고 중미관계: 세계질서를 둘러싼 경쟁?" 『국제정치논총』, 제42집 4호(2002), pp. 279-311; 신종철, "국제전략환경의 변화와 중미관계," 『중소연구』, 통권106호(2005), pp. 113-141; 서정경, "미·중 민족주의의 특성과 양국관계," 『국가전략』, 제19집 3호(2013), pp. 5-43 등이 있다.

5 "중국의 부상과 미국의 대응: 한국에 대한 안보적 함의," 『국가전략』, 제17권 1호(2011), pp. 5-37; 백창재, "미·중 관계의 장래와 한국외교," 『한국과 국제정치』, 제27권 4호(2011), pp. 67-91; 남창희, "미·중 관계의 미래와 주한미군 조정," 『중소연구』, 통권90호(2001), pp. 113-135 등이 있다.

6 김흥규, "21세기 변화 중의 미·중 관계와 북핵문제," 『한국과 국제정치』, 제27권 1호(2011), pp. 213-245; 박홍서, "탈냉전기 중미 간 '협조체제'의 출현?: 9.19 공동성명 후 북핵문제에 대한 중미간 협력," 『국제정치논총』, 제47집 3호(2007), pp. 77-97 등이 있다.

7 조동준, "미·중 대화에서 나타난 적수 게임과 동맹 게임: 한반도 사례와 월남 사례 비교 연구," 『국제정치논총』, 제45집 3호(2005), pp. 57-79.

8 미·중과 동아시아를 다룬 논문으로는 김우상, "미·중 관계의 미래와 동아시아 안보질서 전망," 『국제정치논총』, 제40집 4호(2000), pp. 7-26; 신종호, "탈냉전기 중미간 아태지역 안보관계: 인식과 정책을 중심으로," 『중소연구』, 통권 102호(2004), pp. 37-69; 이삼성, "21세기 동아시아 지정학: 미국의 동아태지역 해양패권과 중미관계," 『국가전략』, 제13권 1호(2007), pp. 5-32; 서정경, "동아시아지역을 둘러싼 미·중 관계: 중국의 해양대국화를 중심으로," 『국제정치논총』, 제50집 2호(2010), pp. 87-114.

9 신상진, "대만문제와 미·중 관계," 『중소연구』, 통권 109호(2006), pp. 39-66; 문흥호,"중미관계와 대만문제: 미국의 대대만정책을 중심으로," 『중소연구』, 통권 117호

〈표 2-9〉 연구 세부주제별 미 · 중 관계 연구논문 분류

연구주제	국제정치논총	국가전략	한국과 국제정치	한국정치학회보	중소연구	계
미 · 중 관계 일반	5	5	1	0	5	16(34%)
한반도와의 관계(한국)	0	1	2	1	3	7(14.9%)
한반도와의 관계(북한)	3	1	1	0	0	5(10.6%)
제3국과의 관계	3	1	0	1	4	9(19.1%)
기타	6	0	0	2	2	10(21.3%)
총 계	17	8	4	4	14	47

1편씩이다.[10] 마지막으로 특정한 이슈 영역에서의 미·중 관계를 다룬 연구들로 10편이 있다. 이들은 미·중 관계를 자신들이 전공하는 특정 이슈분야를 통해 살펴보는데 기후변화, 국제투자 거버넌스, 정보화 표준경쟁, 에너지, 우주공간 군비경쟁 등의 분야에서 미·중 간의 경쟁과 협력 관계를 분석한다.[11]

〈표 2-9〉는 세부 주제별 미·중 관계 연구 현황을 정리한 것이다.

(2008), pp. 15-40; 우병국, "동아시아에서의 미·중 간 세력전이가 양안관계에 미치는 영향," 『국제정치논총』, 제49집 1호(2009), pp. 117-142.

10 김예경, "중미 간의 세력경쟁과 아세안의 균형전략(Balanced Strategy): 약소국의 중추적 역할(pivotal role) 찾기," 『한국정치학회보』 제42집 1호(2008), pp. 319-350; 문흥호·신종호, "중국의 대중남미정책과 중미관계," 『중소연구』, 통권 111호(2006), pp. 113-144.

11 신범식, "기후변화의 국제정치와 미·중 관계," 『국제정치논총』, 제51집 1호(2011), pp. 127-158; 나영주, "미국과 중국의 군사우주전략과 우주 공간의 군비경쟁 방지(PAROS)," 『국제정치논총』, 제47집 3호(2007), pp. 143-164; 김치욱, "미·중 관계와 아시아 투자 거버넌스의 동학," 『한국정치학회보』, 제46집 4호(2012), pp. 279-311; 김상배, "정보화시대의 미중 표준경쟁: 네트워크 세계정치론의 시각," 『한국정치학회보』, 제46집 1호(2012), pp. 383-426; 윤근로, "온실가스와 에너지 연계성: 중미 간 갈등과 협력," 『중소연구』, 제33권 2호(2009), pp. 45-67.

주제별 비중에서 역시 미·중 관계 일반(34퍼센트)이 한반도 문제(25.5퍼센트)와 더불어 한국 학계의 중·미 관계 연구의 주축을 이루고 있음을 알 수 있다.

미·중 관계 일반

앞에서 살펴본 다섯 가지 세부 주제별 미·중 관계 연구의 구체적 내용을 알아보면 다음과 같은 특징이 나타난다. 먼저 미·중 관계 일반을 다룬 연구를 분석해볼 때, 첫째, 이들의 초기 연구는 대부분 중국 전문가들에 의해 수행되었다는 점이 드러난다. 이들의 연구는 미·중 관계를 분석할 때 주로 중국의 입장이나 변수가 미·중 관계에 어떻게 투영되고 작용하는지를 설명하는 경향을 보인다. 이동률과 한석희의 경우 중국 민족주의가 미·중 관계의 대립과 협력에 미치는 영향을 분석한다. 이들은 중국의 민족주의가 한편으로는 미·중 관계에서 대립의 요소로 작용함을 지적하면서도 동시에 정부 주도에 의해 어느 정도 조절되는 실용주의적 성격임을 지적한다. 그 결과 미국과의 전면적인 대결을 피하고 협력을 도모하는 이중성을 가지는 것으로 분석한다.[12] 한편 김재관은 중국의 변화하는 군사전략과 안보개념이 미·중 관계에 어떠한 영향을 미칠지를 분석한다. 그에 따르면 중국의 군사현대화 노력과 신안보전략은 강대국 간 전통적인 핵균형을 깨는 부시행정부의 미사일방어와 같은 미국의 공세적인 군사안보전략에 대한 수세적이고 현실적 대응의 성격이 강하다고 주장한다. 따라서 선부른 중국 군사대

12 이동률, "중국 민족주의가 대외관계에 미치는 영향: 중미관계를 중심으로," 『한국정치학회보』, 제41집 3호(2001), pp. 257-277; 한석희, "탈냉전기 중미관계에 있어서 중국 민족주의의 역할," 『중소연구』, 통권 95호(2002), pp. 117-138.

국화나 위협론을 경계해야 하며 중국의 대외정책에 대하여 좀 더 객관적인 평가가 필요하다고 주장한다.[13]

또한 이들은 미·중 관계의 형성이나 전개가 미국의 주도로 전개된다고 본다. 아직까지 중국은 미국에 비해 국력의 수준이 떨어지기 때문에 미국 주도의 국제질서에 편승하는 모습을 보인다는 것이다. 따라서 미·중 관계는 미국의 주도와 중국의 반응이 반복되는 구도로 전개된다고 분석한다.[14] 따라서 이들의 대부분은 미·중 관계 갈등의 기본 요인이 미국의 중국에 대한 과도한 위협인식 및 견제, 패권유지를 위한 봉쇄나 공세적 접근에 기인한다고 분석하는 경향을 보인다. 이는 초기 부시 행정부하에서 9.11 테러 사건 이후 미국의 정책이 전반적으로 테러와의 전쟁하에 공세적 성격을 띠고 중국에 대해서는 선략적 경쟁관계로 접근하는 모습을 보인 현실이 작용한 것으로 분석된다. 이는 미·중 관계의 미래는 결국 미국이 중국과의 관계를 어떻게 설정하기로 하는가에 따라 좌우된다는 기본 입장으로 연결된다.

둘째, 2000년대 초중반의 미·중 관계 연구가 주로 중국 전문가에 의해 이루어졌다면 2008년을 전후하여 일반 국제정치학자나 미국 전문가 등 여타 영역의 전문가들이 미·중 관계에 대한 연구를 수행하기 시작하는 모습을 볼 수 있다.[15] 이런 모습 뒤에는 2008년 미국이 경

---

13 김재관(2003); 김재관, "미국의 미사일 방어정책에 대한 중국의 인식과 전략," 『국가전략』, 제10권 1호(2004), pp. 37-74.

14 최진우, "경제적 상호의존과 국제정치: 미중 관계의 전개와 미국의 선택," 『중소연구』, 통권 112호(2006/2007), pp. 13-37.

15 김준형, "G2 관계 변화와 미국의 대중정책의 딜레마," 『국가전략』, 제18권 1호(2012), pp. 5-26; 설인효, "군사혁신(RMA)의 전파와 미중 군사혁신 경쟁," 『국제정치논총』, 제53집 3호(2012), pp. 141-169; 김치욱, "네트워크 이론으로 본 미중 자유무역협정(FTA) 경쟁," 『국제정치논총』, 52집 1호(2012), pp. 161-190; 김상배(2012); 신범식(2011); 이상현(2011).

제 위기를 겪으면서 미국의 쇠퇴와 중국의 상대적 부상이 보다 가시화되면서 중국에 대한 전반적인 관심이 증가된 배경이 있다. 실제 이러한 중국에 대한 관심은 미국 스스로가 오바마 행정부의 출범과 더불어 부시 행정부에서 중시되던 테러와의 전쟁을 축소하고 중동에서 아시아로 외교안보 정책의 축을 옮길 것을 선언한 것이 직접적인 촉발제가 되었다. 즉 일반 국제정치 연구자나 미국 연구자의 입장에서 미국의 가장 중요한 외교 정책의 핵심이 중국으로 설정되면서 자연스럽게 미·중 관계에 대한 정책적, 학문적 관심이 증대된 것이다.

셋째, 미·중 간의 갈등과 대결을 촉발할 가장 직접적인 원인의 하나로 대만문제를 둘러싼 미·중의 입장 차이와 갈등이 지적된다.[16] 그러나 한편으로 2000년대 후반에 들어서면서 대만 문제의 상대적 중요성이 감소되는 경향을 보인다. 대신 중국의 급속한 부상이 가져오는 국제정치의 구조적 변화 요인이 더 근본적인 미·중의 갈등요인으로 대두되는 모습을 보인다. 여기에는 보다 실용주의적 양안정책을 내세우는 국민당 마잉주 정권의 등장으로 대만의 국내정치적 불안정성이 상대적으로 해소된 점이 작용한 것으로 보인다. 대신 최근 남중국해를 둘러싼 동남아 국가와의 갈등이나 일본과의 영토갈등은 중국의 지속적인 부상에 따른 신중국지도부의 좀 더 공세적이고 패권적인 행태가 투영된 것으로 분석한다. 이러한 분석은 미·중 간의 패권경쟁이 동아시아 지역을 중심으로 본격화될 것으로 보는 전망을 낳는다.[17] 즉 21세기는 미·중 간의 갈등 요인이 대만이라는 특수한 역사적 변수보다는 미·중의 세력전이에 따른 구조적 변수와 다른 폭넓은 이슈영역으로 확산되

16 신상진(2006).

17 김우상(2000); 신종호(2004); 이삼성(2007); 서정경(2010).

고 있다는 한국 학계의 분석과 인식변화를 투영한다.

미·중과 한반도

미·중과 한반도를 다룬 연구에서 드러나는 첫 번째 특징은 이들이 대부분 2000년대 후반 특히 미·중 관계가 보다 대등해지는 시기로 돌입하는 2008년 이후에 집중하여 나타나기 시작한다는 점이다. 미·중 관계와 한국을 다룬 논문 7편 중 6편이 2009년 이후에 행해진 연구들이고 미·중 관계와 북한을 다룬 5편의 논문 중 4편이 2007년 이후에 행해졌다.[18] 두 번째 특징은 연구자의 다수가 중국전문가가 아닌 일반 국제정치학자나 미국 전문가들이라는 점이다.[19] 이는 앞서 살펴본 미·중 관계 일반을 다룬 연구에서와 마찬가지로 2008년 이후 미·중 관계가 첨예한 국제정치 문제로 대두되고 특히 이것이 한반도에 미치는 영향력이 커짐에 따라 이 사이의 전략적 선택을 고민하기 시작한 한국의 상황을 극명하게 나타낸다. 세 번째, 이들은 전반적으로 2008년 이후 가시화된 중국의 부상이 일시적인 현상보다는 장기적인 흐름으로 파악한다. 따라서 미국과의 동맹을 주축으로 설계된 한국의 외교·안보 전략이 수정되어야 하며, 대부분의 연구들이 미·중 사이에서 한국의 선택지에 대해 미국과 중국 중 어느 한쪽을 택하기보다는 양국과의 관계를 동시에 강화할 것을 추천한다.[20] 보다 구체적 전략으로 남창희

---

18 한반도와 관련하여 유일하게 2000년대 초기에 행해진 연구로 미·중 관계와 주한미군 조정을 다룬 남창희(2001) 가 있으며 조동준의 연구는 2005년에 미·중 관계와 한반도의 동맹문제를 다루고 있다.

19 대표적인 사례로 백칭제(2011); 이상현(2011); 전재성, "2008년 경제위기와 미·중 관계의 변화, 한국의 전략," 『한국과 국제정치』, 제28권 1호(2012), pp. 123-153 참조.

20 남창희(2001); 이상현(2011); 전재성(2012).

와 백창재는 한국의 동맹전략이 여전히 미국과의 동맹을 유지할 수밖에 없지만, 중국의 한미동맹에 대한 우려를 불식하기 위해 한국이 동아시아 지역 내 다자주의에 더욱 적극적으로 나설 것을 제안한다.[21] 한편으로는 21세기 국제정치의 네트워크화를 지적하며 한국이 미국과 더불어 중국과 중층적 복합 네트워크를 창출하여 한·미 동맹과 한·중 관계가 배타적이지 않게 작동하도록 할 것을 주문한다.[22] 한편 미·중과 북한문제를 다룬 연구에서는 공통적으로 북한 문제가 미국과 중국의 협력적 기제가 작동하는 중요한 사례로 보는 경향이 나타난다. 미·중 모두 한반도의 비핵화라는 기본목표를 공유하는 가운데, 미국이 북한문제 해결에 중국의 역할을 기대하고, 이에 중국이 긍정적으로 협력하는 모습이 나타났다는 것이다.[23] 문제는 이들의 협력에도 불구하고 북한의 핵포기를 위한 노력에는 한계가 드러났다는 점이다. 이는 북한 핵을 둘러싼 북한 및 한반도 문제에서 미·중 간에 이해관계의 우선순위에서 차이가 존재한다는 현실과 이를 적극적으로 활용한 북한의 주도적인 전략에 미국이나 중국의 영향력이 한계를 가진다는 점이 지적된다.[24]

---

21 남창희(2001); 백창재(2011).

22 이상현(2011); 전재성(2012); 김흥규, "전략적 경쟁에서 전략적 협력으로: 미·중 관계 변화와 한국에의 함의," 『중소연구』, 제33권 3호(2009), pp. 15-38.

23 신상진, "대만문제와 북핵문제를 둘러싼 중미관계: 동북아 안보위기의 협력적 관리," 『국가전략』, 제13권 3호(2007), pp. 55-87; 박홍서, "탈냉전기 중미 간 '협조체제'의 출현?: 9.19 공동성명 후 북핵문제에 대한 중미 간 협력," 『국제정치논총』, 제47집 3호(2007), pp. 77-97.

24 조동준(2005); 김흥규(2011); 이상숙, "북미중 전략적 삼각관계와 제2차 북핵위기: 북한의 위기조성 전략을 중심으로," 『국가전략』, 제10권 1호(2009), pp. 129-148.

미·중과 동아시아

미·중과 한반도를 제외한 여타 동아시아 지역의 관계에 대한 연구는 먼저 동아시아 지역에서 미·중 간의 세력경쟁과 협력을 다룬 논문이 3편, 대만문제에 관한 논문 3편이 있다. 신종호는 2004년 연구에서 아태지역 안보에 관한 미국과 중국의 상이한 인식과 접근을 고찰하면서 미국은 아태안보를 양자동맹 중심으로 추진하는 반면 중국은 이에 대응하는 다자안보기제를 중시하는 상이한 접근법을 보인다고 분석한다. 그럼에도 양국은 각자 내부의 사정에 의해 서로간 협력의 필요성을 강조하며, 그 대표적인 사례로 북핵문제 해결을 위한 공동노력의 모습을 보인다고 주장한다.[25] 이에 반해 이삼성은 2007년 연구에서 미국의 동아태지역 해양패권의 기득권 유지노력과 중국의 국력팽창이라는 역사적 추세와 맞물려 미·일 동맹과 상하이 협력기구를 통한 중소연합 간의 양자 갈등구조로 전개될 가능성을 제기한다.[26] 동아시아 지역을 둘러싼 미·중의 패권경쟁은 결국 지역특성상 해양 패권을 둘러싼 중국의 '해양대국화 추진에 따른 미국의 적극적 견제'로 나타날 것으로 예견된다.[27] 한편 미·중 간 핵심사안의 하나인 대만과 관련하여 신상진은 2000년대 중반 대만 내 분리독립 움직임의 득세로 이를 둘러싼 양국관계가 악화되던 상황을 주시하며 중·미가 군사적 충돌을 벌일 개연성이 있으며, 이 경우 미·중 간의 무력분쟁에 한국이 연루될 가능성을 경고하였다.[28] 그러나 문흥호는 미국이 대만문제에서 통일과 독립의 중간에서 불필요한 군사대결을 피하는 최적의 양안관계를 관리하

---

25 신종호(2004).

26 이삼성(2007).

27 서정경(2010).

28 신상진(2006).

는 정책을 폄으로써 양안관계에 대한 보다 낙관적 전망을 내놓았다.[29] 우병국은 나아가 미·중 양국이 세력전이 과정에서 상호 대결을 피하기 위해 대만 문제의 현상유지와 안정을 위해 전략적 협력을 강화하는 모습을 보이고 있다고 분석한다.[30] 한편 김예경은 미·중 간의 세력경쟁의 장이 된 약소국이 양국의 갈등을 이용해 국제적 지위를 확보하고자 하는 아시아의 균형전략을 분석한다.[31] 문흥호와 신종호는 무역과 경제협력을 중심으로 한 중국의 제3세계 외교가 중남미에서 서서히 확대되고 있는 모습을 고찰한다.[32] 신종호는 미국의 아시아 양자동맹체제에 대한 대응전략으로 중국이 추구하는 다자안보협력 노력을 ARF, SCO, 6자회담을 중심으로 분석한다. 중국의 다자안보에 대한 새로운 관심과 참여는 미국과의 전략적 경쟁의 모습을 내포하면서도 동시에 아태지역의 대화와 공동안보 의식을 함양하여 미·중 간의 평화적 세력전이 내지는 평화공존의 기폭제로 작용하는 가능성을 보여준다고 분석한다.[33]

기타

2000년대 후반 미·중 관계가 지역연구뿐 아니라 일반 국제정치의 핵심 화두로 떠오르면서 양국 관계가 동아시아를 중심으로 한 특정 지역이 아닌 국제정치의 주요 영역에 드러나거나 미치는 영향을 분석한 연구들이 나타나기 시작하였다. 이들 연구는 중국지역 전문가보

---

29 문흥호(2008).

30 우병국(2009).

31 김예경(2008).

32 문흥호·신종호(2006).

33 신종호, "중국의 다자안보협력 전략과 미·중 관계: ARF, SCO, 6자회담 분석을 중심으로," 『중소연구』 116호(2007/2008 겨울), pp. 141-168.

다는 일반 국제정치학자나 여타 지역전문가에 의해서도 수행되는 모습을 보인다. 김치욱은 국제정치경제 분야에서의 미·중 관계를 고찰하면서 양자가 양자투자협정을 통한 아시아 투자 거버넌스의 형성에서는 상호 수렴하는 모습을 보이는 반면, 자유무역협정의 경우는 아태무역질서에서 자국 FTA 네트워크의 확산을 놓고 경쟁하는 모습을 보인다고 분석한다.[34] 김상배는 미·중이 정보화시대를 맞이하여 인터넷과 소프트웨어 분야에서 새로운 표준의 수립을 놓고 기술, 제도, 이념의 세 차원에서 또 다른 형태의 패권경쟁을 벌이고 있다고 분석한다.[35] 설인효는 중국이 미국에 의해 선도되는 군사혁신을 자국의 상황에 맞게 취사선택함으로써 더 효과적으로 미국과의 군사력 격차를 줄이기 위해 노력하는 모습을 고찰한다.[36] 신범식은 지역적 차원에서는 경쟁적인 미·중 관계가 기후변화와 관련한 지구적 차원의 문제에서는 공통의 이해관계를 가지며 협력적인 모습을 보이기도 한다고 주장한다.[37] 한편 중국을 전공한 연구자 중에서도 미·중 관계를 지역 중심의 시각에서 벗어나 지구적 차원이나 좀 더 다양한 국제정치의 일반 영역에서 분석하려는 움직임이 엿보인다. 나영주는 미·중 간의 군비경쟁이 우주영역으로 확대되는 모습을 고찰하면서 이것이 우주공간에서 군비경쟁을 방지하기 위한 국제사회의 논의에 미치는 영향을 분석한다. 우주기술과 개발에 앞선 미국은 유엔과 제네바 군축회의에서 논의되는 우주공간 군비경쟁금지의 조약화에 반대하는 반면 중국과 러시아는 다수

---

34 김치욱(2012), "미·중 관계와 아시아 투자 거버넌스의 동학"; "네트워크 이론으로 본 미중 자유무역협정(FTA) 경쟁".

35 김상배(2012).

36 설인효(2012).

37 신범식(2011).

의 국가들과 연합하여 조약화에 긍정적인 모습을 보임으로써 미국을 궁지에 몰고 있다는 것이다. 이러한 미·중의 우주를 둘러싼 경쟁은 반위성무기 실험 경쟁을 통해 더 직접적으로 드러나기도 한다.[38] 이에 반해 기후변화와 관련한 온실가스 배출을 줄이기 위해 양국은 중·미 전략경제대화 등을 통해 에너지 효율 향상, 대체에너지 개발 등에서 협력을 강화하는 모습을 보이기도 한다. 이러한 양자협력은 기후변화와 관련한 국제체제의 논의와 형성에서도 좀 더 긍정적인 '실천을 위한 동맹'의 협력 가능성으로 나타나기도 한다.[39]

2) 저자 관점 분석

방법론

한국 학계의 미·중 관계 연구는 대부분 질적 방법론을 통해 이루어지고 있다. 대부분의 연구가 미·중 관계 전반이나 영역별, 사안별 문제에 대해 각종 정부문서나 미국과 중국의 정책 보고서 혹은 연구 논문 등을 통해 분석하고 있다. 초기 미·중 연구의 주를 이루는 중국전문가들의 연구는 대부분 특정한 시기나 사안을 중심으로 전개된 미·중 간의 상호작용을 주요사건 중심으로 서술적으로 나열하고 분석하는 모습을 보인다. 후반기에 들어 일반 국제정치학자들에 의한 연구는 특정한 사례 연구를 통해 좀 더 다양한 서술 접근법을 시도하는 경향이 나타나는데 예를 들면 미·중 간의 19세기 후반 프러시아-독일 모델의

---

38 나영주(2007); 정종필, 박주진, "중국과 미국의 반위성무기 실험경쟁에 대한 안보딜레마적 분석," 『국제정치논총』, 제50집 2호(2010), pp. 141-166.

39 윤근로(2009).

전파 사례를 통해 현재 미·중의 군사혁신 노력을 고찰하거나 2차 북핵 위기, 월남전과 한반도 비교, 대만문제, 미·중 전략경제대화 등의 사례 분석을 통해 미·중 관계를 분석하기도 한다.[40] 이러한 가운데 중국 전문가인 서정경은 2000년 이래 중국학계에서 출판된 미국 전문가들의 문헌 분석을 통한 중국 내 학계의 대미 인식 변화를 구성주의적 만족도, 합리주의적 만족도, 반패권의식 개념을 사용하여 분석하였다. 이를 통해 중국 내에서 논의되는 미국의 국제적 위상, 중국의 국제체제 편입과 중·미 관계 전망에 대한 흥미로운 분석을 제시한다.[41] 이렇듯 아직은 일천한 한국의 미·중 연구가 최근 들어 좀 더 다양한 서술 접근 방법을 보임에도 불구하고 여전히 기본적으로는 특정 사안에 대한 역사적 고찰이나 상황 기술 등을 토대로 한 서술 분석이 대종을 이루고 있는 것이 현실이다. 이는 미국이나 중국에서의 미·중 연구와 마찬가지로 여타 통계적 분석방법이나 공식이론의 적용이 거의 전무한 '방법론적 미분화' 상태에 있음을 반증한다.

이론적 틀

'방법론적 미분화'가 미국이나 한국의 미·중 연구가 공유하는 과제라면 '이론적 미분화'는 한국 학계가 미국에 비해 더욱 분발해야 할 과제로 다가온다. 냉전 이후 미국에서 본격화된 미·중 연구는 현실주의, 자유주의, 구성주의 및 그 하부 국제정치이론의 다양한 이론과 가설들을 적용하여 활발한 논쟁이 전개되는 모습을 보인다. 이에 비해 한

40 설인효(2012); 이상숙(2009); 조동준(2005); 신상진(2006); 서정경(2009).

41 서정경, "중국의 부상과 대미 인식의 변화: 중국학계의 논의를 중심으로," 『국가전략』, 제14권 2호(2008), pp. 37-74.

국의 경우 대부분의 연구들이 특정한 이론적 틀을 사용하기보다 중국의 부상과 미국의 패권유지 노력이라는 현실주의 국제정치이론의 기본 틀을 배경으로 중·미 관계를 분석하고 있다.[42] 이러한 가운데, 김재관의 경우 미·중 상호 대응전략을 설명하는 개념 틀로서 '신현실주의'와 '공세 현실주의', '수세 현실주의'와 '신자유주의'의 두 가지 이론 틀을 통해 어떤 정책목표들이 상호 대칭적으로 작용하는지를 분석하고 있다.[43] 박홍서는 9.19 공동성명 후 북핵문제에 대한 중·미 간 협력을 '신고전 현실주의' 이론의 하위개념인 '이익균형' 개념을 적용하여 분석한다.[44] 정종필, 박주진은 미·중의 우주에서의 군비경쟁을 공격방어균형 및 동기의 불확실성에 기반한 안보딜레마 개념을 사용하여 분석한다.[45] 최진우는 미·중의 경제관계를 현실주의 대 자유주의/구성주의 이론을 통해 분석하고 미국이 당분간은 자유주의/구성주의 접근에 입각하여 중국과의 경제교류를 지속할 것으로 분석한다.[46] 서정경은 동아시아 지역에서의 미·중 간의 경쟁을 신현실주의와 신자유주의 이론을 적용하여 미국의 해양패권 유지의도와 중국의 해양대국화 추진 간의 근원적 긴장관계를 분석한다.[47] 백창재와 전재성은 미·중 관계의 협력과 갈등을 설명하는 기존의 현실주의, 자유주의, 구성주의 접근을 종합적으로 고찰하며 이들 가운데 현재 드러나는 미·중 관계의 특성

---

42 이삼성(2007); 김예경(2008); 우병국(2009).

43 김재관, "미중 양국의 패권경쟁심화와 상호대응전략의 비교," 『국제정치논총』 제46집 3호(2006), pp. 141-168.

44 박홍서(2007).

45 정종필, 박주진(2010).

46 최진우(2006/2007).

47 서정경(2010).

을 시기와 사안에 따라 선택적으로 적용한다.[48] 김치욱과 김상배는 기존 현실주의와 자유주의 이론이 가지는 한계를 지적하며 네트워크 이론을 이용하여 미·중의 아시아 투자 거버넌스와 자유무역협정, 그리고 정보화 시대의 표준경쟁을 놓고 벌이는 협력과 경쟁을 분석하였다.[49] 문제는 이러한 연구들이 현실주의나 여타 이론들의 적용이 여전히 초보적인 틀에 머물거나 이를 뒷받침할 풍부한 사례나 자료 제시가 부족해 보인다는 점이다.

한편 한국 학계의 경우 중·미 관계의 기본 구조와 전망을 분석하는 이론적 틀로 현실주의 관점이 지배적이다. 이들은 중·미 간의 국력 차이가 현실로 존재하는 2000년대 중반까지는 중국이 미국과의 협조를 중시하는 '편승' 현상에 주목한다. 그러나 2008년 미국의 경제위기를 계기로 중국이 좀 더 자신감을 가지면서 미국에 더욱 적극적으로 '도전'하는 구도가 나타난다고 설명한다.[50] 그러나 이것이 곧바로 중국의 미국패권에 대한 전면적인 도전이나 대결로 이어진다기보다는 중국이 좀 더 동등한 지위를 미국에 요구하고 과거에 비해 상대적으로 다양한 양자 간 사안에서 공세적인 모습을 취할 것으로 보고 있다. 문제는 이러한 중국의 미국에 대한 도전이 전 지구적 차원보다는 중국이 핵심이익으로 규정하는 사안들이 주로 표출되는 한반도와 동북아를 포함한 아시아를 중심으로 더 강경하게 나타날 것이라는 점이다.[51] 중

48 백창재(2011); 전재성(2011).

49 김치욱(2012), "미·중 관계와 아시아 투자 거버넌스의 농학"; "네트워크 이론으로 본 미중 자유무역협정(FTA) 경쟁"; 김상배(2012).

50 김재철, "세계 금융위기와 중국의 대미 정책," 『중소연구』, 제34권 2호(2010), pp. 15-40.

51 신종호, "중국의 국제위기관리 행태 및 중미관계에 대한 함의," 『중소연구』, 제34권 2호(2010), pp. 107-143.

국은 국제적 차원의 다양한 사안에서는 여전히 미국과 협조할 필요와 가능성이 상대적으로 높지만 한반도를 포함한 동북아 지역에서는 직접대결을 피하면서도 역내 영향력 확대를 위한 경쟁이 심화될 것이라는 전망이다.[52]

미·중 관계 연구의 핵심 질문인 경쟁과 협력에 대해 한국의 연구자들은 미·중 관계가 기본적으로 경쟁과 협력의 양면성을 가지고 있음에 전반적으로 동의하는 모습을 보인다. 이 가운데 미·중 관계의 전망에 관해 양국의 협력적인 모습을 조망하기도 하지만[53] 대부분이 중장기적으로는 미·중 관계에서 대립의 요소가 증가할 것으로 전망하는 경향을 보인다.[54] 김재철은 당장 미국과 중국이 본격적인 대결관계에 접어들지는 않더라도, "양국이 서로 다른 질서를 추구한다는 사실은 양국 간의 협력이 제약적일 수밖에 없으며 나아가 양국 간의 갈등이 지속될 것"으로 전망한다.[55] 이러한 시각은 미국 전문가가 본 중·미 관계에도 투영된다. 김준형은 각각 8년간의 클린턴과 부시 행정부를 거쳐 미국의 대(對)중국 정책이 협력과 대결의 순환을 거듭하였지만 최근 오바마 행정부의 경우 중국과의 협력을 강조하는 발언에도 불구하고 미국의 대중국 정책이 상대적으로 단호해지고 있다고 주장한다. 그리고 향후 미국의 대중노선은 강력한 봉쇄와 압박이 될 가능성이 매우 높다고 진단한다.[56] 서정경은 각각 선민주의적 메시아니즘과 천자관에 기

52 한석희, "시진핑 지도부의 대외관계 분석: 대미정책과 대북정책을 중심으로," 『국가전략』, 제18권 4호(2012), p. 43.

53 김흥규(2009).

54 신종호, "국제전략환경의 변화와 미·중 관계," 『중소연구』, 통권 106호(2005), pp. 113-141.

55 김재철(2002).

56 김준형(2012), pp. 18-19.

반을 둔 미·중 양국의 민족주의 분석을 통해 전통적으로 타자에 대한 부정이나 자신을 부정한 타자에 대한 저항으로 나타난 미·중 양국의 민족주의가 최근 중국의 부상과 더불어 양국의 경쟁과 갈등을 심화하는 요소로 작용할 것이라고 내다본다.[57] 한편 박홍서는 미·중 간의 경쟁이 한반도에서 각자 남북한과의 기존 동맹을 강화하는 동시에 서로 상대의 동맹관계에 균열을 만들어 상대 동맹국들을 자기편으로 유인하려는 노력으로 나타날 것으로 전망한다.[58] 지역이나 특정 국가가 대상이 아닌 일반 국제정치 영역의 경우 분야에 따라 미·중은 갈등과 협력의 모습을 다양하게 드러낸다. 기후변화와 투자 거버넌스의 경우는 협력의 모습이 나타나기도 하지만 역내 자유무역협정, 우주공간 경쟁, 정보화 표준경쟁, 군사혁신 등에서는 경쟁의 모습이 드러난다.

한국 연구자들의 미·중 관계에 대한 연구는 최근 더 활발히 그리고 다양한 분야에서 전개되는 긍정적인 모습을 보이지만 그럼에도 다음과 같은 한계가 지적된다. 첫째, 이들이 제시하는 미·중 관계의 분석이 국제정치를 분석하는 전통적 이론적 틀이나 새로운 과학적 접근을 통해 체계적으로 이뤄지기보다는 주로 사건 위주의 사후 설명적 성격을 띤다는 점이다. 그 결과 미·중 관계의 본질적 성격에 대한 규정이나 미래에 대한 과감한 예측보다는 그때그때 사건 위주의 묘사에 그치는 경향을 보인다. 1990년대 초중반 대만문제를 중심으로 미·중의 갈등이 고조되자 미·중 관계의 전망을 부정적으로 보는 시각이 두드러지고 2000년대 들어 북핵문제, 세계 경제위기 등에서 미·중의 협력관계

57 서징경, "미중 민족주의의 특성과 양국관계: 메시아니즘과 천자관의 조우," 『국가전략』, 제19권 3호(2013), pp. 5-43.

58 박홍서, "중국의 부상과 탈냉전기 중미 양국의 대한반도 동맹전략: 농맹선이 이론의 시각에서," 『한국정치학회보』, 제42집 1호(2008), pp. 299-350.

가 강조되면서 좀 더 긍정적인 시각이 증가하는 경향을 보인다. 2010년 이후 동중국해와 남중국해를 중심으로 중국과 주변국, 나아가 미국과의 긴장이 증가하자 다시 미·중 관계에 대한 비관적 전망이 증대하는 경향을 보인다. 이는 최근 한국 학계에서 미·중 관계의 장기적 전망에 대해 역내 경쟁이 강화될 것이라는 시각이 증대한다는 점과 일치한다. 그럼에도 미·중의 직접적인 대결가능성이나 그 필연성에 대해서는 직접적인 언급을 회피하고 여전히 협력의 가능성을 열어 놓는 조심스러운 모습이다. 이러한 경향은 한국 학계의 미·중 관계 분석이 다양한 이론적 분석에 의해 서로 상반되거나 다른 시각을 가지고 건설적인 논쟁을 벌이기보다는 상황논리에 의해 대체적으로 수렴하는 모습을 보이는 결과를 초래한다. 이는 미국 학계에서 현실주의나 자유주의, 혹은 구성주의 이론에 바탕을 둔 연구자들이 단기적 상황논리를 넘어서 엄격한 이론과 풍부한 자료에 기초하여 미·중 관계의 본질이나 미래를 경쟁이나 갈등 혹은 협력과 공생의 틀로 과감하고 명확하게 분석 주장, 논쟁하는 모습과 차이를 드러낸다.[59]

---

59 미국의 대표적인 신현실주의자인 시카고 대학의 미어샤이머는 중국 경제/군사력의 장기적 부상에 따른 미 · 중 대결의 필연성을 역설한다. John J. Mearsheimer, *The Tragedy of Great Power Politics*(New York: W.W. Norton & Company, 2001); "The Gathering Storm: China's Challenge to US Power in Asia," *The Chinese Journal of International Politics*, Vol. 3(2010), pp. 381-396. 미·중 관계에 대한 부정적 전망은 또 다른 현실주의자인 아론 프리드버그나 스티븐 왈트에 의해서도 제기된다. Aaron Friedberg, *A Contest for Supremacy: China, America, and the Struggel for Mastery in Asia*(New York: W.W. Norton, 2011); Stephen Walt, "China's New Strategy," *Foregin Policy Blog*(April 26, 2010). 이에 대해 자유주의 이론을 적용한 러셋과 오닐은 오늘날 중국이 경제적인 상호의존과 국제제도에 편입됨에 따라 국내적 다원주의와 민주화가 촉진되는 추세가 진행되어 국제사회의 안정적인 평화 공동체로 통합될 수 있다고 주장한다. Bruce Russett and John O'Neal, *Triangulating Peace: Democracy, Interdependence, and International Organization*(New York: W.W. Norton, 2001). 한편 이안 존스턴은 구성

둘째, 한국 학계의 미·중 관계의 본질과 미래에 대한 소극적인 접근은 정책적 함의의 도출에도 명쾌한 해답을 제시하지 못하는 모습으로 나타난다. 앞서 보았듯이 한국의 미·중 관계에 대한 관심은 우리가 처한 지정학적 현실에 의해 그 필요성과 의미가 더욱 증대된다. 또한 한반도의 경제, 정치, 군사 문제에서 중국의 중요성과 영향력이 전통적 우방이요 군사동맹국인 미국 못지않게 중요해지고 있다는 것은 누구나가 공감할 수 있는 현실이다. 문제는 이러한 미·중이 글로벌 차원이나, 아시아, 한반도에서 앞으로 어떤 경쟁과 협력의 모습을 보일지이다. 당장은 그것이 혼재되어 나타난다 하더라도 그 장기적 미래가 어느 방향으로 흘러갈지에 따라 한반도의 지정학과 한국의 정책결정에도 가장 중요한 변수로 작용할 것이나. 만약 미·중의 미래가 대결국면으로 간다면 한국의 선택과 정책은 무엇이 되어야 할 것인가? 이에 대한 한국 학계의 대답은 여전히 애매하다. 앞부분의 미·중과 한반도를 주제로 한 연구에서 나타나듯 대부분의 연구가 한국의 정책에 대해 미·중 모두와 협력관계를 추구해야 한다거나 어느 한쪽에도 치우치지 않는 양다리 걸치기 내지는 위험분산(hedging) 정책을 추구할 것을 제시한다. 이러한 대답이 한·미·중 간 당장의 상황을 어느 정도 담보하고 있는 것은 인정된다. 그러나 문제는 이러한 분석과 처방이 매우 일반적이고 원론차원에서 제시된다는 점이다. 구한말의 격변기에 비교되는

주의 이론에 기초하여 현실수의 전략문화에서 출발한 중국의 정책결정자들이 점차 국제제도에 본격적으로 참여함에 따라 점차 더 협력적이고 현상유지적인 규범을 내재화하면서 보편적인 규범과 가치에 기초한 협력의 정체성을 강화하여 미국과 협력적인 관계를 형성할 수 있다고 주장한다. Alastai Iain Johnston, "Is China a Status Quo Power?," *International Security*, Vol. 27, No. 4(Spring 2003); "How New and Assertive is China's New Assertiveness?" *International Security*, Vol. 37, No. 4(Spring 2013).

현 한반도를 둘러싼 지정학과 이에 대한 미·중 관계의 중요성을 감안할 때 그것으로는 충분치 않다. 그때그때 사안에 따라 미·중과 협력을 추구해야 한다는 일반론을 넘어서는 더 구체적인 분석과 처방이 필요하다. 한반도, 아시아, 글로벌 차원에서 미·중의 이해와 한국의 그것이 일치하는 것은 무엇이고, 또 사안별, 시기별로 나타날 수 있는 미·중 관계의 다양한 양태와 모습은 무엇인지, 그리고 그에 따라 우리가 이들과 협력하거나 견제해야 할 대응 방안은 무엇일지, 최악의 경우 미·중의 대결이 본격적으로 가시화될 경우 한국은 궁극적으로 무슨 선택을 해야 할지 등에 대한 구체적이고 치열한 고민과 활발한 논의가 필요하다. 항상 현안에 쫓기면서 미·중과의 민감한 관계를 의식하는 정책당국이 할 수 없는 이러한 논의는 자유로운 상상력으로 미·중 관계를 연구하는 한국 사회과학자들의 특권이요 책무이기도 하다.

5. 결론

한국 학계의 미·중 관계 연구는 2000년대 들어 본격화되었다. 초기 주로 중국 전문가들에 의해 수행된 미·중 관계 연구는 최근 들어 점차 일반 국제정치 전문가, 미국 전문가, 그리고 각종 기능별 영역 전문가들이 각자의 영역과 시각에서 연구를 수행하는 추세로 발전하였다. 미·중 관계 연구의 폭과 내용이 그만큼 양적으로나 질적으로 성장하고 있다는 것이다. 또한 한국 학계의 미·중 관계 연구는 여타 한반도 주변 4강 국가들 간의 양자관계 연구에 비해 상대적으로 많은 주목을 받고 있음이 이번 조사를 통해 드러났다. 이는 중국의 부상과 이에 대한 미국의 대응이 21세기 국제정치의 핵심주제로 등장한 가운데 한반도가 미·중 경쟁과 협력의 중요한 각축장이 되고 있다는 현실을 반영한다. 동시에 미·중 모두가 정치, 군사, 경제, 사회 문화 전반에 걸쳐 한국에 중요한 파트너로 자리 잡고 있는 현실에서 이들 사이에서 올바른 관계 설정을 어떻게 할지에 대한 한국의 고민을 반영하기도 한다. 대부분의 연구자가 21세기 중국의 부상이 일시적이기보다는 장기적 흐름이며 이러한 가운데 미·중 관계가 아시아를 중심으로 한 국제정치의 핵심으로 등장하고 있다는 것에 동의하는 모습을 보인다. 동시에 미·중 관계의 특성이 협력과 경쟁이 혼합된 복합적인 모습을 보이고 있으며, 당분간 양측 모두 전면적인 대결이나 마찰은 피하면서도 상대방의 의도와 힘을 장기적으로 견제하려는 정책을 펴고 있다고 분석한다. 이러한 가운데 미·중 관계가 경쟁과 대립으로 전개될 경우 그 사이에서 한국의 선택을 어떻게 해야 할지는 장기적인 국가전략의 가장 중요한 화두로 떠오르고 있다. 그 대답은 미·중 간의 어느 한쪽을 택하기보다는 양자 모두와 협력적인 관계를 유지하면서 최악의 상황을 대비하는 위험분산(hedging) 전략으로 모아지는 경향을 보인다.

물론 미·중 관계의 모습은 협력이나 갈등 그 어느 한 측면으로만 설명하기 힘들고 두 가지 측면이 복합적으로 나타나는 것이 현실이다. 미국 오바마 행정부는 미·중 관계가 경쟁과 협력의 양면성이 있음을 인정하면서도 중국의 성장이 미국에 긍정적으로 작용하도록 양국이 지속적인 대화와 협력의 장을 넓혀나갈 것을 강조한다.[60] 중국도 신형대국관계를 내세워 양국이 서로의 차이와 입장을 존중하는 가운데 공동의 이익을 함께 추구해 나갈 것을 강조한다.[61] 이러한 모습은 미·중 관계의 양면성을 미·중 스스로가 누구보다도 잘 인지하고 있음을 보여준다. 특히 미·중 모두가 현재의 경제위기 극복과 지속 성장이라는 국내문제에 집중하기 위해 경쟁과 갈등의 위험성을 최대한 조절하고 나아가 더 협력적인 미래관계를 발전시키기 위한 양국 정부의 희망과 노력을 나타낸다. 이는 역으로 미·중관계가 가지는 갈등과 경쟁의 요소

---

60 Barack Obama, "Remarks by the President at the US/China Strategic and Economic Dialogue," Ronald Reagan Building and International Trade Center(Washington, D.C., July 27, 2009). http://www.whitehouse.gov/the_press_office/Remarks-by-the-President-at-the-US/China-Strategic-and-Economic-Dialogue

61 Ministry of Foreign Affairs, PRC, "State Councilor Yang Jiechi's Remarks on the Results of the Presidential Meeting between Xi Jinping and Obama at the Annenberg Estate," June 9, 2013, http://www.fmprc.gov.cn/eng/topics/xjpttcrmux/t1049263.shtml.

가 또한 그만큼 크게 잠재해 있음을 반증한다. 문제는 미·중 지도부의 이러한 노력에도 불구하고 양국 관계가 여전히 대결 양상으로 전개될 수 있다는 것이다. 오바마 행정부나 시진핑 지도부의 실용적 접근과 양국 경제협력관계의 심화에도 불구하고 최근 중국과 동아시아 주변국들과의 영토갈등이 미·중 간의 신경전으로 확대되고 있는 상황이 주목받는 이유이다. 이럴 때일수록 단기적으로 나타나는 수많은 현상에 대해 좀 더 장기적인 관점에서 역사적 안목과 과학적 분석에 바탕을 둔 이론적 접근이 더욱 필요하다. 그것이 당장의 현실을 적확히 다 반영하지 않거나 단기적으로는 틀린 예측으로 나타날 수도 있다. 그럼에도 이러한 노력이 필요한 것은 학문적 상상력이나 건설적 논쟁을 촉진하고 정책 수행자들이 생각지 못하는 미래의 모습을 보여줌으로써 예측하지 못한 현실을 준비하는 단초를 제공해 주기 때문이다. 현재 미·중 관계의 모습을 관찰하거나 서술하는 단계를 넘어서 그것의 본질이나 미래의 모습을 과감하게 제시하고 예측하려는 한국 학계의 용기와 노력이 필요하다. 이를 위해 더 다양하고 충실한 데이터에 기반을 둔 분석적 접근 방법 그리고 엄정한 이론적 틀의 비판적 고찰이 선행되어야 할 것이다.

한국 학계의 미·중 관계에 대한 관심과 연구의 양적, 질적 성장은 시대의 흐름을 반영하는 긍정적인 현상이다. 그럼에도 아직 극복해야 할 과제는 남아있다. 가장 눈에 띄는 것은 한국 학계의 미·중 관계 연구가 주로 국내의 독자층을 대상으로 행해진다는 것이다. 여기에는 그동안 상대적으로 소홀했던 미·중 관계의 중요성과 의미를 한국의 폭넓은 식자층에게 제대로 알린다는 정당성과 순기능이 분명 존재한다. 그러나 한편으로는 영어나 중국어를 포함한 제3국어로 행해진 한국 전문가의 미·중 연구가 미미한 상태에서 외국의 저명 학술지에 실린 연구가 거의 전무하다는 사실은 한국에서의 미·중 연구의 일천한 현실을 반증한다. 물론 여기에는 미·중 학계의 미·중 연구가 상대적으로 훨씬 그 폭이 넓고 역사가 깊어 중요시될 수밖에 없는 현실도 반영되어 있다. 그럼에도 미·중 관계가 이제는 양자 간의 관계를 넘어서 한반도는 물론 국제정치 전반에 미치는 영향과 관심이 지대하다는 점에서 이들 당사자의 시각뿐 아니라 오히려 객관적인 제3자의 시각이 더욱 필요하고 그 효용성을 인정받을 수 있다는 점에서 한국 학계의 분발이 요구된다. 특히 한국의 경우 역사적으로나 지정학적으로 미·중과 모두 밀접한 관계를 맺어왔고 한반도가 이미 미·중 관계의 가장 중요한 현안 중의 하나로 등장한 점은 한국 학계가 미·중 관계 연구에 기여할 수 있는 기회와 중요한 책임을 동시에 제공해 준다. 21세기 국제정치의 가장 중요한 화두로 등장한 미·중 관계의 올바른 이해와 방향 설정에 한국 학계가 한반도의 특수성과 국제정치의 보편성을 아우르는 대답을 해야 하는 이유이다.

제Ⅲ장

미국에서의 미·중 관계 연구 평가

최우선

최우선

국립외교원 부교수. 고려대 학사, Columbia University 석사, University of Chicago 박사(2005) 학위를 받았다. Ramopo College of New Jersey 조교수를 역임하였다. "Structure and Perceptions: Explaining American Policy toward China(1949-1950)"(*Security Studies*, 2007), "Structural Realism and Dulles's China Policy"(*Review of International Studies*, 2012), "Breaking the Nuclear Deadlock: Global Action Plan to Denuclearize North Korea"(*The Washington Quarterly*, 2014) 등 다수의 논문이 있다.

1. 서론

미·중 관계는 현재 미국 외교의 핵심적 주제이다. 냉전이 종식된 후 미국 외교의 관심은 약화된 러시아와 지역통합으로 인해 전반적인 안정을 유지하고 있는 유럽으로부터 점차 아시아로 이동하기 시작했다. 이러한 미국 외교의 우선순위의 변화 배경에는 아시아의 전략적 중요성의 증대와 함께 중국의 부상이 가져올 중대한 미래의 도전에 대한 장기적인 대응이 필요하다는 인식이 작용해 왔다. 9.11 테러 이후 10여 년에 걸친 대테러 전쟁이 미국의 자원과 관심을 상당 정도 중동지역으로 돌리게 했지만, 계속적인 중국의 급부상과 이에 따른 전략적 환경의 변화에 대응해 미국은 최근 중동지역에 대한 개입을 최소화하면서 더 분명하게 아시아에 집중하는 정책을 추진하기 시작했다.

미국 학계의 미·중 관계 연구는 국제환경의 변화와 미국의 정책적 관심의 변화를 반영하면서 1990년대 중반 이후 점차 미국 국제정치 연구의 중심적 주제가 되고 있다. 중국에 대한 관심의 증대와 함께, 2000년대 이후 새로운 세대의 중국 전문가들이 다수 배출되기 시작했다. 이들 중 상당수는 협소한 지역 연구에서 벗어나 국제정치와 이론에 대한 전반적 역량과 지역에 대한 진문적 지식을 동시에 갖추고 미·중 관계를 연구하기 시작했다. 또한 중심적 주제가 되고 있는 미·중 관계에 대한 연구에 다수의 국제정치 전문가들과 유럽 지역전문가들도 본격적으로 참여하기 시작했다. 이러한 학문적 역량을 갖춘 학자들이 이론적 논쟁과 미·중 관계 연구를 결합하면서 점차 국제정치학의 논쟁을 주도하고 있다.

이 글은 제2차 세계대전 이후 미·중 관계에 대한 미국의 연구를 분석하고 평가한 것이다. 매우 많은 연구들이 존재하기 때문에, 냉전기 그리고 냉전 이후 미·중 관계의 성격과 설명요인에 대한 학문논쟁에서 중요한 공헌을 한 저자들의 저술들을 중심으로 분석하고 평가하였다. 따라서 다양한 구체적 사안들에 대한 연구들이 존재하지만, 이 글은 전반적인 미·중 관계에 대한 연구를 중심으로 하였다. 그리고 사실에 대한 기술을 위주로 한 저술이 아니라, 미·중 관계의 성격과 원인을 깊이 분석하고 주요하고 차별적인 주장을 제시하여 이론적인 공헌을 한 저술들을 중심으로 하였다. 기존 연구에 대한 평가는 논리와 증거를 중심으로 이루어졌다. 저자들의 주장과 논리를 분석하면서 일관성과 설득력 그리고 현실성을 평가하였으며, 저자들이 자신의 주장을 뒷받침하기 위해 제시하는 증거들의 객관성과 타당성도 평가하였다.

이 글의 본문은 크게 두 부분으로 구성되어 있다. 우선 2절에서는 냉전기 미·중 관계의 성격과 원인에 대한 주요한 논의들을 분석하고 평가하였다. 그리고 3절에서는 냉전 이후 이루어지고 있는 미·중 관계의 성격과 원인, 그리고 전망에 대한 다양한 논의를 분석하고 평가하였다. 결론에서는 미국에서 이루어지는 논의들이 갖는 이론적 함의와 한국에서의 미·중 관계 연구에 대한 시사점을 제시하였다.

2. 냉전기 미·중 관계 연구

이 절에서는 냉전기의 미·중 관계에 대한 세 가지 주요한 시각과 각 시각을 대표하는 저자들의 주장을 분석하고 평가하였다. 냉전기의 미·중 관계는 크게 1948~1950년, 1950~1971년, 1972~1991년 세 시기로 구분할 수 있다. 첫 시기를 제외하고 둘째, 셋째 시기의 미·중 관계의 성격에 대해서는 대부분의 학자들 사이에 논란이 존재하지 않는다. 미·중 관계는 한국전쟁 이후 적대관계의 심화를 거쳐 1972년 이후 극적으로 동맹관계로 변화했다. 한편, 최근의 연구들과 달리 과거에 지역전문가들에 의해 이루어진 대부분의 연구는 이론적 관점을 분명히 하고 있지 않은 경우가 많다. 그럼에도 냉전기 각 시기의 미·중 관계에 대한 주요 연구들은 공통적으로 세 가지 중요한 설명요인들을 강조한다. 따라서 냉전기 미·중 관계에 대한 연구를 시기별 미·중 관계의 성격이나 이론적 시각에 따른 분류가 아닌 설명요인들을 중심으로 국내정치적 설명, 이념적 설명, 전략적 설명으로 분류하고, 이들이 어떻게 세 시기의 미·중 관계를 설명하는지를 분석·평가하였다.

1) 국내정치적 설명

1950년대 현실주의 학자인 한스 모겐소가 미·중 관계를 미국 내부의 정치적 요인으로 설명한 이후, 1948~1971년 시기의 미·중 관계에 대한 연구에서 지배적인 설명은 국내정치적 설명이었다.

모겐소의 주장은 동맹형성에 관한 고전적 현실주의의 세력균형 이론을 기반으로 한다. 이 이론의 핵심적 주장은 국가들은 내재된 권력 욕구에 의해 팽창을 추구하고 다른 국가들을 지배하려고 한다는 것이다. 따라서 상대적으로 약한 국가들은 가장 큰 위협을 주는 가장 강력한 국가의 팽창을 막기 위해 힘을 합쳐 견제 동맹을 형성하고 세력균형을 유지하려 한다는 것이다.[1]

세력균형 이론에 기초해, 모겐소의 주장은 두 가지 평가를 전제로 출발한다. 첫째, 제2차 세계대전 이후 유라시아 대륙의 가장 강력한 국가는 소련이고, 아시아에서도 소련은 중국에게 가장 큰 위협이다. 둘째, 중국 공산당 지도자들은 민족주의자들이고, 혁명과정에서 소련에 거의 빚을 지지 않았다. 따라서 이념보다는 자신들의 국가이익에 따라 독립적인 외교정책을 추진할 것이다. 이러한 전제에 기반해, 모겐소는 중국은 이념적 차이에도 불구하고 최강국인 소련의 위협을 견제하기 위해 미국과 동맹을 형성할 전략적 이익을 갖고 있다고 주장한다. 이러한 현실주의 논리에 따라, 그는 아시아에서의 유리한 세력균형을 유지하기 위해 미국은 중국과 동맹을 맺든지 아니면 최소한 중국을 중립화하기 위한 포용정책(accommodation policy)을 펴는 것이 최선의 선택이라고 주장한다.[2]

모겐소는 중국과의 동맹을 추구해야 한다는 행정부 내의 합의에

---

1 Hans Morgenthau, *Politics among Nations: The Struggle for Power and Peace* (New York: Knopf, 1973), pp. 167-197.

2 Hans Morgenthau, *In Defense of the National Interest: A Critical Examination of American Foreign Policy* (New York: Knopf, 1952), pp. 205-206, 324-335.

도 불구하고 트루먼 행정부가 몰락한 국민당에 대한 지지를 유지하고 공산당 정부와의 적대적 정책을 추진했다고 주장한다. 그는 이러한 정책 결과의 주원인이 의회의 차이나 블록(the China bloc)과 공화당 반공주의자들의 정치적 압력이라고 주장한다. 즉 잘 조직되고 목소리 큰 소수파가 1948년 중국원조 법안(the China Aid Act)을 강제로 부과한 이후 정치적 압력에 굴복한 행정부가 비합리적인 강경 정책을 추진하였고, 이러한 정책은 결과적으로 소련에게 중국이라는 큰 전략적 이익을 넘겨주었다는 것이다. 모겐소는 한국전쟁 이후 더욱 강화된 반공주의 세력의 압력에 직면한 아이젠하워 행정부 역시 민주당 국제주의자들과의 연합 대신 당내 화합을 위해 공화당 우파에 대한 유화책을 추진하면서 그들이 원하는 대중국 강경 봉쇄정책을 추진하였다고 주장한다. 따라서 1960년대까지 지속된 미·중 간의 적대적 관계는 이러한 미국 국내의 정치적 압력과 그에 따른 대중 강경책의 결과라는 것이다.[3]

잭 스나이더는 자신의 연합정치 이론에 기초한 국내정치적 설명을 제시하고 있다. 방어적 현실주의자인 스나이더는 국가들 간의 강력한 견제와 방어의 군사기술적 우위로 인해 기본적으로 국제체제가 안정적이고 국가들이 공격적인 팽창주의적 정책을 추구하기 어렵다고 전제한다. 따라서 그는 역사적으로 과거 독일과 일본 등의 팽창주의적 정책이 실패할 수밖에 없었고, 이러한 국가들이 잘못된 정책을 추진한 원인은 대부분 국제체제가 아니라 병리적인 국내정치에 있다고 주장한다. 그의 연합정치 이론에 따르면, 공격적인 정책에 대한 이익과 선호를 갖는 세력이 서로의 이익을 옹호하는 결탁(logrolling) 과정을 통해

3 *Ibid.*, pp. 203-250; Tang Tsou, *America's Failure in China, 1941-1950*(Chicago: Chicago University Press, 1996).

정치적으로 강력한 연합을 형성하는 경우, 이들에 의해 과도한 팽창주의 정책이 추진된다는 것이다.

모겐소와 마찬가지로, 스나이더 역시 소련이라는 공동의 적에 대한 자연적 동맹국인 미국과 중국이 1971년까지 적대적인 관계를 유지한 것은 현실주의 논리로는 설명할 수 없고 국내정치적 요인으로 설명해야 한다고 주장한다. 그의 설명에 따르면, 트루먼 행정부는 전략적으로 중요한 유럽에서의 대소 봉쇄정책을 위한 법안들에 대한 의회의 지지를 확보하기 위해 공화당 국제주의자들과의 연합을 위한 유화책을 추진했다. 한편, 당내 화합을 위해 공화당 국제주의자들은 트루먼 행정부가 대중 강경책을 주장하는 공화당 고립주의자들을 만족시키도록 강압하였다. 따라서 유럽에서의 대소 봉쇄정책을 위해 다양한 세력과의 정치연합 형성을 위한 결탁 과정에서 트루먼 행정부는 점점 더 강한 정치적 압력에 직면했다는 것이다. 이와 함께, 스나이더는 트루먼 행정부가 봉쇄정책을 추진하기 위해 사용한 반공주의적 수사들이 역류(blowback) 효과를 내면서 정책추진에서 이념적 제약을 강화시켰다고 주장한다. 국무부 장관 에치슨이 증대되는 정치적 압력에 저항했지만, 결국 1950년 전반기에 대중 강경책으로 돌아섰고, 아이젠하워 행정부 역시 대소 봉쇄정책 추진을 위해 공화당 반공주의자들과의 정치적 연합을 추진하는 과정에서 그들이 원하는 대중 강경책을 추진하게 되었다고 주장한다.[4]

토마스 크리스첸센은 최근 자신의 국내동원 모델(mobilization model)에 기반해 좀 더 포괄적이고 정교한 국내정치적 설명을 제시하

---

4 Jack Snyder, *Myths of Empire: Domestic Politics and International Ambition* (Ithaca: Cornell University Press, 1992), pp. 258-262.

였다. 그는 국가가 이전에 비해 현격하게 더 큰 비용이 드는 새로운 대전략을 추진하는 경우 강한 국내적 저항에 직면하게 되고, 이러한 국내적 제약을 극복하는 과정에서 국내정치적 지지를 확보하기 위해 대중동원을 추구하게 된다고 주장한다. 그는 이러한 대중동원 과정에서 대전략의 추진을 위해 다른 중요한 정책들이 정치적인 제약과 타협을 통해 희생될 수 있다고 하였다.

크리스첸센의 주장 역시 제2차 세계대전 이후 아시아의 최강국은 소련이라는 세력균형에 대한 평가에서 출발한다. 그는 "1972년 이전과 이후 냉전 세계가 놀랍게 유사하다"고 평가하면서, "독립적인 중국은 1972년 이후처럼 강력한 이웃 소련을 견제하기 위해 미국의 도움을 추구했어야 하고" 최소한 양 강대국과 좋은 관계를 추구했어야 한다고 주장한다.[5] 따라서 크리스첸센도 이러한 구조적 조건 속에서 미국의 합리적 선택은 1972년 닉슨이 했던 것처럼 소련에 대항해 중국과의 전략적 협력을 추구하는 것이었다고 주장한다.

크리스첸센은 대중 포용정책의 필요성에도 불구하고 트루먼 행정부가 적대적인 대중정책을 추진했고, 이러한 정책적 결과의 가장 큰 원인은 대소 봉쇄를 추진하기 위한 국내적 동원과정에 의해 강화된 국내정치적 제약이라고 주장한다.

크리스첸센에 따르면, 제2차 세계대전 후 대중적 정서를 반영하면서 의회에서 재정적 보수주의자들이 득세하고 있었고 이들이 고립주의자들과 연합해 트루먼 행정부의 대소 봉쇄를 위한 유럽 프로그램들에 저항하고 있었다. 이들은 또한 1947년 반공주의적인 수사를 사용

---

5 Thomas Christensen, *Useful Adversaries: Grand Strategy, Domestic Mobilization, and Sino-American Conflict* (Princeton: Princeton University Press, 1996), p. 5.

한 트루먼 독트린 발표 이후 강화된 반공주의 정서를 이용해 정치적인 목적으로 행정부의 아시아 정책을 비판하면서 강한 대중정책을 요구했다. 이러한 정치적 분위기 속에 중국 국민당을 지지하는 소수의 차이나 블록은 이들 두 정치세력과 강력한 연합을 결성할 수 있었고, 이 연합은 법안 처리 과정에서 유럽 프로그램과 대중정책을 연계하는 전략을 추진했다.

크리스첸센은 에치슨 등 행정부 정책결정자들은 미국이 중국 내전에 대한 개입을 끝내고 공산주의 정부를 미국 편으로 끌어들이기 위한 포용정책을 추진하는 것이 필요하다고 판단했지만, 의회로부터의 정치적 압력 속에 핵심적인 유럽 프로그램들의 의회 통과를 위해 자신들의 대중정책을 연기하고 마침내는 포기하였다고 주장한다. 이러한 주장을 뒷받침하기 위한 증거로서 크리스첸센은 대중국 원조, 공산당 정부의 승인, 대만 보호에 대한 미국의 정책을 분석한다.

그에 따르면, 트루먼 행정부는 1947년 초 이미 희망 없는 국민당에 대한 원조를 끝내기로 결정했다. 그러나 유럽의 경제 복구를 위한 마셜 플랜을 추진하는 과정에서 이를 국민당에 대한 원조와 연계하는 재정적 보수주의자, 고립주의자, 차이나블록 연합의 압력 때문에 마셜 플랜에 대한 지지 확보를 위해 대중정책을 변경해 1948년 중국원조법안을 받아들였다. 그리고 중국 내전에서 공산당의 승리가 분명해진 1949년 초 행정부는 현실주의 논리에 따라 중국 공산당을 포용해 제2의 티토(Tito)로 만들려는 정책을 결정하였다. 하지만 7월에 본격화된 유럽 군사원조 프로그램에 대한 의회 내 논쟁과정에서 이를 중국 국민당에 대한 군사원조와 연계하는 차이나블록, 재정적 보수주의자, 고립주의자 연합에 밀려 행정부는 중국 군사원조를 허용하였다.

한편, 크리스첸센은 미국이 중국 공산당 정부와 외교관계를 정상화할 수 있는 기회를 두 번 놓쳤다고 주장한다. 그는 1949년 7월 공산당의 난징 점령 이후 이루어진 스튜어트 미국 주중대사와 마오쩌둥의 메신저들과의 비밀접촉 이후에 행정부가 미국 국내의 정치적 압력 때문에 중국지도부의 초대에도 불구하고 스튜어트의 북경 방문을 불허했다고 주장한다. 또한 그는 1949년 12월과 1950년 1월 사이 국무부 내에 중국 공산당 정부의 조기 승인에 대한 강한 합의가 존재했고 중국 공산당 역시 인질로 잡혀 있던 워드(Angus Ward)를 석방하면서 승인의 요건을 갖추었기 때문에 행정부가 중국의 신정부를 승인할 최고의 기회를 가졌지만 의회 내 반대 세력의 압력 때문에 결국 승인을 포기했다고 주장한다.

크리스첸센은 또한 1950년 1월 5일 트루먼 대통령이 공산당의 대만 침공 시 미국은 개입하지 않겠다고 선언했지만, 거센 의회의 압력 속에 1950년 초 행정부는 한국원조 법안(the Korea Aid Act) 통과를 위해 다시 한 번 국민당을 위한 중국원조 법안의 연장에 동의함으로써 중국 국민당에 대한 지지를 철회하려는 정책을 뒤집고 중국 공산당에게 적대적인 정책을 추진하였다고 주장한다.

따라서 크리스첸센은 국내정치적 요인이 트루먼 행정부의 정책을 지배했고 과도하게 강경한 정책을 만들어냈다고 주장한다. 그 결과가 적대적인 미·중 관계이고, 한국전쟁에서의 군사적 충돌은 이러한 관계를 더욱 악화시켰다는 것이다.[6]

모겐소, 스나이더, 크리스첸센 모두 1972년까지의 미·중 간의 적대적 관계는 미국 내 정치적 요인에 의해 유발된 비합리적인 대중 강경 정책의 결과라고 비판하고, 이는 현실주의 이론으로는 설명하기 어

6 *Ibid.*, pp. 4-104.

려운 이례(anomaly)라고 주장한다. 그들은 이러한 정책적 실패는 1972년 닉슨이 정치적 난관을 극복하고 중국과 동맹을 추진할 때까지 지속되었다고 주장한다.

2) 이념적 설명

1972년 이전의 미·중 관계에 대한 또 다른 설명은 이념적 선호를 가장 중요한 요인으로 강조하는 설명이다. 이러한 설명을 제시하는 학자들은 이 시기 미·중 관계는 적대적 관계였고, 미국과 중국 모두 서로에 대해 적대적인 정책을 추구했다고 생각한다. 이들은 이러한 적대적인 정책과 관계를 결정한 가장 중요한 요인은 이념이라는 데 동의하지만, 이념이 어떻게 미·중 관계에 영향을 미쳤는지에 대해서는 상당히 다른 견해들을 제시한다.

첸젠, 마이클 성, 자오취안성 등은 1948~1950년 시기의 미·중 관계를 설명하면서, 국가 이익보다는 중국 공산주의자들과 소련의 이념적 유대가 미국에 대항해 소련과의 동맹을 형성한 중국의 선택을 처음부터 결정했다고 주장한다. 그들은 중국의 공산당 지도자들이 자신들의 혁명을 소련이 주도하는 세계혁명의 한 부분으로 생각하고, 1920년대 이후 약간의 갈등에도 불구하고 프롤레타리아 국제주의에 따라 소련의 지도를 충실히 따랐다고 주장한다. 따라서 이들 학자들은 공산화 이후 중국이 제국주의 미국에 대항해 소련과 동맹을 맺은 것은 너무나 자연스러운 결과라고 주장한다.[7]

---

7 Chen Jian, *Mao's China and the Cold War*(Chapel Hill: University of North Carolina Press, 2001); Michael Sheng, *Battling Western Imperialism: Mao, Stalin, and the United*

한편, 스티븐 왈트는 같은 시기의 미·중 관계를 설명하면서, 자신의 위협균형 이론에 기초해 이념이 미국과 중국 지도자들의 위협 인식에 미친 영향을 강조한다. 그는 동맹형성에 대한 세력균형이론을 비판하면서, 국가들은 단순히 가장 강력한 국가가 아니라 가장 위협적인 국가를 견제하기 위해 덜 위협적인 국가들과 동맹을 형성한다고 주장한다. 그는 많은 경우 행동과 이념 등으로 인해 공격적이고 적대적인 의도를 갖고 있는 것으로 인식되는 국가가 더 강한 국가보다 다른 국가들에게 더 높은 수준의 위협을 가하게 된다고 주장한다.

왈트는 냉전 초기 미국과 중국의 지도자들이 서로에 대한 이념적 적대감으로 인해 상대방의 공격적인 의도에 대한 과장된 공포와 의심을 갖게 되었기 때문에 적대적인 관계를 갖게 되었다고 주장한다. 특히 막시스트로서 중국 지도자들은 미국을 본질적으로 공격적인 제국주의 국가로 인식했고, 이러한 이념적 적대감이 미국에 대한 공포를 가중시켰다고 주장한다. 한편, 1972년 이후 미국과 중국이 이념적 적대감에도 불구하고 동맹을 형성하게 된 원인에 대해, 왈트는 초기에 이념적인 광신자였던 마오쩌둥 등 중국 지도자들이 국제체제에서의 사회화 과정을 거치면서 더 현실적이고 유연한 국제정치관을 갖게 된 것이 하나의 중요한 요인이었다고 주장한다.[8]

도크 바넷 역시 한국전쟁 이후 1950년대의 적대적인 미·중 관계를 설명하면서, 주요한 원인으로서 양국 지도자들의 적대적인 이념적

States(Princeton: Princeton University Press, 1997); Quansheng Zhao, *Interpreting Chinese Foreign Policy: The Micro-Macro Linkage Approach*(New York: Oxford University Press, 1996).

8 Stephen Walt, *Revolution and War*(Ithaca: Cornell University Press, 1996), pp. 310-323.

경향을 강조한다. 그에 따르면, 아이젠하워 행정부의 정책결정자들의 기본 전제는 중국 공산주의자들이 본질적으로 사악하고 공격적이며 소련에 종속된 단일한 국제공산주의 운동의 한 부분이고, 동시에 대중적 지지의 결여로 인해 취약하다는 것이다. 이러한 이념적 전제하에 미국의 지도자들은 중국을 봉쇄하고 궁극적으로 중국을 해방시키기 위해 강력한 반공주의적 정책을 추진했다. 한편, 마오쩌둥 역시 전술적 유연성에도 불구하고 혁명과 반제국주의에 대한 깊은 신념을 갖고 있었고, 미국을 중국의 안보에 대한 직접적 위협으로 인식했다. 바넷은 이러한 양국 지도자들의 이념이 서로에 대한 적대적 정책을 유발했다고 주장한다.[9]

최근 쓰메이 칭은 문화이론에 기초해 1950년대의 미·중 관계에 대하여 더 세련된 이념적 설명을 발전시켰다. 문화이론은 국가의 행동에 대한 구조적·물질적 조건의 영향을 강조하는 신현실주의 이론을 비판하면서, 국가지도자들은 그들의 세계관과 이념 및 규범들을 통해 상황을 인식하고 정책을 결정한다고 주장한다.

칭은 아이젠하워 행정부의 대중 봉쇄정책은 중국의 국내 정책과 외교 정책 의도에 대한 오해에서 비롯되었고, 이러한 오해의 원인은 국무부 장관 덜레스가 이끄는 국무부 다수파가 지닌 이념적 신조와 문화적 정향이라고 주장한다. 칭에 따르면, 아이젠하워 행정부 내의 중국정책 논쟁에서 아이젠하워 대통령과 소수파는 중국이 독립적이고 민족

---

9 Doak Barnett, *China and the Major Powers in East Asia*(Washington, D.C.: Brookings Institution, 1977), pp, 162-179; *A New US Policy Toward China*(Washington, D.C.: Brookings Institution, 1971). 도크 바넷은 대체로 고전적 현실주의자로 분류될 수 있다. 하지만 모겐소와 마찬가지로 국내적 요인이 잘못된 외교정책을 유발할 수 있다고 생각한다.

주의적이며 주로 안보에 관심을 가지고 있다고 판단하고, 포용정책을 통해 중국을 미국 편으로 유도해야 한다고 주장했다. 반면, 덜레스와 다수파는 중국 지도자들이 이념적 광신자들이고 소련에 이념적으로 종속되어 있으며 혁명적인 외교정책을 추진하고 있다고 판단하고, 공산주의의 팽창을 막고 아시아에서의 자유를 증진하기 위해 중국을 강력히 봉쇄해야 한다고 주장했다.

칭은 중국은 사실 평등과 독립에 기초한 현대화와 새로운 정체성(identity)을 추구하면서, 이를 위해 미국과의 평화적 공존을 위한 온건한 정책을 추진하고 있었다고 주장한다. 따라서 아이젠하워의 포용정책이 보다 나은 선택이었지만 덜레스와 그의 지지자들이 정책논쟁에서 승리했고, 이념적 확신은 이들이 현실을 정책으로 전환하는 과정에서 인식의 틀을 제공하면서 강력한 개입 변수로서 영향을 미쳤다. 그 결과로 이들의 이념은 중국의 의도에 대한 지속적인 오해를 야기하면서 이들이 잘못된 봉쇄정책을 추진하게 했다. 따라서 칭은 1950년대의 적대적인 미·중 관계는 사활적인 국가이익의 실질적인 충돌 때문이 아니라 이념에 의해 야기된 사활적인 이익의 오인된 충돌의 결과라고 주장한다.[10]

3) 전략적 설명

1972년 이전의 미·중 관계 연구에서 전략적 고려와 전략적 환경의 영향을 강조하는 설명은 상당히 소수이지만, 1972년 이후 미·중 관

---

10 Simei Qing, *From Allies to Enemies: Visions of Modernity, Identity, and US-China Diplomacy, 1945-1960*(Cambridge: Harvard University Press, 2007), pp. 175-293.

계는 구조적이고 전략적인 요인이 결정적이었다는 설명에 대부분의 학자들이 동의한다.

현실주의적 성향을 갖고 있는 학자들인 존 루이스 게디스, 고든 창, 데이비드 매이어 등은 1950년대 미·중 관계를 연구하면서 정책 문서들에 대한 연구를 기반으로 아이젠하워 행정부의 대중 강경책이 덜레스의 단순한 이념적 관점이나 도덕주의가 아닌 중·소 동맹의 본질에 대한 치밀한 전략적 계산의 결과라고 주장한다. 그들에 따르면, 미국의 정책결정자들은 민족주의적인 중국과 제국주의적인 소련이 이웃한 대륙국가로서 장기적으로 경쟁적 관계를 형성할 상당한 잠재적 모순을 갖고 있다고 판단했다. 아이젠하워 행정부는 두 적대적 동맹국 중 약자인 중국에 더 강한 압력을 가하여 중국의 대소 의존을 강화시켜 소련의 부담을 가중시킴으로써 전략적으로 양국의 협력에 균열을 낼 수 있다고 계산하고 중국에 대하여 강경한 봉쇄정책을 추진했다고 주장한다.[11]

1972년 미국과 중국의 동맹 형성에 대해서는 정책을 추진한 당사자인 헨리 키신저가 자신의 저술들에서 분명하게 세력균형의 변화를 강조하는 현실주의적 설명을 제시하고 있다. 로버트 로스를 비롯한 대부분의 학자들은 현실주의적 설명에 동의한다.[12] 키신저는 미국이 중

---

11 John Lewis Gaddis, *The Long Peace: Inquries into the History of the Cold War*(New York: Oxford University Press, 1987), pp. 174-193; "The Amercan 'Wedge' Strategy, 1949-1955," in Harry Harding and Yuan Ming(eds.), *Sino-Soviet Relations 1945-1955: A Joint Assessment of a Critical Decade*(Wilmington: A Academic Resources Imprint, 1989); Gordon Chang, *Friends and Enemies: The US, China, and the Soviet Union, 1948-1972*(Stanford: Stanford University Press, 1990); David Mayers, *Cracking the Monolith: US Policy toward Sino-Soviet Alliance, 1949-55*(Baton Rouge: Louisiana State University Press, 1986).

12 Henry Kissinger, *White House Years*(New York: Simon & Schuster, 2011), chs. 18-

국과 동맹을 형성할 수 있었던 주요한 요인은 전반적인 미·소 간 전략적 격차의 축소와 특히 1960년대 후반의 중국 국경에서의 소련의 군사력 증강과 1969년 이후 아시아에서의 미국의 군사력 감축이 가져온 지역 세력균형의 변화가 중국 지도부의 전략적 사고의 변화를 가져왔다고 주장한다. 그리고 이러한 세력균형의 변화와 함께 벌어진 중·소 국경분쟁이 적대적 동맹 내부의 결정적인 균열을 야기했고, 중국 지도부는 소련을 가장 큰 안보 위협으로 인식하기 시작했다. 이렇게 변화하는 전략적 상황에서, 닉슨 행정부는 이념적 차이를 넘어 아시아에서의 유리한 세력균형을 유지하기 위해 중국과의 동맹을 추진했다는 것이다.

4) 평가

냉전 초기 미·중 관계에 대한 연구를 지배해온 국내정치적 설명을 제시한 학자들은 이 시기의 미·중 관계가 현실주의 세력균형 이론으로 설명할 수 없는 중요한 이론적 이례로 보고, 그 이유를 밝히는 과정에서 의미 있는 이론적 논쟁을 벌여 왔다. 특히 스나이더와 크리스첸센이 자신들의 소위 신고전주의 이론을 발전시키는 데 있어 이 사례 연구는 중요한 역할을 했다. 하지만 이들의 연구는 당시 아시아의 권력구조에 대한 잘못된 평가 때문에 미·중 관계에 대한 구조적 요인의 영향의 중요성을 이해하는 데 실패했다. 또한 이들의 연구는 많은 증거들에 대한 잘못된 해석과 누락 때문에 국내정치적 변수에 과도한 중요성을 부여하면서 냉전 초기 미·중 관계의 성격에 대한 분명한 이해에 실

19,24; *On China*(New York: Penguin, 2011), chs. 8-10; Robert Ross, *Negotiating Cooperation*(Stanford: Stanford University Press, 1995).

패했다.[13]

냉전 초기 아시아의 세력균형은 모겐소, 스나이더, 크리스첸센의 주장과는 반대로 미국의 우위로 특징지어진다. 제2차 세계대전 후 미국은 소련에 비해 3배 이상의 경제규모와 질적 우위를 갖고 있었다. 그리고 미국은 1960년대 초까지 핵전력에서도 우위를 유지하고 있었고, 대륙과 해양세력으로 분리된 아시아 전장에서 결정적인 해군력과 공군력에 있어서 압도적인 우위를 점하고 있었다. 반면 소련은 전반적인 국력의 열세와 함께, 유일한 강점이었던 강력한 육군 전력을 자신의 심장에 근접한 유럽에 집중했고 아시아 전장에는 겨우 약 10만 명 정도만을 배치하면서 매우 제한된 공격력을 갖고 있었다.[14] 냉전 초기 이러한 전략적 상황에서, 중국 지도자들은 미국을 더 강력하고 더 위협적인 국가로 인식하고 자신의 세력균형 논리에 따라 미국을 견제하기 위해 소련과 동맹을 형성하고 유지했다.[15] 이러한 당시의 세력균형과 중

---

13 Wooseon Choi, "Structure and Perceptions: Explaining American Policy toward China(1949-50)," *Security Studies*, Vol. 16, No. 4(Winter 2007); "Structural Realism and Dulles's China Policy," *Review of International Studies*, Vol. 38, No. 1(January 2012).

14 Choi, "Structure and Perceptions," pp. 574-577; David Alan Rosenberg, "The Origins of Overkill: Nuclear Weapons and American Strategy, 1945-1960," *International Security*, Vol. 7, No. 4(Spring 1983); Walter Moody, *Building a Strategic Air Force*(Washington, D.C.: Air Force History and Museum Program, 1996); Asher Lee(ed.), *Soviet Air and Rocket Forces*(New York: Praeger, 1959); Matthew Evangelista, "Stalin's Postwar Army Reappraisal," *International Security*, Vol. 7, No. 3(1982/83), pp. 286-287; International Institute for Strategic Studies, *The Military Balance 1968-1969*(London: IISS, 1968); Thomas Robinson, "The Sino-Soviet Block Conflict," in Stephen Kaplan(ed.), *Diplomacy of Power*(Washington, D.C.: Brookings Institution, 1981), p. 287.

15 마오쩌둥은 1946년 국제체제는 양극체제로 바뀌었고 미국이 우월한 지위를 갖고 있다고 평가했다. Mao Zedong, "Talks with the American Correspondent Anna Louise Strong," *Selective Works of Mao Tse-tung*(SWM), Vol. 4, pp. 99-100. 1958년에도 마오쩌둥은 소련의 발전에도 불구하고 "부르주아 지배가 아직 세계에 존재하

국의 전략적 이익에 대한 잘못된 평가는 모겐소, 스나이더, 크리스첸센이 냉전 초기 미·중 간의 적대적 관계의 원인을 미국의 강경한 정책에서 찾게 만드는 오류의 출발점이 되었다.

그리고 이들의 주장과는 달리 역사적 증거들은 역설적이게도 트루먼 행정부의 대중 정책을 주도한 에치슨 국무장관이 강력한 국내정치적 제약과 정치적 희생에도 불구하고 1949년 이후 한국전쟁 발발 시까지 미국의 국가이익으로 생각한 중국과의 동맹을 위한 유화정책을 추구했다는 것을 보여준다.

크리스첸센은 미국이 1947년 이후 중국 국민당에 대하여 희망이 없다고 판단하고 지지를 철회하려고 했지만 국내정치적 압력에 의해 이러한 정책을 뒤집고 계속해서 국민당을 원조했다고 수상한다. 하지만 역사적 증거들은 1947년의 원조 중단은 국민당 정부의 개혁을 압박하기 위한 일시적 조치였고, 트루먼 행정부는 여전히 중국 대륙을 지배하고 있었고 이념적으로 가까운 국민당 정부를 동맹국으로서 지지하고 있었다는 것을 보여준다.[16] 그리고 사실상 1948년 초의 중국원조법안의 채택은 의회에 의해 강압된 것이 아니고, 당시에 악화되고 있던 중국 내전 상황에 대응해 행정부가 전략적 계산에 따라 서서히 원조를

고, 나는 이러한 지배가 결과에 개의치 않고 우리에 대한 전쟁을 감행할까봐 두렵다"고 언급했다. Zhang Shuguang, *Deterrence and Strategic Culture: Chinese-American Confrontations*(Ithaca: Cornell University Press, 1996), p. 251. 또한 1971년 키신저와의 대화에서 저우언라이는 "25년이 지나 마침내 미국이 더는 패권적 지위를 행사할 수 없게 되었다"고 언급했다. Memorandum of Conversation between Zhou and Kissinger(Philosophy), 9 July 1971, NPMP, NSC File, Box 1032, p. 9, National Archive(NA).

16 Senate Committee on Foreign Relations, *Executive Sessions(Historical Series)*, Vol. I, 81st Congress, 1st and 2nd sess., 1976, p. 2; Statement by the President, 18 December 1946, Offical Files 150(1945-46), Box 757, Harry S. Truman Library.

재개하던 시점에서 이루어진 결정이었다.[17] 역사적 증거들은 행정부가 법안을 제출하기 전까지 의회의 압력이 강하지 않았다는 것을 보여준다. 이후 차이나블록과 고립주의자들이 마셜플랜과 중국원조법안을 연계했지만, 당시 과반수 이상의 여론은 마셜플랜을 지지하고 있었다. 또한 크리스첸센이 중요한 반대 연합세력으로 지적한 재정적 보수주의자들은 마셜플랜 자체를 반대하기보다는 액수를 삭감하려 했고 동시에 재정지출을 줄이기 위해 중국원조법안을 반대했다.[18] 이러한 정치적 조건에서, 행정부는 이미 초당적인 국제주의 세력을 중심으로 마셜플랜을 통과시키기에 충분한 정치적 지지를 확보하고 있었다.[19] 따라서 차이나블록과 고립주의자 그리고 재정적 보수주의자 연합의 정치적 압력 때문에 인기 없는 마셜플랜을 구하기 위해 반대 세력들이 이와 연계해 요구한 중국원조법안을 행정부가 받아들였다는 것은 잘못된 해석이다.

1948년 말 중국 내전이 누구도 예상치 못했던 속도로 일거에 공산당의 승리로 굳어지면서, 트루먼 행정부는 적은 액수의 인도적 원조를 제외하고 국민당에 대한 군사적·경제적 원조를 중단했다. 그리고

---

17 Outline of Criticism of China Policy, 6 July 1949, RG 59, Records of the Office of Chinese Affairs, C0012, reel 12, NA; Senate Committee on Foreign Relations, *Hearings on Interim Aid for Europe*, 80th Congress, 1st sess., 1947, p. 45; Butterworth Memo to the Secretary of State, 24 January 1948, RG 59, State Department Central Files, LM 185, reel 4, NA.

18 Bradford Westerfield, *Foreign Policy and Party Politics: Pearl Harbor to Korea* (New Haven: Yale University Press, 1955), pp. 246-247; Month Survey, RG 59, Records of Public Opinion Series(Foster Papers), Box 11, NA; Special Report of American Opinions, Foster Papers, Box 33, NA.

19 David Kepley, *The Collapse of the Middle Way: Senate Republicans and Bipartisan Foreign Policy, 1948-1953* (New York: Greenwood Press, 1988), pp. 7-12; David Reinhard, *The Republican Right Since 1945* (Lexington: University Press of Kentucky, 1983), pp. 29, 33.

1949년 초 트루먼 행정부는 정부 승인, 무역, 그리고 국민당과의 관계 절연을 통해 공산화된 중국과 동맹을 맺거나 최소한 중국을 중립화시키기 위해 관계 강화를 추구하기로 결정했다.[20] 이후 난징을 점령한 공산당과 비밀 접촉을 통해 기본적인 조건들에 대한 논의를 시작했다. 그리고 크리스첸센의 주장과 달리, 대만에 대한 공산당의 1950년 침공 계획을 알고 있었던 에치슨은 국내정치적 부담을 줄이기 위해 국민당의 몰락을 기다리고 있었지만 행정부 내에서는 조기 승인의 강한 합의가 존재하고 있었다.[21] 또한 미국은 공산당 승리 이후에도 경제적 유인책으로서 중국과의 무역을 허용하고 있었다. 이와 함께, 트루먼 대통령은 1950년 1월 5일 성명을 통해 대만에 대한 공산당의 무력 침공 시 미국이 개입하지 않을 것이라고 선언하고, 직후에 에치슨은 미국의 방위선에서 대만과 한국을 제외하면서 중국에 위협감을 줄이기 위한 유화정책을 지속했다. 국내적 저항에도 불구하고, 에치슨은 한국전쟁이 발발 할 때까지 이러한 정책을 지속했다. 이러한 정책은 당시에 소련이 중국에게 가장 큰 위협이고 따라서 미국이 중국을 포용한다면 중국이 미국과의 동맹을 통해 소련을 견제할 것이라는 계산에 기반해 주적인 소련과의 경쟁에서 유리한 세력균형을 유지하기 위해 중국을 미국편으로 유인해야 한다는 에치슨의 현실주의적 판단에 기초해 있었다.[22]

---

20 NSC 34/2, "U.S. Policy toward China," 28 February 1949, *Foreign Relations of United States(FRUS) 1949*, Vol. 9, pp. 494-495; NSC 41, "United States Policy Regarding Trade with China," 28 February 1949, *Ibid.*, pp. 826-834; Choi, "Structure and Perceptions," pp. 564-566.

21 Memorandum of Conversation, by the Secretary of State, 17 September 1949, *FRUS 1949*, Vol. 9, p. 84.

22 에치슨은 1950년 3월 상원외교위원회 청문회에서 동맹정책을 강하게 주장하면서, 다음과 같이 언급했다. "우리는 거대한 힘이 우리와 함께 작용하고 있다고 생각한다. … 당신은 그 배후의 힘이 무엇이든 간에 지구의 중력 또는 지구 자전의 이점을 갖

하지만 이미 1948년 말 마오쩌둥은 미국을 가장 강력한 위협으로 판단하고 소련과의 동맹을 결정했다.[23]

한국전쟁 후 1950년대의 미·중 관계에 대한 국내정치적 설명 역시 구조적 조건에 대한 오판과 불충분한 자료 해석으로 인해 국내정치적 요인의 영향을 과도하게 강조하면서 미·중 관계의 성격에 대한 정확한 이해에 실패하고 있다. 이 시기 미·중 관계에 대한 국내정치적 설명들의 기본 전제는 세력관계로 볼 때 미국과 중국은 소련에 대항한 공동의 전략적 이익을 갖고 있었지만, 국내정치적 압력 때문에 아이젠하워 행정부가 중국에 대해 강경한 봉쇄정책을 추구했다는 것이다. 하지만 중국은 가장 강력한 미국을 견제하기 위해 소련과 동맹을 형성하고 있었다. 아이젠하워 행정부의 중국 정책을 주도한 덜레스는 에치슨과 달리 미국이 중국에 가하고 있는 위협을 이해하고 있었고 따라서 중국에 대한 유화정책이 중국에게 전략적 이익만 주고 중국과 소련의 동맹을 변화시킬 수 없을 것이라고 판단하고 있었다.[24] 한편, 덜레스와 아이젠하워 대통령은 중국은 소련의 꼭두각시가 아닌 독립적인 국

고 있다. 즉, 우리는 모스크바의 기본적인 목적이 중국의 기본적인 목적에 적대적이기 때문에 중국인들이 불가피하게 모스크바와 충돌하게 될 것이라고 믿는다." CIA, *Review of the World Situation*, p. 273; Conversation with the President, 17 November 1949, Acheson Papers, Box 65, HSTL; Choi, "Structure and Perceptions," pp. 570-572.

23 Mao Zedong, "On the People's Democratic Dictatorship," 1 July 1949, *SWM*, pp. 411-424.

24 Letter from Dulles to Bowles, 25 March 1952, Chester Bowles File, Dulles Papers, Box 58, Mudd Library, Princeton University; Letter from Dulles to Bowles, 1 May 1952, *Ibid.*; Memorandum of Conversation between British Ambassador and Dulles, 3 August 1950, RG 59, Records of the PPS, Box 14, NA; Memorandum of Conversation, Department of State, 31 January 1956, *FRUS 1955-1957*, III, pp. 291-292.

가이고, 인접한 대륙국가인 중국과 소련은 잠재적으로 갈등을 내포하고 있다고 판단하고 있었다.[25] 따라서 그들은 긴 정책논의를 통해 주적인 소련의 동맹국인 중국의 상대적 권력 증가를 막기 위해 중국에 대한 강력한 봉쇄정책을 추진하기로 결정했다. 그들은 또한 중국에 상대적으로 더욱 강한 압박을 가함으로써 중국의 대소련 의존도를 증가시키고 소련의 부담을 가중시켜 장기적으로 두 동맹을 분열시킬 수 있을 것으로 판단했다.[26] 따라서 아이젠하워 행정부의 대중 강경책은 합리적인 전략적 판단에 근거한 것이었다.

모겐소와 스나이더는 1950년대의 적대적인 미·중 관계를 결정한 주요인이 국내정치라고 주장하지만, 역사적 증거들은 이들이 국내정치적 압력을 과장하고 있다는 것을 보여준다. 한국전쟁 이후 반공주의를 이용해 공화당 우파가 행정부의 정책적 유연성에 대한 정치적, 이념적 제약을 강화한 것은 사실이다. 하지만 역사적 증거들은 스나이더의 주장과 달리 아이젠하워 행정부가 냉전의 심화와 함께 공화당과 민주당 양당에서 강력한 국제주의적 동맹군을 얻을 수 있었기 때문에 대소 봉쇄를 위한 유럽에서의 프로그램을 추진하기 위한 충분한 정치적 지지를 확보하고 있었고, 이를 위해 중요한 대중국 정책을 희생시킬 필요가 없었다는 것을 보여준다. 그리고 대부분의 공화당 우파와 자유주의자들은 합리적인 전략적 판단에 기초한 아이젠하워 행정부의 중국

---

25 Memorandum of Discussion at the 211th Meeting of the National Security Council, 18 August 1954, *FRUS 1952-1954*, XIV, p. 534.

26 Choi, "Structural Realism and Dulles's China Policy," pp. 129-134; NSC 5429/5, Current US Policy toward the Far East, 22 December 1954, *FRUS 1952-1954*, XII, pp. 1062-1068.

정책을 지지하고 있었다.[27] 따라서 당시의 국내정치적 요소는 대체로 구조적 요인과 같은 방향으로 정책에 영향을 미치고 있었다. 한편, 차이나블록과 매카시 등 일부 극단적인 세력이 중국에 대한 무력 사용을 주장하고 있었지만, 아이젠하워 행정부는 강력한 정치적 지지 세력을 기반으로 이들의 정치적 압력과 상관없이 정책의 기본 방향을 유지했다. 그리고 이들 극단주의 세력은 실제 의회 내 작은 소수파에 불과했고, 아이젠하워 행정부는 이들의 외교정책에 대한 영향력을 최소화하는 데 성공했다.[28]

냉전 초기의 미·중 관계에 대한 이념적 설명은 이념 요인의 정책에 대한 영향을 과장하고 있다. 이는 해석상의 오류와 함께 불충분한 증거에 기인한다. 우선, 중국이 미국에 대항해 소련과 동맹을 맺은 것이 두 동맹국의 이념적 유대 때문이라는 주장은 사실과 다르다. 이념 요인이 상당히 중요한 개입 변수로 작용하면서 중국과 소련의 동맹을 용이하게 한 것은 사실이다. 하지만 마오쩌둥 등 중국 지도자들은 내전을 통해 단련된 현실주의자들이었다. 그들은 국가의 안위가 달린 외교정책 결정에 있어 이념을 넘어 실용적인 선택을 할 수 있었고, 역사적 증거들은 실제로 냉전 초 마오쩌둥의 동맹 선택이 미국을 억지하기 위

27 Gary Reichard, *Politics as Usual: The Age of Truman and Eisenhower*(Arlington Heights: Harlan Davidson Inc., 1988); Kipley, *The Collapse of the Middle Way*; Gary Reichard, *The Reaffirmation of Republicanism: Eisenhower and the Eighty First Congress*(Knoxville: University of Tennessee Press, 1975).

28 Memorandum of Conversation by the Director of the Office of Chinese Affairs(McConaughy), 27 October 1954, *FRUS 1952-1954*, XIV, p. 798; Stanley Bachrack, *Committee of One Million: China Lobby Politics, 1953-1971*(New York: Columbia University Press, 1976); Richard Fried, *Men Against McCarthy*(New York: Columbia University Press, 1976).

한 세력균형 논리에 기초한 전략적 선택의 결과라는 것을 보여준다.[29] 또한 내전 기간 이념적 유대에도 불구하고 중국 공산당과 소련의 관계에는 상당한 갈등이 존재했고, 스탈린은 1948년 말이 되어서야 승리가 분명해진 중국 공산당을 본격적으로 지원하기 시작했다.[30] 기본적으로 전략적 공동 이익에 기초해 결성된 중·소 동맹은 이후 소련의 대미 데탕트 정책이 유발한 중국의 의심과 정책적 차이로 인해 1958년 분열하기 시작했다.

한편, 미국과 중국의 적대적 관계에 영향을 미친 요인으로 이념적 적대감을 강조하는 주장 역시 이념의 영향을 과장하고 있다. 정책을 주도했던 에치슨과 덜레스 그리고 마오쩌둥은 모두 개인적인 이념적 선호가 강했고 이것이 상호 적대감에 어느 정도 영향을 미쳤다. 하지만 이들은 이념보다는 냉정한 현실주의적 국가이익의 계산에 따라 주요 외교정책을 결정했다. 에치슨은 반공주의자로서의 자신의 이념과 상관없이 자신이 파악한 국가이익에 따라 중국과의 동맹을 추구했다. 덜레스의 정책적 선택에 이념이 영향을 미쳤다는 것을 부인할 수 없다. 그러나 칭의 주장과 달리 역사적 증거들은 그의 강한 반공주의적 수사에도 불구하고 덜레스가 단순히 이념적 세계관 때문이 아니라 치밀한 현실주의적 계산에 따라 주적인 소련의 동맹국인 중국의 성장을 막고 적

---

29 "Report, Mao Zedong, At the Sixth Session of the Central People's Government Council," 11 April 1950 in Suguang Zhang and Jian Chen(eds.), *Chinese Communist Foreign Policy and the Cold War in Asia*(Chicago: Imprint Publications, 1996), p. 148.

30 Sergei Goncharov, John Wilson Lewis, and Litai Xue, *Uncertain Partners: Stalin, Mao, and the Korean War*(Stanford: Stanford University Press, 1993); John Garver, Chinese-Soviet Relations: *The Diplomacy of Chinese Nationalism*(New York: Oxford University Press, 1988); Dieter Heinzig, *The Soviet Union and Communist China 1945-1950: The Arduous Road to Alliance*(Armonk: M.E. Sharpe, 2004).

대적 동맹의 균열을 가속화하기 위해 강력한 봉쇄정책을 선택했다는 것을 보여준다.[31] 그리고 아이젠하워 역시 정책논의를 통해 그의 전략적 사고에 동의하였다. 마오쩌둥 역시 미국에 대한 적대감이 그의 정책적 선택에 일정한 영향을 미쳤겠지만, 증거들은 그의 정책적 선택이 주로 현실주의적 계산에 기반해 있다는 것을 보여준다. 혁명 직후 그는 중국의 안보를 위해 소련과의 동맹을 선택하고 동시에 이념적 적대감에도 불구하고 긴장을 완화하기 위한 전략적 계산에서 미국과의 일정한 관계 개선을 추구했다. 덜레스의 또 다른 현실주의적 계산에 의해 좌절됐지만, 이러한 미국과의 관계 개선을 위한 시도는 1955~1956년 기간에도 다시 이루어졌다. 그리고 마오쩌둥은 가장 격렬한 문화혁명 기간이 지난 지 얼마 되지 않아 1969년 오랜 이념적 적국이었던 미국과의 동맹을 결정했다.

한편, 냉전 초 시기 미·중 관계에 대한 전략적 설명들은 중요한 새로운 증거들을 기초로 미국과 중국의 정책결정자들의 전략적 계산이 정책에 미친 영향을 지적하고 있다는 점에서 중요한 학문적 진전으로 평가될 수 있다. 하지만 덜레스의 대중정책에 대한 게디스, 창, 매이어의 연구는 강한 압력을 통한 중·소 동맹 분리라는 부차적인 목표를 강조하면서 봉쇄정책의 기본적 목표와 원인에 대한 일관성 있고 체계적인 설명을 제시하는 데 실패하고 있다. 이러한 한계는 근본적으로 구

---

31 Memorandum of Luncheon Meeting with George Yeh and Wellington Koo, 19 November 1952, Dulles Papers, Box 58, Mudd Library. 덜레스는 실제로 중국이 소련으로부터 떨어져 나온다면 아시아에서의 더 유리한 세력균형을 위해 공산중국과 협력할 것을 고려하였다. Gaddis, "The American 'Wedge' Strategy," p. 170. 그는 인사청문회에서 이미 "만약 중화인민공화국이 자신을 소련으로부터 독립적이라고 선언한다면, 미국은 북경의 정부와 정상적인 관계를 추구하는 것이 바람직할 것이다"라고 언급하였다. Mayers, *Cracking the Monolith*, p. 118.

조적 원인에 대한 분명하고 정확한 인식의 결여에서 기인한다.

1948~1950년 그리고 1950~1960년 시기의 미·중 관계는 근본적으로 당시에 동아시아에 존재했던 권력구조에 의해 설명된다. 에치슨은 아시아의 세력균형에 대해 오판했지만, 양극체제하에서 소련에 대항해 유리한 세력균형을 위해 강력한 국내정치적 제약에도 불구하고 중국과의 동맹을 추구했다. 하지만 이러한 미국의 정책은 소련과의 동맹을 통해 가장 강력한 미국을 견제하려는 중국 지도자들의 선택에 의해 좌절되었다. 덜레스는 구조적 조건에 대한 더 정확한 판단에 기초해 중국을 봉쇄하는 정책을 추진했고, 이후 미국과 중국은 1971년까지 적대적인 관계를 유지했다. 하지만 1950년대 후반 중·소 갈등과 함께 중국은 핵무기를 개발하기 시작했고 1964년 핵개발 성공 이후 소련은 아시아에서 군사력 증강을 시작했다. 이후 1970년대 초까지 소련은 미국과 전략적으로 대등한 위치에 이르렀고, 40만 이상의 정예군과 다수의 핵 미사일을 중국과의 국경에 배치했다. 이와 동시에, 미국은 베트남전의 종식과 함께 아시아에서 미군을 감축하면서 아시아의 세력균형은 근본적으로 변화하였고, 중국 지도자들은 소련을 더욱 강력한 위협으로 인식하기 시작했다. 이러한 구조적 변화는 중국이 소련을 견제하기 위한 동맹을 찾게 만듦으로써 미국에게 전략적 기회를 제공했다. 닉슨 행정부는 강한 정치적, 이념적 제약에도 불구하고 아시아에서의 소련의 팽창을 막고 유리한 세력균형을 유지하기 위해 1972년 중국과 동맹을 형성했다. 따라서 냉전기 미·중 관계는 무정부적 국제체제에서 권력관계가 얼마나 강력하게 국가의 행동을 규정하는지를 보여준다.

3. 냉전 이후 미·중 관계 연구

이 절에서는 냉전 이후의 미·중 관계에 대한 주요 저자들의 주장을 미·중 관계의 성격에 대한 세 가지 시각으로 분류하여 분석하고 평가하였다.

1972년 이후 소련의 위협에 대항해 유지됐던 미국과 중국의 동맹은 소련의 붕괴 이후 협력과 경쟁이 공존하는 정상적인 국가 관계로 변화했다. 그리고 계속적인 중국의 급부상은 미·중 관계의 중요한 변화를 야기하면서 미·중 관계의 성격과 변화 양상, 미·중 관계의 미래, 그리고 미국의 대중정책에 대한 다양한 시각의 설명과 주장들이 제기되어 왔다. 냉전 이후 미·중 관계에 대한 이러한 주요한 설명과 주장들은 대부분 분명한 이론적 시각을 갖고 있다. 하지만 유사한 이론적 시각을 갖고 있는 학자들이 종종 다른 논리와 분석에 기초해 상이한 설명을 제시한다. 따라서 필자는 이론적 시각에 따른 분류보다는 미·중 관계의 갈등적 성격의 정도에 대한 시각의 차이들을 중심으로 주요한 주장들을 분류하고, 학문적으로 중요한 설명들의 논리 구조와 근거를 분석하고 평가하였다.

1) 협력적 관계

대다수의 자유주의와 구성주의적 시각을 갖고 있는 국제정치 학자들과 일부 자유주의적 성향을 갖는 현실주의자들은 현재 미·중 관계가 협력과 경쟁의 측면을 동시에 보여주지만 점차 협력적인 성격이 강화되고 있다고 분석한다. 이러한 협력적 추세를 강조하는 학자들은 미·중 간의 협력을 방해하는 근본적인 이익의 충돌은 없고, 두 국가는 미래의 협력적 파트너가 될 수 있다는 낙관적인 전망을 한다. 이들은 이러한 협력적 관계발전을 위해 미국이 중국을 포용(engagement)할 것을 주장한다.

브루스 러셋과 존 오닐은 미·중 관계에 대한 전형적인 자유주의적 설명을 제시하고 있다.[32] 이들에 따르면, 국제화 시대에 평화 공동체가 확대되고 있고 이러한 공동체를 구성하는 국가들은 비(非)영합적(non-zero sum) 관계를 갖는다고 전제한다. 이러한 평화 공동체를 형성하게 하는 중요한 세 가지 요인은 민주주의와 경제적 상호의존 그리고 국제제도이다.

러셋과 오닐은 우선 민주주의 평화론에 기초해 민주주의 국가들은 갈등을 평화적으로 해결해야 한다는 규범의 공유와 정치체제 내부의 책임성과 권력분할의 제도적 제약들 때문에 서로 싸우는 경우가 대단히 드물다고 주장한다. 그들은 또한 높은 수준의 무역과 투자는 국

32 Bruce Russett and John ONeal, *Triangulating Peace: Democracy, Interdependence, and International Organization*(New York; W.W. Norton, 2001). 다른 대표적인 자유주의 저작들은 다음과 같다. Kenneth Lieberthal, "A New China Strategy," *Foreign Affairs*, Vol. 74, No 6(November/December 1995); Elizabeth Economy, "Don't Break the Engagement," *Foreign Affairs*, Vol. 83, No. 3(May/June 2004).

가들이 서로의 경제적 안녕에 대한 이해를 공유하게 하고 동시에 이러한 경제 관계를 유지하는 데 정치적 이해를 갖는 중요한 경제 세력들을 강화하기 때문에 서로에 대해 무력을 사용할 가능성을 제한한다고 보았다.[33] 또한 국제제도가 소속 국가들이 규범을 어기지 못하도록 강제하고, 정보의 확산을 통해 불확실성을 줄여주며, 이슈들의 연계를 통해 국가들이 단기적 이익 때문에 규범을 위반하기 어렵게 할 뿐 아니라, 더 나아가 사회화를 통해 국가들의 행동 규범과 원칙 그리고 일종의 공동의 정체성을 형성하게 한다고 주장한다. 따라서 두 국가가 더 많은 국제제도에 함께 속한다면, 이들 국가들은 서로에 대해 무력을 사용할 가능성이 더 낮아진다는 것이다.[34] 민주주의, 경제적 상호의존, 국제제도가 상호 상승작용을 하면서 국가들 간의 협력을 강화시키고 국제정치를 악순환에서 선순환으로 변화시킬 수 있다는 것이다.

러셋과 오닐은 중국이 현재 경제적인 상호의존과 국제제도로 통합되어 가고 있고, 이러한 통합은 중국을 다원주의와 민주화로 유도할 수 있다고 주장한다. 그들은 여전히 현재의 추세가 뒤집힐 가능성을 배제할 수는 없지만 개혁과 국제적인 관여를 추구하는 내부세력의 힘을 고려할 때 이러한 추세가 계속될 것으로 예상한다. 따라서 러셋과 오닐은 일단 평화를 보장할 수 있는 중국의 변화가 이루어지는 기간 동안

---

33 자유주의 상호의존론의 대표적인 저작은 다음과 같다. Richard Cooper, "Economic Interdependence and Foreign Policies in the Seventies," *World Politics*, Vol. 24, No. 2(January 1972); Robert Keohane and Joseph Nye, *Power and Interdependence: World Politics in Transition*(Boston: Little, Brown, 1977); Richard Rosecrance, *The Rise of the Trading State: Commerce and Conquest in the Modern World*(New York: Basic Books, 1986).

34 신제도주의 이론의 대표적인 저작은 다음과 같다. Robert Keohane, *After Hegemony: Cooperation and Discord in the World Political Economy*(Princeton: Princeton University Press, 1984); Lisa Martin and Beth Simmons, "Theories and Empirical Studies of International Institutions," *International Organization*, Vol. 52, No. 4(Autumn 1998).

미국은 힘의 우위를 유지하면서 중국을 억지해야 하지만, 장기적으로 중국의 부상이라는 도전을 해결할 수 있는 유일한 정책은 중국의 민주화를 장려하고 국제사회로의 경제적, 제도적 통합을 추구하는 것이라고 주장한다. 그들은 경제적, 제도적 통합이 깊어질수록 중국이 대결과 고립을 선택하기 어려울 것이고, 점차 자신의 안보 이익을 미국 등 서구의 이익과 수렴시키면서 안정적인 평화 공동체로 통합될 수 있다고 주장한다.[35]

알라스테어 이안 존스턴은 구성주의 이론에 기초해 미·중 관계에 대한 설명과 예측을 제시한다.[36] 그는 특히 국가들의 국제제도에 대한 참여와 상호작용을 통한 사회화의 긍정적 영향을 강조한다. 다른 구성주의자들과 마찬가지로, 존스턴은 국가의 행위를 결정하는 것은 물리적인 힘의 분배와 같은 구조적인 제약이나 비용과 혜택에 대한 계산이 아니라 국가들이 내재화하고 있는 전략적 문화, 규범, 정체성이라고 생각한다. 그는 현실주의 전략문화를 갖고 있는 국가들도 집단적 협력을 위한 비경쟁적인 규범을 갖고 있는 제도들에 더 많이 그리고 더 깊이 관여할수록 상호작용을 통해 모방과 사회적 순응 그리고 설득의 사회

---

35 민주주의 평화론의 대표적인 저작은 다음과 같다. Michael Doyle, "Liberalism and World Politics," *American Politican Science Review*, Vol. 80, No. 4(December 1986); Steve Chan, "Mirror, Mirror on the Wall...Are the Freer Countries More Pacific?" *Journal of Conflict Resolution*, Vol. 28, No. 4(December 1984); Erich Weede, "Democracy and War Involvement," in *Ibid*.

36 국제관계에 관한 구성주의 이론의 대표적인 저작은 다음과 같다. Alexander Wendt, *Social Theory of International Politics*(Cambridge: Cambridge University Press, 1999); "Anarchy is What States Make of It: The Social Construction of Power Politics," *International Organization*, Vol. 46, No. 2(April 1992); Ronald Jepperson, Alexander Wendt, and Peter Katzenstein, "Norms, Identity, and Culture in National Security," in Peter Katzenstein(ed.), *The Culture of National Security: Norms and Identity in World Politics*(New York: Columbia University Press, 1996).

화 과정을 통해 비경쟁적인 규범을 내면화하게 된다고 주장한다. 따라서 그는 무정부주의적 국제정치체제에서도 다자제도를 통한 사회화를 통해 국가들이 새로운 담론을 흡수하고 이를 경험함으로써 협력의 전략문화를 내재화하고 점차 규범적 성격과 정체성을 변화시키면서 국제정치체제의 규범 구조의 근본적 성격을 협력적인 것으로 변혁시킬 수 있다고 주장한다.

존스턴은 중국의 정책결정자들이 중국의 지배적인 전략문화인 강한 현실주의 전략문화에 의해 사회화되었지만, 1990년대 이후 국제제도에 본격적으로 참여하기 시작했고 이후 사회적 상호작용을 통해 반현실주의적인 규범을 내재화하면서 점차 더 협력적이고 현상유지적인 정책을 추진하고 있다고 주장한다.[37] 그는 이러한 과정이 계속된다면, 점차 중국 지도자들이 경쟁적 현실주의 전략문화를 변화시키고 더 보편적인 규범과 가치에 기초한 국제적인 협력의 정체성을 강화할 것이고, 규범과 정체성의 수렴은 협력적인 미·중 관계의 발전을 가능하게 할 것이라고 예측한다. 따라서 존스턴은 미국이 중국에 대해 포용정책을 지속하고 장기적으로 선한 상호작용을 함으로써 부상하는 중국의 전략문화, 규범 구조, 정체성의 변화를 통해 비현상유지적인 요소를 변화시키려는 목표를 추구해야 한다고 주장한다.[38]

한편, 즈비그뉴 브레진스키는 미·중 관계에 대한 현실주의적 분

---

37 Alastair Iain Johnston, *Cultural Realism: Strategic Culture and Grand Strategy in Chinese History*(Princeton: Princeton University Press, 1995); "Is China a Status Quo Power?, *International Security*, Vol. 27, No. 4(Spring 2003); "How New and Assertive is China"s New Assertiveness?," *International Security*, Vol. 37, No. 4(Spring 2013).

38 Alastair Iain Johnston, *Social States: China in International Institutions, 1980-2000*(Princeton: Princeton University Press, 2008).

석과 자유주의적 성향을 결합한 낙관적 주장을 제시한다. 브레진스키는 미국과 부상하는 중국은 현재 기능적 협력과 통제된 적대관계를 동시에 유지하는 애매한 관계를 형성하고 있고, 중국의 정책은 19세기 부상하던 독일처럼 유동적이라고 평가한다. 하지만 그는 미국과 중국 사이에 사활적인 이해의 충돌이 존재하지 않기 때문에 미래에 미·중 관계가 외교적 노력을 통해 진정한 전략적 협력관계로 발전할 수 있다고 주장한다.[39] 이러한 전망의 한 가지 중요한 근거는 예측할 수 있는 미래의 세력균형에 있어 미국이 중국에 대한 힘의 우위를 지킬 것이라는 것이다. 브레진스키는 중국은 경제적인 영향력, 기술력, 소프트 파워 그리고 특히 군사력에서 앞으로 수십 년 동안 미국에 도전하기 어렵다고 평가한다. 그는 중국의 지도자들은 이러한 조건에서 현재 경제 발전에 집중하면서 군사적으로 신중한 전략을 추진하고 있고, 오랜 기간 아시아에서 미국을 배제할 수 없다는 것을 인식하고 있다고 평가한다. 따라서 그는 미국이 이러한 힘의 우위를 바탕으로 유라시아의 세력균형을 유지하는 균형자로서 그리고 지역 갈등을 관리하는 화해자로서 지역 안정을 유지할 수 있을 것이라고 예측한다.[40] 한편, 브레진스키는 국제화 시대의 경제적 상호의존성이 국가 간의 상호 협력을 불가피하게 하고 상호 충돌의 피해를 높여 국가간의 관계를 비영합적 관계로 만들고 있기 때문에 미국과 중국은 근본적으로 협력의 동기를 갖고 있다고 주장한다.

이러한 분석에 기초해, 브레진스키는 미국이 일정한 헤징(hedging)

---

39 Zbignew Brzezinski, "Living with China," *The National Interest*, 59(Spring 2000), pp. 6-11.

40 Zbigniew Brzezinski, *Strategic Vision: America and the Crisis of Global Power* (New York: Basic Books, 2012).

을 결합한 포용정책을 추진해 중국을 전략적 협력자로 만들어야 한다고 주장한다. 그는 현실주의적 관점에서 중국의 부상이 동반하는 불확실성에 대비한 헤징을 위해서는 유리한 세력균형을 유지할 필요가 있다고 본다. 이를 위해서 미국이 러시아를 나토(NATO)로 통합해 거대한 서구 연합을 구성하는 한편 동아시아에서는 기존의 전진 배치된 미군과 동맹을 유지해야 한다고 주장한다. 그는 이러한 상황에서 어떤 국가도 패권주의적으로 행동할 수 없을 것이고, 그동안 신중한 전략을 추구해 온 중국 지도부가 이미 미국에 도전하는 것이 헛된 시도라는 것을 인식하고 있는 것으로 보이기 때문에 서구의 거대한 동맹에 도전하지는 않을 것이라고 예상한다. 하지만 브레진스키는 미국이 중국을 봉쇄하려 해서는 안 되고, 만약 중국을 존중하지 않고 고립시킨다면 중국이 19세기 독일과 같은 길을 갈 수 있다고 본다. 따라서 미국이 중국의 아시아 대륙에서의 이익을 존중해 인도와의 대중동맹을 추진해서는 안 되고, 지역안정을 위해 중국과 일본, 중국과 인도의 관계를 화해시키는 역할을 해야 한다는 것이다. 대중 헤징과 관련해, 그는 또한 미국의 재균형(rebalancing) 전략은 시기상조이고 자기 충족적 예언이 될 위험이 있다고 주장한다.

한편, 브레진스키는 헤징의 필요성에도 불구하고 미국의 주된 전략기조는 21세기의 세계적 상호의존의 요구에 따라 폭넓은 사안들에서 협력하면서 중국의 부상하는 지위를 인정하고, 중국을 점차 국제사회로 통합해 국제규범을 준수하는 책임 있는 국가로 발전시키기 위한 포용이라고 주장한다. 그는 중국이 성장하는 과정에서 마찰이 불가피하겠지만 미국이 지속적인 포용과 통합을 추진한다면 미·중 간의 군사적 충돌의 위험은 없다고 예상한다. 더 나아가, 그는 이미 중국 지도자들이 매우 현명하고 신중한 전략을 추진하면서 국제사회에 동화되고 있다고 주장하고, 미국이 지속적인 포용을 통해 이들에게 근본적이고 역사적인 사고의 전환을 불러일으켜 미·중 간의 진정한 협력적 파트너십을 구축할 수 있다고 주장한다.[41]

2) 적대적 관계

공격적 현실주의자들과 일부 방어적 현실주의자들은 중국의 부상에 따른 세력관계의 변화로 인해 이미 미국과 중국의 안보경쟁이 본격화되고 있고, 중국의 부상이 계속된다면 미래에 양국은 격렬한 안보경쟁을 벌일 것이라고 주장한다. 이러한 비관론자들의 주장은 세력균형의 변화가 미국과 중국의 근본적 전략적 이익의 충돌을 불가피하게 한다는 구조주의적 인식에 기반해 있다. 따라서 이들은 미래의 적대적 관계에 대비해 중국의 부상을 제어할 수 있는 강한 대중정책을 제안한다.

존 미어샤이머는 미래에 미·중 간의 격렬한 대립이 불가피하고 따라서 미국은 중국을 가급적 빠른 시기에 봉쇄해야 한다는 주장을 제시한다. 이러한 주장은 자신의 생존을 스스로 지켜야 하는 무정부적인 국제체제에서 모든 국가는 안보를 강화하기 위해 자신의 상대적 권력을 극대화하려 한다는 공격적 현실주의 이론에 기초해 있다. 미어샤이머는 과거 미국을 포함한 모든 강대국들이 힘이 성장하면서 자신의 안보를 강화하기 위해 지역패권 국가가 되려고 시도했고, 중국도 예외가

---

41 Zbigniew Brzezinski, "Balancing the East, Upgrading the West: U.S. Grand Strategy in an Age of Upheaval," *Foreign Affairs*, Vol. 91, No. 1(January/February 2012); Zbignew Brzezinski and Brent Scowcroft, *America and the World: Conversations on the Future of American Foreign Policy*(New York: Basic Books, 2008), pp. 113-117.

아니라고 주장한다. 그는 중국이 빠른 경제성장을 계속한다면 일정한 시점에서 자신의 안보를 강화하기 위해 본격적인 군사력 강화를 추구할 것이고, 이를 기초로 과거 19세기에 미국이 아메리카 대륙에서 유럽 세력들을 배제하고 패권국가가 되었던 것처럼 잠재적 패권국가로 등장할 중국도 아시아에서 자신에게 가장 위협이 되는 미국을 배제하고 지역패권을 추구할 것이라고 예측한다. 한편, 미국은 20세기 초 이후 자신의 장기적 안보를 위해 유럽과 아시아에서 세력균형을 유지하고 패권국가의 등장을 저지하는 것을 사활적인 전략적 이익으로 추구해 왔다. 따라서 미어샤이머는 미래에 지역패권을 추구하는 중국과 이를 저지하려는 미국의 근본적인 전략적 이익이 충돌할 것이고, 미·중 간에는 상당한 군사적 충돌의 위험을 내포한 높은 수준의 안보경쟁이 이루어질 것으로 예측한다. 그는 이미 미국과 중국의 증대되는 안보경쟁은 이러한 미래의 적대적 관계를 예고한다고 주장한다.[42]

이러한 예측에 기초해, 미어샤이머는 미국의 대중 포용정책이 중국에게 상대적 경제이익을 제공함으로써 중국의 부상을 돕고 있다고 비판한다. 따라서 그는 미·중 간의 적대적인 안보경쟁이 불가피하다면 중국의 상대적 지위 상승을 억제하기 위해 가급적 빠른 시기에 미국이 중국을 봉쇄해야 한다고 주장한다.

아론 프리드버그는 또 다른 공격적 현실주의 이론의 하나인 세력전이 이론에 기초하여 미·중 관계에 대해 비관적 주장을 제시한다. 그는 현재의 미·중 관계는 협력과 경쟁이 공존하는 관계라고 평가한다.

---

42 John Mearsheimer, *The Tragedy of Great Power Politics*(New York: W.W. Norton, 2014), ch. 10; "The Future of Amerian Pacifier," *Foreign Affairs*, Vol. 80, No. 5(September/October 2001); "The Gathering Storm: The China's Challenge to U.S. Power in Asia," *The Chinese Journal of International Studies*, Vol. 3, No. 4(Winter 2010).

하지만 그는 과거 패권국과 신흥 강대국의 관계처럼 중국의 성장과 기존의 패권국가인 미국의 상대적 세력 약화에 따른 빠른 세력 격차의 축소는 미·중 간의 세력경쟁을 본격화시키면서 점차 지역정세를 불안정하게 하고 있다고 평가한다. 중국은 아직 경제발전 위주의 신중한 정책을 추진하고 있지만, 점차 자신의 영향력을 확대하고 미국의 입지를 약화시키려 하고 있고, 특히 중국의 지역접근저지(anti-access/area-denial: A2/AD) 능력의 증대는 점차 미국에 심각한 위협이 되고 있다고 평가한다. 프리드버그는 부상하는 중국이 궁극적으로 미국을 대체한 지역패권을 추구할 것이고, 기존의 국제체제를 자신의 이익에 맞게 바꾸려 하겠지만, 기존의 국제체제를 주도적으로 형성하고 유지하고 있는 패권국가인 미국이 이를 용인하지 않을 것이라고 주장한다. 따라서 그는 미·중 간 협력적 파트너십의 부재와 세력경쟁은 노력의 부재 때문이 아니라 양국간의 근본적인 이익의 차이에서 기인한다고 분석한다.

한편, 프리드버그는 이러한 세력전이와 함께, 미국과 중국의 정치체제와 이념의 차이가 양국의 신뢰 구축을 어렵게 하고 갈등을 유발하는 주요한 원인이라고 주장한다. 그는 만약 중국이 민주주의 평화론을 수용하면서 민주화되고 평화 공동체에 통합된다면 미국은 중국이 동아시아의 지배적 국가가 되더라도 중국과 협력적 관계를 구축할 수 있을 것이라고 주장한다. 하지만 그는 권위주의적인 중국이 민주화되지 않고 세력전이가 계속된다면 미국과 중국은 미래에 패권을 둘러싼 공공연한 적대적인 관계를 갖는 것이 불가피하다고 주장한다. 그는 권위주의적인 중국은 공격적인 행동을 할 가능성이 높고, 취약한 권위주의 일당독제 체제를 유지하려는 중국 지도부는 정통성 강화를 위해 민족주의의 수호자로 행동하고 미국의 인권개선 요구 등을 체제 전복 위협으로 인식하는 경향이 강하기 때문에 정치체제와 가치의 차이는 안보 경쟁을 악화시킨다고 분석한다.

이러한 분석과 전망에 기초해, 프리드버그는 미국이 견제를 위주로 포용을 결합한 대중 전략을 추구해야 한다고 주장한다. 그는 현재의 세력균형의 변화 추세가 미국에 불리하다고 평가하면서, 미국은 동아시아에서 중국을 억지하고 동맹국들을 안심시키면서 유리한 세력균형을 유지하기 위해 현재의 재균형 전략을 더 실질적으로 강화할 필요가 있다고 주장한다. 그는 특히 중국의 지역접근저지 능력 증강에 대응한 재래식 타격 능력의 강화를 강조한다. 한편, 프리드버그는 미국이 중국을 기존의 국제체제 속에서 책임 있는 역할을 수행하도록 포용해야 하지만, 현재로서는 미국의 포용이 중국의 정치체제와 행동을 변화시키고 못하고 있다고 평가하고 좀 더 엄격한 경제적 포용을 추구하고 중국 정치체제의 변화를 위한 노력을 강화해야 한다고 주장한다.[43]

한편, 방어적 현실주의자이며 위협균형 이론가인 스티븐 왈트도 미·중 관계에 대한 비관적인 주장을 제시한다. 방어적 현실주의에 따르면, 국제체제에서는 강한 국가에 대한 다른 국가들의 견제가 일반적인 행위 패턴이고 이러한 광범위한 견제 속에서 패권을 추구하는 것이 매우 어렵기 때문에 국가들은 합리적으로 제한된 수준에서 권력을 강화하려 한다. 또한 왈트는 세력균형보다 위협 인식이 종종 동맹의 선택에 더 큰 요인으로 작용하고 따라서 국가들은 선한 의도를 보여주는 정책을 통해 상대의 위협 인식을 줄일 수 있다는 위협균형 이론을 발

---

43 Aaron Friedberg, *A Contest for Supremacy: China, America, and the Struggle for Mastery in Asia*(New York: W.W. Norton, 2011); "Bucking Beijing: An Alternative US China Policy," *Foreign Affairs*, Vol. 91, No. 5(September/October 2012).

전시켰다.

하지만 왈트는 미·중 관계에서 세력균형의 원칙이 작동하고 있다고 주장한다. 양국은 상대방의 장기적인 미래의 전략적 의도를 의심하고 미래의 최악의 상황에 대비해 상호 헤징을 시도하고 있다고 주장한다. 그는 중국이 아직 조심스러운 정책을 추구하고 있고 상당 기간 더 강한 견제를 피하기 위해 조용히 국력을 증대시키려 할 것이라고 평가한다. 하지만 그는 한편으로 중국은 증가하는 경제적 자원을 군사력으로 전환하고 있고 또한 세력권을 확장하려 하고 있다고 주장한다. 더 나아가, 그는 미국의 선한 의도를 인식시키기 위한 외교적 노력과 상관없이 중국은 미래에 미국을 밀어내고 주변 국가들을 자신의 영향권으로 흡수하면서 아시아의 지역패권 국가가 되려고 시도할 것이고, 미국은 자신의 장기적 안보에 심각한 위협이 될 패권국가의 등장을 막기 위해 중국을 봉쇄할 것이라고 전망한다. 따라서 그는 이러한 근본적인 전략적 이익의 충돌로 인해 현재 미·중 관계의 경쟁적 요소들이 강화되고 있고, 앞으로 양국은 군사력과 동맹을 둘러싼 격렬한 안보경쟁을 벌일 것이라고 예상한다.[44]

왈트는 현재 확고한 힘의 우위를 유지하고 있는 미국은 당분간 포용과 견제를 결합한 전략을 추구해야 하고, 중국의 부상에 대해 신중하면서도 시기적절하게 대응해야 한다고 주장한다. 그는 중국이 지나친 위협감을 느끼지 않도록 광범위한 외교적 관여를 추구해야 하지만,

---

44 Stephen Walt, *Taming American Power: The Global Response to U.S. Primacy*(New York: W.W. Norton, 2006); "China's New Strategy," *Foreign Policy Blog*(April 26, 2010); "Explaining the Obama's Asia Policy" *Foreign Policy Blog*(November 18, 2011); "American Primacy: Its Prospects and Pitfalls," *Naval War College Review*, Vol. LV, No. 2(Spring 2002).

일정 정도 자기 충족적 예언의 위험이 있더라도 역내 군사력과 동맹을 유지하고 재균형을 통해 증대되는 중국의 군사력을 견제하고 세력균형을 유지할 필요가 있다는 점을 강조한다. 그리고 그는 미래에 중국이 지역패권을 추구한다면 미국은 봉쇄정책을 선택해야 할 것으로 예상한다.

3) 경쟁과 협력의 관계

미·중 관계의 성격에 대한 논쟁을 지배해 왔던 자유주의자들의 낙관론과 공격적 현실주의의 비관론 사이에 미·중 관계의 복합적 성격을 강조하는 방어적 현실주의자들과 자유주의적 성향을 갖는 현실주의자들의 견해가 존재한다. 이들은 조금씩 강조점이 다르긴 하지만 미·중 관계가 대체로 협력적 요인과 경쟁적 요인을 동시에 갖고 있고 미래의 관계는 유동적이라고 주장한다. 이들은 미국의 중국에 대한 포용을 주장하고, 일방적인 강경책은 미·중 관계를 적대적 관계로 만들 것이라고 비판한다.

조셉 나이는 현실주의와 자유주의적 전제를 결합하면서 미·중 관계에 대한 신중한 낙관론을 제시한다. 그의 신중한 낙관론의 가장 중요한 근거는 미·중 간의 세력균형에서 미국의 우위이다. 그는 중국이 경제 규모에 있어서 미국과의 격차를 줄이고 있지만 향후 중국의 성장 속도는 자연히 줄어들 것이고 심각한 내부적 불안 요인을 갖고 있다고 평가한다. 그는 미국이 경제력에서 여전히 큰 질적 우위를 유지하고 있고 군사력에서 압도적인 우위를 유지하고 있을 뿐 아니라 소프트 파워에 있어 강력한 우위를 갖고 있다고 평가한다. 이와 함께, 나이는 중국이 대륙국가로서 주변국들에게 더 큰 위협이 되기 때문에 미국은 동맹

외교에서 더 유리하다고 평가한다. 그는 미국의 힘의 우위가 21세기 전반기를 통해 유지될 수 있고 중국은 상당히 오랫동안 미국과 대등한 경쟁자가 되지 못할 것이라고 주장한다. 따라서 나이는 중국이 외부 세력에 의해 제약을 받지 않는다면 팽창을 추구할 가능성을 배제할 수 없지만, 미국이 힘의 우위를 유지하는 한 중국이 원한다고 하더라도 오랜 기간 이를 추구할 수 있는 군사적 능력을 갖기 어려울 것이라고 전망한다.[45]

이러한 분석에 기초해, 나이는 미·중 간의 미래의 충돌이 불가피하다는 주장을 비판하면서 중국의 선택은 미국의 정책에 의해 제약을 받을 것이라고 주장한다. 그는 봉쇄정책은 역효과를 낼 것이고 중국이 분명한 위협으로 등장할 때까지 다른 국가들의 지지를 받을 수 없다고 비판하면서, 헤징과 포용 또는 힘의 우위와 경제적 통합을 결합한 전략이 미국에게 최선의 선택이라고 주장한다. 그는 우선 미국이 중국의 부상이 동반하는 미래의 불확실성에 대비해 적절한 투자를 통해 전반적인 국력의 우위를 유지하고 아시아에서의 군사력과 동맹 유지를 통해 유리한 세력균형을 유지해야 한다고 주장한다. 또한 그는 미국이 지역 리더로서 적절한 힘의 사용과 미·중·일 간의 좋은 관계를 기초로 지역 안정을 유지하는 것이 중요하다고 주장한다. 한편, 미국은 힘의 우위를 바탕으로 중국을 포용해 중국을 경제적으로 통합시키고 국제사회의 책임 있는 일원으로서 자신의 이익을 규정하도록 유도해야 한다고 주장한다. 그는 미·중 간의 적대적 관계를 유발할 봉쇄정책이 아니라 이러한 복합적인 정책을 통해 미국은 중국과의 충돌 가능성을 줄일 수 있고, 만약 중국이 공격적으로 행동한다면 더욱 강한 정책으로 전환할

45 Joseph Nye, *The Future of Power* (New York: PublicAffairs, 2012).

수 있다고 주장한다.[46]

데이비드 샴보우는 방어적 현실주의의 시각에서 미·중 관계에 대해 상당히 비관적인 전망을 하면서도 여전히 협력의 가능성을 강조하는 주장을 제시한다. 그는 미국과 중국이 군사적, 외교적으로 경쟁하고 있지만 높은 경제적 상호의존으로 인해 협력적 관계를 유지하고 있다고 평가한다. 또한 그는 중국은 경제발전에 집중하면서 대체로 갈등을 회피하는 신중한 전략을 추구해 왔지만, 최근 중국이 점점 더 거칠고 공격적인 행동을 보이고 있다고 평가한다. 이와 관련해, 그는 내부에서 더욱 강한 이익의 추구를 주장하는 보수적이고 민족주의적인 세력이 강화되면서 중국이 점차 더 경쟁적인 현실주의 정책으로 선회하는 데 영향을 미치고 있다고 분석한다. 그는 이러한 행동의 변화와 함께 중국이 더 복잡하고 유동적인 정체성을 드러내고 있다고 분석한다.[47] 샴보우는 이러한 신중함과 오만함을 동시에 보여주는 중국의 혼란스러운 태도가 지속될 가능성이 높고, 미·중 간의 마찰이 증대될 것이라고 예상한다. 하지만 그는 중국이 미국과 초기적인 영향력 경쟁을 벌이고 있지만 과거 소련과 같은 세계적인 전략적 야심이나 적대감을 갖고 있지 않고 여전히 양국은 아·태지역의 안정에 대한 공동의 이익을 갖고 있다고 주장한다. 또한 그는 중국이 미국과의 장기적인 충돌을 야기할 만한 능력을 갖고 있지 않다고 평가한다. 따라서 그는 미래에 양국의 전략적 경쟁이 불가피하지는 않고, 오랜 기간 현재의 갈등과 협력의 애매

---

46 Joseph Nye, "The Nye Report: Six Years Later," *International Relations of the Asia-Pacific*, Vol. 1(2011), pp. 95-103; "The Twenty-First Century Will Not Become a 'Post-American' World," *International Studies Quarterly*, 56(2012).

47 David Shambaugh, "Coping with a Conflicted China," *The Washington Quarterly*, Vol. 34, No. 1(Winter 2011).

한 관계가 지속될 가능성이 높다고 전망한다.[48]

샴보우는 유동적인 정체성을 경험하고 있는 중국을 다루는 데 있어서 미국이 협력을 강화하기 위해 헤징보다는 포용 위주의 유화적인 정책을 추진해야 한다고 주장한다. 그는 중국을 적으로 상정하는 최근의 재균형 정책과 같은 미국의 강경한 대응은 안보 딜레마를 유발하면서 중국과의 적대적 관계를 만들어낼 것이라고 비판한다. 그는 미국이 여전히 유일강대국으로서 힘의 우위를 유지하고 있다고 평가하고, 미국은 불필요한 전략적 헤징을 축소해야 한다고 주장한다. 이와 함께, 샴보우는 실현하기에 매우 어려운 과제가 되겠지만 갈등 속에서도 양국이 공존할 수 있는 파트너십을 구축하기 위해 중국을 지속적으로 국제체제로 통합하고, 군사협력과 기술 이전 완화 등 더욱 전향적인 포용 정책을 추진해 중국과의 협력을 강화해야 한다고 주장한다.[49]

로버트 로스 역시 방어적 현실주의 시각에서 복합적인 미·중 관계를 설명한다. 그의 논의는 동아시아 체제의 권력구조가 안정적인 양극체제라는 평가에서 출발한다. 그는 중국이 대륙의 강대국으로서 미국과 세력균형을 유지해 왔지만 전반적인 국력의 우위를 바탕으로 한 미국의 해양에서의 확고한 우위에 도전하고 있지는 않다고 주장한다. 또한 그는 해양과 대륙 세력이 분리된 동아시아 지역의 지리적 특성이

---

48 David Shambaugh, *China Going Global: The Partial Power*(New York: Oxford University Press, 2013); David Shambaugh(ed.), *Tangled Titans: the United States and China*(Lanham: Rowman and Littlefield, 2013), ch. 1; David Shambaugh, "Sino-American Strategic Relations: From Partners to Competitors," *Survival*, Vol. 42, No. 1(Spring 2000).

49 David Shambaugh, "A New China Requires A New U.S. Strategy," Current History(September 2010); "Containment or Engagement of China? Calculating Beijing's Response," *International Security*, Vol. 21, No. 2(Fall 1996).

안보딜레마를 줄여준다고 평가한다.[50] 그는 중국이 장기적으로 기회가 주어진다면 미국에 도전할 가능성이 있지만, 현재 자신의 열세를 인식하고 제한적인 목표를 추구하는 방어적인 국가라고 파악한다.[51] 로스는 최근의 중국의 공세적인 외교가 증대되는 국력으로 인한 자신감의 표출이라기보다는 주로 중국의 내부 불안정성과 정권의 정통성 강화를 위한 민족주의의 이용에 원인이 있다고 분석하고, 중국은 아직 대체적으로 조심스러운 외교 노선을 유지하고 미국과 협력적인 관계를 유지하고 있다고 주장한다. 그리고 미국은 장기적으로 해양에서의 우위를 바탕으로 지역패권의 등장을 막을 수 있는 세력균형을 유지할 수 있다고 주장한다.[52]

로스는 중국에 대한 봉쇄정책은 주로 내부 요인의 결과인 중국의 경제성장을 통제할 수 없고 국제적인 협력을 얻을 수도 없을 뿐 아니라 중국을 분명한 적으로 만드는 결과를 가져올 것이라고 비판한다. 또한 그는 해양에서의 힘의 우위와 동맹을 유지하는 신중한 헤징의 필요성을 인정하면서도, 미국의 재균형 정책은 미국의 오랜 대중 포용정책을 뒤집었고 중국의 위협 정도에 적절하지 않은 대응이라고 비판한다. 그는 이러한 정책이 불필요하게 중국의 위협 인식을 강화해 상호 경쟁

---

50 Robert Ross, "The Geography of the Peace: East Asia in the Twenty-first Century," *International Security*, Vol. 23, No. 4(Spring 1999).

51 Robert Ross, "China II: Beijing as a Conservative Power," *Foreign Affairs*, Vol. 76, No. 2(March/April 1997). 에브리 골드스타인은 중국의 제한된 전략적 목표에 대한 유사한 주장을 제시한다. Avery Goldstein, *Rising to the Challenge: China's Grand Strategy and International Security*(Stanford: Stanford University Press, 2005).

52 Andrew Nathan and Robert Ross, *The Great Wall and the Empty Fortress: China's Search for Security*(New York: W.W. Norton, 1997); Aaron Friedberg and Robert Ross, "Here Be Dragons," *The National Interest, 103*(September/October 2009).

을 격화시키고 협력의 가능성을 줄일 것이라고 주장한다.[53] 미국이 중국의 불안감을 줄이고 미래의 적대관계를 피하기 위해 대륙과 대만 그리고 영토분쟁에서의 중국의 이익을 존중하면서 절제된 대중 포용정책을 추진한다면, 힘의 우위를 유지하고 있는 미국의 이러한 정책은 자신의 안보를 해치지 않으면서도 중국의 협력을 유도할 수 있는 최선의 선택이라는 것이다.[54]

4) 평가

냉전의 종식과 함께 미·중 관계는 1972년 이후 유지된 대소 동맹 관계에서 일반적인 국가 관계로 전환되었다. 급부상하는 중국은 개입 정책을 통해 아시아의 현상유지를 추구하는 미국의 전략에서 가장 핵심적 요소가 되었고, 1990년대 중반 이후 중국 전문가뿐 아니라 많은 미국 국제정치 학자들의 연구 대상이 되었다. 미·중 관계 연구의 대체적인 추세를 평가한다면, 2000년대 중반까지의 연구는 자유주의적 낙관론이 지배하였고, 소수의 공격적 현실주의자들의 비관론이 주요 반론으로 제기되었다. 최근에는 자유주의적 낙관론의 우세에도 불구하고, 점차 중국의 부상에 대한 헤징을 주장하는 신중한 현실주의적 주장과 미·중 관계의 불가피한 충돌을 예상하는 비관적 현실주의자들의 주

---

53 Robert Ross, "The Problem with the Pivot: Obama's New Asia Policy is Unnecessary and Counterproductive," *Foreign Affairs*, Vol. 91, No. 6(November/December 2012).

54 Robert Ross, "Engagement in U.S. China Policy," in Alastair Iain Johnston and Robert Ross(eds.), *Engaging China: The Management of an Emerging Power*(New York: Routledge, 1999).

장이 강력하게 도전하면서 다양한 주장 간의 논쟁이 이루어지고 있다. 이러한 변화는 중국의 계속적인 급부상과 이에 대한 미국의 견제 강화로 인한 미·중 관계의 경쟁적인 측면의 증대라는 최근의 현실적 변화를 반영하는 것으로 보인다.

러셋과 오닐 등 대부분의 자유주의자들은 중국과 미국의 경제적 상호의존과 국제제도에 대한 증대되는 참여가 미·중 관계를 협력적인 관계로 만들고 있고, 미래에도 양국은 이러한 경제적·제도적 협력과 함께 민주주의 공동체를 형성하면서 협력적이고 평화적인 관계를 형성할 것으로 예측한다. 자유주의자들이 강조하는 경제적 상호의존, 국제제도, 민주주의의 평화적 효과에 대해서는 여전히 논란이 있지만, 이들은 국가 간의 관계에 대단히 강한 영향을 미치는 국제체제의 구조적 영향을 간과함으로써 그들의 논리와 주장의 설득력을 약화시키고 있다. 이들은 또한 중국의 부상에 따른 세력경쟁에서 기인하는 양국관계의 경쟁적 요소의 증가라는 현실적 추세를 설명하지 못한다. 따라서 이러한 논리적 약점과 현실적 추세는 미래에 중국이 미국의 진정한 경쟁자가 되었을 때에도 양국이 협력적 관계를 가질 것이라는 낙관론에 의문을 갖게 한다.

스스로 생존을 유지해야 하는 무정부적인(anarchic) 국제체제에서 국가들의 가장 중요한 목표는 국가 안보이다. 상대의 미래의 의도를 확신할 수 없기 때문에, 국가들이 안보를 강화하는 가장 주요한 수단은 자신의 국력을 강화하는 것이다. 따라서 국가들은 늘 세력균형에 관심을 갖고 자신의 상대적 지위를 강화하기 위해 경쟁한다. 일상적인 다자관계에서는 국가들이 상대적 이익의 배분에 대해 관심을 덜 갖지만, 경쟁자로 인식되는 국가와는 더 첨예하게 상대적 이익을 둘러싼 경쟁을 한다.[55] 만약 경쟁국이 더 큰 상대적 이익을 축적한다면, 미래에 이를 군사력으로 전환해 자신을 위협할 수 있는 가능성이 있기 때문이다. 또한 더욱 중요한 점은 국가들의 사활적인 안보 이익이 충돌할 때, 국가의 생존과 직결된 안보가 경제적 고려를 지배하는 경향이 있다는 것이다.[56] 역사적으로 제1차 세계대전은 높은 경제적 상호의존이 국가 간의 안보 이익의 충돌과 전쟁을 제어하지 못한 중요한 사례이다.[57] 최근 미·중 간에 증가하는 경제적 갈등의 상당 부분은 안보 우려에서 기인한다. 그리고 경제적 상호의존의 지속적인 증가에도 불구하고, 미국과 중국은 점차 상대를 더욱 명확하게 잠재적 적국으로 인식하고 군사적인 경쟁을 강화하고 있다. 미래에 대만이나 북한에서 중국의 사활적인 안보 이익이 위협받는다면, 중국은 미국과의 경제적 상호의존에도 불구하고 군사적 수단의 사용을 고려할 가능성이 높다.

국제제도가 국가 간의 상호이익과 공동 이해의 증진에 기여하고, 유럽 수준의 제도적 통합이 이루어진다면 국가들의 행동에 상당히 강한 제약을 가하는 것이 사실이다. 하지만 강한 민족주의와 국가 간의 경쟁이 존재하는 아시아에서 그러한 높은 수준의 국제제도의 발전을

55 Joseph Grieco, Robert Powell and Duncan Snidal, "Relative-Gains Problem for International Cooperation," *American Political Science Review*, Vol. 87, No. 3(September 1993).

56 John Mearsheimer, "Back to the Future: Instability in Europe after the Cold War," *International Security*, Vol. 15, No. 4(Summer 1990), pp. 42-48; Kenneth Waltz, "The Myth of National Interdependence," in Charles Kindleberger(ed.), *The International Corporation*(Cambridge: MIT Press, 1970), pp. 205-223; Joseph Grieco, "Anarchy and the Limits of Cooperation: A Realist Critique of the Newest Liberal Institutionalism," *International Organization*, Vol. 42, No. 3(Summer 1988).

57 Kenneth Waltz, "The Myth of National Interdependence," Charles Kindleberger(ed.), *The International Corporation*(Cambridge: MIT Press, 1970).

기대하기는 어려울 것이다. 현재의 조건 속에서, 국가들은 국제제도를 기본적으로 자신의 국가이익을 실현하기 위한 수단으로 이용하고 있다. 또한 하나의 국가로 통합되지 않는 한, 만약 중요한 국가이익이 국제제도에 의해 침해받는다면 주요국들은 대부분의 경우 국제규범보다는 국가이익을 따를 것이다.[58] 아세안지역포럼(ARF), 동아시아정상회의(EAS) 등의 지역 다자안보기구가 토론의 장을 제공하고 일정 정도 상호 이해를 증진하는 데 기여하고 있지만, 실질적으로 미·중 간의 경쟁을 완화하는 영향은 그리 크지 않다고 평가할 수 있다. 더욱이 첨예한 이익이 충돌하는 경우, 다자제도가 이를 통제할 수 없을 것이다. 그리고 미국과 중국은 이들 제도에 구속되기보다는 제도를 자신들의 이익을 추구하고 영향력을 확대하는 수단으로 보는 경향이 강하다.

한편, 미래에 중국이 민주주의 국가가 된다고 가정하더라도, 무정부적인 국제체제에서 민주주의 역시 국가 간의 경쟁과 갈등을 제어하는 데에 제한된 영향을 미친다.[59] 과거 제1차 세계대전이나 19세기 민주주의 국가였던 미국과 영국 간의 첨예한 갈등 관계 등에서 볼 수 있듯이 민주주의 국가들 간에도 안보 이익이 충돌하는 경우 격렬한 갈등과 전쟁까지도 가능하다.[60]

---

58 John Mearsheimer, "The False Promise of International Institutionalism," *International Security*, Vol. 19, No. 3(Winter 1994/1995).

59 Rosato Sabastian, "The Flawed Logic of Democratic Peace Theory," *American Political Science Review*, Vol. 97, No. 4(November 2003). 중국의 민주화 전망에 대한 논쟁은 다음을 참고하시오. Minxin Pei, "Creeping Democratization in China," *Journal of Democracy*, Vol. 6, No. 4(October 1995); Henry Rowen, "The Short March: China's Road to Democracy," *The National Interest*, No. 45(Fall 1996); George Gilboy and Eric Heginbotham, "China's Coming Transformation," *Foreign Affairs*, Vol. 80, No. 4(July/August 2001).

60 크리스토퍼 레인은 민주주의 국가들이 전쟁 일보 직전에서 전략적 이유로 인해

자유주의적 효용성의 논리와는 다르지만, 존스턴이 주장하는 제도적 통합과 사회화를 통한 중국의 전략문화와 정체성의 변화와 이에 따른 비경쟁적인 미·중 관계의 형성에 대한 전망 역시 국제제도 참여에 따른 국가행위와 국가관계의 변화에 대한 과도한 기대를 보여준다. 중국은 빠른 속도로 국제사회로의 제도적인 통합을 경험했지만 여전히 경쟁적이고 현실주의적인 논리에 따라 행동하고 있다. 이는 근본적으로 무정부상태에서의 국가들의 성향과 의도의 불확실성 그리고 이를 극복하기 위한 경쟁관계가 제도를 통한 사회화나 단순히 새로운 사고를 통해 극복되기 어렵기 때문이다. 미국은 최근 국제적인 지위의 상승과 함께 오히려 좀 더 공세적인 행동을 보이고 있는 중국이 사회화를 통해 근본적으로 현상유지적 국가가 되고 있다는 확신을 갖기 어려울 것이다. 따라서 자신의 사고나 정체성을 변화시키기보다는 미래의 불확실성에 대한 현실적 준비를 계속할 것이다. 중국 역시 미국이 주도하는 국제체제에서 이득을 얻고 있지만, 자신보다 강력한 미국의 근본적 의도에 대해 확신할 수 없을 것이고 따라서 미래에 대비한 경쟁을 멈추지 않을 것이다. 이러한 무정부적인 구조하에서의 불확실성과 현실주의적 권력추구의 필요성은 국제제도를 통한 상호작용과 사회화를 통한 새로운 관계의 발전을 심하게 제약할 것이다.

브레진스키는 현실주의적인 현상 분석에서 출발해 미래에 대한 낙관적인 전망을 제시한다. 그는 미국이 강력한 힘의 우위를 지키면서 중국을 국제사회로 통합시킨다면, 중국이 미국과 기존의 국제질서에

전쟁으로 돌입하지 않은 사례들에 대한 연구를 제공한다. Christopher Layne, "Kant or Cant: The Myth of the Democratic Peace," *International Security*, Vol. 19, No. 2(Summer 1994).

도전하지 않고 규범을 따를 것이라고 주장한다. 그러나 브레진스키는 현재 중국의 정책적 의도에 대한 분석을 다른 조건에서 결정될 미래의 중국의 정책적 의도로 치환하는 경향을 보인다. 미래의 국가 의도의 근본적 불확실성을 고려할 때, 중국이 미래에도 현상유지적 국가로 남을 것이라고 확신하기는 어렵다. 그리고 중국이 아직 국제질서와 이를 지탱하는 미국에 전면적으로 도전하지 않고 있지만, 중국의 점차 강경해지는 행동패턴을 고려하면 미국의 강력한 도전자로 등장한 미래에도 그러한 전략을 지속할 것이라고 확신하기는 어렵다. 현재 중국은 경제성장과 함께 지역접근저지 능력 증강과 군사력 투사능력의 지속적 증대를 통해 서서히 군사력 균형을 변화시키고 있다. 미국의 힘의 우위는 여전히 중국에게는 극복해야 할 위협으로 남을 것이고, 미래에 기회가 주어진다면 중국은 자신에 대한 안보위협을 줄이기 위해 본격적인 군사력 강화와 국제적 지위 향상을 통해 아시아에서의 미국 영향력을 약화시키려 할 강한 동기를 갖고 있다. 따라서 브레진스키의 전망과 달리, 미국의 힘의 우위를 지키려는 노력과 포용정책에도 불구하고, 중국은 점차 세력 격차를 줄일 것이고 일정 시점에 본격적으로 도전할 가능성을 배제할 수 없다. 미국 역시 그의 비판에도 불구하고 실질적으로 군사적 위험을 증가시키고 있는 중국을 견제하기 위해 지속적으로 재균형 전략을 추진할 것이고, 중국이 본격적으로 도전한다면 세력균형을 지키기 위해 강력한 견제를 시도할 가능성이 높다. 세력균형의 변화에 따른 이러한 근본적인 안보 이익의 충돌 가능성에도 불구하고, 브레진스키의 현상에 대한 현실주의적 분석은 자유주의적 가정과 결합되면서 경제적 상호의존 시대에는 “근본적이고 역사적인 사고의 전환”이 가능하고 미·중 간의 근본적인 이익이 충돌하지 않기 때문에 미래에도 협력적 관계를 유지할 수 있다는 낙관론으로 연결된다.

한편, 미어샤이머, 프리드버그, 왈트는 공통적으로 중국의 상대적 성장과 함께 미래에 미·중 간의 근본적인 전략적 이익의 충돌이 발생할 것이고, 이에 따라 적대적인 미·중 관계가 형성될 것이라고 주장한다. 이러한 주장은 기본적으로 미래의 미·중 관계에 대한 냉철하고 현실적인 전망이라고 평가할 수 있다.

하지만 미어샤이머는 미래의 미·중 관계에 대한 설득력 있는 주장에도 불구하고, 브레진스키와 반대로 미래의 미·중 관계를 현재의 미·중 관계로 치환하는 경향을 보인다. 그는 미·중 관계는 이미 근본적으로 이익이 충돌하는 갈등적인 관계라고 주장한다. 하지만 미·중 간 세력관계의 중요한 변화에도 불구하고 미국은 경제력의 질적·양적 우위와 군사력의 압도적인 우위를 유지하고 있고, 세계적·지역적 차원의 권력구조는 단극체제를 유지하고 있다.[61] 이러한 조건에서, 미어샤이머의 주장과는 달리 미국과 중국은 현상유지에 대한 공동 이익을 기초로 상당 기간 협력적 기조를 유지할 가능성이 높다. 미국이 힘의 우위를 지키고 있는 상황에서, 중국은 미국에 직접적으로 도전하지 않을 것이다. 미국의 섣부른 봉쇄정책 역시 국제적 지지를 얻기 힘들고, 오히

---

61 최우선, "미·중 군사력 균형," 『2011년 정책연구과제』(서울: 외교안보연구원, 2012); Michael Beckley, "China's Century?: Why America's Edge Will Endure," *International Security*, Vol. 36, No. 3(Winter 2011/2012); Ban Blumenthal, "Sino-U.S. Competition and U.S. Security: How Do We Assess the Military Balance?"(The National Bureau of Asian Research, December 2010); Joseph Nye, "The Future of American Power," *Foreign Affairs*, Vol. 89, No. 6(November/December 2010). 중국 군사력의 상대적으로 빠른 성장을 강조하는 대표적인 주장들은 다음과 같다. Andrew Krepinevich, "The Pentagon's Wasting Assets: The Eroding Foundation of American Power," *Foreign Affairs*, Vol. 88, No. 4(July/August 2009); Roger Cliff, Mark Burles, Michael Chase, Derek Eaton, and Kevin Pollpeter, "Entering the Dragon's Lair: China's Antiaccess Strategies and Their Implications for the United States"(RAND, 2007).

려 중국의 군사력 강화를 자극해 지역안정을 깨고 다극화를 촉진할 가능성이 높다. 따라서 일정한 견제와 함께 포용을 통해 중국에게 경제적 이익을 허용하면서도 지역안정을 유지하고 군사력 강화의 동기를 줄이는 것이 더 장기적으로 미국의 지위를 지키고 갈등을 완화할 수 있는 현실주의적 전략일 수 있다. 하지만 미어샤이머는 미래의 미·중 간 적대관계의 불가피성을 근거로 현재의 미·중 관계의 적대적 성격을 과장하고 미국이 봉쇄를 통해 과도한 대중 견제를 시도해야 한다고 주장한다.

장기적으로는 미어샤이머가 예측하듯이 미국과 중국은 높은 수준의 안보경쟁을 할 가능성이 높다. 현재의 추세가 보여주듯이, 중국의 계속적인 부상은 양국 간의 상호 견제를 서서히 증대시킬 것이다. 중국은 증대된 경제력을 바탕으로 일정 시점에서 자신의 안보를 강화하기 위해 최대의 잠재적 위협인 미국을 아시아에서 배제하고 주변 지역을 정치적, 경제적으로 지배하려 할 가능성이 높다. 이러한 중국의 시도는 아시아에서의 패권국가 등장을 방지하려는 미국의 사활적인 안보 이익과 충돌할 것이다. 따라서 중국이 현재의 미국 우위의 권력구조를 근본적으로 변화시키고 미국의 진정한 경쟁자로 부상한다면, 양국은 대단히 치열한 안보경쟁을 할 것으로 전망된다.

프리드버그의 현재 미·중 관계에 대한 분석은 미어샤이머에 비해 좀 더 현실적이지만, 여전히 미·중 간의 세력전이 속도와 미·중 관계의 경쟁적 측면을 과장하고 있다. 따라서 그는 포용과 견제를 결합한 미국의 대중정책을 주장하면서도 현재의 재균형 전략의 강화를 통한 과도한 견제 정책을 주장한다. 하지만 미국은 여전히 강력한 힘의 우위를 유지하고 있다. 특히 군사력에서 미국은 냉전 종식 이후에도 막대한 군사비 투입과 자신의 우월한 군사 기술력을 이용한 군사혁신(Revolution in Military Affairs)을 주도하면서 잠재적 경쟁자들과의 군사력 격차를 확대하는 노력을 해왔다. 또한 아시아에서 전진 배치된 군사력과 동맹 체제를 유지해 왔고, 최근 아시아로의 재균형을 시도하면서 유리한 세력균형을 유지하고 있다.[62] 지역접근저지 능력을 위주로 한 중국의 군사력 증강이 서서히 실질적인 성과를 내고 있지만, 동아시아의 군사력 균형에서 미국은 압도적 우위를 유지하고 있다. 현재 미국의 힘의 우위와 세력균형의 변화 속도를 고려하면, 미국에게는 현재의 포용을 위주로 하고 재균형의 적절한 수준과 속도를 조절하는 정책이 자신의 지위를 지키는 더 현실적인 정책이 될 것이다.

한편, 프리드버그는 중국이 민주화될 경우 아시아의 패권국가가 된다고 하더라도 미국은 중국과 평화적인 관계를 형성할 것이라고 주장한다. 하지만 이러한 민주평화론 주장은 국제정치에서 이념과 가치의 영향에 대한 과대평가에 기초해 있고, 현실주의적 논리의 일관성을 약화시킨다. 정치체제상의 차이와 인권문제가 미·중 관계를 악화시키기도 하지만, 그 영향은 제한적이고 양국은 이들 문제가 협력 기조를 해치지 않도록 노력해 왔다. 마찬가지로, 미국은 중국이 진정한 경쟁자로 등장한다면 체제의 성격과 관계없이 현실주의적 논리에 따라 중국이 아시아에서 패권국가가 되는 것을 저지하기 위한 강한 정책을 추진할 가능성이 높다.

왈트는 현재 미·중 관계에서 현실주의적 논리가 작동하고 있고 미래에 중국의 강대국화는 미·중 간의 적대적 관계를 불가피하게 할

62 최우선, "미국의 재균형 선택과 미·중 관계" 『2012 정책연구과제』(국립외교원, 2013); Department of Defense, "Sustaining U.S. Global Leadership: Priorities for 21st Century Defense"(January 2012); "Remarks by National Security Adviser Tom Donillon," Center for Strategic and International Studies, November 15, 2012.

것이라고 주장하면서도, 현재 미국의 힘의 우위하에 양국은 협력과 경쟁의 요소를 갖는 복합적 관계를 형성하고 있고 미국은 포용과 견제를 적절하게 결합하여 대응해야 한다고 주장한다. 현재의 세력균형과 미·중 관계의 성격 그리고 미국의 대중정책의 인과관계에 대한 체계적인 설명을 제시하고 있지는 못하지만, 왈트의 분석은 현실적이고 균형 잡힌 것으로 평가할 수 있다.

하지만 왈트의 위협균형이론은 동맹형성이 단순한 세력균형 논리에 의해서가 아니라 상대의 의도에 대한 인식이 중요한 영향을 미치는 위협의 수준에 의해 결정된다고 주장해 왔다. 따라서 그는 이론적으로 국가들이 호의적인 행동으로 상대를 안심시키려는 노력이 국가관계의 미래에 커다란 영향을 미칠 수 있다고 주장한다. 하지만 왈트는 미래의 미국과 중국은 구조적으로 적대적 관계를 갖는 것이 불가피하다는 주장을 전개하면서 왜 자신의 이론적 주장이 미·중 관계에는 적용되지 않는지에 대한 설명을 제시하지 않는다.

나이, 샴보우, 로스는 현재의 미·중 관계를 협력과 경쟁의 복합적 관계로 평가하고, 미래의 관계는 구조적으로 결정된 것이 아니며 정책적 노력에 따라 적대적 관계를 피할 수 있다고 주장한다.

나이는 현재의 미·중 관계의 성격에 대해 왈트와 유사한 현실적이고 균형 잡힌 분석을 제시한다. 그는 현재 미국의 힘의 우위는 확고하고 이러한 세력균형은 오래 지속될 것이라고 평가한다. 따라서 그는 미국은 미래의 불확실성을 다룰 수 있는 능력을 보유하고 있고 이를 적절한 수준에서 강화할 필요가 있다고 주장한다. 나이의 분석은 대체로 현실주의적 세력균형 논리에 기초하고 있지만, 그는 동시에 포용을 통해 중국을 현상유지 국가로 유도하기 위해 노력해야 한다는 자유주의적 주장을 제시한다. 이러한 나이의 주장은 공격적 현실주의자들의 구조적 결정론을 거부하고, 노력 여하에 따라 미래의 미·중 관계가 경쟁과 협력의 복합적 관계가 될 가능성이 있다는 전망에 기초해 있다.[63]

샴보우는 점점 더 복잡해지는 중국의 행위 패턴과 미·중 관계의 핵심에 중국 내부의 정체성 혼란과 보수적이고 민족주의적인 세력의 강화가 존재한다고 분석한다. 하지만 일반 대중과 관료들의 민족주의적 정서가 증가함에도 불구하고, 중국 지도부는 여전히 신중한 대미정책의 합리성에 대한 강한 합의를 유지하고 있다. 이는 현재 미국의 힘의 우위에 대한 현실적인 인식의 반영이다.

한편, 샴보우는 미국이 재균형 정책이 아니라 좀 더 유화적인 포용정책을 추진한다면 양국은 미래에 갈등 속에서도 협력적인 관계를 형성할 수 있다고 주장한다. 하지만 이러한 전망은 미국의 포용에도 불구하고 미·중 관계의 경쟁적인 성격이 강화되고 있다는 그의 상당히 비관적인 분석과의 괴리를 보여주고, 이를 설명하는 구체적인 논리를 결여하고 있다. 또한 샴보우는 미래에 중국이 미국의 진정한 경쟁자로 등장하고 근본적인 이익의 충돌이 본격화될 때 양국 간의 구조적 갈등을 어떻게 막을 수 있는지에 대한 논리적 설명을 제시하지 못하고 있다. 한편, 중국이 지역접근저지 능력 증강에서 실질적 성과를 내고 있고 점차 공세적인 태도를 표출하고 있는 상황에서 미국의 좀 더 적절한 정책은 일방적인 포용보다는 포용의 기조를 유지하면서 적절한 수준에서 재균형을 지속하는 것일 것이다.

로스는 전형적인 방어적 현실주의 논리를 전개하고 있다. 그는 견제와 균형이 지배하는 국제체제에서 중국은 온건하게 행동하는 것이

63 Joseph Nye, "Our Pacific Predicament," *The American Interest*, Vol. 8, No. 4(March/April 2013).

합리적이고, 중국은 공세를 펼칠 힘도 근본적인 동기도 갖고 있지 않다고 평가한다. 그는 최근 중국의 보다 공세적인 행위 패턴을 인정하면서도, 이러한 행동이 중국의 국력 상승에 따른 행동 변화가 아니라 국내정치적인 취약성을 보완하기 위해 민족주의 정서를 동원하는 과정에서 발생한 정치적 압력의 결과라고 해석한다. 이는 최근 중국의 행위 변화에 대한 세력균형 변화의 중요한 영향을 간과하는 것이다. 따라서 그가 주장하는 대중 유화정책은 중국의 행위를 제어하고 동맹국들의 우려를 불식하기 어려운 정책 대안일 것이다.

한편, 로스는 중국은 제한적 목표를 추구하는 보수적인 국가의 성격을 띠고 있다고 주장한다. 그리고 중국과 미국이 각각 대륙의 강대국과 해양의 강대국으로 세력권을 유지해 왔고, 지리적인 분리와 상호 자제는 미래의 양국 충돌을 방지할 수 있다고 주장한다. 하지만 세력관계의 변화는 국가의 목표와 성격을 변화시킬 수 있다. 현재 중국은 지역 접근저지 능력의 강화를 통해 해상과 공중에서의 미군의 작전능력에 대한 제약을 증가시키고 있고, 미래에 안보 강화를 위한 더 적극적인 해양지배 전략을 추구할 가능성이 높다. 미국과 주변국들의 강력한 견제가 중국을 자제시킬 가능성이 크지만, 강력한 강대국으로 부상한 중국은 우월한 군사력을 발전시켜 아시아에서의 지배적 지위를 획득하기 위한 더욱 큰 동기를 갖게 될 것이다.

4. 결론

지정학적으로 대륙세력과 해양세력이 교차하는 지역에 위치한 한국에게 미·중 관계는 가장 중요한 환경적 요인이 되고 있다. 중국의 계속적인 부상은 미·중 관계를 변화시키고 있고 미래의 불확실성을 증대시키고 있다. 따라서 한국의 국가전략과 정책방안들을 구상하기 위해 미·중 관계의 역사와 변화 양상을 정확하게 이해하는 것은 필수적이다. 학문적으로도 복잡한 설명요인들이 작용하는 미·중 관계는 국제정치의 본질을 이해할 수 있는 중요한 연구 주제이고 또한 국제정치 이론을 시험하고 발전시킬 수 있는 기회를 제공한다. 전 세계적으로 통합되어 가는 학문 공동체에서 한국의 미·중 관계 연구는 미국의 연구에서 이미 많은 영향을 받아 왔다. 다양한 시각에서 미·중 관계에 대한 연구를 발전시켜온 미국의 미·중 관계 연구에 대한 이해를 제고하는 것은 한국의 미·중 관계 연구를 발전시키는 과정에서 중요한 부분이 될 것이다.

미국의 최근 미·중 관계 연구는 이론적 엄격성과 풍부한 자료에 기초한 매우 활발한 논쟁을 통해 현상에 대한 더 깊고 객관적인 이해를 위한 중요한 성과들을 이루어내고 있다. 보다 잘 훈련된 새로운 세대의 지역 전문가들이 등장하고 다양한 배경을 가진 역량 있는 학자들이 미·중 관계를 주요 주제로 연구하게 되면서 이들의 연구가 이론적 논쟁과 결합되고 있고, 더욱 엄격하고 깊이 있는 인과관계에 대한 학문적 고찰이 이루어지고 있다. 주요한 연구 성과를 낸 학자들의 경우 대부분 자신들의 설명과 예측을 분명한 이론적 가정들을 바탕으로 제시하고 있기 때문에 좀 더 분명하게 그들의 관점을 평가할 수 있다. 한편, 냉전 이후 미·중 관계에 대한 연구는 정부 자료에 대한 접근에서 한계를 갖고 있지만, 냉전기 대부분의 시기들에 대한 미·중 관계 연구는 비밀 해제된 미국의 정책 문서 등 더 견고한 증거 자료에 기초해 이루어지고 있다. 이러한 연구는 주장과 근거의 타당성에 대하여 좀 더 객관적인 검증을 가능하게 한다.

이론적 깊이를 갖는 미·중 관계 연구는 미·중 관계에 대한 더 깊은 이해뿐 아니라 국제관계 이론의 발전에도 기여하고 있다. 냉전 초기의 미·중 관계에 대한 논쟁에서 볼 수 있듯이, 상충하는 복잡한 설명요인이 작동하는 흥미로운 사례 연구는 새로운 이론의 발전을 자극해 왔다. 또한 풍부한 자료에 기초한 서로 다른 이론적 시각에서의 인과론적 설명의 제시와 논쟁은 이론들의 설명력에 대한 중요한 검증 기회를 제공해 왔다. 하지만 과거와 현재의 사례들에 대한 설명은 여전히 이론과 증거에 대한 조작의 가능성에 노출된다. 이런 점에서, 현재 진행 중인 미·중 관계 논쟁에서 많은 이론가들이 미래의 검증을 위해 자신들의 이론적 가설을 구체화하고 이를 적용하여 미·중 관계에 대해 분명한 예측을 제시하는 것은 이론들의 힘을 검증하는 중요한 기회를 제공할 것이다.

제IV장

중국의 미·중 관계 연구 평가

김애경

김애경

명지전문대학 중국어과 부교수. 국민대학교 중어중문학과 학사, 베이징대학 정치학 석사, 베이징대학 정치학 박사(2003) 학위를 받았다. 서울대학교 국제문제연구소 선임연구원과 국민대학교 경영대학원 겸임교수를 거쳤다. 총 5권의 편저서와 "중국의 대외정체성 인식 변화: 제1, 2차 북핵 위기에 대한 중국의 역할변화 분석 사례로"(2004), "중국의 부상과 소프트파워 전략: 대아프리카 정책을 사례로"(2008), "중국의 국가이익 재구성 분석: 대개도국 외교 전략 변화를 중심으로"(2013) 등의 논문이 있다.

1. 중국의 미·중 관계 연구의 필요성

미·중 관계는 이미 양국관계를 넘어 전 지구적 차원에서 정치, 경제, 안보, 문화 등 각 영역에 영향을 주지 않는 이슈가 없다고 해도 과언이 아니다. 미·중 관계는 그만큼 다양한 차원에서 매우 중요하다. 급부상하는 중국이 기존 국제질서를 근본적으로 변화시킬 수 있는 능력이 있는지, 의지는 있는지에 대해서는 이견이 존재하지만, 미·중 관계 발전의 향방은 세계 각국의 관심사가 아닐 수 없다.[1] 이러한 미·중 관계에 대한 관심은 단지 작금의 현상만은 아니다.

미·중 양국관계는 수교 때부터 세계적 관심을 집중시켰다. 양국은 1970년대 전략적 필요에 의해 관계정상화를 실현했고 미·중 수교는 '전략적 삼각' 관계를 구체화하면서 냉전시기 체제적 차원의 구조

---

1 글로벌 금융위기 이후 중국이 부상하면서 미국이 몰락할 수도 있다는 우려에 대해서는 다음의 글을 참조. Gideon Rachman, "Think Again: American Decline," *Foreign Policy*(January/February 2011). http://www.foreignpolicy.com/articles/2011/01/02/think_again_american_decline?page=0,4(검색일: 2013년 4월 7일). 중국이 부상하고 있지만 국제질서의 본질적인 변화를 이끄는 동력으로 작용할지에 대한 회의적인 시각은 다음의 글을 참조. John G. Ikenberry, "The Rise of China and the Future of the West: Can the Liberal System Survive?" *Foreign Affairs*, Vol. 87, No. 1(January/February 2008), pp. 23-37.

를 복잡하게 변화시키는 결과를 낳아 세계의 관심을 모았다. 냉전이 종식되고 1990년대 중반 이후 기존질서와 패권국 미국을 위협할 수 있는 잠재적 국가로 지목되던 중국이 미국을 위협할 수 있는 현재적 국가가 되었다. 현 시점에 체제적 차원에서 세력전이가 발생한다면 미국과 중국 간의 일일 것이므로 미·중 관계 발전방향은 세계 각국의 관심사이고 이에 대한 고찰은 매우 중요할 수밖에 없다. 체제적 차원에서 미·중 간의 국력 격차가 감소하거나 국력의 변화가 발생한다면, 이는 국제사회, 아·태지역 및 동아시아 지역에 주는 함의가 적지 않다. 주변 강대국의 대외전략에 민감할 수밖에 없는 한국에게도 미·중 관계의 발전방향은 매우 중요한 사안이므로, 중국 학계의 미·중 관계 논의를 고찰하여 중국의 인식을 분석하고 평가할 필요가 있다.

미·중 관계가 많은 관심을 받고 있는 만큼 관련연구 또한 활발히 진행되고 있다. 기존연구는 대부분 일정 시기 미국에 대한 중국의 인식과 관련된 연구, 중국 내 미국 전문가들의 분석을 소개하는 연구 및 국제관계 이론을 통해 미·중 관계를 분석하는 연구가 있다. 하지만 중국 내 미·중 관계 연구에 대한 동향과 특징에 대해 체계적으로 분석하고 평가하는 글은 없는 것으로 확인된다.[2] 관련연구를 더 체계적이고

---

2 중국의 미국에 대한 인식연구는 다음을 참조. 서정경, "중국의 부상과 대미인식의 변화: 중국 학계의 논의를 중심으로," 『국가전략』, 제14권 2호(2008), pp. 115-142; 이정남, "글로벌 금융위기와 중국의 대미인식의 변화: 학계의 인식을 중심으로," 『세계지역연구논총』, 제29권 2호(2011), pp. 75-111; David Shambaugh, *Beautiful Imperialist: China Perceives America, 1972-1990*(Princeton: Princeton University Press, 1991). 중국 내 미국전문가들의 연구에 대한 분석은 다음의 글을 참조. Phillip C. Saunders, "China's America Watchers: Changing Attitudes Towards the United States," *The China Quarterly*, No. 161(March 2000), pp. 41-65. 국제관계 이론을 기반으로 하여 미·중 관계의 성격을 분석하는 논문들은 다음을 참조. Denny Roy, "Assessing the Asia-Pacific 'Power Vaccum'," *Survival*, Vol. 37, No. 3(Autumn 1995), pp. 45-60;

깊이 있게 분석하기 위해서는 먼저 미·중 관계 연구를 직접적으로 고찰하여 평가해야 한다.[3] 이 글은 중국의 미·중 관계 연구를 평가하고자 한다. 중국에서 미·중 관계 연구는 어떤 주제를 중심으로 이루어지고 있으며, 또 어떤 방향으로 전개되고 있는지에 대해 분석하여 향후 미국과의 관계에 대한 중국의 인식범위를 고찰하였다. 미국에 대해, 또는 미·중 관계에 있어 중국은 그동안 다분히 대응적으로 반응해 왔다고 스스로의 정책을 자평해 왔는데, 이 글은 중국 대외관계에 있어 가장 중요한 양자관계인 미·중 관계에 대해 학자들은 어떻게 평가하고 있는지, 어떻게 발전해 나가야 한다고 인식하는지에 대해 고찰하였다.

특히 국제 체제적 차원에서 힘의 재분배가 발생하고 있거나, 발생할 수 있는 상황에서 양국이 관계를 어떻게 정립하고자 하는지에 대한 중국의 인식을 고찰하는 것은 매우 중요하다. 중국의 미·중 관계 연구를 고찰함으로써 우리는 중국이 양국의 관계를 경쟁관계로 규정하고 있는지, 협력의 관계로 규정하고 있는지를 판단할 수 있을 것이다. 양국은 1979년 수교 이후 줄곧 갈등과 협력의 관계를 반복해 왔으며 향후에도 비슷한 양상을 보일 것으로 판단된다. 그럼에도 양국의 국력이

Richard Bernstein and Ross H. Munro, "*The Coming Conflict with America*," Foreign Affairs(March/April 1997), pp. 18-32; Banning Garrett, "US-China Relations in the Era of Globalization and Terror: A Framework for Analysis," *Journal of Contemporary China*, Vol. 15, No. 48(August 2006), pp. 389-415; Bruce Russet and John O'Neal, *Triangulating Peace: Democracy, Interdependence, and International Organization* (New York: W. W. Norton, 2001); Alastair Iain Johnston, "Is China a Status Quo Power?" *International Security*, Vol. 27, No. 4(Spring 2003), pp. 5-56.

3 1979년 미·중 양국 수교 이후 중국의 미·중 관계 연구에 대해 평가하는 학술회의가 개최되어 그 회의에서 발표된 논문들을 단행본으로 발간한 사례는 있다. 다만, 이 책에서 다뤄지는 중국의 미·중 관계 연구에 대한 평가는 1979년 이후 1990년대 초반까지이다. 資中筠, 陶文釗, 『架起理解的新橋梁: 中美關係史回顧與展望』(合肥: 安徽大學出版社, 1997).

변화하고 있거나, 변화할 수 있는 상황에서 중국의 미·중 관계연구를 고찰해 보면 미국과의 관계에 대한 그리고 지역과 국제질서에서 미국과의 관계를 어떻게 처리하고자 하는지, 중국의 태도와 입장을 검토할 수 있을 것이다.

이 글의 구성은 다음과 같다. 이어지는 2절에서는 중국의 미·중 관계 연구를 평가하기 위한 분석 대상과 범위 및 방법, 이 글의 연구 대상에서 제외된 중국에서 출판된 미·중 관계 관련 단행본에 대해서 간략히 소개하였다. 중국 내 거의 모든 국제정치 관련 연구 간행물은 미·중 관계 관련 연구 논문들을 게재하고 있어 그 양은 매우 방대하다. 모든 연구결과물을 분석하기에는 물리적으로 불가능하므로, 이 글은 분석 대상과 범위를 『미국연구』(美國硏究), 『현대국제관계』(現代國際關係), 『국제문제연구』(國際問題硏究)의 창간호부터 2012년까지 발행된 호에 실린 미·중 관계 연구로 제한하였다. 단행본에 대한 전수검토는 사실상 불가능하므로 이 글은 10권의 단행본을 소개하였다. 3절에서는 위의 세 간행물에 게재된 논문들을 주제와 시기별로 구분하여 정량적 평가를 하였고, 4절에서는 연구 주제별 관점을 소개하고 분석하였으며, 시기별로 동일한 이슈에 대해 관점이 변화했는지, 학자 간의 견해 차이가 있는지 분석하는 질적 평가를 하였다. 5절은 이 글의 결론으로서 앞에서 분석한 내용을 바탕으로 중국의 미·중 관계 연구의 추세와 특징을 분석하였다.

2. 연구 대상과 범위, 방법

이 글은 『미국연구』, 『현대국제관계』, 『국제문제연구』에 발표된 미·중 관계 관련 논문을 분석하였다. 분석대상 논문의 선정 방법은 다음과 같다.

중국외교에서 미·중 관계가 차지하는 중요성만큼 관련논문들은 다양한 학술잡지에 분산되어 발표되어 있다. 따라서 먼저 베이징(北京)과 상하이(上海)의 권위 있는 국제관계연구 학술잡지와 미·중 관계 및 미국연구 학술잡지 5개를 선정하였고, 이 5개의 학술잡지에 게재된 논문들 중 제목에 '미·중 관계'를 직접 거론한 논문들을 검색한 후 가장 많은 편수가 게재된 3개 저널(『미국연구』, 『현대국제관계』, 『국제문제연구』)의 논문들을 선택하였다. 분석대상 논문은 위 3개 학술잡지의 창간호부터 2012년까지 제목에 '미·중 관계'가 직접 언급된 논문 153편이다.

5개 학술지는 위 3개와 『세계경제와 정치』(世界經濟與政治), 『미국문제연구』(美國問題研究)인데, 이 5개 학술지를 선정한 이유는 다음과 같다. 우선 『현대국제관계』, 『국제문제연구』 및 『세계경제와 정치』는 국제정치와 국제관계 분야에서 중국 내 최고의 권위를 자랑하는 학술지이다. 그중 『국제문제연구』는 외교부 산하의 국제문제연구소에서 발행하는 격월간지로 1959년 5월에 창간된 중국에서 가장 오래된 국제문제와 관련된 연구결과물을 게재하는 학술잡지이며, 『현대국제관계』

는 안전부 산하의 현대국제관계연구원에서 발행하는 월간지로 1981년 10월에 창간된 국제문제 연구와 관련 있는 종합학술지이다.[4] 『세계경제와 정치』는 중국사회과학원 산하 세계경제와 정치연구소에서 발행하는 월간 학술지로 1979년에 창간되었다. 위 세 개의 학술지는 중국 내에서 국제관계이론과 전략, 중국과 타국과의 양자관계, 국제기구에서의 외교 등등 국제정치 및 국제관계와 관련된 비교적 높은 수준의 학술논문들을 게재하고 있다. 『미국연구』와 『미국문제연구』는 중국사회과학원 미국연구소와 상하이 푸단대학(復旦大學)의 미국연구소에서 발행하는 학술잡지이다. 위의 두 연구소에는 중국의 저명한 미국문제 및 미·중 관계 전문가들이 포진해 있다.

이 글의 분석대상인 153편의 논문은 중국지망(中國知網: CNKI)을 통해 검색하였다. 중국지망은 중국 내외에서 발간되는 거의 모든 중문과 영문의 학술논문과 중문의 학위논문, 신문, 연감 및 사전 등등의 자료를 제공하는 유료 인터넷 사이트이다. 〈표 4-1〉은 5개의 학술지에 게재된 논문에서 제목에 '미·중 관계'를 직접 언급한 논문의 편수이며, 〈표 4-2〉는 핵심어에 '미·중 관계'가 포함되어 있는 논문의 편수이다. 〈표 4-1〉과 〈표 4-2〉의 학술지에 게재된 논문 총 편수 옆 괄호 안의 연도는 검색된 논문 중 해당 학술지에 가장 최초로 발표된 논문의 게재 년도부터 2012년까지를 표시하였다. 2001~2012년의 논문편수는 『미국문제연구』가 비교적 늦은 2001년에 창간되어 『미국문제연구』에 게재된 논문편수와 비교하기 위해 표시한 것이다.

---

4 『國際問題研究』는 중간에 여러 차례 정간되었으나 1981년 7월부터는 계간으로 다시 출판되다가 2000년에 격월간으로 발행되기 시작하였다. 『現代國際關係』는 1986년 계간에서 1992년 격월간으로 출판되다가 1993년에 월간으로 발행되었다.

〈표 4-1〉 5개 학술지의 '미 · 중 관계' 논문 편수 비교(제목 검색)

학술지명	총 편수	2001~2012년 편수
미국연구	**55**(1987~2012)	**36**
미국문제연구	28(2001~2012)	28
현대국제관계	**53**(1995~2012)	**37**
세계경제와 정치	**51**(1989~2012)	**25**
국제문제연구	45(1981~2013)	39

〈표 4-2〉 5개 학술지의 '미 · 중 관계' 논문 편수 비교(핵심어 검색)

학술지명	총 편수	2001~2012년 편수
미국연구	**123**(1987~2012)	**89**
미국문제연구	59(2001~2012)	59
현대국제관계	**201**(1984~2012)	**158**
세계경제와 정치	**139**(1989~2012)	69
국제문제연구	106(1981~2013)	**89**

〈표 4-1〉과 〈표 4-2〉에서 보여지듯 제목과 핵심어를 검색했을 때 가장 많은 관련논문을 게재한 학술지 3개는 『미국연구』와 『현대국제관계』, 『세계경제와 정치』였다. 그러나 최근 10여 년간(2001~2012)의 흐름을 잘 반영할 수 있는 기간에 관련논문이 가장 많이 게재된 학술지 3개는 『미국연구』와 『현대국제관계』, 『국제문제연구』이다. 따라서 이 글은 최근 10여 년간의 동향을 잘 반영하고 있다고 판단되는 『미국연구』와 『현대국제관계』, 『국제문제연구』에 게재된 관련논문을 분석하고자 한다. 단 〈표 4-1〉의 논문 총 편수는 '미·중 관계'로 검색한 논문 중 미·중 관계와 관련된 학회의 학술대회를 소개하고 안내하는 글은 제외한 논문 편수이다. 관련학회의 학술대회를 소개하거나 안내하는 글은 『미국연구』에 20편, 『현대국제관계』에 3편, 『국제문제연구』에는 4편이

게재되어 있었다. 이 글은 '미·중 관계' 연구를 평가하는 글이므로 학술회의 소개와 안내의 글은 포함하지 않았다.

〈표 4-2〉의 핵심어 검색은 〈표 4-1〉의 제목검색을 통해 분석대상 논문 선정이 적절하였는지를 확인하기 위해 진행하였는데, 제목을 통해 검색된 연구추이와 핵심어를 통해 검색된 연구추이는 동일하였다. 즉 제목으로 검색하나 핵심어로 검색하나 총 편수에서는 『세계경제와 정치』와 『현대국제관계』, 『미국연구』에서 가장 많은 논문편수를 검색할 수 있었으나, 최근 10년 동안의 논문을 제목과 핵심어로 검색하였을 때에도 『미국연구』와 『현대국제관계』, 『국제문제연구』에 가장 많은 논문이 게재되어 있었다. 따라서 이 글은 『미국연구』와 『현대국제관계』, 『국제문제연구』에 게재된 제목에 '미·중 관계'를 직접 언급한 논문을 분석하였다.

중국의 미·중 관계 연구를 평가하는 방법은 다양하다. 예컨대 중국의 대표적 미·중 관계 연구자들의 관점을 중심으로 분석하는 방법이 있고, 연구주제를 구분하여 주제별 관점을 비교하는 방법, 일정 기간 동안 중국에서 발표된 논문들을 통시적으로 비교·분석하는 방법 등등이 있다. 이 글은 우선 미·중 관계 연구 논문 153편에 대해 주제와 시기를 구분하여 정량적 분석을 통해 평가하였다. 이를 통해 중국의 미·중 관계 연구가 어떤 주제를 중심으로 연구되어 왔는지를 파악하였고, 시기를 구분하여 연구 주제와 연관시켜 그 추이를 살펴보면서 어느 방향으로 연구되어 왔는지 고찰하였다. 정량적 평가만으로는 연구주제와 이슈별 관점에 대한 평가는 어려울 수 있다. 따라서 이 글은 정량적 평가를 기반으로 연구주제별 관점을 소개하고 특징을 분석하며, 이슈별로 연구자 간 관점의 차이와 시기별 관점의 변화에 대해 질적 평가로 보완하고자 하였다.

중국의 미·중 관계 연구를 좀 더 잘 평가하기 위해서는 중국에서 출판되는 미·중 관계 관련 단행본도 함께 고찰할 필요가 있겠다. 연구논문과는 다르게 필자가 단행본을 전수검토하기에는 그 분량이 너무 많기 때문에 10권 정도를 선택하여 단독저서와 편집서로 구분하였다. 우선 단독저서 중 리융타이(黎永泰)는 미·중 관계 발전에 있어 마오쩌둥의 역할을 분석하였다. 마오쩌둥은 중화인민공화국 건국 이전부터 미국과의 관계 수립에 줄곧 관심을 가져왔고, 1970년대 초 미·중 관계 정상화에 있어서도 그의 역할이 매우 컸음을 강조한다. 마오쩌둥 개인의 미·중 관계에 대한 관심, 마오쩌둥과 일부 서구 인사들과의 회동 및 서구 인사들의 마오쩌둥에 대한 긍정적인 평가들이 합쳐져 결실을 맺은 것이라고 주장한다.[5] 류젠페이(劉建飛)는 미·중·일 삼국의 100년 동안의 관계를 역사적으로 고찰하며 현재와 미래는 동반자관계로 나아가야 한다는 점을 강조하고 있다. 삼국은 상호 적국으로 인식하였다가 관계정상화를 통해 친구가 되었지만 삼국은 모두 여전히 발전을 지속해야 하므로 동반자관계를 맺어 공동이익을 부각시키고 갈등의 요인을 잠재워야 할 필요가 있음을 주장한다.[6]

옌쉐퉁(閻學通)은 탈냉전기 미국의 패권질서 속에서 중국의 안보문제를 논의하는데, 탈냉전기 미·중 양국은 제2차 대전시기 일본, 1970~80년대의 소련과 같은 공동의 적 또는 공동의 위협이 없어져, 양국의 구조적 모순이 부각되어 관계개선이 쉽지는 않은 상황임을 주장한다. 또 유럽과 일본이 미국의 지위에 도전하지 않는 이상 미·중 양국

5 黎永泰, 『毛澤東與美國』(昆明: 雲南人民出版社, 1993).

6 劉建飛 , 『敵人 朋友 還是夥伴: 中美日戰略關係演變(1899~1999)』(北京: 中央文獻出版社, 2000).

의 구조적 모순은 지속될 것이며, 중국은 이에 대해 장기적 차원의 대응과 중·단기적 차원의 대응을 마련해야 한다고 하였다. 장기적 차원의 대응이란 중국이 지속적인 발전을 통해 4개의 현대화를 실현하는 것이고 중·단기적으로는 미·중 관계의 갈등을 유발하는 근본적인 문제인 대만문제를 최대한 빨리 해결하는 것임을 강조하고 있다.[7]

류아밍(劉阿明)은 변화 중인 동아시아와 미·중 관계를 분석하였다. 그는 세력전이 이론이 동아시아 질서와 미·중 관계를 제대로 설명하지 못하고 있는바, 이 지역의 중·소국가들의 역할을 과소평가했기 때문이라고 주장한다. 그는 또 중국의 경제발전은 동아시아 질서를 재구성하는 데 중요한 촉진역할을 하고 있는 것은 사실이지만 이러한 질서가 중국 중심질서 혹은 중국이 주도하는 지역질서라고 단정짓기는 시기상조라고 하였다. 중국의 국력증강이 동아시아의 지역질서와 국가간 관계에 영향을 미치는 유일한 요인이 아니고, 미국이 주도하는 안보시스템이 가동되고 있고 아시아 주도의 동아시아지역협력 기제, 여전히 냉전적 사고가 지배하는 지역의 안보정세 등이 이 지역질서의 미래에 영향을 주고 있기 때문이라고 보았다. 그는 세력전이 이론이 강대국간 관계에 집중하고 있기 때문에 현 동아시아 지역의 상황을 제대로 반영하지 못하고 있는 것이 사실이며, 현재 중국은 아직 미국이 주도하는 지역질서에 도전할 만큼의 국력을 가지고 있지 않고 동아시아지역 국가들은 미국과 중국 사이에서 위험분산(hedging)전략으로 대응하고 있기 때문에 미·중 양국은 협력하는 동시에 경쟁할 수밖에 없다고 주장한다.[8]

---

7 閻學通, 『美國霸權與中國安全』(天津: 天津人民出版社, 2000).

8 劉阿明, 『變動中的東亞與中美關係』(北京: 知識產權出版社, 2012).

편집서로는 학술회의에서 발표된 논문들을 수정하여 단행본으로 발표하거나, 연구프로젝트 논문들을 모아 단행본으로 엮은 결과물들이 있다. 쯔중윈(資中筠)과 타오원자오(陶文釗)의 편집서인 『이해를 위한 새로운 매개역할-중미관계사 회고와 전망(架起理解的新橋梁—中美關係史回顧與展望)』에서는 1979년 이후 미·중 관계사 연구의 성과와 부족한 점을 논의하고 있다.[9] 중국학자 장창빈(姜長斌)과 보스턴대학교 교수 로버트 로스(Robert Ross)가 공동편집한 『대치에서 완화로: 냉전시기 중·미 관계 재검토(從對峙走向緩和: 冷戰時期中美關係再探討)』에서는 중국의 미·중 관계 연구가 미국의 대중정책 중심이라는 점이 지적되었다. 이 책에서도 중국학자의 글이 8편 실려 있는데 그중 3편이 중국의 대미정책을 분석하고 있다. 1950~1970년대 중국의 대미정책 — 중국과 긴장완화 시도(1954~1956), 10년간의 대항(1957~1967), 새로운 선택기(1960년대 후반~1970년대 초) — 에 대하여 분석한 글, 대만해협 위기 시기 중국의 대미 정책의 원칙에 관한 글, 미·중 관계에서 소련요인에 대한 글이다.[10]

---

9 資中筠, 陶文釗, 『架起理解的新橋梁: 中美關係史回顧與展望』(合肥: 安徽大學出版社, 1997). 이 책은 1993년 설립된 '중미관계사연구회'가 주최한 1994년 제1회 학술회의에서 발표된 논문을 수정하여 엮은 단행본으로, 근대시기 미국을 포함한 서구열강과의 불평등 교류사와 미국의 중국침략 정책을 소개하고 비판하였는데, 제11기 3중전회 이전에는 미국침략-중국반항의 역사로 묘사하고 있는 반면 이후에는 미국침략사만이 아닌 양국의 경제, 교육, 과학, 문화 교류에 대한 연구도 포함되어 있고 정부 간 교류뿐만 아니라 정당 간 관계, 민간 교류에 대한 연구를 포함하고 있음을 주장한다. 미국의 대중정책에 대한 연구는 많은 반면 중국의 대미정책 연구는 적으며, 정치외교에 대한 연구는 많으나 경제·과학기술 연구는 적다는 점, 일부 연구에서는 여전히 극좌적인 편향을 띠고 있음을 지적하였다.

10 薑長斌, 羅伯特, 羅斯, 『從對峙走向緩和: 冷戰時期中美關係再探討』(北京: 世界智識出版社 , 2000). 이 책은 중국 중앙당교 국제전략연구소와 미국 하버드대학교 페어뱅크 연구 센터가 1996년 10월과 1998년 5월 개최한 학술회의에서 발표된 논문을 수정하여 엮은 단행본으로, 제2차 대만해협 위기 때 마오쩌둥의 대미 정책의 원칙은 미국과 직접적인 군사적 충돌을 피하는 것이었는데, 이는 한국전쟁에서 얻은 교훈이라고 주

궁리(宮力)가 편집한 『어떻게 미국과 공존할까: 탈냉전기 중국의 대미 방침과 중미관계(如何與美國共處: 冷戰後中國對美方針與中美關係)』에서는 탈냉전기 미·중 관계에 대한 역사를 고찰하고 미·중 관계 발전의 특징을 분석하고 있다.[11]

타오원자오 외 3명이 편집한 『당대 중미관계연구(1979~2009)(當代中美關係研究(1979~2009))』에서는 미·중 양국의 수교 이후 1980년대, 1990년대 클린턴 정부시기, 이후 2009년까지 시기별로 양국 관계에 영향을 미친 사건을 중심으로 미·중 관계의 30여 년의 발전사를 분석하고 있다.[12] 손저(孫哲)가 편집자인 두 권의 단행본은 칭화대학(清華大學) 중미관계연구센터의 프로젝트로서, 2011년과 2012년에 초점을 두고

장한다. 미·중 관계에서 소련요인에 대한 분석에서는, 1960년대 초 마오쩌둥은 중·소 관계를 미·중 관계보다 더 중요하게 간주하였으나, 소련으로부터 받은 안보위협 때문에 미·중 관계의 정상화가 이루어졌음을 강조하였다. 중·소 분열이 단기적으로 중국에게 큰 손해였으나 장기적으로 보면 중국을 소련의 속박으로부터 벗어나게 하는 진정한 독립적 발전을 시도할 수 있도록 하였다고 주장한다.

11 宮力主編, 『如何與美國共處: 冷戰後中國對美方針與中美關係』(北京: 九州出版社, 2010). 이 책에서는 냉전이 종식되면서 국제질서의 구조가 변화되었는데, 이것이 미·중 관계에 미친 영향, 1989년 6·4 천안문 사태에서부터 최근 글로벌 금융위기 이후 오바마 정부의 대중정책과 이에 대한 중국의 대응을 매우 자세하게 소개하고 있다. 중국의 부상은 이미 거스를 수 없는 추세이며, 중국의 부상은 미국의 패권지위에 도전하지 않는 평화적 부상일 것이기 때문에 양국은 높은 곳에 올라 멀리 본다는 태도로 이해증진, 공동인식 확대, 갈등의 평화적 해결, 협력증진을 실현시킨다면 관계를 건강하고 안정적으로 발전시킬 수 있다고 주장한다.

12 陶文釗, 倪峰, 袁征, 劉得手, 周永瑞, 『當代中美關係研究(1979~2009)』(北京: 中國社會科學出版社, 2012). 이 책에서는 30여 년간 미·중 관계는 시련을 겪으며 발전해 왔지만, 현재는 양국이 수교할 당시에 비해, 심지어 1990년대에 비해서도 협력의 유인이 확대되었고, 양국관계가 제도화되고 있고, 전략적으로 경제적으로 공동이익이 확대되고 있음을 강조한다. 그럼에도 불구하고 양국이 사회제도와 이데올로기가 상이하고, 패권국 미국의 외교목표는 어떠한 국가도 지역과 전세계적 차원에서 미국의 패권지위에 도전하지 못하도록 하는 것, 대만문제에서 양국의 견해가 상이한 점 등 갈등요인이 존재하고 있다고 주장한다. 양국은 안정적인 관계발전을 위해 공동이익을 확대하도록 노력해야 한다고 강조하고 있다.

양국의 관계를 분석하고 있다.[13] 두 권 모두 현재 미·중 관계는 협력과 갈등이 공존하고 있는데, 미국의 아시아로의 회귀전략(Pivot to Asia)으로 인해 양국의 이해관계가 상충되고 있으므로 신형대국관계를 구축해야 한다고 주장하고 있다.

---

13 孫哲主編, 『亞太戰略變局與中美新型大國關係』(北京: 時事出版社, 2012). 이 책에서는 미·중 양국관계를 정치관계, 경제관계, 군사안보관계 및 대만문제로 나누어 고찰하고 있다. 2011년은 중국이 '12.5 규획'을 실시하는 첫해이며, 미국도 금융위기 이후 재정난을 겪으면서 국내경제건설에 힘써야 하는 중요한 한 해여서 양국 모두 국내적 이슈가 매우 중요한 한 해였으나 미국의 아시아로의 회귀전략이 실질적인 단계로 들어서는 한 해였음을 강조하였다. 미·중 관계 발전의 기반이었던 경제이슈에서 양국의 갈등이 심해지고 있고, 경제이슈 이외에도 아·태지역과 세계적 차원의 안보협력에 있어서도 양국의 상이한 이해관계 점점 부각되고 있다. 아태지역에서 양국의 이해관계가 상충되는 것은 미국의 아시아로의 회귀전략과 관련이 있다고 주장한다. 오늘날 아시아의 질서가 19세기 유럽과 흡사하다는 키신저의 주장처럼 양국의 전략분야에서는 중미 양국이 곧 세력전이의 중기에 접어들어 충돌이 가장 격화될 수 있는 단계이기 때문에 최대한 냉전식 충돌과 전쟁의 악순환에 빠지지 않고 신형대국관계를 구축하여 공동이익에 기반하는 강대국 간 선의의 경쟁으로 전환을 시도해야 한다고 주장한다. 孫哲主編, 『新型大國關係: 中美協作新方略』(北京: 時事出版社, 2013). 이 책은 2012년 미·중 관계를 분석하고 있는데, 국내정치 요인, 특히 선거 및 지도자 교체가 미·중 양국의 협력과 갈등에 영향을 주고 있다는 점을 강조한다. 양국은 지속적인 교류와 대화를 통해 미·중 양국의 발언권이 점차 균형적인 상황이 되어가고 있는데 미·중 전략과 경제대화가 신흥 부상국과 기존 강대국이 맞닥트리는 오래된 문제에 대해 새로운 답안을 찾은 공동 노력의 성과라고 할 수 있다. 역사적인 사례가 충분하지 않기 때문에 미·중 양국은 신형대국관계 수립을 위해 탐색의 과정에 있다고 할 수 있다. 중국은 지속적인 발전을 추구하는 동시에 미·중 관계에서 거둔 성과들은 상호학습할 수 있도록 해야 하며, 상호학습은 양국의 이익과 인류공동의 이익을 실현하기 위해 최대한 협력할 수 있는 중요한 관건이 될 것임을 강조한다. 양국이 2012년 선거의 해 이후 신형대국관계 수립의 과정에서 나타날 수 있는 새로운 문제점들은 전면적인 고찰과 대응방안을 고려해야 할 것임을 강조하고 있다.

3. 중국의 미·중 관계 연구의 정량적 평가: 연구주제와 시기별 특징

이 절에서는 중국의 미·중 관계 연구를 정량적으로 평가하였다. 먼저 분석대상 논문 153편을 주제별로 구분하여 중국에서는 어느 주제를 더 중점적으로 다루고 있는지를 고찰하였고, 다음은 시기별로 발표된 논문편수를 살펴보고, 주제와 연관시켜 각 시기별 특징을 평가하였다.

1) 연구주제별 논문 분류

중국의 미·중 관계 연구논문을 주제별로 분류하여 〈표 4-3〉으로 정리하였는데, 다음 몇 가지의 특징을 보이고 있다. 우선 중국의 미·중 관계 연구는 연구주제에 있어 매우 편중되는 경향을 보이고 있다. 〈표 4-3〉에서도 나타나듯이 중국의 미·중 관계 연구는 미국의 대중정책 혹은 중국의 대미정책 및 이들 정책에 영향을 미치는 요인(이하 정책과 요인으로 약칭)에 대한 연구와 미·중 관계 발전의 특징 및 현안(이하 발전 및 현안으로 약칭)을 분석하는 연구가 압도적으로 많음을 알 수 있다. 정책과 요인 연구는 전체 논문 153편 중 71편이고 발전 및 현안을 분석하는 연구는 51편인데, 이 수치를 비율로 계산해 보면 각각 46.1퍼센트

〈표 4-3〉 연구주제별 미 · 중 관계 연구논문 분류

연구 주제	미국연구	현대국제 관계	국제문제 연구	계
A. 미국의 대중정책, 중국의 대미정책 및 양국의 정책에 영향을 미치는 요인분석	17	30	24	**71(46.4%)**
B. 미 · 중 관계발전과 특징 및 현안 분석	17	16	18	**51(33.3%)**
C. 양국의 언론매체 보도와 상호인식	2	1	0	**3(2%)**
D. 미국의 대대만 정책, 대만문제와 미 · 중관계	1	0	2	**3(2%)**
E. 이론적 틀을 통해 양자관계 분석	2	1	0	**3(2%)**
F. 기타: 서평, 학계의 연구 등등	16	5	1	**22(14.4%)**
총계	**55**	**53**	**45**	**153**

와 33.6퍼센트이다. 이 두 주제가 전체 논문의 79.7퍼센트를 차지하고 있어, 이 두 주제는 중국의 미·중 관계 연구를 대표한다고 해도 과언은 아닐 정도로 중국의 미·중 관계 연구는 분석대상에 편중성을 보이고 있다.

둘째, 상당히 많은 논문들은 연구주제를 중복적으로 다루고 있다는 특징을 보였다. 즉 발전 및 현안 연구 논문의 내용에서 현안은 정책과 요인 연구 논문의 요인과 중복되었다. 예를 들어 미·중 관계에 있어 해결해야 할 현안은 곧 미국의 대중정책에 영향을 주는 요인이라 할 수 있다. 때문에 〈표 4-3〉과 같이 6개의 주제로 중국의 미·중 관계 연구를 구분한 것은 해당 논문이 어느 주제에 더 분석의 중점을 두었는지를 기준으로 해서 분류한 것이다.

셋째, 중국의 미·중 관계 연구자들은 미국의 대중정책과 요인에 대한 관심이 매우 높다는 점이다. 중국의 미·중 관계 연구 논문 중 단

두 편만이 중국의 대미정책과 이에 영향을 미치는 요인에 대한 논문이었고, 거의 대부분의 논문은 미국의 대중정책과 이에 영향을 미치는 요인에 대한 글이었다. 중국의 대미정책과 이에 영향을 미치는 요인을 분석하는 두 편의 글은 모두 같은 필자가 쓴 글로 덩샤오핑(鄧小平)의 미국에 대한 전략적 사상이 미·중 관계와 양국의 관계정상화에 지대한 영향을 미쳤음을 주장하고 있다.[14] 그 외에 대부분의 논문은 미국 지도부 교체가 대중정책에 주는 영향, 국회 및 기타 이익집단의 관여와 같은 국내정치 요인, 체제적 차원의 요인, 반테러협력 및 이데올로기 등등의 요인이 미국의 대중정책과 미·중 관계에 주는 영향을 분석하고 더불어 중국의 이에 대한 대응 또는 정책을 설명하고 있다. 이는 중국의 많은 미·중 관계 관련 연구들이 전반적으로 미국의 중국정책, 미국의 중국인식에 중점을 두고 있다는 평가가 가능하겠다. 중국의 많은 연구자들이 미국의 중국정책이나 미국의 중국인식에 중점을 두고 있는 이유는 미·중 관계의 발전은 미국에 달려있다고 인식하고 있다.[15] 때문에 중국의 연구자들은 미국의 대중정책과 대중인식을 매우 중요하게 여기고 이러한 경향이 연구결과물에 반영된 것으로 판단된다.

넷째, 중국은 대만문제를 미·중 관계 발전에 가장 많은 영향을 미치는, 민감성이 가장 높은 요인으로 인식하고 있었다. 미국의 대대만정책과 대만문제 및 미·중 관계를 단독으로 연구주제로 다루고 있는 논문이 단 3편이어서, 중국에서 이 주제가 상대적으로 덜 중요한 주제

14 宮力, “鄧小平與1977年之後的中美關係,” 『美國硏究』, 第2期(2001), pp. 7-20; 宮力, “鄧小平對美政策思想與中美關係,” 『國際問題硏究』, 第6期(2004), pp. 8, 15, 19.

15 特約評論員, “中美關係的症結何在?,” 『國際問題硏究』, 第2期(1981), pp. 3-6; 尹承德, “從戰略高度處理中美關係,” 『國際問題硏究』, 第1期(2009), p. 7; 金燦榮, “中美關係的關鍵在於美國,” 『國際問題硏究』, 第1期(2009), pp. 4-5.

로 인식되고 있다고 해석할 수도 있지만 이는 중국학자들의 실제 인식과는 매우 상이하다. 중국학자들은 미국의 대대만 정책과 대만문제가 현재 양국관계에 영향을 미치는 가장 민감한 문제라고 여겨왔다. 더 자세한 내용은 4절 연구주제별 분석 부분에서 다루겠지만, 미국의 대대만 정책이나 대만문제는 양국의 상대국 정책에 영향을 미치는 대표적인 요인이고 현안이기 때문에 정책과 요인에 관한 논문과 발전 및 현안의 논문에서는 거의 대부분 대만문제를 다루고 있었다. 다만 미·중 관계와 대만문제를 단독으로 다루는 논문은 3편이었다는 점을 강조하고 싶다. 일부 연구자는 미국의 세계전략이 미·중 관계에 미치는 영향을 분석하는 글에서 대만문제가 미·중 관계 발전에 가장 큰 영향을 주는 요인이며, 대만문제로 큰 문제가 발생하지 않는 한 양국의 관계는 협력과 갈등의 공존이라는 기존의 틀을 유지할 것이라고 주장하기도 한다.[16]

마지막으로 중국의 미·중 관계 연구는 이론적 틀을 이용하여 관계를 설명하고 전망하는 연구보다 경험적 연구를 통해 정책적 함의를 도출하는 연구를 더욱 중시하고 있음을 알 수 있다. 〈표 4-3〉에서 보듯이 중국의 미·중 관계 연구에서 이론적 틀을 기반으로 하여 양자관계를 분석하고 전망하는 논문은 단 3편뿐으로 상당이 적다. 이는 국제관계 연구 및 양자관계 연구에 있어 중국 학계의 연구방법의 특징이 미·중 관계 연구에 반영되었기 때문일 수도 있지만, 이 글의 연구대상 논문이 '미·중 관계'가 제목에 포함되어야 하기 때문일 수도 있다. 다시 말해서 중국의 학계가 이론적 틀을 기반으로 한 설명석 연구방법을 선

16 夏立平, "新世紀美國全球戰略與中美關係," 『現代國際關係』, 第10期(2000), pp. 22-24.

호하지 않을 수도 있다고 해석할 수도 있고, 이 글의 연구대상이 '미·중 관계'를 제목에 포함하고 있는 논문들이기 때문에 관계에 대해 사건이나 상황 등 정확한 자료에 근거하여 역사적·기술적 연구방법 위주의 논문들이 선택되었다고 해석할 수 있다.

이상으로 중국학자들의 미·중 관계 연구논문을 주제별로 분류하여 그 특징을 살펴보았다. 중국학자들의 미·중 관계 연구는 이론을 통한 분석보다 정책과 요인, 발전과 현안을 분석하는 연구가 현저하게 많았다. 중국의 학자들은 또 중국의 대미정책보다는 미국의 대중정책에 더 많은 관심을 보이고 있다는 점을 알 수 있었다. 이러한 특징들을 통해 중국학자들의 관심영역 또는 연구방법의 동향을 알 수 있다. 물론 본 연구에서 도출한 정량적 결과만으로 중국학자들이 모든 양자관계 연구에서 이론을 통한 설명적 연구보다 경험적 연구를 통해 정책적 함의를 도출하는 연구를 더 중시한다고 단정할 수는 없을 것이다. 따라서 중국의 미·중 관계 연구는 왜 이론적 틀을 이용하여 분석하는 글이 적은지, 왜 정책과 요인, 발전과 현안 분석에 집중하고 있는지에 대해서는 단정적으로 결론을 내리기보다 더 다각적이고 교차적인 분석이 필요할 것으로 판단된다.

그럼에도 불구하고 중국의 미·중 관계 연구가 주제 면에서 현저한 편향성을 보이는 것은 이론의 해석적 기능을 강조하고 현실을 기술, 설명하는 서구의 이론에 대한 이해와는 달리, 중국에서는 이론이 정책을 지도하는 사상으로서의 실천적 의미를 강조하기 때문일 것이다.[17]

---

17 이론의 실천적 의미를 강조하는 논문은 다음을 참조. Wang Jisi, "International Relations Theory and the Study of Chinese Foreign Policy: A Chinese Perspective," in Thomas Robinson and David Shambaugh(eds.), *Chinese Foreign Policy: Theory and Practice*(Oxford: Oxford University Press, 1994), p.483; 王輯思, "國際關係理論與中國外交

미·중 관계를 설명하고 해석하는 이론적 틀을 이용하여 양국관계를 설명하기보다는 관계발전에 영향을 줄 수 있는 요인을 분석하고 어떤 역사적 발전과정을 거쳐 왔으며, 해결해야 하는 현안이 무엇인지에 대한 연구에 더 집중하고 있다는 것이다. 뿐만 아니라 이론에 대한 이해가 서구와 다른 것처럼, 서구의 패러다임 또는 이론은 서구의 경험에 의한 것이라는 인식에 따라 중국학자들의 이론연구 역시 중국적 사고가 반영되었다. 왕홍잉(Wang Hongying)에 따르면 1950년대 말에는 '양대진영'에 대한 연구가, 1960년대에는 '반제반수'(反帝反修, 반제국주의 반수정주의) 연구가, 1970년대에는 '3개세계론'에 대한 연구가, 1980년대에는 '평화와 발전'에 대한 연구가, 1990년대에 접어들어서는 '다극세계의 특징'과 '국제정치경제신질서 구축의 필요성'에 대한 연구가 지배적이었음을 강조하였다.[18] 이렇게 이론에 대한 이해가 근본적으로 다르며, 이론의 내용도 중국적 사고라는 특수성이 반영되고 있음을 알 수 있다.

중국의 미·중 관계 연구주제가 편향성을 보이는 또 다른 이유는 국가의 정책적 필요가 학자들의 연구에 반영되었다고 말할 수 있다. 중국은 건국초기부터 미국과 관계를 정상화시키고, 미국으로부터 승인받고 지지받고 싶어했으며, 중국의 국가안보와 발전을 위해 미국과 협력 관계를 유지하고 싶어했다. 때문에 중국에게 필요한 것은 미국이 중국을 어떻게 인식하며, 중국과 어떠한 관계를 유지하고자 하는지, 그에 따른 정책은 무엇일지, 미국과 갈등을 겪고 있는 현안이 무엇인지를 정

研究," 資中蘊 編, 『國際政治理論探索在中國』(上海: 上海人民出版社, 1998), pp. 295-317.

18 Hongying Wang, "Multilateralism in Chinese Foreign Policy: The Limits of Socialization," *Asian Survey*, Vol. 43, No. 3(May-June 2000), pp. 477-479.

확하게 파악하는 것이었다. 이러한 국가적 차원의 필요는 학계의 연구로 이어졌다고 말할 수 있겠다. 더 자세한 내용은 다음 절에서 분석하겠지만, 미국에서 새로운 정권이 등장하거나 재선이 확정되어 2기 정부가 출범하게 될 때에는 빠지지 않고 신정부, 또는 2기 정부의 중국에 대한 정책에 대한 연구가 진행되었던 점도 좋은 사례이다.

중국학자들의 연구동향이 국가 차원의 정책과 직접적인 관련이 있는지에 대해서는 실증적 증명이 어렵다. 다만 기존연구들을 통해 정책결정 과정에서 학자들의 견해가 직·간접적으로 반영되고 있다는 점은 이미 밝혀져 있다. 또 최근 들어 중국의 국제적 위상이 향상되어, 국제적으로 관련되는 이해관계가 넓어지면서 중국이 대외적으로 다루어야 할 이슈들이 전문화되고 다양화되어 대외정책 결정에 관여하는 행위체도 다양해지고 있다.[19] 관련분야 학자들의 견해도 다양한 경로를 통해 정책결정 집단에 전달되는 것으로 알려져 있다. 2004년 외교부의 재정지원하에 특별연구그룹으로 외교정책자문위원회(FPAC: Foreign Policy Advisory Council)가 설립하여 외교 분야의 지도부에게 정책조언을 하게 했던 점, 2002년 후진타오 총서기 취임 이후 12월부터 시작하여 2013년 10월까지 87회 진행된 정치국 집단학습에서 관련 이슈에 대한 강연을 진행하는 형식이 대표적인 사례이다.[20]

19 A. Doak Barnett, *The Making of Foreign Policy in China*(Boulder, Colo.: Westview Press, 1985); Joseph Fewsmith and Stanly Rosen, "The Domestic Context of Chinese Foreign Policy: Does 'Public Opinion' Matter?," David M. Lampton(ed.), *The Making of Chinese Foreign and Security Policy in the Era of Reform, 1978-2000*(Stanford: Stanford University Press, 2001); Linda Jakobson and Dean Knox, "New Foreign Policy Actors in China," *SIPRI Policy Paper*(September 2010).

20 2004년 FPAC 설립초기에 퇴직외교관들로 구성되었지만, 2008년 양제츠외교부장이 6명의 주요 연구기관장을 추가함으로써 확대되었고, 2010년 초에는 추이리루(崔立如), 친야칭(秦亞青), 왕지스(王輯思), 우젠민(吳建民), 양제몐(楊潔勉), 장위옌

2) 연구논문의 시기별 분류

중국의 미·중 관계 연구논문을 시기별 분석을 통해 연구동향을 평가하고자 각 시기를 두 가지의 방법으로 분류하였다. 하나는 미·중 관계의 발전양상과 무관하게 10년을 기준으로 발표된 논문편수를 분류하는 방법이고, 다른 하나는 양국관계를 4단계의 발전과정으로 구분하여 발표된 논문편수를 분류해서 비교분석하는 방법이다. 또 시기와 연구주제별 상관성이 있는지에 대한 분석을 위해 논문을 분류하고, 어느 시기에 대한 관심이 가장 높은지에 대한 분석을 위해 시기별 논문편수를 살펴보았다.

미·중 양국은 갈등과 협력을 반복하며 관계를 발전시켜 왔는데, 양국관계의 발전과정은 수교 이후~1991년 냉전시기, 1992~2001년 9.11 사태 발생까지, 2002~2008년 미국발 글로벌금융위기 이전 시기와 2009년 이후~2012년까지 미국발 글로벌 금융위기 이후 시기로 나누어볼 수 있다. 어느 시기에도 양국 간에는 일방적인 갈등 혹은 일방적인 협력의 시기는 없었고 매 시기 갈등과 협력의 관계가 반복되었거나 동시에 존재해 왔다. 양국관계 발전의 시기를 위와 같이 4단계로 구분한 것은 매 시기 갈등과 협력이 반복되었지만, 갈등우위의 시기가 협

(張宇燕)과 전직 대사 12명이 비공식 운영위원회 핵심구성원이 되어 장기적인 대외정책에 대해 조언을 하였다. Linda Jakobson and Dean Knox(2010). 정치국 집단학습에서 신행되는 강연은 모두 대외이슈와 관련되는 것은 아니며, 대략 3분의 1 정도가 특정 주제와 관련된 국제적 사례와 중국에 대한 영향을 다루고 있다. 집단학습은 당과 정부, PLA 기관 또는 대학 및 연구기관으로부터 2명 이상의 전문가를 초빙하여 강연을 듣고 토론을 진행하는 형식이다. 中共中央政治局集體學習 사이트, http://news.xinhuanet.com/ziliao/2005-11/29/content_3849521.htm; http://news.xinhuanet.com/ziliao/2007-11/29/content_7164788.htm; http://news.xinhuanet.com/ziliao/2012-11/15/c_123919289.htm(검색일: 2013년 12월 10일).

〈표 4-4〉 시기별 발표논문 편수

시기	학술지별 논문 편수				
	미국연구	현대국제관계	국제문제연구	계	연평균
1981~1990(10년)	3	0	1	**4**	**0.4**
1991~2000(10년)	20	16	5	**41**	**4.1**
2001~2010(10년)	21	31	30	**72**	**7.2**
2011~2012(2년)	11	6	9	**26**	**13**
계	55	53	45	**153**	

력우위의 시기로 전환되는 시점, 혹은 협력우위의 시기가 갈등우위의 시기로 전환되는 시점을 기준으로 구분하였다. 예를 들면 1989년 중국의 천안문사태와 냉전의 종식으로 중국의 전략적 가치가 하락하면서 미국의 대중 적대정책으로 양국 간 갈등이 부각되었던 시점, 탈냉전기 서로 협력과 갈등을 반복하다 2001년 9.11 사태가 발생하면서 이후 상호 협력의 필요성이 부각되었던 시점, 미·중 양국의 협력범위와 수준이 근본적으로 전환되었던 글로벌 금융위기 시점 등이다.

〈표 4-4〉는 3개의 학술지에 발표된 미·중 관계 논문을 10년 단위로 나누어 보았고, 〈표 4-5〉는 미·중 관계 발전과정을 기준으로 4단계로 구분하여 발표논문의 편수를 살펴보았다. 〈표 4-4〉와 〈표 4-5〉를 통해 다음 세 가지의 특징을 발견할 수 있었다. 우선 미·중 관계에 대한 중국 학계의 관심은 꾸준하게 증가하는 추세를 보이고 있지만, 냉전이 종식된 이후인 1990년대 활발한 연구가 시작되었으며 2000년대에 들어 급속히 증가하고 있다는 점이다. 〈표 4-4〉에서 보면 10년 단위의 연평균 논문발표 편수가 점차 증가추세를 보이고 있으며, 1980년대 4편, 1990년대 41편, 2000년대 72편, 2010년대 26편이 발표되었다.

〈표 4-5〉 미 · 중 관계 발전단계별 발표논문 편수

단계	학술지별 논문 편수				
	미국연구	현대국제관계	국제문제연구	계	연평균
1단계: 창간~1991	4	0	1	**5**	
2단계: 1992~2001(10년)	25	24	5	**54**	5.4
3단계: 2002~2008(7년)	11	16	21	**48**	6.9
4단계: 2009~2012(4년)	15	13	18	**46**	11.5
계	55	53	45	**15.3**	

2010년대의 경우 2012년까지 2년에 불과하기 때문에 다른 기간과의 비교를 위해 연평균 논문발표 수를 계산해서 비교해 보면 이전 10년에 비해 거의 2배에 가깝게 꾸준한 증가추세를 나타내고 있다.

특히 1980년대 냉전시기에 비해 냉전이 종식된 이후 1990년대의 미·중 관계 연구는 10배 이상의 논문이 발표되었음을 알 수 있다. 미·중 양국이 1971년부터 양국 간 화해를 모색하던 시기를 거쳐 1979년에 수교하였다는 점을 감안하면 미·중 관계 연구는 냉전시기 이데올로기의 영향을 받았을 수 있고 학계가 정부의 정책에서 자유로울 수 없는 사회적 환경의 영향을 받았을 가능성이 있다고 추론할 수 있겠다. 이러한 추론이 가능한 이유는 1970년대 초부터 시작된 미국과의 관계 정상화의 노력부터 미국과 연합하여 소련을 견제했던 사실은 국제정치사적으로도 획기적인 사건이었음에도 불구하고 1980년대에 관련연구가 현저하게 적었다는 점 때문이다.

〈표 4-5〉에서 보듯이 냉전시기 『미국연구』, 『현대국제관계』와 『국제문제연구』에 발표된 미·중 관계 논문은 단 5편에 불과하다. 『미국연구』가 1987년에 창간되었고, 『현대국제관계』는 1981년에 창간되었

으며, 『국제문제연구』는 1959년에 창간되었으나 여러 차례 정간되었다가 1981년에 다시 출판되었던 점을 고려하면 냉전시기 미·중 관계 연구는 상당히 부진했다고 할 수 있다. 〈표 4-5〉에서 보듯이 냉전시기 미·중 관계 연구는 단 5편이지만, 4편이 『미국연구』에 발표되었고 『국제문제연구』에 1편이 발표되었으며, 『현대국제관계』에는 단 한 편도 발표되지 않았다. 이미 설명하였듯이 『현대국제관계』와 『국제문제연구』는 안전부와 외교부 산하 연구소에서 발행하는 학술잡지이므로 중국사회과학원 미국연구소에서 발행하는 『미국연구』에 비해 국가정책의 영향을 더 많이 받았을 가능성이 높다고 말할 수 있다.

이와 연관되는 두 번째 특징은 〈표 4-5〉를 보면 중국에서의 미·중 관계에 대한 연구의 양은 양국관계의 발전과정보다 중국의 국력 및 국제적 위상과의 관련성이 높다는 해석을 가능하게 한다. 즉 중국의 국력이 커지고, 이에 따라 국제적 위상이 높아지면서 패권국 미국과의 관계를 더욱 주시하고 있다는 것이다. 〈표 4-5〉에서 보듯이 탈냉전 이후 10여 년 동안인 2단계 때는 연평균 5.4편의 관련 논문이 발표되었고, 21세기에 접어들어 글로벌 금융위기 이전까지인 3단계에서는 연평균 6.9편이 발표되었다. 글로벌 금융위기 이후 4년 동안에는 연평균 11.5편이 발표되었는데, 2단계와 비교하여 3단계의 시기에, 3단계와 비교하여 4단계의 시기에 중국의 강대국화는 더욱 현실화되고 있다. 글로벌 금융위기 이후인 4단계에는 중국이 G2국가라는 평가를 받아 명실상부한 강대국이 되어가는 시기라고 평가할 수 있고, 때문에 국제관계와 국제정치에서 기존의 패권국인 미국과의 관계가 더욱 중요해지는 만큼 중국에서의 미·중 관계가 정비례하고 있음을 알 수 있다. 그러나 중국의 국제적 위상이 향상되는 것과 미·중 관계 연구논문 양의 정비례가 어떤 함의를 지니는지에 대해서는 좀 더 자세하게 내용분석이 필

〈표 4-6〉 3개 학술지의 미 · 중 관계 연구비중

학술지명	논문 총 편수	제목(비중)	핵심어(비중)
미국연구(1987~2012)	1,272편	55편(3.5%)	123편(9.7%)
현대국제관계(1984~2012)	3,462편	53편(5.8%)	201편(5.8%)
국제문제연구(1981~2012)	1,979편	45편(5.4%)	106편(5.4%)
합계	6,713편	153편(2.8%)	430(6.4%)

요할 것이며, 다음 절에서 분석하기로 한다.

미·중 관계가 중국과 국제질서에 매우 중요한 만큼 중국의 미·중 관계 연구는 증가추세를 보이고 있다. 그럼에도 불구하고, 〈표 4-6〉에서 보듯이 1981년부터 2012년까지 31년 동안 3개의 학술지에 '미·중 관계'가 제목에 포함된 논문이 153편이, 핵심어에 '미·중 관계'가 포함된 논문은 430편이 게재되어 3개 학술지에 게재된 전체논문 6,713편과 비교해 보면 그 비중이 각각 2.8퍼센트와 6.4퍼센트로 여전히 매우 낮다. 이러한 수치는 미·중 관계의 중요성만으로 평가하자면 매우 낮은 비중이라고 할 수 있지만, 아·태지역에서 중요한 양자관계 연구논문의 편수와 비교해 보면 중국학계의 미·중 관계 연구의 비중을 보다 객관적으로 평가할 수 있다.

〈표 4-7〉과 〈표 4-8〉은 3개의 학술지에 실린 게재된 논문 중 제목에 '중·일 관계', '중·러 관계', '미·일 관계'를 포함한 논문을 검색하여 '미·중 관계' 논문편수와 비중을 비교한 결과이다.[21] 『미국연구』는 미국과 관련된 양자관계와 미국에 대한 연구논문을 게재하는 학술잡

21 1991년 소련해체 이전의 연구논문을 검색하기 위해 '중·소 관계'로 검색하였으나 논문이 검색되지 않았다.

〈표 4-7〉 3개 학술지의 미중/중일/중러/미일 관계 논문 편수

양자관계	학술지별 분석대상 논문편수						
	현대국제관계 *	국제문제연구 **	미국연구 ***	합계		비중	
				① * + **	② * + ** + ***	①	②
미중관계	53	45	55	98	153	**61%**	71%
중일관계	32	8	0	40	40	**25%**	18%
중러관계	11	7	0	18	18	**11%**	8%
미일관계	1	3	2	4	6	**3%**	3%
계	97	63	57	160	217	**100%**	100%

지이므로 '중·일 관계', '중·러 관계', '미·일 관계' 관련 논문은 게재하지 않는다. 따라서 공정한 비교를 위해 〈표 4-7〉의 합계①과 비중①은 『현대국제관계』와 『국제문제연구』에 실린 논문을 비교한 것이다. 〈표 4-7〉에서 알 수 있듯이 미·중 관계 연구는 98편(61%)이 발표되어 중·일 관계 연구는 40편(25%), 중·러 관계 연구는 18편(11%), 미·일 관계 연구는 6편(3%)과 비교해 보면 미·중 관계가 상대적으로 상당히 높은 비중을 차지하고 있음을 알 수 있다.

〈표 4-8〉은 중국에서 아·태지역의 중요한 양자관계 연구와 관련하여 3개의 학술지에 발표된 논문편수의 증감추이를 보여준다. 미·중 관계 연구가 2000년대, 2010년대에 접어들며 급격하게 증가하는 추세를 보이는 반면 일본과의 관계를 연구하는 논문은 큰 변화를 나타내고 있지 않다. 앞의 〈표 4-7〉에 보이듯이 일본과의 관계를 연구하는 논문은 전체 연구의 25퍼센트로 61퍼센트인 미·중 관계 연구의 절반도 못 미치는 상황이다. 중국이 아시아 지역을 강대국으로 도약하는 주요기

〈표 4-8〉 2개 학술지의 시기별 미중/중일/중러/미일 관계 논문 편수

시기	현대국제관계/국제문제연구			
	미 · 중 관계	중 · 일 관계	중 · 러 관계	미 · 일 관계
1981~1990(10년)	1(0.1)	0	0	0
1991~2000(10년)	21(2.1)	12(1.2)	11(1.1)	4(0.4)
2001~2010(10년)	61(6.1)	26(2.6)	6(0.6)	1(0.1)
2011~2012(2년)	15(7.5)	5(2.5)	1(0.5)	1(0.5)
계	153	40	18	6

* ( ) 안의 수치는 연평균 논문편수

반으로 간주하는 상황임에도, 아시아 지역의 리더지위를 두고 경쟁하는 일본과의 관계연구가 미·중 관계 연구의 절반에도 못 미친다는 점은 중국이 미·중 관계를 매우 중요하게 인식하고 있음을 알 수 있다. 〈표 4-7〉과 〈표 4-8〉을 통해 중국의 중·러 관계 연구도 미·중 관계 연구에 크게 못 미칠 뿐만 아니라 러시아와의 관계를 연구하는 논문은 2000년대와 2010년대에 접어들며 1990년대에 비해 절반에 가까운 감소세를 보이고 있음을 알 수 있다.

시기와 연주주제와의 상관성은 〈표 4-9〉에 나타나 있다. 이 표를 통해 정책과 요인에 대한 연구는 꾸준히 증가하고 있어 시기를 불문하고 중국이 가장 관심을 두는 주제이며, 발전 및 현안에 대한 연구는 글로벌 금융위기 이후 빠른 증가추세를 나타내는 주제라는 점을 알 수 있다. 정책과 요인에 대한 연구는 2002~2008년 3단계에 비해 2008~2012년 4단계의 기간 동안 연평균 발표편수가 1.2배 증가하였지만, 발전 및 현안에 대한 연구는 같은 기간 동안 3.1배 증가하였다. 글로벌 금융위기로 미국의 국제적 위상이 쇠퇴하면서 중국의 위상이 상대적으로 향상되었는데, 미·중 간 힘의 변화에 대한 중국의 인식은 양

〈표 4-9〉 시기와 연구주제별 논문 분류

연구주제	편수				
	1단계: 창간 ~1991	2단계: 1992 ~2001	3단계: 2002 ~2008	4단계: 2009 ~2012	계
A. 미국의 대중정책, 중국의 대미정책 및 양국의 정책에 영향을 미치는 요인분석	2	25(2.5)	26(3.7)	18(4.5)	71
B. 미 · 중 관계 발전과 특징 및 현안 분석	1	16(1.6)	13(1.7)	21(5.3)	51
C. 양국의 언론매체 보도와 상호인식	1	1	1		3
D. 미국의 대대만 정책과 미 · 중 관계		1	1	1	3
E. 이론적 틀을 통해 양자관계 분석		1	2		3
F. 기타	1	10	5	6	22
총계	**5**	**54**	**48**	**46**	**153**

* ( ) 안의 수치는 연평균 논문편수

국관계 발전의 특징과 현안에 대한 관심의 급격한 증가로 이어졌다고 말할 수 있다.

연구대상으로서 중국의 미·중 관계 연구를 정리해보면 〈표 4-10〉과 같다. 이 표에서와 같이 중국의 미·중 관계 연구는 2000년대 시기와 미·중 관계에 대해 통시적으로 분석하는 연구가 가장 많이 진행되고 있음을 알 수 있다. 〈표 4-9〉에서 살펴보면 수교(1979년) 이전 시기에 대한 연구는 13편, 수교 이후 냉전종식 이전시기의 연구는 3편, 1990년대 시기의 연구는 27편, 2000년대에 대한 연구는 54편, 시기구분이 불분명한 연구는 56편이었다. 수교이전 시기를 연구하는 13편의 논문 중 5편은 건국이전시기인 근대시기와 1940년대의 미·중 관계에 대해 분석하고 있었다. 시기구분이 불분명하다고 명시한 56편의 논문은 〈표 4-10〉에서 구분하고 있는 일부 시기만으로 한정하지 않고 미·

〈표 4-10〉 연구대상으로서 시기별 논문 편수

<table>
<tr><th rowspan="2">학술지명</th><th rowspan="2">수교
이전</th><th rowspan="2">수교
이후
~1980</th><th rowspan="2">1990년대</th><th colspan="3">2000~2010년대</th><th rowspan="2">불분명</th><th rowspan="2">계</th></tr>
<tr><th>'08년
이전</th><th>'08년
이후</th><th>2000~
2010년대
전반</th></tr>
<tr><td rowspan="2">미국연구</td><td rowspan="2">13</td><td rowspan="2">2</td><td rowspan="2">7</td><td colspan="3">11</td><td rowspan="2">22</td><td rowspan="2">55</td></tr>
<tr><td>4</td><td>4</td><td>3</td></tr>
<tr><td rowspan="2">현대국제
관계</td><td rowspan="2"></td><td rowspan="2"></td><td rowspan="2">15</td><td colspan="3">23</td><td rowspan="2">15</td><td rowspan="2">53</td></tr>
<tr><td>13</td><td>6</td><td>4</td></tr>
<tr><td rowspan="2">국제문제
연구</td><td rowspan="2"></td><td rowspan="2">1</td><td rowspan="2">5</td><td colspan="3">20</td><td rowspan="2">19</td><td rowspan="2">45</td></tr>
<tr><td>11</td><td>8</td><td>1</td></tr>
<tr><td rowspan="2">계</td><td rowspan="2">13</td><td rowspan="2">3</td><td rowspan="2">27</td><td colspan="3">54</td><td rowspan="2">56</td><td rowspan="2">153</td></tr>
<tr><td>28</td><td>18</td><td>8</td></tr>
</table>

중 양국 수교 이후 연구시점까지를 대상으로 하는 통시적 연구가 대부분이었다. 이로써 중국 학계의 미·중 관계 연구는 미·중 관계를 통시적으로 분석하는 연구와 2000년대 시기의 미·중 관계에 대한 관심이 매우 높다는 점을 알 수 있다. 이는 중국이 이론을 이용하여 현상을 설명하는 연구보다는 역사적 경험을 통해 정책적 함의를 찾는 연구방법을 선호하는 연구경향과도 관련이 있어 보인다. 즉 이 글의 연구대상인 3개의 학술잡지에서 선택된 미·중 관계 연구논문 중 이론적 틀을 이용하여 양국의 관계를 분석한 논문이 단 3편에 불과했던 점과도 관련이 있다는 것이다. 더 구체적으로는 다음 절에서 연구주제별 분석과 시기별 이슈 간 관점변화 유무 및 연구자 간 견해 차이로 구분하여 분석하고자 한다.

4. 중국의 미·중 관계 연구의 질적 평가: 연구주제와 연구자의 관점 분석

3절에서 중국의 미·중 관계 연구에 대한 정량적 평가를 하였다면, 이 절에서는 이를 바탕으로 연구주제별로 어떤 특징을 보이는지, 연구주제에 있어 시기별로 변화가 나타나는지에 대해 질적 평가를 진행하였다. 〈표 4-3〉과 〈표 4-5〉에서 제시한 연구주제별로 그 특징을 분석하고 해당 논문에서 제기하는 관점을 분석하며 시기별 변화 유무와 연구자 간 견해 차이도 주목하였다.

1) 연구주제별 내용분석

미국의 대중정책, 중국의 대미정책 및 양국의 정책에 영향을 미치는 요인

우선 정책과 요인을 분석하는 논문은 다양한 지표를 이용하여 미·중 관계 발전에 영향을 미치는 정책과 요인을 분석하였다. 논문들의 특징과 관점을 살펴보면 다음과 같다. 첫째는 미국의 대중정책 변화에 대한 민감도가 대단히 높다는 점이다. 중국의 관련 연구는 미국의 정권교체가 대중정책에 어떤 영향에 줄 것인지, 변화의 가능성이 있는지, 향후 미·중 관계에 어떠한 영향을 미칠 것인지 대한 내용으로, 이들 연구는 중국이 미국의 대중정책의 지속과 변화가능성을 지속적으로 주시하고 있었다. 물론 미국의 정권교체와 대중정책과의 상관성에 대한 학자들 간 관점은 크게 다르지 않았다. 일반적으로 1기 정부 때보다 2기 정부에 중국에 유화적 태도를 견지한다는 점, 미국의 대중 강경정책으로 인해 양국관계가 대립국면에 직면해 있는 상황에서도 양국은 전면적 대립보다는 안정적 협력의 관계로 발전할 가능성이 높다는 점 등이 이들 연구에 나타난 공통된 견해이다.[22] 린훙위(林宏宇)의 연구는 중국학자들의 관점을 잘 정리하고 있다. 그는 미국에서 1972~2006년까지 총 9번의 대통령 선거가 있었고, 이 9번의 선거에서 미국의 대중정책은 규칙성을 보였다고 분석하였다. 민주당과 공화당 간 정권이 교체되는 경우에는 대부분 대중정책에 연계성이 없을 뿐 아니라 미·중의 안정적 관계에 불리한 대중정책을 실시하는 특징을 보이지만, 연임경선에서 성공한 대통령은 2기 집권 시기에 미·중 관계를 개선하고자 한다고 주장하였다. 또 선거 때마다 중국의 인권문제 및 대만문제와 관련된 정책이 제기되어 왔다고 분석하였다.[23]

---

22 王海涵, "對當前中美關係及其發展前景的幾點看法," 『國際問題研究』, 第4期(1998), pp. 7-11; 賈慶國, "克林頓執政以來的中美關係," 『美國研究』, 第2期(1998), pp. 92-110; 楊潔勉, "中美關係面臨考驗: 布什新政府對華政策," 『美國研究』, 第2期(2001), pp. 21-35; 王緝思, "中美關係縱橫談 對中美關係的幾點分析," 『現代國際關係』, 第期(2001), pp. 7-10; 傅夢孜, "布什政府對華政策與中美關係的未來," 『現代國際關係』, 第1期(2003), pp. 17-22; 郝雨凡, ""布什主義"的走向與中美關係," 『美國研究』, 第4期(2005), pp. 7-23; 金燦榮, 劉世强, "奧巴馬執政以來的中美關係," 『美國研究』, 第4期(2009), pp. 39-50; 朱鋒, "奧巴馬政府"轉身亞洲"戰略與中美關係," 『現代國際關係』, 第1期(2012), pp. 1-7, 50; 金燦榮, 趙遠良, "奧巴馬連任後對外政策及中美關係前瞻," 『現代國際關係』, 第12期(2012), pp. 10 15, 38.

23 林宏宇, "從"戰略競爭者"到"利害相關者": 美國總統選擧政治視角下中美關係再思考," 『現代國際關係』, 第1期(2006), pp. 8-12; 時殷弘, "中美關係的雙重形勢," 『國際問題研究』, 第1期(2009), p. 3.

정권이 교체될 때에는 각 정부의 대중정책의 특징을 소개하고 있다. 예를 들면 부시 정부가 출범한 이후에는 클린턴과 다르게 중국을 '전략적 경쟁자'로 규정하며 대중정책을 크게 조정했던 점을 우려하였고, 오바마 정부 출범 이후에는 정권이 교체되었음에도 미국의 대내외적 상황변화로 미·중 관계가 안정적으로 발전할 것임을 전망하는 등 미국의 대중정책을 고찰하고 양국관계에 영향을 미치는 요인을 분석하고 있다.[24] 정권의 교체에 따라 양국의 관계에 영향을 주는 요인을 분석하는 데 있어 최근에는 오바마 정부의 세계전략에 대해 주목하고 있다. 특히 오바마 정부의 '아시아로의 회귀전략'(Pivot to Asia) 정책과 이에 따른 아·태지역에서의 대중정책에 대한 함의와 동향을 보다 주시할 필요성을 제기하고 있다. 즉 미·중 관계는 결국 안정적으로 유지되겠지만 남중국해나 센카쿠(尖閣, 중국명: 釣魚島, 댜오위다오) 문제를 이용하여 중국의 주변 국가들과의 관계를 강화하면서 중국에 억제정책을 실시할 가능성을 강조하였다.[25]

둘째는 관련 연구를 통해 미국의 대중정책과 미·중 관계에 영향을 주는 미국의 국내정치 요인을 중시하고 있음을 알 수 있다. 미국의 국내정치 요인으로는 의회와 이익집단, 여론매체 및 대외정책결정 기제의 변화 등이 제시되고 있고, 더 미시적으로는 미·중 관계에서 골드먼삭스(Goldman Sachs)의 역할을 분석하기도 했다.[26] 대중정책에 있어

24 金燦榮, 劉世強(2009), pp. 39-50.

25 金燦榮, 趙遠奧(2012), pp. 10-15; 朱鋒(2012), pp. 1-7; 沈丁立, "中美關係: 競爭合作 風險增大,"『國際問題研究』, 第6期(2012), pp. 32-34.

26 鄭永平, "樹欲靜而風不止: 近年來的美國國會與中美關係,"『美國研究』, 第4期(1991), pp. 56-77; 袁明, "冷戰後美國對華政策探源: 兼論美國"戰略精英"和中美關係,"『美國研究』, 第2期(1998), pp. 48-59; 陳向陽, "美國國內政治對冷戰後中美關係的影響,"『現代國際關係』, 第12期(1999), pp. 29-31; 唐昊, "美國國內集團政治與中美關係,"『現

미 의회의 역할에 대한 견해는 다소 차이를 보였다. 1990년대 중반에 발표된 글에서는 미 의회가 정치·경제 이슈를 인권문제와 연계시켜 탈냉전기 양국관계 발전에 부정적인 영향을 미쳤다고 주장하였다.[27] 반면 2000년대 초반에는 미 의회 내에 당 간의 투쟁은 존재하나 당 간 투쟁이 정책에 반영되어 대중정책에서 노선이 나뉘지는 않았으며, 의회가 정부에 대해 견제역할을 하지만 기본적으로는 정부정책에 협력하였다고 평가하였다.[28]

국내 이익집단에 대해서는 각종 반중세력이 반중연맹을 결성하여 미·중 관계에 지속적으로 부정적인 영향을 주고 있음을 강조하였다. 예를 들어 친대만 세력, 군수산업 업체, 무역보호주의 세력, 종교보수세력, 인권조직, 노동조합 등의 세력들이 반중 이익연맹을 결성하여 국회에서 중국의 WTO 가입에 반대하거나 중국위협론을 확산시키고 있다는 것이다. 이 세력들은 또 미·중 간 대대만 무기판매 합의를 파기하게 하는 등 양국관계의 진일보한 개선을 방해하고 저애한다고 주장하며, 중국은 미국 국내정치의 동학과 정치철학을 이해하여 상응하는 대책을 마련해야 한다고 주장하고 있다.[29] 골드먼삭스의 역할에 대해서는, 부시 정부가 중국을 '전략적 경쟁자'에서 '이익상관자'로 재규정하는 데 골드먼삭스가 크게 공헌하였다는 멍야보(孟亞波)의 주장이

代國際關係』, 第9期(2000), pp. 11-14; 宋新寧, "美國對外決策機制的變化與中美關係,"『現代國際關係』, 第6期(2001), pp. 23-25; 丁孝文, "中美關係中的美國國會因素,"『國際問題研究』, 第5期(2003), pp. 32-36, 26; 孟亞波, "高盛集團在中美關係中的作用,"『現代國際關係』, 第12期(2008), pp. 55-62.

27 張林軍, 呂其昌, "冷戰後美國國會對中美關係的消極影響,"『現代國際關係』, 第10期(1996), pp. 55-62.

28 丁孝文(2003), p. 26.

29 張林軍, 呂其昌(1996), pp. 14-18; 王海涵(1998), pp. 7-11; 陳向陽(1999), p. 31; 唐昊(2000), pp. 11-14.

흥미롭다. 그의 주장은 '이익상관자' 개념을 제기했던 미 국무부 전 차관 졸릭(Robert B. Zoellick)이 1990년대 골드먼삭스의 고문을 역임하였고 2006년에는 부총재를 역임하면서 미국의 대중여론을 주도하는 일원이 되었다는 것이다. 그 외에도 그는 골드먼삭스 소속 전문가들이 제시하는 중국 경제발전 전망과 개념—베이징컨세서스(Beijing Consensus), BRICs—은 미국의 대중정책과 미·중 관계 발전에 직간접적인 영향을 주고 있다고 주장한다.[30]

셋째는 국제적 이슈에 대한 중국협력의 필요성은 미국의 대중정책을 변화시켰고 양국관계도 새로운 국면으로 접어들었다고 인식하고 있었다. 미국의 세계전략의 목표가 자국의 패권지위 유지인 반면 탈냉전기 중국은 세계질서의 다극화를 주장하고 있어, 이러한 양국의 상이한 전략적 비전은 미·중 관계의 불안정 요인을 증가시킬 것이라고 주장하였으나, 9.11 사태를 거치면서 반테러협력의 필요에 따라 중국에 대한 미국의 갈등적 정책을 제한하고 있다는 주장으로 변화되었다. 뿐만 아니라 양국의 반테러협력은 비확산 및 마약, 밀수, 부패와 불법이민 방지 등으로 협력의 영역을 확대시켜 양국 관계가 새로운 협력국면으로 발전하게 되었다고 보고 있다.[31] 그럼에도 협력에 있어 양국의 위상과 목표 및 방법에 대한 견해가 상이하여 여전히 갈등의 여지가 있다는 주장도 있다.[32]

---

30 孟亞波(2008), pp. 55-62.

31 夏立平, "新世紀美國全球戰略與中美關係,"『現代國際關係』, 第10期(2000), pp. 22-25; 楊潔勉, "國際環境和中美關係互動:戰略思想和政策規劃,"『國際問題研究』, 第6期(2005), pp. 1-6; 孫晉忠, "反恐合作與中美關係,"『國際問題研究』, 第2期(2005), pp. 15-18; 郭憲綱, "由脆弱趨向穩固的中美關係,"『國際問題研究』, 第1期(2009), pp. 8-9.

32 滕建群, "中美關係中的防擴散與反擴散因素,"『國際問題研究』, 第4期(2006), pp. 39-44; 沈丁立, "2007防擴散與中美關係,"『國際問題研究』, 第2期(2007), pp. 5-6.

이 외에도 동북아지역에서 북한, 한국 및 일본과 같은 제3국의 요인이 양국관계에 영향을 미치는 중요한 요인임을 제기하면서, 미국이 중국의 국력과 국제무대에서의 영향력이 확대되고 있다는 현실적 문제를 소홀이 다루고 있음을 강조하는 이도 있다. 냉전시기처럼 제3국이 미국일변도 정책을 취할 수는 없을 것이고 이 국가들을 이용하여 중국을 억제하는 것도 용이하지 않을 것이라는 주장이다.[33] 이러한 주장은 글로벌 금융위기 이후의 시기에 중국의 국력이 상대적으로 강화되면서 양국의 국력 차이가 축소되어 오히려 양국의 경쟁요인이 증가될 것이라는 주장과 맥을 같이하고 있다.[34] 그 밖에 미·중 양국관계에 영향을 주는 요인으로 이데올로기와 문화적 요인, 종교요인, 러시아 요인 등을 제시하는데, 주목해야 할 점은 미국의 전략과 정책에 주안점을 두고 있다는 것이다. 이는 중국이 미·중 관계 발전방향은 아직 미국의 세계전략과 대중정책의 영향을 받는다는 인식을 하고 있기 때문이라고 판단된다.

미·중 관계 발전과 특징 및 현안 분석

미·중 관계 발전과 특징 및 현안 분석에 대한 논문의 특징을 살펴보면 다음과 같다. 첫째는 이미 언급하였듯이 내용이 일정부분 정책과 요인을 분석하는 논문과 중복된다. 양국의 상대국 정책에 영향을 미치는 요인은 곧 양국이 해결해야 하는 현안이기 때문에 논문의 내용이 일정부분 중복된다는 것이다. 그럼에도 논문의 분석초점이 정책인지

---

33 滕建群, "論中美關係中的第三方因素,"『國際問題研究』, 第1期(2011), pp. 5-10.

34 宋國友, "全球經濟平衡增長與中美關係的未來,"『現代國際關係』, 第1期(2010), pp. 1-10; 王鴻剛, ""大變局"下的中美關係與中美戰略博弈,"『現代國際關係』, 第5期(2012), pp. 9-14.

또는 현황을 진단하는지, 정책에 영향을 미치는 요인을 분석하는지 또는 양국 간 해결해야 하는 현안을 분석하는지에 따라 논문을 분류하였다. 발전 및 현안을 분석하는 논문은 대개 수교 이후 혹은 탈냉전기 이후, 또는 특정기간의 미·중 관계를 단계별로 구분하여 특징을 분석하거나, 양국의 협력과 갈등의 과정을 고찰하고 양국의 협력을 촉구하는 현안, 갈등을 유발하는 현안에 대해 분석하고 있다.[35]

둘째는 갈등과 협력이라는 미·중 관계 발전의 특징은 어느 시기에도 변함없이 반복되고 있다는 주장이 일반적이지만, 양국관계의 발전에 영향을 주는 현안은 다소 변화되고 있다. 1990년대 중반부터 2000년대 초반까지는 양국의 현안은 주로 양국관계에 국한되었다고 한다면 2000년 중·후반 이후부터는 미·중 관계의 전략적 중요성이 강조되면서 양국 간 현안뿐만 아니라 지역 차원 및 세계적 차원의 현안으로까지 확대되었다. 예를 들면 2000년대 초반까지의 논문에서 언급

35 李慎之, “中美關係的回顧與前瞻: 在“上海公報”簽訂25周年紀念會上的講話,”『美國研究』, 第2期(1997), pp. 152-131; 楚樹龍, “中美關係面臨戰略選擇,”『現代國際關係』, 第11期(1996), pp. 2-7; 席來旺, “1995年中美關係回顧與展望,”『現代國際關係』, 第12期(1995), pp. 6-9, 15, 62; 宋以敏, “中俄、美俄、中美關係以及三者間的相互作用,”『國際問題研究』, 第1期(1997), pp. 12-18; 楚樹龍, “面向新世紀的中美關係戰略框架,”『現代國際關係』, 第10期(1997), pp. 2-8; 楚樹龍, “中美合作與分歧,”『現代國際關係』, 第11期(1996), pp. 2-6, 47; 朱德龍, “宜和戒鬥 求同存異: 展望21世紀的中美關係,”『現代國際關係』, 第7期(1998), pp. 13-15; 蘇格, “中美關係 登高望遠,”『現代國際關係』, 第9期(2001), pp. 1-5; 袁鵬, “戰略互信與戰略穩定: 當前中美關係面臨的主要任務,”『現代國際關係』, 第1期(2008), pp. 30-38; 尹承德, “跌宕起伏 繼往開來: 淺析中美關係及其前景,”『國際問題研究』, 第3期(2002), pp. 13-26; 王緝思, “淺論中美關係的大環境和發展趨勢”,『美國研究』, 第1期(2006), pp. 89-96; 閻學通, “2007:中美關係前瞻,”『國際問題研究』, 第2期(2007), p. 12; 袁鵬, “中美關係新特點,”『國際問題研究』, 第2期(2007), pp. 10-11; 宮力, “冷戰後美國對外戰略演變與中美關係,”『美國研究』, 第3期(2012), p. 126; 趙全勝, “中美關係和亞太地區的“雙領導體制”,”『美國研究』, 第1期(2012), pp. 7-26.

되는 현안은 주로 인권문제, 대만문제, 무역수지균형과 지적재산권문제, 중국의 군사비 지출과 군사현대화 및 경제·무역 등 양국관계와 관련된 현안과 부분적으로 비확산 및 아·태 지역안보를 언급하고 있는데, 2000년대 중·후반 이후에는 지역과 전 지구적 차원의 전통안보 및 비전통 안보, 미·중 경제전략대화, 국제제도 등의 현안까지 그 깊이와 폭이 확대되었다고 평가할 수 있다.[36]

셋째는 미·중 관계 발전방향에 대한 부분으로 중국 연구자들의 견해가 다분히 규범적인 특징을 보인다. 미·중 관계는 매우 복잡하고 다원적인데, 양국 간에는 진정한 전략적 신뢰를 갖기 어려운 것이 현실이다, 또 갈등을 유발하는 요인이 존재하지만 양국은 공동이익을 추구하여 협력적 관계를 유지해가야 한다고 주장하거나 게다가 시대가 변화되고 있기 때문에 미·중 관계도 시대적 변화에 부응하여 조정되어야 한다고 주장한다.[37] 특히 글로벌 금융위기 이후에는 미·중 간 국력의 변화를 주장하거나, 양국 간 전략적 경쟁에서 새로운 특징이 나타나고 있다고 주장하거나, 아·태지역에서 양국이 이익충돌을 제어하지 못할 때에는 체제적 차원에서 양국이 감당하기 어려운 상황에 빠지게 될 수 있다는 등의 기존보다 다소 공격적 주장이 제기되기도 하였다.[38] 때

36 周琪, "冷戰後的中美關係現狀: 共同利益與爭執," 『美國研究』, 第4期(1995), pp. 30-49; 傅夢孜, "面向新世紀的中美關係: 競爭與合作中求雙贏," 『現代國際關係』, 第1-2期(2000), pp. 91-95; 袁鵬, "中美關係: 新變化與新挑戰," 『現代國際關係』, 第5期(2006), pp. 29-37.

37 丁孝文, "中美關係曲折發展原因初探," 『國際問題研究』, 『國際問題研究』, 第3期(2004), pp. 26-30, 48; 傅夢孜, "中美關係發展的邏輯思考," 『美國研究』, 第3期(2011), pp. 27-29; 陳東曉, ""複雜性"與中美關係結構的新變化," 『美國研究』, 第2期(2006), pp. 34-59; 王帆, "中美關係的和而不同," 『國際問題研究』, 第2期(2007), p. 3; 時殷弘, "中美關係顯著發展的一大可能前景," 『國際問題研究』, 第2期(2007), pp. 4-5.

38 袁鵬, "對中美關係未來發展的戰略思考," 『現代國際關係』, 特刊(2010), pp. 65-

문에 양국은 새로운 형태의 관계를 모색할 필요성이 있다는 중국 정부의 주장을 재차 강조하고 있다.[39]

양국의 언론매체 보도와 양국의 인식

양국의 언론매체 보도와 양국의 인식에 대한 연구로, 미·중 수교 이전 십여 년간 미국의 대중여론을 소개하는 글과 『타임즈』(*Times*)지를 창간한 헨리 R. 루스(Henry R. Luce)가 1940년대 타임즈의 중국에 대한 보도가 당시 미·중 관계 발전에 긍정적인 영향을 주지 못했음을 주장하는 글이 있다. 다른 한 편은 2006년 중국에 대한 미국의 언론보도와 행태는 미국정부가 미국과 세계에 대한 중국의 중요성 인식이 제고되었음을 보여주고 있다는 주장의 글이다.[40]

미국의 대대만 정책과 미·중 관계

위에서 이미 언급하였지만 대만문제는 미·중 관계에 영향을 미치는 가장 민감한 이슈로 평가되고 있으나, 단독으로 미국의 대대만 정책 또는 대만문제와 미·중 관계만을 다루고 있는 논문은 3편뿐이다. 그중 한 편은 양국이 아직 수교하지 않은 상황에서 실시된 136차례의 대사급회담은 실질적인 결과는 없었지만 대만에 대한 중국의 견해를 미국

70, 83; 王鴻剛, “美國的亞太戰略與中美關係的未來,” 『現代國際關係』, 第1期(2011), pp. 7-13.

39 王帆, “中美關係需要實現四大超越,” 『國際問題研究』, 第1期(2009), p. 2; 楚樹龍, 應琛, “新型大國關係: 中美關係的長期方向,” 『國際問題研究』, 第6期(2012), pp. 28-31; 馬振崗, “中美關係的現在與未來,” 『國際問題研究』, 第4期(2012), pp. 12-20.

40 資中筠, “緩慢的解凍: 中美關係打開之前十幾年間美國對華輿論的轉變過程,” 『美國研究』, 第2期(1987), pp. 7-35; 許靜, “亨利·盧斯、《時代》周刊與四十年代中美關係,” 『美國研究』, 第1期(1993), pp. 48-66; 時殷弘, “中美關係與中國戰略,” 『現代國際關係』, 第1期(2007), pp. 35-36.

에 지속적으로 피력했던 점이 매우 중요한 의의가 있음을 주장하고 있다.[41] 다른 한 편은 2000년대 들어 미국이 대만 독립 세력에 대한 제약을 강화하는 방향으로 대대만 정책을 조정하면서 미·중 관계에서 대만문제의 민감도가 다소 떨어졌으나 그 중요성은 감소되지 않았음을 주장하는 논문이다. 이 글은 또 대만문제가 여전히 미·중 관계 발전을 방해하는 요인으로 작용하겠지만 양국관계를 근본적으로 변화시키지는 않을 것임을 강조하였다.[42] 마지막 한 편은 미·중 양국이 긴장완화를 모색하던 시기인 1970년 초 대만 독립 세력인 펑밍민(彭明敏)의 미국망명사건을 계기로 대만의 독립 세력에 대해 미·중 양국이 묵시적 연합(tacit alignment)을 구축했던 역사적 사건을 소개하였다.[43]

이론적 틀을 통해 양자관계 분석

이론의 틀을 이용하여 미·중 관계를 연구한 논문 3편은 모두 2000년대 이후 발표되었다. 그 이유에 대해서는 위에서 언급하였듯이 본 연구의 결과만으로는 단정적으로 말하기 어렵다. 3편의 논문 중 하나는 1990년대 미·중 관계를 '인식과 오인'(perception and misperception)의 문제로 설명한 논문이다. 특히 1995~1996년 대만해협위기는 외교정책결정 과정에서 국가이익이라는 변수가 고려되었다기보다는 미·중 양국의 오인이 위기의 상승(escalation)을 초래하였다고 분석하였다.[44]

---

41 過家鼎, "台灣問題一直是中美關係的症結: 回顧中美大使級會談," 『國際問題研究』, 第6期(2000), pp. 55-59.

42 郭震遠, "中美關係中的台灣問題: 變化與影響," 『國際問題研究』, 第2期(2007), pp. 20-25.

43 趙明昊, "中美關係緩和背景下的彭明敏事件," 『美國研究』, 第1期(2011), pp. 122-137.

44 王棟, "超越國家利益: 探尋對20世紀90年代中美關係的知覺性解釋," 『美國研究』,

다른 한 편은 신자유제도주의 이론으로 아·태지역 다자안보협력과 미·중 관계를 분석한 논문이다. 이 글은 아·태지역에서의 안보협력기제는 최적의 효과를 발휘하지는 않았지만, 미·중 양국의 제한적인 상호 신뢰를 증진시킬 수 있었다고 주장한다. 다시 말하면 아세안지역포럼(ARF), 아·태지역 경제협력기구(APEC) 및 6자회담 등 다자협력무대는 미·중 양국이 갈등으로 인한 경색국면을 타개하는 루트 역할을 했을 뿐만 아니라 다자협력기제를 이용하여 자국의 외교적 목표를 달성하고자 하였다. 즉 중국은 '중국위협론'에 대한 대응, 미·일 군사동맹의 영향력 감소 및 중국에 대한 미국의 비판 완화라는 목표를 달성하고자 했으며, 미국은 다양한 안보협력을 통해 아·태지역에 대한 중국의 영향력을 제한하고 중국의 내정에 간섭하고자 하는 목표를 달성하고자 하였다는 것이다.[45]

또 다른 한 편은 미·중 관계가 갈등을 반복하는 것은 구조적 차원의 문제임을 지적하고 있다. 즉 중국의 힘의 변화는 국제체제의 권력구조의 변화에 영향을 줄 수 있어, 특히 정치와 경제 및 안보적 차원에서 양국의 갈등을 유발하고 있고 심화될 수 있다는 것이다. 그러나 양국은 공동의 이익이 있으므로 충분한 전략적 인내심과 신뢰를 쌓아 갈등을 상쇄시키고, 다양한 차원의 다자협력기제를 통해 안보딜레마를 극복하기 위한 효과적인 방법을 찾아야 한다고 주장하였다.[46]

第3期(2001), pp. 28-46.

45 孫茹, "亞太多邊安全合作與中美關係: 制度的視角,"『美國研究』, 第4期(2005), pp. 100-113.

46 唐永勝, 盧剛, "中美關係的結構性矛盾及其化解,"『現代國際關係』, 第6期(2007), pp. 52-60.

기타

마지막으로 기타 연구에는 8편의 서평과 미·중 관계 정상화 과정에서 학자들의 긍정적 역할을 분석한 논문, 1900년대 초반 미·중 관계에서 미 선교사의 역할 및 중국외교관과 미·중 관계를 분석한 논문, 미국과 중국학계의 미·중 관계연구를 소개 분석하고, 미·중 관계 연구에서 주의해야 할 점을 분석하는 논문들이 포함되어 있다.[47]

2) 연구자별 관점 분석

중국의 미·중 관계 연구자들은 미·중 관계는 좋아도, 나빠도 항상 그 정도의 관계를 유지해왔다는 데에 이견이 없으며, 미·중 관계는 양국뿐만 아니라 지역과 세계적 차원에서도 매우 중요한 양자관계이며, 향후 더욱 중요해질 것이라는 데에도 인식을 같이하고 있다. 때문에 많은 연구에서 시기를 불문하고 양국 간에는 갈등과 협력의 요인이 동시에 존재하지만 양국은 협력을 강화시켜야 한다는 제안을 빠트리지 않았으며, 중국의 학계는 미·중 관계가 협력관계를 유지해 가야 한다는 데 큰 이견이 없다. 즉 미·중 양국이 사회제도가 다른 국가이기 때문에 국내사회와 국제질서에 대해 상이한 정책과 관점이 있지만 협력의 당위성을 강조하고 있다. 그러나 이 글에서는 모든 학자들의 관점을 소개할 수는 없어 새롭게 제기되기 시작하는 양국관계의 갈등과 협력 촉구 요인과 동일한 이슈에 대해 상이한 관점을 피력하는 학자들의 견해를 중심으로 분석하고자 한다.

---

47 資中筠, "美國的中國問題學者與中美關係解凍," 『美國硏究』, 第2期(1997), pp. 131-134.

우선 미·중 양국의 갈등을 유발하는 요인이 확대되거나 전환되고 있다는 점이다. 예를 들어 수교 이후 1990년대에는 이데올로기, 인권문제, 무역불균형 문제 및 대만문제 등과 같은 양국 간의 이슈들로 제한되었다면, 2000년대에 들어서는 인터넷 공간에서의 문제 등 양국 간 협력과 갈등을 촉구하는 새로운 요인이 제기되고 있을 뿐만 아니라 양국 간 이슈를 넘어 지역 차원의 안보질서 및 체제적 차원의 세계질서의 이슈까지 확대되었다. 게다가 반테러, 비확산 등 비전통 안보이슈에서 중국의 협력이 매우 중요해져 중국의 전략적 중요성이 높아졌고, 중국의 국력이 증강되면서 지역과 세계적 차원의 이슈에서 양국의 전략적 이해관계가 중첩되어 양국 간 경쟁구도를 형성하기도 했다. 특히 글로벌 금융위기 이후에는 명시적으로 양국의 국력 변화가 발생되고 있음을 주장하고 있고 지역 차원의 거버넌스 기제를 재구성하는 데 양국의 이익이 충돌되면 전략적 대결이라는 함정에 빠질 수 있음을 경고하기도 하였다.[48]

둘째, 아·태 지역에서의 양국의 갈등가능성을 주장하는 관점이 제기되고 있다는 점은 주목할 필요가 있다. 그 이유로는 이 지역에서 중국견제 중심의 안보체제를 확대하기 위한 미국의 아시아로의 회귀전략을 지적하고 있다. 예를 들어 주펑(朱鋒)은 미국의 아시아로의 회귀전략은 미국의 대중정책에 있어 근본적인 변화를 의미하지는 않지만 중국을 견제하기 위한 정책이기에 전략적 함의와 동향을 절대 저평가해서는 안 된다고 지적하고 있다. 선딩리(沈丁立)는 안보분야에서 미국의 전략적 중심이 아·태지역으로 경도되는 전략이므로 이는 동아시

48 蔡翠紅, "網絡空間的中美關係: 競爭、沖突與合作," 『美國研究』, 第3期(2012), pp. 109-123; 王鴻剛(2011), pp. 7-13; 金燦榮, 趙遠良(2012), pp. 10-15.

아 지역에서 미·중 양국의 소극적 경쟁을 유발할 것이라고 주장한다. 그는 보다 구체적으로 중국의 주변국가와의 영토갈등에서 미국의 행태에 대한 사례를 들어 설명하고 있다. 즉 1972년 센카쿠의 시정권을 일본에 양도할 때에는 영유권을 양도했다고 하지 않았으나 2001년부터 미·일안보조약이 센카쿠에 적용된다고 주장하는 미국의 수사변화를 비판하였다. 미국의 이러한 입장의 변화는 중국을 견제하기 위함이고 미국의 이러한 전략은 중국의 공간을 제약하는 데 일정 정도 효과를 보고 있기 때문에 미국은 이 정책을 지속시킬 것이고, 결국 중국과의 갈등은 심화될 것이라는 점을 강조하였다.[49]

왕홍강(王鴻剛)과 진찬룽(金燦榮), 자오위안량(趙遠良) 역시 미국의 아시아로의 회귀전략에 대해 우려를 표명하고 있다. 이들은 미국의 이와 같은 정책이 중국의 해양대국화전략과 맞물려 동아시아 지역에서 미·중 양국의 경쟁을 유발할 것이라고 전망하고 있다. 왕홍강은 특히 양국이 인식상의 딜레마에 빠져 전략적 오판의 가능성도 배제할 수 없다고 우려하였다. 아·태지역에서 중국의 영향력이 지속적으로 강화되면서 미국은 위기의식을 느끼게 되고 일부 이슈에서 취하는 미국의 기회주의적 행태가 미·중 관계에 부정적 영향을 미칠 수 있는데, 양국이 모두 '피해자'적인 심리상태로 상대의 행위를 판단하고 상대의 의도를 추측한다면 한 국가의 방어적 행위는 다른 한 국가에게 공격적 행위로 비춰질 수 있고 결국 악순환의 고리에 빠져들 수 있다는 것이다. 최근 주변 해양영토와 관련한 중국의 행태를 '중국판 먼로주의'로 해석하고 미국을 아·태 지역에서 몰아내고자 한다는 의도로 해석하는 일부 미

49 沈丁立(2007), pp. 5-6; 沈丁立(2012), pp. 32-34; 朱鋒, "奧巴馬政府"轉身亞洲"戰略與中美關係,"『現代國際關係』, 第4期(2012), pp. 1-7, 50.

국의 여론은 전략적 오판으로 이어질 가능성이 있다고 강조하였다. 진찬룽은 미·중 양국의 협력관계 가능성을 주장하는 대표적인 학자인데, 최근 양국의 경쟁가능성을 우려하는 주장을 제기했다는 점은 시사하는 바가 적지 않다.[50] 중국의 학계에서 그만큼 미국의 아시아로의 회귀 전략은 중국의 지역전략과 정책 및 중국의 주권문제에 대해 도전적인 요인으로 나타날 수 있는 가능성을 높게 평가하고 있음을 알 수 있다.

양국의 이와 같은 갈등관계를 해결하는 방법으로 중국의 '신형대국관계'(新型大國關系) 구축을 제의하고 있다. '신형대국관계' 개념은 2012년 2월 시진핑 주석(당시 부주석)이 미국을 방문했을 때 제의하였으며, '평등, 상호신뢰, 관용, 협력, 윈-윈'(平等互信、包容互鑒、合作共赢)을 내용으로 한다. 아·태 지역에서 양국의 이익이 교차하여 갈등과 경쟁의 관계로 발전할 가능성이 높지만, 필연적으로 충돌하는 기존의 강대국 관계와는 다르게 패권국 미국과 부상하는 중국이 상대국의 핵심이익을 침해하지 않는 새로운 형태의 강대국관계를 구축해야 한다는 중국정부의 주장을 강조하는 견해도 찾아볼 수 있었다.[51]

셋째, 구조적 모순으로 인해 미·중 양국의 대항과 갈등을 피할 수 있다는 입장에 회의적인 태도를 가진 학자들이 있다. 장뤼좡(張睿壯)은 소련이 붕괴하면서 미·중 간 전략적 협력의 유인이 와해되어 그 이후 미·중 양국의 갈등을 유발하는 구조적 요인들이 부각되기 시작했음을 강조하였다. 그는 이러한 갈등을 유발하는 구조는 지속될 수 있지

---

50 王鴻剛, "美國的亞太戰略與中美關係的未來,"『現代國際關係』, 第1期(2011), pp. 7-13; 金燦榮, 趙遠良(2012), pp. 10-15.

51 樂玉成, "推進下階段中美關係要做到"四好","『國際問題研究』, 第6期(2012), pp. 6-10; 楚樹龍, 應琛, "新型大國關係: 中美關係的長期方向,"『國際問題研究』, 第6期(2012), pp. 32-36.

만 양국이 새로운 이익기반을 찾는다면 미·중 관계를 안정적으로 발전시킬 수 있다는 점도 강조하고 있다. 당융성(唐永勝)과 루강(盧剛)은 3가지 차원—미국의 패권강화와 중국의 정치적 영향력 상승, 미국의 세계경제의 주도적 지위유지와 중국의 발전 공간의 확장, 미국의 절대적 안보추구와 중국 안보이익의 확대—에서 미·중 간의 구조적 모순이 존재하며, 이러한 구조적 모순들은 양국의 갈등을 심화시킬 수 있다고 주장하였다. 스인훙(時殷弘) 역시 양국이 직면한 구조적 모순이 과거에 비해 더욱 심각해지고 있다는 점을 강조하며 향후 몇십 년간 양국의 대항과 충돌은 피할 수 없을 것이라고 주장하였다. 중룽뱌오(鍾龍彪)와 위안펑(袁鵬)도 체제적 차원의 구조에서 양국의 경쟁의 가능성을 주장하고 있다.[52]

넷째는 비확산과 반테러 협력과 관련한 안보이슈에 있어 미·중 간 이익과 인식의 차이로 양국의 갈등을 회피하기 어렵게 만든다는 것이다. 비확산체제에서 양국은 목표와 방법 및 신분상의 차이가 존재하기 때문에 적극적인 협력이 어려울 수 있다는 점이 강조되고 있다. 특히 미사일기술통제협정(MTCR)의 경우 서구 국가들의 장거리미사일 수출은 허락되지만 중국은 이 제도에서 배제되어 있는 상황을 지적하고 있다.[53] 반테러협력 이슈는 미국이 중국의 협력이 필요하기 때문에 분명 기존 대중 봉쇄라는 정책의 조정으로 이어져서 미·중 양국의 관

---

52 唐永勝, 盧剛, "中美關係的結構性矛盾及其化解,"『現代國際關係』, 第6期(2007), pp. 52-60; 時殷弘, "中美關係的雙重形勢,"『國際問題研究』, 第1期(2009), p. 3; 鍾龍彪, "奧巴馬政府的國家安全戰略調整及其對中美關係的影響,"『國際問題研究』, 第4期(2010), pp. 33-38; 袁鵬(特刊, 2010), pp. 65-70, 83; 張睿壯, "國際結構對中美關係的影響,"『現代國際關係』, 第6期(2011), pp. 25-26.

53 滕建群, "中美關係中的防擴散與反擴散因素,"『國際問題研究』, 第4期(2006), pp. 39-44; 沈丁立(2007), pp. 5-6; 沈丁立(2012), pp. 32-34.

계개선과 협력을 촉진하는 새로운 동력이었음은 분명하지만, 협력의 목표와 방법에서 양국의 기대 차이가 존재한다는 점이 강조되기도 하였다. 다시 말하면 미·중 양국의 반테러협력은 임시연맹(ad hoc alliance)의 성격이 강하고, 중국은 국내 민족분열주의까지 포함하는 모든 형식의 테러리즘을 반대하고자 하였으나 미국은 반테러협력의 목적을 테러리즘의 근원제거에 두는 등 양국의 반테러협력의 목표치가 상이하였다는 것이다. 중·미 관계가 그렇듯이 반테러협력도 기회와 도전요인이 모두 존재한다는 점을 강조하였다.[54]

다섯째, 경제적인 측면에서는 미·중 양국은 협력과 갈등의 요인이 동시에 존재하고 있다는 점이 강조되고 있다. 양국 간 발전을 저애하는 여러 요인들이 존재하지만 경제무역관계는 미·중 관계 발전의 초석으로 경제무역협력에 대한 거대한 잠재력은 양국의 사회·문화관계 강화를 촉구할 수 있을 것이라고 전망하였다.[55] 다만 최근 중국의 인민폐 국제화 전략과 같은 적극적 대외경제 전략에 대해 미국이 적응하지 못할 수도 있다는 우려를 제기하며, 동아시아 지역에 대한 주도권을 두고 미국과의 경쟁가능성을 주목하고 있었다.[56] 글로벌 금융위기 이후에는 미국이 전세계 경제 불균형문제를 중국의 문제로 귀결시키는 점, 미국은 더 많이 중국에게 일방적으로 균형을 위한 조치를 요구하고 있다는 점, 미국은 과도하게 무역보호정책과 책임 없는 환율 정책을 취

54 袁鵬, ""9·11事件"與中美關係,"『現代國際關係』, 第11期(2001), pp. 19-23, 63; 孫晉忠, "反恐合作與中美關係,"『國際問題硏究』, 第2期(2005), pp. 15-17.

55 楚樹龍, "中美關係面臨戰略選擇,"『現代國際關係』, 第11期(1996), pp. 2-7; 楚樹龍, "面向新世紀的中美關係戰略框架,"『現代國際關係』, 第10期(1997), pp. 2-8; 傅夢孜, "面向新世紀的中美關係: 競爭與合作中求雙贏,"『現代國際關係』, 第1-2期(2000), pp. 92-96, 104.

56 金燦榮, 趙遠良(2012), pp. 10-15.

하고 있다는 점을 지적하며, 미국의 균형경제 전략을 비판하기도 하였다.[57]

여섯째, 대만문제가 미·중 관계 발전에 주는 중요성에 대한 견해에 차이를 보였다. 대만문제는 미·중 관계 발전에 있어 가장 큰 영향을 미치는 요인이라는 평가를 받기도 하지만, 그 민감성이 다소 감소되었다는 평가도 있다. 예를 들어 샤리핑(夏立平)은 미·중 간 다양한 갈등요인이 존재하지만 대만문제에서 갈등이 발생하지 않는다면 양국관계의 기본적인 틀은 계속 유지될 것이라고 주장하였고, 숑즈융(熊志勇) 역시 대만문제가 중미관계에서 가장 위험한 요인이 되고 있다는 견해를 피력했다. 반면 수거(蘇格)는 미국이 대만에 대해 무기판매를 지속하고 싶어하지만 대만문제로 중국정부 주권에 도전하려 하지는 않는다고 강조하였다. 왕지스(王緝思)는 중·일 양국의 마찰이 증가하는 상황에서 미·중·일 3자간 교류가 중요해지면서 대만문제가 미·중 관계의 중심의제에서 밀려났다는 견해를 피력하였다.[58] 궈전위안(郭震遠)은 대만문제가 미·중 관계 발전에 주는 영향력이 변화되었음을 주장하며, 최근 대만해협의 안정을 미·중 양국의 공동이익으로 규정하면서 미·중 관계에서 대만문제의 민감성이 다소 약화되는 방향으로 발전하고 있다고 강조하였다. 그 역시 미·중 관계 발전에서 대만문제의 중요성이 감소되지는 않았지만 양국관계의 발전이라는 전반적인 추세를 변경시키

57 宋國友, "全球經濟平衡增長與中美關係的未來," 『現代國際關係』, 第1期(2010), pp. 1-7.

58 夏立平, "新世紀美國全球戰略與中美關係," 『現代國際關係』, 第10期(2000), pp. 22-24; 過家鼎, "台灣問題一直是中美關係的症結: 回顧中美大使級會談," 『國際問題研究』, 第6期(2000), pp. 56-60; 熊志勇, "中美關係發展趨勢分析," 『現代國際關係』, 第6期(2001), pp. 26-28; 唐永勝, 盧剛(2007), pp. 52-60.

지는 못할 것이라고 주장한다.[59]

일곱째, 미·중 관계 발전에 영향을 주는 요인으로 양국 간 국력의 변화를 강조하기 시작하였다. 미·중 양국의 국력변화를 시대적 변화로 인식하며 양국관계의 성격과 중국의 대응에 대한 논지도 협력을 강조하며 안정적으로 미·중 관계를 유지해야 한다는 점을 강조했던 것과는 다소 차이를 보이는 관점들이 제기되기 시작했다. 양국의 국력 변화를 구체적이고 직접적으로 언급하지 않았지만 에둘러서 양자, 지역, 전세계 차원에서 시대가 변화하고 있기에 이에 부응하여 미·중 관계 역시 변화해야 한다는 주장도 제기되었고,[60] 시대적 변화를 언급하며 세계 제2의 경제주체인 중국도 세계의 일방통행에 덮어놓고 편입(融入)할 필요가 없다는 주장까지 제기되었다.[61] 이는 그동안 중국은 기존질서에의 도전세력이 아니고 현상유지세력임을 주장하며 기존의 제도에 편입하여 중국의 발전을 도모해야 한다는 이전의 어조와는 완전히 상반된 주장이다. 중국학자의 주장이 중국정부의 정책을 대변하지는 않지만, 글로벌 금융위기 이후 점진적인 인민폐 국제화 시도와 국제 금융질서에 대한 개혁방식 제의 등의 움직임과 연계하여 해석할 수 있겠다.[62] 최근 국제사회에서의 발언권 강화의 필요성이 제기되는 것도 같

---

59 蘇格, "中美關係 登高望遠,"『現代國際關係』, 第9期(2001), pp. 1-5; 王緝思, "淺論中美關係的大環境和發展趨勢,"『美國硏究』, 第1期(2006), pp. 89-96; 郭震遠, "中美關係中的台灣問題:變化與影響,"『國際問題硏究』, 第2期(2007), pp. 20-25.

60 楊潔勉, "中美關係的變化與調整:新時勢和新視角,"『美國硏究』, 第3期(2011), pp. 7-13.

61 傅夢孜, "中美關係發展的邏輯思考,"『美國硏究』, 第3期(2011), pp. 27-30.

62 주장환, 윤성욱, "인민폐 국제화의 정치경제: 배경과 전략을 중심으로,"『국가전략』, 제15권 4호(2009), pp. 57-59; 구기보, "중국위안화 국제화의 현황과 그 의미,"『현대중국학회 2011년 춘계학술대회 자료집』, p. 246; 蔡珞珈, "新形勢下人民幣國際化問題探討,"『商業時代』, 第1期(2010), pp. 80-82; 牛鐵航, "論國際貨幣體系失衡及中國對

은 맥락으로 이해할 수 있다.[63]

그럼에도 불구하고 중국의 많은 미·중 관계 연구자들은 양국이 협력을 강화해야 한다는 점을 강조한다. 다만 양국이 협력적 관계를 유지하기 위한 전제조건에 대한 관점이 흥미롭다. 즉 미·중 관계 발전은 미국이 중국의 주권을 존중하느냐가 관건이라는 것이다. 미·중 양국의 관계가 수교 이후 30여 년이 지난 최근에도 이 주장이 지속적으로 유지되고 있다는 점은 더욱 주목할 만하다. 다만 1980년대 초에는 〈대만관계법〉과 미국의 대대만 무기판매 문제를 제기하며, 미국은 중국의 주권을 존중해야 한다고 주장했다. 반면 최근에 들어서는 중국의 부상으로 국제관계와 세계의 권력구조가 질적으로 변화되고 있기 때문에 미국이 대만문제와 같은 중국의 핵심이익을 존중해 줄 뿐만 아니라 부상하는 중국을 미국이 받아들인다면 미·중 관계는 협력과 안정을 유지할 수 있다고 주장한다.[64]

미·중 관계가 순조롭게 발전하는 데에 문제와 장애요인이 중국 측에 있는 것이 아니라 미국의 대중정책과 행위에 달려 있다는 견해도

策,"『南京社會科學』, 第3期(2009), pp. 8-11; "G20 must look beyond the needs of the top 20," http://www.timesonline.co.uk/tol/comment/ columnists/guest_contributors/article5982824.ece(검색일: 2011년 10월 13일); "王岐山闡釋中國對IMF增資立場," 財經網, http://www.cfen.com.cn/web/meyw/2009-03/28/content_507317.htm(검색일: 2009년 3월 29일).

63 중국의 발언권 확대와 관련된 논의는 다음의 논문을 참조. 梁凱音, "論中國擴展國際話語權的新思路,"『國際論壇』, 第11券 3號, 2009, pp. 43-47; 劉長樂, "爭奪話語權是中國融入世界的前提," 〈http://academic. mediachina.net/article.php?id=4668〉(검색일: 2010년 4월 3일); 王嘯, "國際話語權與中國國際形象的塑造,"『國際關係學院學報』, 第6期(2010), pp. 60-67.

64 特約評論員(1981), pp. 3-6; "中美關係的症結何在?,"『國際問題研究』, 第2期(1981), pp. 3-5; 尹承德(2009), p. 7; 金燦榮(2009), pp. 4-5; 馬振崗, "對中美關係的熱期盼與冷思考,"『國際問題研究』, 第5期(2009), pp. 1-6, 24.

같은 부류의 견해이다. 위에서 살펴본 것처럼 중국학계의 정책과 요인에 대한 연구가 기형적으로 많았다는 점도 이러한 견해와 무관하지 않다고 판단된다. 미·중 관계 발전을 미국의 대중정책에서 찾는다는 의미일 수 있다는 것이다. 미국에 대한 중국의 전략과 정책이 있다기보다는 미국의 정책과 변화를 연구하여 그에 대응하고 있다는 판단을 가능하게 한다. 그 때문인지 중국의 대미전략이 부족하다는 반성의 목소리와 함께 중국의 국력에 맞게 전략적 목표를 세워 대미전략을 수립해야 한다고 주장한다.[65]

3) 평가

이상으로 연구주제별로 논문의 내용을 살펴보았다. 연구주제별 논문의 발표편수와 내용을 연관시켜 살펴보면 중국의 미·중 관계 연구는 정책적 필요성이 학술연구에 반영되었다고 말할 수 있겠다. 현 국제질서 속에서 발전을 도모해야 하는 중국은 패권국인 미국의 대중정책, 이에 영향을 미치는 요인을 정확히 이해할 필요가 있다. 구소련이 해체되면서 미·중 양국의 전략적 연합의 필요성이 감소되었고, 이에 따라 미국의 대중정책은 변화되기 시작했다. 인권, 자유, 민주화문제 등을 이유로 미국은 중국을 봉쇄하고 견제하였다. 개혁과 개방정책이 중국경제의 발전을 성공적으로 이끌고 있었기 때문에 중국은 개혁개방정책의 심화를 결정하였고, 지속적인 경제발전을 위해서는 미국과 협력적 관계를 유지해야 할 필요가 있었다.

---

65 朱鋒, “中國的對美戰略研究與中美關係,” 『現代國際關係』, 第7期(2010), pp. 16-18.

따라서 중국은 미국정부의 대중정책이 어떤 방향으로 추진될 것인지, 정책변화 유무, 정책변화에 영향을 줄 수 있는 요인이 무엇인지에 대해 정확하게 진단할 필요가 있었고, 이러한 정책적 수요가 학술연구에 반영되었다고 할 수 있다. 때문에 정권이 교체되거나 2기 정부의 출범으로 인해 미국의 대중정책에 변화가 발생할 가능성에 대한 분석은 중국학자들에게 매우 중요한 연구주제가 아닐 수 없다. 뿐만 아니라 정책결정의 기제가 중국과 다르므로 미국의 대중정책에는 국내정치 요인이 매우 중요한 영향력을 발휘할 수 있다는 점을 주시하며 미국의 국내정치적 상황의 변화를 보다 정확하게 파악하고자 했음을 알 수 있다.

중국의 미·중 관계 연구의 또 다른 특징은 중국학자들이 자신의 이념적 성향 또는 이론적 기초를 명확하게 드러내지 않고 있다는 점이다. 때문에 연구논문을 통해 중국학자들을 현실주의자, 자유주의자, 구성주의자 등으로 구분하기는 어려운 점이 있다. 이 글의 연구대상인 3개의 저널에 발표된 논문은 거의 미·중 양국 간에는 협력과 경쟁이 공존하며 중국은 협력적 관계를 강화시키기 위해 노력해야 한다고 주장하고 있다. 심지어 중국의 국력증강으로 인해 발생할 수 있는 국제체제 권력구조의 변화는 미·중 양국의 갈등을 유발하고 심화할 수 있다는 주장은 신현실주의의 전제를 기반으로 하고 있지만 대응방안으로 제시하는 관점은 공동이익이라는 절대적 이익실현과 다자협력기제를 구축하여 안보딜레마를 극복하자고 제안하는 자유주의적 전제를 취하고 있다.[66] 미국의 아시아로의 회귀전략으로 동아시아지역에서 미·중 양국의 소극적 경쟁이 발생할 수 있음을 강조하면서도, 미·중 양국은

66 唐永勝, 盧剛(2007), pp. 52-60.

중국이 제기하는 '신형대국관계'를 구축하여 윈-윈 국면을 조성할 수 있다는 주장도 신현실주의적 전제를 기반으로 양국관계를 분석하지만 중국의 부상을 미국이 수용하며 새로운 형태의 강대국관계를 구성해 가자는 구성주의적 가설로 대안을 제시하고 있다.[67]

공세적 현실주의에 기초하여 미국과의 갈등이 필연적이라고 주장하는 중국학자는 거의 없다.[68] 아울러 어떤 학자도 중국이 미국과 적대적 관계를 유지해야 한다고 주장하지 않는다. 예컨대 양국이 갈등과 경쟁하는 현안을 분석하는 데 있어서도 왜 갈등하고 경쟁하는지에 대한 원인을 제시하고 동시에 이러한 현안이 양국관계 발전에 긍정적인 영향을 미치기도, 부정적인 영향을 미치기도 한다는 점을 강조하고 있다.[69]

이러한 점들이 미국의 미·중 관계 연구와 가장 대비되는 특징이라 할 수 있겠다. 이 책의 Ⅱ장에서 살펴볼 수 있듯이 미국의 미·중 관계 연구가 분명한 이론적 시각을 가지고 있는 근거를 제시하는 특징을 가진다면, 중국의 연구는 미·중 양국관계에 대한 역사적 고찰을 통해 현상을 진단하고 발생 가능한 상황을 전망하며 현재 중국에게 가장 필요한 대안을 찾는 데 더 주력하고 있다고 할 수 있다. 미국이 부상하는 중국에 대한 대응책으로 포용(engagement), 봉쇄(containment), 위험분산(hedging) 등등과 같은 전략을 제시하는 것과는 상반되게 중국은 구체

---

67 楚樹龍, 應琛(2012), pp. 32-36; 金燦榮, 趙遠良(2012), pp. 10-15.

68 미·중 간 갈등관계는 필연적으로 발생할 것이라는 주장은 다음을 참조. John Mearsheimer, *The Tragedy of Great Power Politics*(New York: W. W. Norton, 2001); John Mearsheimer, "The Gathering Storm: China's Challenge to US Power in Asia," *The Chinese Journal of International Studies*, Vol. 3, No. 4(Winter 2010), pp. 381-396.

69 袁鵬(2001), pp. 19-23, 63; 孫晉忠(2005), pp. 15-17.

적인 대미정책을 제시하고 있지는 않았다.[70] 중국의 대응방안에 대한 견해로는 아직까지 주로 중국이 향상되어가는 국제적 위상에 맞게 목소리를 높여나가야 한다는 원칙적인 수준에 머물러 있을 뿐, 실제 중국 정부가 추구하는 정책보다 더 구체적으로 대안을 제시하는 경우는 매우 드물다. 최근 아·태지역에 대한 미국의 재균형 정책에 매우 민감하게 반응하며 미·중 양국의 갈등을 유발할 수 있다는 점을 강조하거나, 시진핑 주석이 제시한 '신형대국론'을 미·중 양국이 나아가야 할 방향임을 강조하는 관점 등은 좋은 사례이다.

이는 미·중 관계 연구에서 필요로 하는 해답이 상이하기 때문이다. 패권국 미국의 입장에서 미·중 관계는 '중국의 부상으로 인해 중국의 대외행태는 어떤 변화가 발생할 수 있으며 세계질서의 상황에는 어떠한 영향을 줄 수 있는지'에 대한 해답이 필요할 것이다. 반면 부상국 중국의 입장에서는 '현 국제질서에서 지속적인 발전을 도모하기 위해 중국이 패권국 중국과 어떤 관계를 유지해야 하는가'에 대한 해답이 가장 중요하다. 결국 이와 같은 정책적 수요가 연구에 반영되었을 것이고, 중국학자들은 미국의 대·중 관계를 분석할 때 자신의 이념적 성향이나 이론의 틀로 관계를 분석하기보다는 현실에 대한 정확한 진단에 초점을 맞추고 있다고 판단된다.

그럼에도 중국학자들이 학술연구에 자신의 이념적 성향이나 이

---

70 Alastair Iain Johnston & Robert S. Ross(eds.), *Engaging China: The Management of an Emerging Power*(London: Routledge, 1999); David Shambaugh(ed.), *Power Shift: China and Asia's New Dynamic*(Berkeley: University of California Press, 2005); Zbigniew Brzezinski, "Balancing the East, Upgrading the West: U.S. Grand Strategy in an Age Upheaval," *Foreign Affairs*, Vol. 91, No. 1(Jan./Feb. 2012); Asron Friedberg, "Bucking Beijing: An Alternative US China Policy," *Foreign Affairs*, Vol. 91, No. 5(Sep./Oct. 2012).

론적 기초를 명확히 드러내지 않는다고 해서 이들이 이론연구를 하지 않고 있다는 의미는 아니다. 이론연구가 적은 이유는 위에서 여러 차례 언급하였듯이 이 글이 제목에 '미·중 관계'를 포함하고 있는 논문을 분석대상으로 하고 있기 때문에, 이론적 틀을 중심으로 하여 미·중 관계를 사례로서 부분적으로 설명하고 전망하는 논문들이 조사되지 않았을 가능성이 있다. 또 미·중 관계를 연구하는 논문이 많이 실린 3개의 학술잡지 중 2개(『현대국제관계』, 『국제문제연구』)는 정부부처 산하의 연구기관에서 발행하기 때문에 다소 정책 편향적인 논문을 선호할 수도 있을 것이다. 〈표 4-3〉에서 보듯이 이론적 틀을 이용하여 미·중 관계를 분석하는 논문 3편 중 2편이 『미국연구』에 발표되었다는 점도 이를 뒷받침해준다.

마지막으로 중국의 미·중 관계 연구에서 나타나는 관점변화는 중국의 국력과 국제적 위상의 변화를 반영하고 있다고 사료된다. 중국의 부상은 지난 30여 년 동안 지속된 경제성장을 바탕으로 거스를 수 없는 추세가 되었고, 2008년 글로벌 금융위기 이후 보다 현실화된 화두가 되었다. 금융위기로 인한 미국의 상대적 쇠퇴는 중국의 부상을 부추겼고, 이에 따라 중국의 국제적 위상이 크게 향상되었다. 중국의 부상은 미·중 관계에 영향을 주는 요인과 현안에 대한 학자들의 인식에 영향을 주었다. 이미 언급한 바와 같이 양국 간에 해결해야 하는 문제—이데올로기, 인권문제, 무역불균형 및 대만문제—를 주요 현안으로 다루었던 1990년대와는 다르게 2000년대 후반과 금융위기 이후에는 지역과 세계적 차원의 이슈를 미·중 관계에 영향을 미치는 요인과 양국의 현안으로 인식하고 있다. 중국의 국력과 국제적 위상의 향상이 연구자들의 관점변화에 반영되는 또 하나의 사례는 대만문제이다. 대만이슈는 여전히 양국관계 발전을 질적으로 변화시킬 수 있는 민감한 문제라고 평가하고 있지만 그 민감도에 대한 평가가 다소 변화되었다. 이는 중국의 국제적 위상이 향상됨에 따른 자신감이 반영되었다고 사료된다.

미·중 관계를 평가함에 있어 중국학자들은 매우 미미하지만 최근 들어 다양한 목소리를 내고 있다. 그럼에도 이러한 다양한 목소리가 명백하게 중국의 대미정책의 다양성으로는 이어지지는 않는다는 점, 대미 정책을 제기하는 데에 있어 경쟁적이지는 않다는 점도 중국의 미·중 관계연구의 중요한 특징이라 할 수 있겠다.

5. 중국의 미·중 관계 연구추이와 전망

이상과 같이 중국에서의 미·중 관계 연구에 대해서 고찰하고 평가해 보았다. 중국의 미·중 관계 연구를 고찰하고 평가하여 미·중 관계 발전 방향에 대한 중국의 인식을 일정부분 이해할 수 있었다. 미·중 관계가 미치는 파급력은 이미 양국의 관계를 넘어서 동아시아 지역과 아·태지역 및 전 세계적 차원에까지 미친다. 정치·안보 이슈에 있어 강대국 간 전략에 민감도가 높은 한국은 미·중 관계 발전의 방향에 주목할 필요가 있다. 위에서 고찰한 중국의 미·중 관계 연구를 바탕으로 그 추이를 살펴보면 다음과 같다.

우선, 중국은 미·중 관계 연구에 있어 정책과 요인에 대한 관심이 매우 높다는 점을 알 수 있었다. 정책과 요인에 대한 연구가 중국의 미·중 관계 전체 연구의 절반에 가까운 수준으로 기타 주제들과 비교할 수 없을 만큼 꾸준히 많은 연구가 진행되어 왔다. 뿐만 아니라 글로벌 금융위기 이후에는 1990년대에 비해 거의 두 배에 가까운 논문이 발표되었던 추세를 보면 정책과 요인에 대한 연구는 시간이 흐르면서 관심도가 더욱 높아지고 있음을 알 수 있다. 이는 중국의 전문가들의 개인적 관심도가 높을 수도 있지만 국가 차원의 필요가 중국 학계에 영향을 미쳤다는 추론도 가능하다. 미국의 대중정책은 지역적 차원과 전 세계적 차원에서 중국의 위상과 전략에 영향을 줄 수 있기 때문에 중국의 입장에서 매우 중시하는 주제이기 때문이다.

중국의 미·중 관계 전문가들이 비교적 높은 관심을 보이는 또 다른 주제는 발전과 현안이었다. 이 주제는 글로벌 금융위기 이후 특히 많은 논문들이 발표되었는데, 미·중 관계가 근본적으로 변화하고 있거나 변화될 가능성이 있다는 기대가 반영되었을 수도 있을 것이다. 그동안 미·중 관계는 갈등과 협력을 반복하며 발전되어 왔으며 향후에도 그 추세는 지속될 것이지만, 양국은 협력관계를 유지하여 양국관계의 안정적 발전을 도모해야 한다는 규범적 주장 일색이었다. 이에 반해 글로벌 금융위기 이후 미·중 간 국력이 변화되고 있다는 점을 제기하기 시작하였고, 미·중 양국이 지역과 체제적 차원에서 이익이 상충하여 경쟁과 갈등의 국면을 조성할 수 있다는 주장이 제기되고 있다. 미·중 양국관계에 있어 현안에 대해서도 양국 간의 이슈에서 주제의 심도와 폭이 확대되는 경향을 보였다.

중국에서 미·중 관계 연구는 더욱 증가될 것으로 전망할 수 있다. 중국 학계는 30년이 넘는 기간 동안 미·중 관계를 연구해 왔고, 미·중 관계의 중요성이 커지는 만큼 중국학계의 관련연구의 양도 증가되고 있다. 이 글의 분석대상은 '미·중 관계'가 제목에 직접 언급된 논문들이다. 때문에 이 글이 분석한 논문들은 그 내용에 있어 일정 정도 지역과 전 세계적 차원의 주제를 분석하고 있기는 하지만, 직접적으로 지역과 전 세계적 차원에서의 양자관계 혹은 다자관계와 관련된 연구결과를 분석대상에 포함한다면 대단히 많은 양의 글들을 찾아낼 수 있을 것이나. 이미 미·중 관계가 양국관계를 넘어서 지역과 전 세계적 차원에서도 미·중 관계와 관련된 이슈들이 매우 많으므로 중국에서의 미·중 관계 연구는 향후에도 꾸준히 증가할 것으로 사료된다.

연구 주제도 더욱 다양해지고 분석 시각도 변화될 것으로 판단된다. 이미 양국관계에 영향을 미치는 요인들이 양자 간 문제에서 지역과 전 세계 차원의 정치·안보와 경제, 문화, 환경 등으로 확대되고 심화되는 경향을 보이고 있다. 영역별 관련이슈도 확대될 것이다. 예컨대 미·중 간의 정치·안보 현안이 1990년대 초·중반에는 인권과 대만문제 및 중국의 무기판매 등이었다고 한다면, 최근에는 비확산, 반테러, 해양안보 등 지역과 세계적 차원에서 양국 간 협력이 필요하지 않은 현안이 없을 정도로 확대되었다. 경제 분야에서도 무역불균형, 최혜국대우 등 양국 간에 처리해야 하는 문제가 양국 간 주요 현안이었다면 이제는 무역불균형 문제뿐만 아니라 인민폐 환율, IMF 개혁문제, 세계경제의 균형발전 등과 같이 양국관계를 초월한 이슈로 확대되고 있는 추세이다. 따라서 중국의 국력이 강화되고 양국 간 국력이 변화되고 있다는 중국 학계의 인식이 심화되면 될수록 관심주제 역시 다양해지고 중국이 취해야 할 태도에 대한 시각도 다양해질 것으로 생각된다.

중국의 미·중 관계 연구의 양이 증가되고, 연구의 주제가 다양해지고, 관점이 다양해질 수 있다는 점은 한국 학계와 정부에 주는 함의도 적지 않다. 이미 살펴본 바와 같이 중국의 미·중 관계 연구가 비교적 정책적 편향이 강하다는 점을 고려하면 중국 학계의 미·중 관계 연구에 대해 지속적으로 관심을 두고 중국 학계의 관점변화 또는 다양한 목소리의 출현을 주시할 필요가 있을 것이다. 그동안 중국은 미·중 관계에 있어 주도적으로 양국의 관계를 이끌어가는 입장이 아니었기 때문에 관련연구 역시 주로 미국의 정책을 명확하게 파악하는 데에 중점을 두었다고 판단된다. 그러나 중국과 미국의 국력 차이가 축소되고 양국관계에서 중국의 입장이 더 적극적으로 변화될 가능성도 배제할 수 없다.

지정학적으로 주변 강대국 사이에 위치한 한국의 외교, 한반도의 정세는 미·중 관계 발전의 영향을 가장 많이 받을 것이다. 이미 2010년에 발생한 일련의 사건들을 통해 미·중 양국의 갈등상황이 한국과 한반도 정세에 직접적인 영향을 주었다는 점을 경험한 바 있다. 학술연구가 정책적 대안을 도출하는 기반이라고 한다면 더더욱 중국학계의 미·중 관계 연구에서 나타나는 다양한 목소리에 대한 체계적인 연구는 정책연구의 기반이 될 수 있을 것으로 사료된다. 특히 북핵문제와 관련하여 미·중 양국의 해결방법에 대한 접근법에 다소 차이가 있고, 북한의 돌발행태에 대해서는 미·중 양국, 양국과 한국의 입장이 상이할 수 있다. 더 나아가 한반도 통일에 대해서도 양국 간의 입장, 양국과 한국의 입장은 다를 수밖에 없다. 따라서 한국은 미·중 관계가 협력관계일 때와 경쟁관계일 때의 한국과 한반도에 대한 미국과 중국의 입장 차이를 철저하게 분석하고, 미·중 관계가 경쟁관계일 때든, 협력관계일 때든 양국관계의 발전방향이 한국과 한반도 문제에 줄 수 있는 영향력을 최소화할 수 있는 방안 모색에 집중해야 할 것이다.

제V장

미·중 관계 연구방법의 특징과 변화

조동준

조동준

서울대학교 정치외교학부 부교수. 서울대 외교학과 학사 및 석사 학위를 받았고, Pennsylvania State University 정치학 박사(2003) 학위를 받았다. 서울시립대학교 국제관계학과 교수와 서울대학교 국제문제연구소 연구위원을 역임하였다. 국제분쟁, 핵무기 확산, 국제규범의 확산에 관하여 연구하고 있으며, 대표 논문으로 "Bargaining, Nuclear Proliferation, and Inter-state Dispute"(2009), "'인류공동의 유산'의 국제제도화 과정: 심해저 관리를 중심으로"(2010)가 있다.

1. 연구대상으로서 미·중 관계의 부상

중국이 1950년 한국전쟁에 참전한 이후, 미·중 관계는 미국 국제정치학계의 주요 연구 주제가 되었다. 중국이 국내적 어려움과 군사적 열세에도 불구하고 한국전쟁에 참전하여 군사 기술과 장비의 열세를 강한 의지와 전술적 혁신으로 극복할 수 있음을 보임으로써, 더 이상 '아시아의 병자'가 아니라 강대국임을 증명하였다.[1] 중국이 40만 명의 사상자를 감수하면서도 미국과의 전쟁을 치를 강력한 의지를 보인 후, 미국은 중국을 미국 중심의 국제정치질서에 도전할 수 있는 강대국으로 인정하게 되었다.[2] 미국의 인식이 변화한 후, 미·중 관계는 미국

---

1 중국의 한국전쟁 참전은 '대만 해방'을 공언하던 중국의 위협이 빈말이 아님을 보여주었다. 또한, 중국의 한국전쟁 참전은 중국이 구소련의 영향권 아래에 있는 단순한 저발전국가가 아니라, 국제질서를 구성하는 데 중요한 행위자로 인정을 받는 계기였다. 전문가를 대상으로 한 설문조사를 통하여 국제정치에서 강대국 지위를 정하는 The Correlates of Project는 중국의 한국전쟁 참전 이후 중국을 강대국으로 분류한다[The Correlates of War, "State System Membership List, v2011." http://www.correlatesofwar.org/(검색일: 2013년 10월 8일)].

2 미국 정치학계는 1949년 중국 내전에서 중국 공산당의 내전 승리를 국제질서에 큰 영향을 미칠 사건으로 파악하지 않았다[Nathan Leites and David Nelson, "Choice in China," *World Politics*, Vol. 1, No. 3(1949), p. 277]. 중국 내전은 내전의 한 사례 또는 난민 문제로 단순하게 취급되었다[Sigmund Neumann, "The International Civil War," *World Politics*, Vol. 1, No. 3(1949), pp. 333-350; Patrick Murphy Malin,

국제정치계의 주요 연구 대상이 되었다. 특히 1990년대 후반 중국의 본격적 부상 이후 미·중 관계는 미국 국제정치학계의 최대 화두가 되었다. 국제정치에서 미·중 관계의 중요성은 국제정치학의 학술 활동에 투영될 수밖에 없다. 국제정치학이 다른 분과학에 비하여 상대적으로 높은 실천성을 가지기 때문에, 미국 국제정치학계는 자연스럽게 미·중 관계를 주요 연구대상으로 삼는다고 해석할 수 있다.

미국에서 미·중 관계 연구는 제2차 세계대전 직후 미국 외교정책의 일부로 시작되었다. 중국 내전, 중국의 한국전쟁 참전, 대만 위기, 베트남전 관여, 미·중 화해 등 중국이 미국 중심의 국제질서에 관여될 때, 미국 국제정치학자들은 사안을 설명하고 미국의 대책을 논하는 글을 학술지에 게재하곤 했다. 제2차 세계대전 직후, 미국 국제정치학자 사이에서 미·중 관계에 대한 학계 논쟁은 사안의 원인과 미국의 정책 수립방향을 두고 진행되었다. 즉, 1980년대까지 미국 학계는 미·중 관계를 학문적으로 연구하기보다는 사안의 해석 또는 미국의 정책 수립의 측면에서 접근하였다. 반면, 미·중 관계 연구가 본격화된 1990년대 이후 미국 국제정치학계는 미·중 관계를 주요한 학술적 연구대상으로 삼는 경향을 보인다. 또한, 사안의 해석과 미국의 정책수립을 논평하던 방식에서 벗어나 미국 정치학계의 연구방법론을 적용하는 경향이 나타나기 시작하였다.

"The Refugee: A Problem for International Organization," *International Organization*, Vol. 1, No. 3(1947), pp. 443-459]. 1945년부터 1949년까지 *American Political Science Review*(이하 *APSR*로 표기), *World Politics*(이하 *WP*로 표기), *International Organization*(이하 *IO*로 표기), *Foreign Affairs*(이하 *FA*로 표기)에서 'China', 'Sino', 또는 'Chinese'를 담고 있는 논문은 1편뿐이다. 반면, 1950년부터 1954년까지 동일 학술지에 'China', 'Sino', 또는 'Chinese'를 담고 있는 논문은 18편이다.

이 글은 미·중 관계에 관한 미국 국제정치학계의 연구방법이 변화하는 과정을 정리한다. 미·중 관계에 관한 연구가 방대하여 전수 조사가 불가능한 현실을 고려하여, 이 글의 분석 대상과 범위를 *International Studies Quarterly*(이하 *ISQ*로 표기)와 *International Security*(이하 *IS*로 표기)의 창간호부터 2013년까지의 미·중 관계 관련 연구로 제한하였다. 이 글은 네 부분으로 구성된다. 첫째, 제2차 세계대전 이후 미국 정치학계에서 연구대상으로 중국이 차지하는 비중을 중국의 물질적 능력과 분쟁 관여의 측면에서 검토한다. 둘째, 미·중 관계를 분석하는 연구의 경향이 변화하는 양상을 정리한다. 셋째, 미국 정치학계의 표준화된 영가설 유의도 검증이 미·중 관계에 유입되는 현상을 검토한다. 마지막으로 결론을 대신하여 연구내용을 정리한 후, 연구내용에 관한 해석을 덧붙인다.

2. 연구 대상과 범위 및 방법

'미국 정치학이 정치 현상이며 국가의 산물이다'라고 표현할 만큼 미국 정치학은 미국의 특수성을 반영한다.[3] 미국 정치학계는 미국의 정치 현상을 주로 연구대상으로 선정한다.[4] 미국 정치학계에서 여론, 공공정책, 공공선택이 주요 분과학으로 자리잡은 이면에는 과학을 중시하는 미국의 풍토가 존재한다. 2000년 미국 정치학계의 '페레스트로이카' 논쟁은 미국 정치학계가 미국 내 사회현상에 매우 민감하다는 점을 선명하게 보여준다.[5] 미국 정치학이 미국의 특수성을 반영한다

---

3 Theodore J. Lowi, "The State in Political Science: How We Become What We Study," *American Political Science Review*, Vol. 86, No. 1(1992), p. 1.

4 1946년부터 2008년까지 짝수년 *APSR* 1호에 게재된 연구논문 332편 가운데 171편이 미국내 정치현상 또는 미국이 관여된 국제정치현상을 연구대상으로 한다. 타국의 정치현상 또는 미국을 제외한 국가의 국제정치현상을 연구대상으로 한 논문은 43편이다. 지역성을 명확하게 판정할 수 없는 논문 115편 가운데 다수가 미국의 정치현상을 연구대상의 부분으로 포함하고 있다.

5 2000년 10월 15일 미국 정치학자는 Mr. Perestroika라는 필명으로 "왜 미국정치학회보에 게재되는 논문이 모두 통계학 또는 게임 이론에 기반하고 있는가?"라는 도발적 질문을 *APSR*과 *PS: Political Science and Politics* 편집진과 동료 정치학자에게 전자우편으로 발송했다[Emily Eakin, "Think Tank: Political Scientists Leading a Revolt, not Stutyding One," *New York Times*(4 November 2000); Mr. Perestroika, "On Globalization of the *APSA* and *APSR*: A Political Science Manifesto," *Newsletter of the New Political Science Section of APSA*, Vol. 9, No. 2(2000), pp. 6-7]. Mr. Perestroika가 미국 정치학회 회장으로 추천한 Theda Skocpol과 Susanne Hoeber Rudolph가 미

는 점을 고려한다면, 미국 정치학계가 중국 또는 미·중 관계를 연구대상으로 선택하는 과정은 또한 미국 국내정치와 학계의 상황을 반영하는 것일 수밖에 없다. 이 절에서는 미국 정치학계가 중국을 연구대상으로 선정하게 된 원인인 중국의 경제성장과 분쟁 연루를 검토한 후, 미국 학계의 미·중 관계 연구가 갖는 특징을 검토하기 위하여 연구대상을 선정하는 과정을 기술한다.

1) 미국 정치학계의 연구대상으로서 중국

미국 정치학계가 국가 속성을 고려하여 연구대상으로 국가를 선정하는 경향을 보인다. 1946년부터 2008년까지 짝수년 *APSR* 1호에 게재된 연구논문 332편 가운데 타국의 정치현상 또는 미국을 제외한 국가의 국제정치현상을 연구대상으로 삼은 연구논문 43편의 지역성을 보면, 미주 6편(그중 캐나다 관련 논문 2편), 유럽 33편(그중 영국과 관련된 논문 12편, 구소련/러시아 관련 논문 6편), 아프리카 1편, 중동 1편, 아시아 2편(중국 관련 논문 1편, 일본 관련 논문 1편)이다. *APSR* 1호에 미국정치학회 회장의 취임사가 게재되는 관행이 있다는 점을 제외하고 *APSR* 1호와 다른 호 사이에 차이가 없다는 점을 고려하면, 이 통계는 미국 정치학계가 타국에 대한 관심이 적다는 것을 의미한다.

위의 통계는 세 가지 사실을 보인다. 첫째, 미국 정치학계가 유

국정치학회 회장으로 연속(2002~2003년, 2003~2004년) 선임되었다[Timothy W. Luke and Patrick J. McGovern, "The Rebel's Yell: Mr. Perestroika and the Causes of the This Rebellion in Context," *PS: Political Science and Politics*, Vol. 43, No. 4(2010), pp. 729-731]. 2004년 이후 *APSR*에서 공식이론의 비중은 줄어든 반면, 서술방법의 비중은 증가하였다.

럽 편중성을 가진다는 점이다. 미국을 제외한 세계에서 유럽 국가의 정치현상이 미국 정치학계의 연구대상으로 76.7퍼센트 선택되었다는 통계는 미국이 유럽에서 이주한 이민자가 세운 국가라는 점을 반영한다고 추정된다. 둘째는 미국 정치학계가 강대국 편향성을 가진다는 점이다. 43편 가운데 구소련/러시아, 영국, 프랑스, 중국 관련 논문이 30편(70%)이다. 최소한 중견국으로 인정받는 캐나다, 일본, 서독, 네덜란드, 벨기에, 브라질과 관련된 논문이 12편이다. 1편만이 약소국 가나에서 발생한 정치현상을 다루고 있다. 셋째는 영어 중심성이다. 15편이 영국과 캐나다와 관련된 정치현상을 연구대상으로 삼는다. 자료에 대한 접근성이 연구대상을 선정하는 데 영향을 미침을 추정할 수 있다.

미국 정치학계가 연구대상으로 중국을 선정하는 기준은 무엇일까? 이 글에서는 본문 검색에서 'China', 'Sino', 또는 'Chinese'를 담은 논문의 숫자를 파악한 후, 연구대상으로 중국이 선정되는 기준이 중국의 국력 지표, 분쟁 연루와 연관을 가지는지 여부를 검토하였다. 중국의 국력이 높아질수록 국제정치행위자로서 중국의 역할이 중요해지며 중국이 분쟁에 연루되면 중국에 대한 관심이 많아지기 때문에, 중국이 빈번하게 연구대상으로 선정될 개연성이 높아진다고 예상되기 때문이다.

〈표 5-1〉과 〈표 5-2〉를 보면, 세 가지 특이점을 발견할 수 있다. 첫째, *IO*에서 중국 관련 논문의 숫자가 1970년 이후 급격히 감소하는데, 이는 두 가지 요인을 반영한다. 한 요인은 *IO*의 편집방향 변화이다. 초기 *IO*가 국제기구에서 각국의 활동을 소개하는 논문을 게재하였다가, 1971년 이후 국제정치경제 관련 논문을 주로 게재하였다.[6]

---

6 Peter J. Katzenstein, Robert O. Keohane, and Stephen D. Krasner, "International

〈표 5-1〉 본문 검색에서 'China', 'Sino', 또는 'Chinese'를 포함한 논문[7]

시기구분	*APSR*	*WP*	*IO*	*FA*	*AJPS*	*IS*	*ISQ*	*JCR*
1950~54	74	41	182	112				
1955~59	57	50	135	97				14
1960~64	81	67	138	117			21	59
1965~69	81	53	143	133			40	50
1970~74	38	64	64	151	8		42	33
1975~79	25	45	65	129	10	67	42	27
1980~84	25	37	38	130	10	91	55	37
1985~89	36	40	38	128	14	57	38	42
1990~94	35	33	38	157	14	68	35	42
1995~99	33	35	48	202	21	74	60	57
2000~04	41	22	52	209	20	75	61	60
2005~09	38	35	60	252	29	81	83	54
2010~13	38	27	41	n.a.	17	45	83	41
1950~99	485	465	899	1,356	77	357	333	361
2000~09	79	57	112	461	49	156	228	114

**AJPS*: *American Journal of Political Science*.
JCR: *Journal of Conflict Resolution*.

또 다른 요인은 중국의 대표권 논쟁이다. 1971년까지 중국의 대표권을 둘러싸고 중화인민공화국과 대만이 경쟁하였는데, 1971년 중국이 국

Organization and the Study of World Politics," *International Organization*, Vol. 52, No. 4(1998), pp. 645, 650-654.

7 8개 학술지 선정 기준은 "Social Science Citation Index" 영향력 지표 가운데 40위 이내이며, 국제정치 관련 학술지이거나 국제정치를 포괄하는 정치학의 학술지이며, 1970년대 이전 발행 여부이다[Thomson Reuter, "Social Sciences Citation Index," http://thomsonreuters.com/social-sciences-citation-index/(검색일: 2013년 10월 8일)].

〈표 5-2〉 본문 검색에서 'China', 'Sino', 또는 'Chinese'를 포함한 논문의 비중, 중국의 국력 비중, 중국의 분쟁연루 비중

시기구분	학술지에서 검색조건을 충족하는 비중(%)				분쟁연루 비중(%)*	국력 비중(%)**
	APSR	*WP*	*IO*	*FA*		
1950~54	23.1	42.3	29.6	48.3	7.2	5.5
1955~59	22.6	52.1	26.8	40.2	6.4	6.8
1960~64	29.1	56.3	29.7	47.4	5.8	6.8
1965~69	28.1	54.6	54.2	54.3	6.8	6.5
1970~74	13.1	61.0	34.8	62.9	3.1	7.6
1975~79	9.8	46.4	41.7	45.3	2.5	8.6
1980~84	10.5	45.7	27.5	42.3	1.5	8.2
1985~89	13.2	48.8	31.4	47.6	3.2	7.2
1990~94	12.6	41.3	37.6	43.5	1.7	8.4
1995~99	13.1	45.5	37.2	36.2	3.5	9.7
2000~04	18.6	27.8	36.1	40.7	2.2	12.2
2005~09	15.1	42.7	41.4	54.8	n.a.	15.4

* 분쟁연루 비중 = 중국이 분쟁에 연루된 총 연수/분쟁에 연루된 총 연수(state-year).

** 국력 비중 = (군비 비중 + 군인 비중 + 화석연료 사용량 비중 + 철강생산의 비중)/4

제연합에서 대표권을 가지면서 일단락되었다. 국제기구에서 중국 관련 논쟁이 끝나자, *IO*에 게재된 논문 가운데 'China'를 포함한 논문이 줄어들게 되었다. 둘째, 국제정치 관련 학술지가 다양한 분과학을 아우르는 학술지보다 중국 관련 연구를 많이 게재한다는 점이다. 미국정치학회(American Political Science Association)의 학술지인 *APSR*에 1950년부터 2013년까지 게재된 논문 가운데 중국 관련 현상을 연구대상으로 삼은 논문의 비중이 18.8퍼센트, 미국 중서부정치학회(Midwest Political Science Association)의 학술지인 *AJPS*에 게재된 논문 가운데 중국 관련 현상을 연구대상으로 삼은 논문의 비중이 7.2퍼센트이다. 반면, 국제

연구학회(International Studies Association)의 학술지인 *ISQ*에 1959년부터 2013년까지 게재된 논문 가운데 중국 관련 현상을 연구대상으로 삼은 논문의 비중이 39.4퍼센트이다. 셋째, 국제정치 관련 학술지 가운데 학회 또는 대학연구소에 기반을 둔 학술지와 국제정치 관련 실행자에 기반을 둔 학술지 사이에 중국을 연구대상으로 삼는 것에는 큰 차이를 보이지 않는다는 점이다.

〈표 5-3〉을 보면, 네 가지 특이점을 발견할 수 있다.[8] 첫째, 중국의 국력이 증가하면서 중국이 무력분쟁에 관여하는 비중이 오히려 줄어들고 있다. 이는 중국의 국력이 증가하면서 중국의 주장이 강해질 것이라는 예상과 상반되는 결과이다. 중국의 물리력을 두려워하여 상대국이 중국에게 무력분쟁을 도발하지 않거나, 중국의 국력이 성장하면서 상대국이 중국의 요구조건을 수용함으로써 중국이 무력분쟁을 시작할 유인이 줄어들었기 때문이라고 추정된다. 이 현상은 독립된 추후 연구 주제이다. 둘째, *WP*와 *FA*에 게재된 중국 관련 연구논문의 비중이 통계적으로 유의미한 상관관계를 가진다. 이는 두 학술지의 성격이 비슷하다는 점을 의미한다. 실제 두 학술지는 학문적 성격보다는 실천적 성격을 강조하는 경향을 보인다. 셋째, 중국의 국력비중이 늘어나면서 학술지에서 중국 관련 연구의 비중이 증가한다. *APSR*에서 중국 관련 연구의 비중과 중국의 국력비중 간 상관관계는 통계적 유의미성을 가지며, 다른 세 학술지에서 중국 관련 연구의 비중과 국력비중 간 상관관계도 통계적 유의미성에는 미치지 못하지만 양의 계수를 보인다.

---

8 연구대상으로 구소련/러시아와 일본이 차지하는 비중은 중국의 비중과 높은 긍정적 상관관계를 가진다. 이는 미국 정치학계의 연구대상 선정이 각국의 국력변화를 반영할 것이라는 추정에 부합하지 않는다. 미국 정치학계의 연구대상 선정은 미국 고립주의 전통의 강약과 관련되어 있다고 보인다.

넷째, 중국이 분쟁에 연루된 비중과 학술지에서 중국 관련 연구가 차지하는 비중이 대체로 음의 상관관계를 가진다. *WP*에서 중국 관련 연구의 비중과 중국의 분쟁연루 비중은 통계적 유의미성을 가진 음의 상관관계를 보인다. 중국이 분쟁에 연루되면 이를 해석하는 논문이 학술지에 많이 게재되던 1950~60년대 경향과 달리, 미국 정치학계는 중국의 무력분쟁 연루보다는 다른 요인에 의하여 중국을 연구대상으로 선정한다고 해석된다.

〈표 5-3〉 본문 검색에서 'China', 'Sino', 또는 'Chinese'를 포함한 논문의 비중과 국력/분쟁연루 간 상관관계와 *p*-value[9]

	APSR	*WP*	*IO*	*FA*	국력 비중
WP	0.2446 (0.444)				
IO	0.0897 (0.782)	0.0131 (0.968)			
FA	0.1214 (0.707)	0.5290 (0.077)	0.3415 (0.277)		
국력 비중	0.8546 (0.001)	0.3867 (0.2401)	0.0592 (0.863)	0.2109 (0.534)	
분쟁연루 비중	−0.3544 (0.258)	−0.543 (0.068)	0.2493 (0.435)	−0.0156 (0.992)	−0.6912 (0.019)

9 *p*-value는 모집단에서 두 변수간 상관관계가 0이지만, 표본을 추출한 후 특정한 계수보다 더 극단적인 수치가 우연에 의하여 나타날 확률이다. 예를 들어, 미국 정치학계가 중국을 연구대상으로 선정되는 정도가 중국의 국력비중과 무관하며 미국 학계의 표본으로서 *APSR*이 무작위로 선정된다는 가정 아래, 중국의 국력비중과 표본 학술지에서 연구대상으로 중국의 비중이 가지는 상관계수가 0.846과 같거나 더 클 확률이 0.444라는 뜻이다. *p*-value가 작으면 모집단에서 두 변수간 상관관계가 없음에도 불구하고 표본 추출 과정에서 우연에 의하여 두 변수 간 의미있는 상관관계가 있다고 잘못된 결론을 내릴 위험성이 작다[조동준, "미국 정치학회보에서 나타난 미국 정치학계의 연구동향, 1945-2005," 『정치정보연구』, 제13집 2호(2010), pp. 202-205].

미·중 관계 연구의 내용을 분석하면, 1950~60년대 중국의 도전이 동아시아 지역질서에 영향을 미치는 정도로 파악되었지만, 2000년대 후반부터는 미국 패권과 직접 관련하여 분석되고 있음이 드러난다. 또한, 미·중 관계 연구의 영역이 군사안보 영역에서 전반적 국제질서 개편과 관련된 현상으로 옮겨가고 있다.

2) 미·중 관계 연구의 방법론적 특징을 분석하기 위한 연구대상

이 글은 미국 정치학계에서 미·중 관계 연구의 방법론적 특징을 분석하기 위하여 *IS*와 *ISQ*에 게재된 미·중 관계 관련 논문을 분석하였다. 두 학술지를 선정한 이유는 두 가지이다. 첫째, 정치학/국제정치학 분야에서 학술적 영향력이 가장 높은 학술지 40개를 먼저 선정한 후[10] 그 가운데 2000년대 들어서 'China'라는 검색어가 차지하는 비중이 높은 *IS*와 방법론적 다양성이 높은 *ISQ*를 선정하였다.[11] *IS*는 하버드대학교 Belfer Center for Science and International Affairs에 의하여 1977년 창간된 계간지로 국방연구 분야에서 영향력 지수 1위, 국제정치 분야에서 2위를 기록한다. *IS*는 2000년 이후 총 327개 논문을 게재하였는데, 그중 201편이 'China', 'Sino', 또는 'Chinese'를 포함하였다(61.5%). *ISQ*는 미국 국제연구학회(International Studies Association)의 공식 학술지이기 때문에, 특정 학술 단체에 의하여 주도되는 학술지(e.g., 통계방법

---

10 *IS*의 SSCI 영향력 지수는 2.333(6위), *ISQ*의 SSCI 영향력 지수는 1.265(37위)이다.

11 "(china or chinese or sino) and('united states' or 'u.s.' or american)"의 검색 조건으로 제목을 검색하면 *WP*와 *IO*에는 연구논문 3편, *FA*에는 0편이 나온다.

〈표 5-4〉 2개 학술지의 "미 · 중 관계" 관련 논문 편수 비교(본문 내용으로 판별)

학술지	총 편수	1965~1999		2000년 이후	
ISQ	4	1	25.0%	3	75.0%
IS	51	26	51.0%	25	49.0%

과 공식이론에 집중하는 학자들의 연구모임인 Peace Science Society가 발행하는 *JCR*) 또는 특정한 정치적 성향을 보이는 학술지(e.g., 미국 정부의 고위 공직자 출신이 많은 Council of Foreign Relations가 발행하는 *FA*)에 비하면, 국제정치학계의 다양한 학술적 입장을 반영한다.[12]

이 글이 위의 두 학술지로부터 분석대상으로 삼은 논문은 55개인데, 이를 확인하는 과정은 다음과 같다. 첫째, www.jstor.org의 검색 기능을 사용하여 본문에 관련[(China or Sino) and('United States' or 'U.S.' or American) and relation] 내용을 담은 논문 목록을 확인하였다.[13] 둘째, 첫째 단계를 통하여 확인한 논문을 정독함으로써 '미·중 관계'를 연구대상으로 삼은 논문을 확인하였다. 이 과정에서 연구자의 자의적 판단을 줄이기 위하여, '미·중 관계'와 직접 관련된 현상과 미·중 관계를 포함하는 강대국 간 관계/동아시아 지역질서/미국 외교정책 관련 현상

12 *Foreign Affairs*가 미·중 관계를 다룬 논문을 가장 많이 게재하는데, 1년에 6회 발행되어 게재 논문의 수가 절대적으로 많기 때문이다.

13 제목으로 ['(Sino or China)' and('United States' or U.S. or American)]으로 검색할 경우 1950년부터 2013년까지 총 19개 논문이 확인된다. 제목으로 검색한 논문이 실제 '미·중 관계'를 다룬 논문보다 적은 이유는 저자들이 논문 제목을 '미·중 관계'로 직설적으로 표현하기보다는 은유적으로 표현하기 때문이다[e.g., Aaron L. Friedberg, "Ripe for Rivalry: Prospects for Peace in a Multiploar Asia," *International Security*, Vol. 18, No. 3, pp. 5-33; Michael A. Glosny, 2004, "Strangulation from the Sea? A PRC Submarine Blockade of Taiwan," *International Security*, Vol. 28, No. 4(1993), pp. 125-160].

을 연구대상으로 삼는 논문만 포함하였다. 반면, 미·중 관계를 포함하지만 국제정치의 일반적 현상의 일부로 미·중 관계를 취급하는 논문은 분석대상에 포함하지 않았다. 이 기준이 미·중 관계를 광범위하게 해석함에도 불구하고, 기준을 충족하는 논문이 겨우 55개에 그쳤다.

연구대상으로 삼은 55개 논문을 시기별로 분석하면, 2000년대 이후 미·중 관계가 연구대상으로 부상하였음을 알 수 있다. *IS*의 경우 '미·중 관계'와 관련된 논문이 1977년부터 1999년까지 23년 동안 26개인 반면, 2000년 이후 14년 동안 25개이다. *ISQ*의 경우 표본의 수가 너무 작아서 명확한 추세라고 말할 수 없지만, 2000년대 이후 '미·중 관계' 관련 논문이 상대적으로 많이 등장한다.

3. 미·중 관계 관련 연구의 방법론적 특징

이 절에서는 *APSR*에 나타난 연구목적과 연구방법의 변화를 개괄한 후, 미·중 관계 연구에서 나타난 연구목적과 연구방법의 변화와 비교하였다. 미국 정치학계의 전반적 변화 양상이 미·중 관계 연구에서도 나타나는 단서가 보이는데, 이는 향후 미·중 관계 연구의 새로운 경향으로 이어질 개연성이 있다.

1) 연구목적과 연구방법의 분류

정치학계에서 인정되는 논문의 연구목적은 크게 (1) 새로운 가설 또는 이론 제기, (2) 이론/가설과 경험적 자료 간 외적 타당성을 검증하는 이론/가설 검증, (3) 특정 쟁점에 관한 기존 이론/연구 결과를 평가/요약하는 문헌비평, (4) 실행되는 정책(혹은 정책 제안)의 외적 타당성, 내적 논리성, 실현 가능성을 평가하는 정책 평가, (5) 이미 발생한 중요한 사건의 인과성을 이론, 가설, 상식, 연역 등을 이용하여 보여주는 사건 설명, (6) 역사적 사건을 유발한 행위자의 동기 등을 평가하는 역사적 사건에 대한 평가, (7) 이론 또는 상식과 현재 정보를 결합하여 특정 현상의 미래를 보여주는 미래 예측, (8) 과거에 발생했던 현상 또는 현재 진행되는 현상을 정리하는 현상 기술 등으로 나눌 수 있다.[14] 이 8개 연구목적은 상호 결합이 가능한데, 특히 현상 기술은 모든 연구목적과 결합될 수 있다. 예를 들어, 미국 정치학계의 통상적 연구논문은 서론, 문헌비평, 연구설계, 검증, 결과 해석, 결론으로 조직되는데, 이는 최소한 문헌비평, 기존 이론 검증 또는 새로운 가설에 대한 검증, 현상 기술 등을 포함한다.

이 연구는 정책 연구를 독자적 유형으로 잡기보다는 기존 이론/주장과 같이 취급하여, 5개 항목으로 재분류하였다. 제2차 세계대전 직후 미국 정치학계 초기 연구는 물론 최근 미·중 관계 연구의 일부도 여전히 현안을 분석하면서 연구 논문의 뒷부분에 정책 제안을 담는다. 하지만, 정책 제안이 독자적인 연구목적이라기보다는 연구의 부산물로 나오는 경우가 절대 다수를 차지하기 때문에, 정책 연구를 독자적 유형으로 분류하지 않는다. 현상 기술과 관련된 유형을 (1) 특정 정치 현상을 분석적으로 기술만 하는 '현상 기술', (2) 정치 현상 기술에 덧붙여 기술된 현상의 의미를 해석하는 '현상 설명'으로 세분한다. 이론/주장의 생성/검증은 (3) 기존 연구 성과를 체계적으로 정리하는 '문헌 정리', (4) 기존 연구 성과를 소개한 후 차별적인 주장을 제기하는 '새로운 주장', (5) 기존 연구 성과를 정리하고 이를 검증하는 '검증'으로 구분한다.

연구방법은 서술방법(narrative methods), 공식이론(formal theory), 통계방법으로 크게 구분한다. 이러한 분류가 정치학계의 다양한 세부 연구를 포괄하는 데 무리가 있지만, 정치학계에서 '삼위 연구방법'으로 평기

14 Stephen Van Evera, *Guide to Methods for Students of Political Science*(Ithaca, NY: Cornell University Press, 1997), ch. 3.

될 만큼 통용된다.[15] 서술방법은 언어로 현상을 기술하거나 현상 기술을 위하여 통계치를 사용한다. 학문 발전의 초기 단계는 항상 서술방법으로 시작한다. 공식이론은 이론의 논리성을 수식으로 풀어 내적 일관성을 검토하는 연구방법으로 귀납적 방법을 통하여 축적된 지식의 적실성을 분석하는 데 유용하다. 통계방법은 현실 세계에서 규칙성을 확인하여 보편적 지식 축적에 이용하는 귀납적 방법과 기존 주장/이론이 경험적 자료와 부합하는지 여부를 측정하여 지식의 외적 타당성을 검증하는 방식으로 나뉜다.[16] 통계방법은 단순히 기술 통계치를 보여주는 것을 넘어 통계적 유의도 검증까지를 포함한 연구방법을 통칭한다.[17]

---

15 David D. Laitin, "The Perestroikan Challenge to Social Science," *PS: Political Science and Politics*, Vol. 31, No. 1(2003), p. 169.

16 연구방법은 통상적으로 질적 연구방법, 양적 연구방법, 공식이론으로 구분되지만, 이 연구는 통상적 연구방법 분류를 따르지 않는다. 미국 정치학계의 미·중 관계 연구에서 양적 연구방법이 매우 예외적으로 사용되고 양적자료와 질적연구가 결합되는 경우 분류가 쉽지 않기 때문이다.

17 통계적 유의도는 통계학적 가설 검정을 할 때 귀무가설(null hypothesis)을 기각하거나 채택하는 기준이다. 예를 들어, 통계적 유의도 0.01은, 귀무가설이 옳음에도 불구하고 우연에 의하여 특정 통계치가 나타날 수 없다고 잘못하여 판단을 내릴 오류 가능성을 최대 0.01까지 수용한다는 의미를 가진다. 통계적 유의도 검증은 표본 통계치의 *p*-value가 연구를 시작하기 전 결정된 *p*-value의 최솟값을 충족시키는지 여부를 확인하는 과정이다. 즉 표본 통계치의 *p*-value가 통계적 유의도보다 작을 경우 귀무가설을 기각한다. 귀무가설이 옳음에도 불구하고 표본 통계치가 우연에 의하여 나타난 확률이 미리 정해진 통계적 유의도보다 작기 때문이다. 다른 말로 표현하면, 옳은 귀무가설을 기각하는 오류를 범할 확률이 선험적으로 정한 수용 가능한도 안에 있기 때문이다. 반면, 표본 통계치의 *p*-value가 통계적 유의도보다 클 경우 귀무가설을 기각하지 못한다. 귀무가설이 옳음에도 불구하고 표본 통계치가 우연에 의하여 나타날 확률이 미리 정해진 통계적 유의도보다 크기 때문이다. 다른 말로 표현하면, 옳은 귀무가설을 기각하는 오류를 범할 확률이 미리 정한 허용 한도 밖에 있기 때문이다[Jerzy Neyman and Egon S. Pearson, "On the Use and Interpretation of Certain Test Criteria for Purposes of Statistical Inference," *Biometrika*, No. 20A(1928), pp. 174-240; Jerzy Neyman and Egon S. Pearson, "The Testing of Statistical Hypotheses in Relation to

2) *APSR*에 게재된 연구논문의 연구목적과 연구방법

〈표 5-5〉 *American Political Science Review*에 게재된 논문의 연구목적 분류

연대	현상 기술	현상 설명	문헌정리	검증	새로운 주장	계
1950	17	10	9	1	7	44
	38.6%	22.7%	20.5%	2.3%	15.9%	
1960	8	14	8	4	16	50
	16.0%	28.0%	16.0%	8.0%	32.0%	
1970	5	23	11	9	5	53
	9.4%	43.4%	20.8%	17.0%	9.4%	
1980	0	6	12	16	19	53
	0.0%	11.3%	22.6%	30.2%	35.8%	
1990	0	5	20	8	22	55
	0.0%	9.1%	36.4%	14.5%	40.0%	
2000	0	6	11	8	17	42
	0.0%	14.3%	26.2%	19.0%	40.5%	
계	30	64	71	46	86	297
	10.1%	21.5%	23.9%	15.5%	29.0%	

*APSR*에 게재된 논문의 연구목적을 분류한 〈표 5-5〉는 두 가지 주목할 사항을 보여준다. 첫째, 정치현상을 기술하거나 설명하려는 연구논문이 차지하는 비중이 점차 감소하고 있다. 반면, 새로운 주장을 제기하는 연구논문의 비중이 1980년대 이후 증가하고 있다. 이는 미국

Probabilities a priori," *Proceedings of Cambridge Philosophical Society*, No. 24(1933), pp. 492-510].

정치학계의 전문화가 진행되면서, 미국 정치학이 실제 진행되는 정치 현상을 설명 또는 기술하는 작업보다는 학문적 논쟁에 집중하는 경향을 보이고 있음을 의미한다. 둘째, 문헌정리의 비중은 다소 차이를 보이지만, 20퍼센트 내외의 비중을 차지하고 있다. 이는 미국 정치학계가 지식 축적을 위한 내적 검토를 꾸준히 하고 있음을 의미한다.

*APSR*에 게재된 논문의 연구방법을 정리하면, '삼위 연구방법'의 비중이 시기에 따라 변화한 점을 볼 수 있다. 1964년까지 서술방법이 우위에 있었지만, 1966년 이후 통계방법이 전반적으로 우위를 점하게 되었다.[18]

〈그림 5-1〉 *American Political Science Review*의 방법론 분화[19]

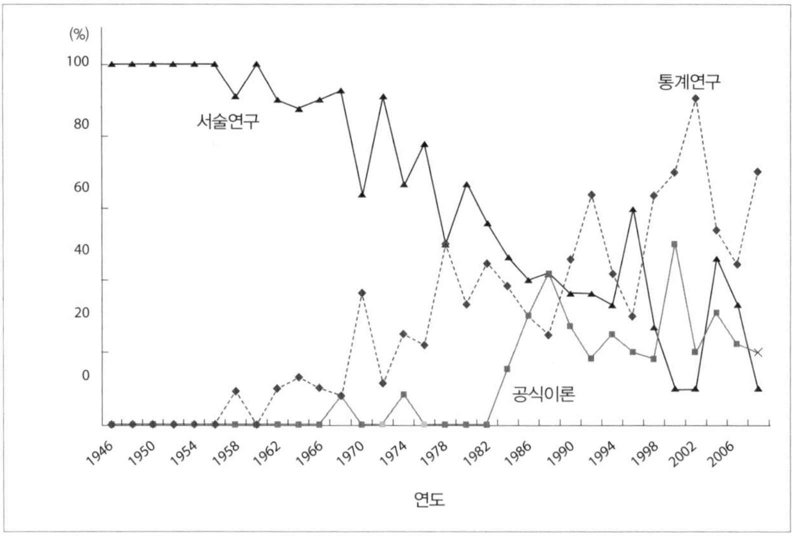

18 '서술방법'은 정치현상을 수치로 표현하지 않고, 기술하거나 설명하는 연구를 칭한다. '통계방법'은 정치현상을 수치로 표현한 모든 연구를 칭한다. '공식이론'은 게임이론을 최소한 일부분 활용하는 모든 연구를 의미한다.

19 조동준(2010), p. 201에 있는 도표를 일부 수정함.

통계방법은 미국 정치학계에서 이미 1940년대부터 사용되기 시작했지만, 1950년대 중반에 연구방법으로 본격적으로 수용되었다고 평가할 수 있다. 공식이론은 1960년대 선보였지만, 1980년대 중반에 이르러 연구방법으로 수용되었다. 1990년대 이후 통계연구는 두 연구방법에 비하여 압도적 우위를 점하고 있다. 공식이론은 1980년대 후반 서술연구와 통계연구에 필적할 수 있을 만큼 성장하였다. '삼위 연구방법'은 1980년대 중반에 형성되었다.

3) *APSR*에 게재된 국제정치 관련 연구의 변화

*APSR*에 게재된 국제정치 관련 논문도 비슷한 경향을 보인다. 1980년대 중반까지 *APSR*에 게재된 국제정치 관련 연구논문은 대체로 외교정책 결정과 관련된 현상을 다루었다. 미·중 관계는 독자적 연구대상이라기보다는 미국의 대외정책의 한 부분으로 다루어졌다. 한국전쟁, 공산주의 군사교범, 무기통제, 핵무기확산, 대만과 관련된 쟁점이 미·중 관계 관련 연구의 주요 대상이었다. 국제정치 관련 연구대상은 두 차례에 걸쳐 크게 변화하였다. 첫째, 1970년대 후반에는 국가 간 분쟁이 주요 연구 대상이 되었다.[20] 1960년대 행태주의의 학문적 영향 아래서 성장한 신진 학자들이 경험적 연구자료가 상대적으로 풍부한 분

20 e.g., Frederic S. Burin, "The Communist Doctrine of the Inevitability of War," *American Political Science Review*, Vol. 57, No. 2(1965); Hans J. Morgenthau, "Another 'Great Debate': The National Interest of the United States," *American Political Science Review*, Vol. 46, No. 4(1952); Tang Tsou, Morton H. Halperin, "Mao Tse-Tung's Revolutionary Strategy and Peking's International Behavior," *American Political Science Review*, Vol. 59(1965), No. 1.

쟁을 주요 연구대상으로 택하였기 때문이다. 특히, 1990년대 초반 민주평화론을 둘러싼 논쟁이 치열하게 진행되어, 가장 인기있는 연구대상이 되었다.[21] 둘째, 1990년대 초반 국제정치경제가 주요 연구대상이 되었다. 1970년대 *International Organization*에서 세부 분과학으로 성장한 국제정치경제학이 정치학 전반으로 확산된 결과이다. 1990년대 이후 국제정치경제 관련 연구논문이 국제정치 관련 연구논문의 약 20퍼센트를 차지하게 되었다.[22]

국제정치 관련 연구에서 방법론적 분기점은 1970년대 중반이다. 이 시기부터 경험적 연구방법을 국제분쟁에 적용한 연구가 본격적으로 등장하기 시작하였고, 이후 통계연구방법이 국제정치연구에서 주요 연구방법이 되었다. 특히 1990년대 민주평화론 논쟁을 거치면서 통계연구방법의 비중은 더욱 커졌고, 공식이론도 국제정치학으로 유입되어 주요 연구방법이 되었다.[23] 1990년대 후반에 이르면, '삼위 연구방법'

---

21 e.g., David A. Lake, "Powerful Pacifists: Democratic States and War," *American Political Science Review*, Vol. 86, No. 1(1992); Zeev Maoz, Bruce Russett, "Normative and Structural Causes of Democratic Peace, 1946-1986," *American Political Science Review*, Vol. 87, No. 3(1993).

22 Lee Sigelman, "The Coevolution of American Political Science and the "American Political Science Review"," *The American Political Science Review*, Vol. 100, No. 4(2006), p. 472.

23 미·중 관계에 공식이론을 적용한 연구논문이 *APSR*에 한 편 게재되었다[Andrew Mertha and Robert Pahre, "Patently Misleading: Partial Implementation and Bargaining Leverage in Sino-American Negotiations on Intellectual Property Rights," *International Organization*, Vol. 59, No. 3(2005)]. 반면, 중국에서 발생하는 사회현상을 공식이론에 기반하여 설명하려는 시도는 광범위하게 진행되었다. 예로, 1950년대 후반 중국에서 집단농장 형성과정에서 농민 간 사회적 관계가 반복적 관계에서 일회성 관계로 바뀌었다는 점에 주목하여 중국에서 대규모 아사가 발생하였다는 설명, 중국의 시장화가 포식자와 먹이간 상호작용처럼 공진화한다는 설명, 중국에서 사회세력들이 공공재 창출보다 공유재 보존을 위한 협력에 쉽게 도달하는 현상을 게임이론으로 설명하는 연구 등이 있다[e.g., Justin Yifu Lin, "Collectivization and China's

이 정립된다. 이는 정치학의 세부 분과 중 미국정치에서 연구방법론 변화가 시작되어 다른 세부 분과로 확산되었음을 의미한다.

1990년대 이후 *APSR*에 게재된 국제정치 관련 연구의 예로 조슈아 골드스타인과 존 프리맨의 연구(1991)를 아래와 같은 연구과정과 연구방법으로 정리할 수 있다.[24]

연구목적: 미·중·소 삼국 간 관계가 각국의 관성에 의하여 형성되는지, 합리적 계산에 의하여 만들어지는지, 상호작용을 통하여 형성되는지 검증한다.

논문 구성

서론: 국제정치학자 사이에 강대국 간 관계가 어떻게 만들어지는지 합의가 존재하지 않는다. 특히, 강대국의 대외적 행태가 각국의 관성, 합리적 계산, 상호작용에 의하여 형성된다는 주장이 병립적으로 존재한다.

본문

A. 문헌연구: 강대국 간 국제관계가 형성되는 세 가지 경로로 각국의 관성, 합리적 계산, 상호작용으로 구분한 후, 각 경로별 연구 경향을 정리

Agricultural Crisis in 1959-1961," *Journal of Political Economy*, Vol. 98, No. 6(1990); Yongjing [Eugene] Zhang, 2012, "China's Evolution toward an Authoritarian Market Economy: A Predator-Prey Evolutionary Model with Intelligent Design," *Public Choice*, Vol. 151, No. 1/2(2012); Jane Sell, Zeng-Yin Chen, Pam Hunter-Holmes and Anna C. Johansson, "A Cross-Cultural Comparison of Public Good and Resource Good Settings," *Social Psychology Quarterly*, Vol. 65, No. 3(2002)].

24 Joshua S. Goldstein, John R. Freeman, "U.S.-Soviet-Chinese Relations: Routine, Reciprocity, or Rational Expectations?" *American Political Science Review*, Vol. 85, No. 1(1991), pp. 17-35.

한다. 세 학파의 주장을 정리하면서, 이를 수학적으로 표현한다. 예를 들어, 합리적 계산을 강조하는 학파의 주장을 $FP_t = f(C_t, T_t; Z_t)$로 정리하는데, FP는 외교행태를, C_t는 기대 비용, T_t는 기대 위협, Z_t는 정보를 의미한다.

B1. 연구설계: 각국 간의 관계에 영향을 미치는 요인을 수학적으로 표현한다. 예를 들어, 소련에 대한 미국의 행태(US_t)는 전년도 미·소, 미·중, 중·소 관계에 영향을 받는다는 가정을 수학적으로 표현한다.

B2. 자료: 연구설계에 따른 연구를 진행하기 위하여 COPDAB 자료를 사용하며, 종속변수와 독립변수를 구축하는 과정과 출처를 소개한다.

C. 결과 분석: 영가설 유의도 검증 기법에 기반한 통계 분석의 결과를 표로 소개한다. 또한, 삼국 간 관계를 그림으로 표현한다.

함의: 미·소·중 삼각관계에서 중국이 중요한 행위자인데, 중국은 1950년대부터 소련의 대(對)중 외교에 영향을 거의 받지 않았다. 미국과 중국 간 전략적 일치감은 이미 1950년대부터 존재했다.

4) 미·중 관계 연구에서 연구목적의 변화[25]

〈표 5-6〉은 연구대상 55편 논문의 연구목적을 시기별로 구분한다. 이 표는 두 가지 흥미로운 현상을 보여준다. 첫째, '현상 기술' 또는 '현상 설명'의 비중이 시간의 흐름에 따라 점차 줄어들고 있다. *IS*가 창간된 1977년부터 1989년까지 미·중 관계와 연관된 현상을 기술하거나 현상의 의미를 설명하는 연구 논문이 게재되었다. 반면, 1990년대 이후 미·중 관계와 연관된 현상을 기술하는 작업은 연구 논문의 일부분으로 당연하게 포함되며, 기존 주장을 검증하거나 기존 연구성과를 소개하는 논문이 차지하는 비중이 늘어나고 있다. 둘째, 1990년대 새로운 주장을 선보이거나 기존 주장의 적실성을 검증하는 논문의 비중이 늘어났다. 이 경향은 2000년대 들어 더욱 선명해져 새로운 주장을 선보이거나 기존 주장을 검증하는 연구의 비중이 79퍼센트에 이른다. 이같은 두 가지 현상은 미·중 관계와 관련된 정치현상을 연구하는 학문적 활동이 시간의 흐름에 따라 심화 축적되고 있다는 함의를 가진다. 특히, 기존 주장의 적실성을 검증하는 작업의 비중이 증가하는 현상은 미·중 관계와 관련된 연구진 안에서 신뢰할 수 있는 지식을 축적하기 위한 작업이 진행되고 있음을 의미한다.

1950년부터 2008년까지 짝수년도에 발행된 제1호에 게재된 논

---

25 미·중 관계를 다룬 단행본의 연구 경향을 정리하는 작업은 자료의 방대함이라는 난제를 극복해야 한다. 자료의 방대함으로 전수조사가 불가능다는 점을 고려하여, 연구자료와 글쓰기 자료를 상업적으로 소개하는 Questia가 신정한 대표적인 미·중 관계 관련 단행본 15개를 검토하였다. Questia가 미·중 관계를 미국 외교사의 일부로 분류한다는 사실이 이미 암시하듯이, 미·중 관계 관련 주요 단행본이 모두 경험적 연구라기보다는 외교사로서 미·중 관계를 기술한다.

〈표 5-6〉 미 · 중 관계 관련 연구의 연구목적 분류

연대	현상 기술	현상 설명	문헌정리	검증	새로운 주장	계
1960	1					1
1970	2	3				5
1980	1	1				2
1990	5	3	1	6	3	18
2000	1	4	1	5	18	29
계	10	11	2	11	21	55

문의 연구목적으로 분류한 〈표 5-5〉와 미·중 관계 연구목적을 분류한 〈표 5-6〉을 비교하면 두 가지 사항을 알 수 있다. 첫째, 미·중 관계의 연구목적이 미국 정치학계의 연구목적과 유사한 경로를 보인다. 미·중 관계 관련 연구도 *APSR*의 연구경향과 비슷하게 1970년대까지 미·중 관계의 특정 현상을 체계적으로 기술하거나 의미를 설명하려는 연구목적에서 시작하였다. 반면, 1980년대부터는 현상을 기술하거나 설명하는 연구논문이 줄어드는 대신, 기존 주장을 검증하거나 기존 주장의 약점을 경험적으로 검증한 후, 새로운 주장을 선보이는 연구의 비중이 늘어나고 있다. 둘째, *APSR*에 게재된 연구논문의 연구목적과 미·중 관계를 분석하는 연구논문의 연구목적 사이에는 시차가 존재한다. *APSR*은 1980년대부터 본격적으로 기존 이론/주장을 검증하거나 새로운 주장/이론을 선보이는 논문을 본격적으로 게재한 반면, *IS*와 *ISQ*에 게재된 미·중 관계 관련 연구 논문은 2000년대 들어서야 검증과 새로운 주장을 강조하는 연구 경향을 보였다.[26]

26 〈표 5-5〉와 〈표 5-6〉의 정량적 평가로 드러나지 않은 현상 가운데, 새로운 주장

*IS*와 *ISQ*에 게재된 미·중 관계 관련 연구논문이 사용한 방법은 시대별로 큰 차이를 보인다. 1980년대까지 미·중 관계 관련 연구논문 8편은 모두 서술방법을 사용하였다. 이 현상은 미국 정치학계 연구방법론의 역사와 비교하면 큰 차이를 보인다. 1980년대 미국 정치학계에서는 통계방법과 공식이론이 확립되어 연구방법론의 분화가 완성되었음에도 불구하고, *IS*와 *ISQ*에 게재된 미·중 관계 관련 연구논문은 전통적 서술방법을 사용하였다. 서술방법도 시간의 흐름에 따라 한 사례를 정리하는 방식을 택하였으므로, 분석이 개입할 수 있는 여지가 거의 없었다. 한 사례에 대한 기술이 끝난 후 사례의 시간적 흐름을 보며, 인과관계를 추론하는 수준에서 결론을 맺곤 했다.

이 시기 연구방법의 예로 헨리 브렌즈 주니어의 연구(1988)를 아래와 같은 연구과정과 연구방법으로 정리할 수 있다.[27]

연구목적: 대만해협 위기 당시 아이젠하워 행정부의 대량보복작전의 적용 사례를 기술한다.

을 제기하는 방식의 차이에 주목할 필요가 있다. *IS*와 *ISQ*에 게재된 미·중 관계 관련 연구논문은 기존 주장에 대한 엄격한 검증을 거치지 않은 상태에서 새로운 주장을 전개하는 경향을 보인다[e.g., Robert S. Ross, "The Geography of the Peace: East Asia in the Twenty-First Century," *International Security*, Vol. 23, No. 4(1999), pp. 81-118; William C. Wohlforth, "The Stability of a Unipolar World," *International Security*, Vol. 24, No. 1(1999), pp. 5-41]. 반면, *APSR*은 기존 주장/문헌에 대한 검토와 경험적 검증을 마친 상태에서 새로운 주장을 전개하는 논문을 게재하고 있다[e.g., Matthew A. Baum, "Sex, Lies, and War: How Soft News Brings Foreign Policy to the Inattentive Public," *American Political Science Review*," Vol. 96, No. 1(2002), pp. 91-109; Brandice Canes-Wrone and David W. Brady, "Out of Step, Out of Office: Electoral Accountability and House Members Voting," *American Political Science Review*, Vol. 96, No. 1(2002), pp. 127-140].

27 H. W. Brands, Jr., "Testing Massive Retaliation: Credibility and Crisis Management in the Taiwan Strait," *International Security*, Vol. 12, No. 4(1988), pp. 124-151.

〈표 5-7〉 미 · 중 관계 관련 논문의 연구방법 분류

연대	서술	서술+통계	공식이론	통계적 검증	계
1960~80	8	0	0	0	8
	100.0%	0.0%	0.0%	0.0%	
1990	11	7	0	0	18
	61.1%	38.9%	0.0%	0.0%	
2000	9	13	0	1	23
	39.1%	56.5%	0.0%	4.3%	
2010	3	2	0	1	6
	50.0%	33.3%	0.0%	16.7%	
계	31	22	0	2	55
	56.4%	43.1%	0.0%	3.6%	

논문 구성

서론: 1954년부터 1955년 사이 대만해협을 둘러싼 위기 상황에서 미국이 핵무기 사용을 고려했고, 실제 핵무기를 사용해야 할 위기 상황이었다. 미국의 핵위협이 신뢰할 수 있었는지 아직 엄격한 검증이 이루어지지 않았다. 이 글은 대만해협을 둘러싼 위기 당시 미국의 핵위협이 이루어지는 과정과 미국 핵위협의 신뢰성을 평가한다.

본문

A. 배경 기술: 미국은 대만 방어를 둘러싸고 양난 상황에 빠졌다. 1954년 중국이 두 섬에 포격을 가하자 미국은 군사적 개입으로 인한 확전 개연성을 두려워하는 동시에 개입하지 않을 경우 중국의 상륙작전, 미국 명성 저하, 아이젠하워 행정부에 대한 국내적 압박으로 이어지는 인과사슬을 우려했다.

B. 초기 진행: 국무장관 덜레스(John F. Dulles)는 대만해협 문제를 국제연합에 제소하는 약한 대응을 모색하는 동시에 미국-대만 간 방위조약을 체결하려고 하였다. 이 안에 대하여 장제스 총통은 다천다오(大陳島)와 진먼다오(金門島)가 방어 대상임을 명시하는 조건을 미국에게 요구하였다. 미국은 이 안을 수용하여 미국-대만 간 방위조약 협상을 진행하면서, 대만해협 문제를 국제연합으로 가져가지 않았다. 미국은 대만이 다천다오에서 병력을 철수하도록 종용함으로써 갈등에 연루될 위험을 줄이면서 대만 방어를 공약하였다. 대만은 다천다오에서 철수하였다.

중기 진행: 미국은 진먼다오와 마쭈다오(馬祖島)의 방어를 약속하지 않고 핵무기를 사용하여 중국의 공격을 억지하려는 정책을 추진했지만 장제스 총통은 이를 거부하였다. 미국과 대만의 관계가 진전이 없는 상황에서 중국은 반둥회의 중에 미국과 전쟁을 할 의사가 없음을 밝혔다. 중국이 진먼다오와 마쭈다오를 공격하지 않음으로써 미국의 체면은 외형상 유지되었다.

결론: 미국이 왜 진먼다오와 마쭈다오 방어를 위하여 핵위협을 하였는가? 미국은 중국의 압박으로 인하여 물러서지 않는다는 인상을 주어 명성을 유지하려고 했다. 미국의 핵독점이 사라진 상황에서 미국은 핵억지의 신뢰성을 유지하기 위하여 핵무기로 중국 본토를 공격하겠다고 위협하였다. 또한, 미국은 국내정치적 득실을 고려하여 핵위협을 포함한 강경책을 고수하였다.

1990년대 이후 미·중 관계 관련 논문은 통계치를 사용함으로써 현상 기술의 객관성을 높이거나 논점을 명확히 하는 경향을 보인다. 통계치가 보이는 차이의 통계적 유의도에는 관심을 두지 않고, 단순히 통계치의 높고 낮음에 주목했다. 통계치를 활용하는 현상 기술 혹은 주장 전개는 통계학을 분석적 연구에 사용하는 첫걸음이다. 하지만, 기술 통계치를 활용하는 방법은 기술 통계치가 우연에 의하여 생길 수 있는 확률을 보이지 못했기 때문에 엄격한 통계학적 판단 기준으로서 미흡하다.

이 시기 통계치를 활용하여 사례 기술의 객관성을 높이며 주장을 명확히 하는 사례로 테일러 프레이블의 논문(2007)을 아래와 같이 정리할 수 있다.[28]

연구목적: 중국이 영토분쟁을 평화적으로 해결하는 요인을 확인하고자 한다.

China's Compromises by Type of Dispute

	Homeland	Frontier	Offshore	Total
Compromise attempted	0	16(14)	1(1)	17(15)
No compromise attempted	3(2)	0	3	6(2)
Total	3(2)	16(14)	4	23(17)

논문 구성

서론: 중국은 1949년 이후 총 23회 영토분쟁 중 17회를 평화적으로 해결하였다. 이 현상은 국가 간 속성 또는 중국의 속성에 초점을 둔 기존 국제정치이론으로는 설명되지 않는다. 오히려 중국의 영토분쟁정책은 중

28 M. Taylor Fravel, "Power Shifts and Escalation: Explaining China's Use of Force in Territorial Disputes," *International Security*, Vo. 32, No. 3(2007), pp. 44-83.

국 체제의 불안정과 연결된다는 점을 밝히고자 한다.

본문

A. 영토분쟁에서 체제 불안정과 협력의 관계: 체제 불안정을 겪는 지도자가 대외 협력을 통하여 안보를 증진하고 새로운 지원 세력을 증가시킬 수 있다.

B. 소수 민족과 영토 분쟁에서 타협: 중국의 변경에는 소수민족이 거주한다. 따라서 1911년 이전 청 왕조의 영토 밖에 있던 지역에서의 영토분쟁에서 중국은 체제 불안정을 경험한다. 반면, 1911년 이전 청 왕조의 영토 안에 있던 지역에서의 영토 분쟁에서는 중국은 체제 불안정을 경험하지 않는다. 이 추론은 경험적 자료와 부합한다.

C. 체제 불안정과 영토 분쟁에서의 타협: 중국은 체제 불안정을 겪을 때 영토분쟁에서 타협을 선택하거나, 분쟁 자체를 연기하였다. 티베트 봉기가 정점을 보이던 1959년, 당시 버마, 네팔, 인도와의 영토분쟁에서 타협을 선택했다. 신장에서 봉기가 발생했던 1962년, 중국은 몽골, 파키스탄, 아프가니스탄, 구소련과 타협을 모색하였다. 1990년대 신장 분리주의 운동이 강했을 때, 중국은 카자흐스탄, 키르기즈스탄, 타지키스탄과 타협하였다.

결론: 체제 불안정이 영토분쟁에서 중국의 행태를 가장 잘 설명한다. 이 결과는 중국이 영토 팽창을 시도하는 국가가 아니라 현상을 유지하기를 원하는 국가임을 의미한다. 중국은 영토분쟁에서 타협을 선택함으로써 주변국을 안심시킨다.

미·중 관계 관련 연구논문의 연구방법 추세와 *APSR*의 연구방법 추세를 비교하면, 세 가지 특징을 발견할 수 있다. 첫째, 미·중 관계 관련 연구논문 중 어느 한 논문도 본격적인 통계적 분석과 공식이론 기법을 사용하지 않았다. 중국 관련 연구 가운데 통계방법을 활용하는 연구 성과가 희귀하게 존재하지만,[29] 중국 관련 연구의 방법론은 통계 분석과 공식이론을 완전히 포용하지 못한다. 미·중 관계 연구에서 방법론이 분화되지 않았다. 둘째, 미·중 관계 연구에서 방법론 분화 상태는 1950년대 *APSR*이 보였던 연구방법 분화와 비슷하다. 1950년대 *APSR*에 게재되었던 논문 일부가 기술통계량을 보고하고 영가설 유의도 검증을 시도하였는데, 1990년대 중반부터 미·중 관계 관련 연구논문이 기술 통계량을 보고하기 시작하였고 영가설 유의도 검증도 제한적으로 사용된다.

---

29 *IS*에 게재된 중국 관련 연구 중 통계적 유의도 검증을 거친 연구가 세 편 존재한다[Alastair Iain Johnston, "Is China a Status Quo Power?" *International Security*, Vol. 27, No. 4(2003), pp. 5-56; Alastair Iain Johnston, "How New and Assertive is China's New Assertiveness?" *International Security*, Vol. 37, No. 4(2013), pp. 7-48; Ka Zeng and Josh Eastin, "International Economic Integration and Environmental Protection: The Case of China,"*International Security*, Vol. 51, No. 4(2007), pp. 971-995].

4. 영가설 유의도 검증의 수용 정도 차이

미국 정치학계의 미·중 관계 연구에서 통계자료가 활용되는 빈도가 높음에도 불구하고, 통계적 유의도 검증이 시도되지 않았다. 미·중 관계 연구논문 55편 중 24편이 수량으로 표현된 통계치를 논거로 활용했지만, 이안 존스턴만이 통계적 유의도 검증을 각주로 표현하였다.[30] 반면, 미국 정치학계는 오래전부터 영가설 유의도 검증을 수용하였다. 이 절에서는 미국 정치학계와 미·중 관계 연구진이 영가설 유의도 검증의 수용 측면에서 큰 차이를 보이는 현상을 기술하고 분석하였다.

1) 미국 정치학계의 표준으로서 영가설 유의도 검증

영가설 유의도 검증은 옳은 가설을 기각하는 제1종 오류의 허용 한계를 먼저 정한 후, 잘못된 가설을 기각하지 못하는 제2종 오류를 최소화하는 선택을 하는 통계학적 검증 기법이다.[31] 현재 미국 정치학계

---

30 Johnston(2003), p. 17; Johnston(2013), p. 42.

31 Jerzy Neyman and Egon S. Pearson, "On the Use and Interpretation of Certain Test Criteria for Purposes of Statistical Inference," *Biometrika*, No. 20A(1928), pp. 174-240; Jerzy Neyman and Egon S. Pearson, "The Testing of Statistical Hypotheses

에서 통용되는 영가설 유의도 검증은 다섯 단계로 구성된다. 첫째, 모집단의 통계치에 대한 추측인 귀무가설을 먼저 설정한다. 통상적으로 귀무가설은 '두 집단 간 차이가 없다' 또는 '두 변수 간 상관성이 없다' 등으로 표현되기 때문에, 영가설이라고 불린다. 둘째, 귀무가설이 옳다는 가정 아래서 모집단에서 무작위로 추출한 표본이 가질 수 있는 통계치의 분포를 계산한다. 셋째, 연구자가 가지고 있는 표본의 통계치를 계산한다. 넷째, 귀무가설이 옳다는 가정 아래서 옳은 귀무가설이 잘못 기각될 오류의 한도를 정한다. 이 오류의 한도가 유의도(significance level)이다. 다섯째, 표본의 통계치보다 더 큰 통계치가 나올 수 있는 확률을 계산한 후 유의도와 비교한다. 표본의 통계치보다 더 큰 통계치가 나올 확률이 유의도보다 작으면, 귀무가설을 기각한다. 표본의 통계치보다 더 큰 통계치가 나올 확률이 유의도보다 크면, 귀무가설을 기각하지 못한다.

영가설 유의도 검증은 1950년대 미국 정치학계에서 도입되었다.[32] 이 방법은 통상적 지식 또는 언명이 경험적 사실과 부합하는지 판단할 수 있는 기회를 제공함으로써, 통계학의 새로운 경지를 열었다. 영가설 유의도 검증이 1950년대 국제정치학계에 유입된 행태주의와 결합되면서, 1970년대 미국 정치학계의 표준화된 연구방법이 되었다. 2000년대 이후 *APSR*에 게재된 논문 가운데 경험적 수치를 사용하면서 가설 검증을 하는 경우, 모두 영가설 유의도 검증을 실시하였다.[33]

---

in Relation to Probabilities a prior," *Proceedings of Cambridge Philosophical Society*, No. 24(1933), pp. 492-510.

32 Heinz Eulau, "Perception of Class and Party in Voting Behavior: 1952," *American Political Science Review*, Vol. 49, No. 2(1955), pp. 364-384; Hert A. Simon and Frederick Stern, "The Effect of Television on Voting Behavior in Iowa in the 1952 Presidential Election," *American Political Science Review*, Vol. 49, No. 2(1955), pp. 470-477.

33 영가설 유의도 검증이 가지는 단점에 관하여 조동준(2010), pp. 205-206; Vic

〈표 5-8〉 통계 수치를 사용한 가설검증 가운데 영가설 유의도 검증의 빈도[34]

연대	사용 안함		사용함		합	교차분석결과
	빈도	비중(%)	빈도	비중(%)		
1970	6	27.3	16	72.7	22	Pearson Chi^2 = 12.8658 (p = 0.005)
1980	5	21.7	18	78.3	23	
1990	2	7.7	24	92.3	26	
2000	0	0.0	39	100	39	
합	13	11.9	97	88.1	110	

영가설 유의도 검증이 *APSR*에 정착된 이후, 유의도 검증을 통과한 연구만이 *APSR*에 주로 게재되는 현상이 나타났다. 1950년부터 2008년까지 짝수년도에 발행된 제1호에 게재되고 영가설 유의도 검증을 실시한 논문 102편 가운데 오직 한 연구만이 통계적 유의미성을 가지지 못하는 연구결과를 발표하였다.[35] 이는 영가설 유의도 검증을 도입한 사회과학의 여러 분과학에서 등장하는 연구 편향성의 일부라고 해석될 수 있다.[36] 즉, 경험적 연구 가운데 통계적 유의도를 충족하는

Barnett, *Comparative Statistical Inference*(New York: John Wiley & Sons, 1973), p. 196; D. A. Gilles, "A Falsifying Rule for Probability Statement," *British Journal for the Philosophy of Science*, Vol. 22(1971), No. 3, pp. 231-261 참조.

34 조동준(2010), p. 208에 있는 표 12의 자료를 확장하여 일부 수정하였다. 1960년대 이전 통계수치를 사용하면서 가설검증을 하는 사례가 너무 희소하기 때문에 생략하였다.

35 Gary Zuk and William A. Thompson, "The Post-Coup Military Spending Question: A Pooled Cross-Sectional Time Series Analysis," *American Journal of Political Science Review*, Vol. 76, No. 1(1982), pp. 65-67.

36 Alan Gerber and Neil Malhotra, "Do Statistical Reporting Standards Affect What Is Published? Publication Bias in Two Leading Political Science Journals," *Quarterly Journal of Political Science*, Vol. 3(2008), pp. 320-323; R. Rosenthal, "The 'File

연구결과만이 *APSR*에 게재되고 있다. 반면, 통계적 연구 가운데 특정 유의도를 충족하지 못하는 연구결과는 학계에 보고조차 되지 못한 채 사장되고 있다고 추정된다.

2) 미·중 관계 연구에서 자리잡지 못한 영가설 유의도 검증

미·중 관계 연구논문 55편 가운데 영가설 유의도 검증을 거친 논문은 두 편뿐이다. 중국 관련 연구 가운데 본격적으로 영가설 유의도 검증을 거친 논문도 매우 적다. 미국 정치학계에서는 이미 표준으로 정착된 영가설 유의도 검증이 미·중 관계 연구에서 정착하지 못한 원인이 무엇인가? 이 질문에 답하기 위해 영가설 유의도 검증을 거친 연구의 특징과 영가설 유의도 검증을 거치지 않은 연구의 특성을 비교분석한다.

존스턴은 1990년대 후반 중국의 국제기구에 가입하는 양상이 현상유지국의 면모를 가지고 있음을 그래프로 제시하였다. 미국, 인도, 일본, 중국의 국제기구 가입 숫자가 각국의 일인당 GDP를 반영함을 시각적으로 보임으로써, 중국이 국제기구에 상대적으로 적게 가입한 이유가 중국의 현상타파 정책이 아니라 중국의 저발전 때문이라고 해석될 수 있도록 하였다. 그는 각주를 통하여 4개국이 국제기구에 가입한 숫자를 종속변수로, 4개국의 일인당 국내총생산을 독립변수를 삼아 회귀분석을 하면, 독립변수의 변이가 종속변수의 변이를 설명하는 비

Drawer Problem' and Tolerance for Null Results," *Psychological Bulletin*, No. 85(1979), p. 638.

중(R^2)이 '0.16에서 0.23'이며, '모든 사례(*의 p-value*)가 통계적 유의도 0.01보다 낮았다'(all were statistically significant below the 0.01 level)고 보고하였다.[37]

존스턴의 연구가 1966년부터 2000년까지 4개국의 국제기구가입을 종속변수로 삼기 때문에, 각 국가별로 관찰수가 35개임을 알 수 있다. 이 가운데 독립변수에서 결측치가 어느 정도인지 알 수 없지만, 일인당 GDP 자료가 상대적으로 구하기 쉬운 통계치임을 고려하면, 약 30개 유효 관찰수를 가지고 회귀분석을 하였다고 추정할 수 있다. 30개 정도의 관측수는 회귀분석을 하는 데 최소 관측수보다 적지만,[38] 국가 차원의 집합적 자료에는 통계적 소음(noise)이 개입될 여지가 적기 때문에 영가설 유의도 검증을 하는 데 최소 수준은 충족한다고 판단된다.

2013년 존스턴의 연구는 2003년 연구의 확장판으로, 영가설 유의도 검증을 선택적으로 시도하였다. 존스턴은 1988년부터 2012년까지의 중국『인민일보』와『인민해방군보』에서 '주권'이 언급되는 비중 간 상관계수(0.77)를 보고하면서, 양자 간에 연관이 없다는 가정하에 이보다 더 큰 통계치가 우연에 의하여 나올 확률(p = 0.000)을 동시에 보고

37 Johnston(2003), p. 17. 괄호 안 기울인 글자는 필자가 첨부함.

38 어림잡아 통계분석에 필요한 최소 관측수는 통계분석 방법에 따라 조금씩 상이하다. 집단간 평균 차이를 분석하는 t-test, 집단 간 분산 차이를 분석하는 ANOVA를 수행하기 위해서는 최소 관측수가 7개, 두 변수 간 관계를 분석하는 상관계수분석 또는 회귀분석을 수행하기 위해서는 관측수가 약 50개, 집단 간 분포 차이를 분석하는 chi-square 분석을 위해서는 관측수가 최소 20개, 각 유형의 최소 예상 관측수는 5개, 관측 측정치 간 관계를 알아보기 위한 요인분석을 위해서는 관측수가 300개 정도 필요하다[Carmen R. Wilson Van Voorhis and Betsy L. Morgan, "Understanding Power and Rules of Thumb for Determining Sample Sizes," *Tutorials in Quantitative Methods for Psychology*, Vol. 3, No. 2(2007), p. 48].

하였다.[39] 두 통계치에 기반하여 그는 『인민일보』와 『인민해방군보』의 논조가 일치한다고 주장하며, 중국 인민해방군의 공격성이 높아졌다는 주장을 반박한다. 반면, 'assertive'를 중국과 연결시킨 표현이 미국 뉴스 기사, 블로그에 게재된 글, 학술적 논문 또는 책에 등장하는 빈도를 표현할 때는 영가설 유의도 검증을 사용하지 않았다.[40] 그러나 그래프만 보아도 2010년 이후 'assertive'를 중국과 연결시킨 빈도가 급격히 증가함으로써 두 시기 간 통계적 유의미성이 존재한다고 추정된다.

2013년 존스턴의 연구가 영가설 유의도 검증을 선택적으로 사용한 이유는 두 가지로 추정된다. 첫째, 존스턴이 귀무가설을 설정해야 하는 방식이 정치학계의 표준화된 영가설 유의도 검증과 상이하기 때문이다. 존스턴은 2010년 이후 중국의 적극성이 이전 시기와 의미 있는 차이를 보이지 않는다고 주장하기 때문에, 그의 귀무가설은 2010년 이후 중국의 적극성이 이전 시기와 의미 있는 차이를 보인다고 설정해야 한다. 그러나 두 시기 간 차이가 어느 정도인지 선험적으로 알 수 없기 때문에 검증가능한 귀무가설을 설정할 수 없다. 둘째, 존스턴이 미국 정치학계의 표준화된 영가설 유의도 검증을 따른다면, 즉 2010년을 기점으로 두 시기 간 중국의 적극성이 차이가 없다는 귀무가설을 설정한다면, 언론 기사, 블로그에 실린 글, 학술적 논문과 책에서 표현된 중국의 적극성 측면에서 이 귀무가설은 쉽게 기각된다. 이는 자신의 주장

39 Johnston(2013), p. 42.

40 관측치가 2000년부터 2011년까지 연단위로 측정되거나, 또는 1990년 1월부터 2012년 1월까지 월단위로 측정되었기 때문에, 2010년을 분기점으로 두 시기 간 차이를 보여주는 t-test를 수행하는 데 필요한 최소 관측수가 확보되었다고 판단된다. 또한, 2010년 중국의 희귀 광물 수출금지 후 가격변동을 월단위 시계열 자료로 확보하면, 시계열 분석에 필요한 관측수를 확보할 수 있다.

을 혼란스럽게 할 위험이 크다.

카 쟁과 조시 이스틴은 중국 관련 연구에서 영가설 유의도 검증을 본격적으로 도입하였는데, 이들은 종속변수를 1995년부터 2003년까지 성(省) 단위의 이산화황 배출량, 숯검정 배출량, 고형 폐기물 배출량으로 삼았다. 중국에는 총 22개 성이 있고, 9년간 연도별로 자료를 관측했기 때문에, 결측자료가 없다면 198개 관측 결과가 존재한다. 독립변수로 일인당 GDP, 경제성장률, 토지 규모, 인구밀도, 석탄사용량, 환경규제 요원의 숫자, 국영기업의 비중이 기본으로 설정되고, 개방도의 정도를 해외직접투자 비중(해외직접투자/각 성의 총생산), 무역비중(수출입/각 성의 총생산), 수출비중(수출/각 성의 총생산), 수입비중(수입/각 성의 총생산)으로 측정하여 순차적으로 분석에 넣는다. 즉, 총 4개의 분석모형이 모두 8개의 독립변수를 가진다. 최종 결과를 보면, 최소 178개 관측치가 분석에 사용되었다. 이 정도 관측치의 숫자는 다변량분석에 필요한 최소 수준을 충족하였다고 판단된다.

카와 이스틴의 연구가 중국 관련 연구 중 영가설 유의도 검증을 본격적으로 도입했다고 판단하는 또 다른 근거는 관측 결과의 시계열로 인하여 발생하는 의존성을 통계적으로 통제하려는 노력이다. 1995년부터 2003년까지 한 성(省)에 대한 관측치는 서로 연결된 패널 자료이기 때문에, 카와 이스틴은 관측 결과의 시계열로 인하여 발생하는 의존성을 통제하기 위한 방법을 동원하였다.[41] 이들이 사용한 통계연구의 수준은 다른 분과학에서 사용되는 통계연구의 수준과 비슷하다고 평가된다.

반면, 중국이 전략적으로 불리한 지역에서 발생하는 영토분쟁에

---

41 Ka and Eastin(2007), p. 986.

서 양보하는 경향이 있다는 결과를 보고한 프레이블의 2007년 연구는 영가설 유의도 검증을 사용하지 않았다.[42] 중국의 양보 여부와 영토분쟁이 발생한 지역의 세 유형을 결합하면 총 6개의 공간이 있는데, 중국이 영토분쟁에 관여한 횟수가 23회에 불과하다. 한 공간에 들어갈 수 있는 관측수가 평균적으로 5개를 넘지 못한다. 즉, 집단 간 분포 차이를 분석하기 위한 교차분석기법이 원천적으로 적용될 수 없다. 이처럼 관측수로 인한 제약으로 인하여 상대적으로 단순한 교차분석도 사용되지 못한다.

종합하면, 영가설 유의도 검증을 부분적으로 수용한 존스턴의 연구와 영가설 유의도 검증을 전면적으로 수용한 카와 이스틴의 연구는 영가설 유의도 검증을 수행하는 데 필요한 최소 관측수를 확보하였다는 공통점을 가진다. 또한, 존스턴이 영가설 유의도 검증을 선택적으로 수용하는 방식은 통계적 연구의 결과가 자신의 주장에 부합하는지 여부를 반영한다고 추정된다. 영가설 유의도 검증이 미·중 관계에 도입되는 과정에서 출판 편향성이 고려될 수 있음을 조심스럽게 추론할 수 있다.

42 Fravel(2007), p. 59.

5. 연구방법 미분화의 원인과 전망

*IS*와 *ISQ*에 게재되는 미·중 관계 연구는 연구목적과 연구방법론 측면에서 미국 정치학계의 전반적 추세를 따라가고 있는 듯 보이지만, 상당한 시간차이를 나타낸다. 1970년대 *APSR*에서 통계연구방법이 정착되었고, 1990년대 공식이론이 정착되었지만, *IS*와 *ISQ*의 미·중 관계 연구는 1950년대 중반 미국 정치학계의 연구방법의 수준에 머물러 있다고 평가할 수 있다. 이 절에서는 두 학술지에서 미·중 관계 연구가 방법론적 미분화를 보이는 원인을 검토한다. 또한, 향후 미·중 관계 연구의 방법론적 미래에 관한 예상을 기술한다.

1) 연구방법의 미분화 원인

두 학술지에 게재된 미·중 관계 연구는 여전히 전통적인 서술방식을 사용하며, 제한적으로 사용되는 기술 통계량도 통계적 유의도 검증을 거치지 않은 상태에서 느슨하게 사용되고 있다. 반면, *APSR*에서는 통계방법과 공식이론을 활용한 미·중 관계 연구가 게재되고 있다. 미국에서 동시대를 살아가는 정치학자가 사용하는 연구방법과 미·중 관계를 연구하는 정치학자가 상이한 연구방법을 사용하는 이유가 무엇인가? 이 질문에 대한 답은 크게 미·중 관계라는 연구 현상이 가진 특수성과 미·중 관계 연구진이 가진 특수한 방법론적 지향성으로 좁힐 수 있다.

연구 현상으로서 미·중 관계는 정치학의 연구대상과 몇 가지 점에서 차이를 보인다. 첫째, 연구 현상이 거시적이기 때문에 쉽게 인식되지 않고 변수로 조작하기는 더 어렵다.[43] 거시 현상이 포함하는 정보가 많을수록 추론은 더 어려워진다. 따라서 분석수준의 복합성이 증가될수록, 통계방법과 공식이론은 희미한 윤곽을 잡을 뿐 세밀한 인과관계를 잡아내기 어렵다. 미·중 관계는 거시적 현상의 대표적 예로 많은 복합성을 담고 있다.

둘째, 자료의 한계가 원인일 수 있다. 국제정치 현상이 미시적으로 기록된다 하더라도, 국제정치학계에서 사용되는 자료는 거의 연(年) 단위로 측정된 집합체 자료(aggregated data)이다. 또한, 관측 결과가 시계열로 배열되기 때문에 미·중 관계 관련 자료에 일반적 통계방법을 적용하는 데 한계가 있다. 즉, 미·중 관계 연구에 새로운 연구방법을 동원하는 데 적합한 자료가 매우 부족하다. 연구방법이 연구 자료의 산출에 영향을 미치기보다는 연구자료에 의하여 연구방법이 선택되는 경향이 강하기 때문에, 고도로 분화된 통계방법은 자료의 부재 상황에서 무력할 수밖에 없다.

셋째, 방법론을 둘러싼 논쟁이 이미 정리되었기 때문일 수 있다.[44]

---

43 Robert M. Cutler, "Complexity Science and Knowledge-Creation in International Relations Theory," in *Encyclopedia of Life Support Systems*(Oxford, UK: EOLSS Publishers for UNESCO, 2002), pp. 5-6.

44 중국 관련 연구에서 방법론적 다양성을 촉구하는 목소리는 이미 1960년대 중반 등장했다[Jan F. Triska, "Stanford Studies of the Communist System: The Sino-

1950년대 본격화된 행태주의 연구방법은 미국의 반전운동과 연결된 후기 행태주의의 심각한 도전을 받았다.[45] 지식과 정치의 절연을 가정하는 행태주의 연구방법이 잠재적으로 가지는 약점이 비판이론 진영으로부터 꾸준히 제기된다. 또한, 공식이론은 2000년 미스터 페레스트로이카(Mr. Perestroika) 논쟁을 거치면서, 심각한 도전을 받았다. 공식이론에 기반한 연구 결과물의 가독성이 현저히 떨어지며, 방법론적 엄밀성이 연구대상의 중요성과 부합하지 않은 현상이 공식이론의 약점으로 제기되었다. 이처럼 통계방법과 공식이론의 장단점이 이미 확인된 상태에서 특정 방법론으로 몰리는 경향이 나타나기 어렵다.

미·중 관계에 집중하는 연구진의 특수성은 네 측면으로 나눌 수 있다. 첫째, 동료 평가 과정에 참여하는 학자들이 특정 방법론을 선호하지 않을 수 있다. *IS* 편집위원의 최종 학위를 받은 학교가 확인된 19명 가운데 12명이 미국 동부 사립대학교 또는 영국 옥스퍼드 대학교에서 최종 학위를 받은 반면, 통계 연구를 가장 먼저 도입한 중서부 대학 출신은 데이비드 샴보우뿐이다. *IS* 편집위원 다수가 통계방법과 공식이론을 쉽게 수용하지 않는 학풍을 공유함에 따라, *IS*에 투고된 논문이 서술방법을 주로 사용하게 되었을 개연성이 크다.[46] 둘째, 미·중 관계에 집중하는 연구진이 박사과정을 보내는 동안, 상대적으로 통계방

Soviet Split," *International Studies Quarterly*, Vol. 8, No. 3(1964), pp. 143-159]. 미·중 관계 관련 연구에서 방법론적 미분화는 행태주의 또는 게임이론과 연관된 연구방법이 사용될 수 없는 한계를 반영한다고 추정한다.

45 Joseph Losco, "Whither Intellectual Diversity in American Political Science? The Case of APSA and Organized Sections," *PS: Political Science and Politics*, Vol. 31, No. 4(1998), p. 838.

46 2013년 *ISQ* 편집인 96명 가운데, 4명만이 동부 명문대에 재직하고 있다. 국제연구학회의 지리적 분포와 연구방법 정향의 분포를 반영하여, *ISQ* 편집인은 다양성을 유지한다.

법과 공식이론보다는 서술방법을 선호할 수 있다. 국제정치 연구자가 상대적으로 현실 정치에 참여하고픈 욕구를 가지고 있는 경향이 있음을 고려하면, 현실 정치에서 수용될 가능성이 큰 서술방법이 국제정치 연구자에 의하여 선호된다고 추정할 수 있다. 셋째, 중국어로 된 자료에 접근하기 위하여 필요한 학습 시간과 방법론적 다양성을 습득하는데 필요한 학습 시간이 상충적 관계에 놓이는데, 미·중 관계 연구자들이 중국어 학습에 집중하기 때문이라고 추정할 수 있다. 실제, 미국에서 정치학 박사과정이 요구하는 항목 가운데 고급 통계학과 외국어가 상호 교환가능한 선택지로 주어지는 경우가 많다. 미·중 관계 연구자들이 방법론적 다원성보다는 중국어로 된 자료에 대한 접근성을 중시하기 때문에 이런 결과가 나올 수 있다. 넷째, 미국 학계의 승진제도와 동료평가의 특수성 때문일 수 있다.[47] 미·중 관계 연구진이 소수이기 때문에, 이 분야에 관한 연구를 엄격하게 평가할 수 있는 연구자가 중소 규모의 교수진을 가진 대학 안에 존재하지 않는다. 즉, 미·중 관계 연구는 학내 동료평가를 거치기보다는 학외 동료평가를 거친다. 미·중 관계 연구자에게는 학문적 심사와 승진에서 내부 동료보다는 외부 동료가 더욱 중요하기 때문에, 미·중 관계 연구자들만의 독특한 관계가 형성될 수 있다.

여러 추정 가운데, 자료의 한계가 신빙성을 가진 듯 보인다. *APSR*에서도 통계연구와 공식이론을 활용하는 미·중 관계 연구는 상대적으로 적다. 경험적 분석을 하기에 적절한 자료가 확보되지 않은 상태이기 때문에 통계방법과 공식이론에 익숙한 연구자가 연구대상으로

47 이 추정은 졸고를 읽고 논평한 서울대학교 박종희 교수가 제기하였다(미·중 관계 연구론 발표회, 서울대학교 아시아센터, 2013.12.11).

서 미·중 관계를 선택하지 않는다고 보인다. 하지만, 경험적 자료를 활용하는 연구가 조금씩 늘어나는 추세로 볼 때, 중국 관련 자료에 대한 접근성이 서서히 높아지고 있는 것으로 보인다. 특히, 중국 출신이 공동 작업에 참여한 연구의 경우 중국 내 자료를 활용하는 경향을 보이는데, 이는 자료에 대한 접근 가능성이 연구방법의 결정에서 중요한 요인임을 추정케 한다.

또한, 미·중 관계 연구자의 특징적인 환경 중에, 동료평가 제도가 미·중 관계 연구의 방법론적 미분화를 설명하는 데에 중요한 요인으로 보인다. 소수 연구자 사이의 동료 평가로 인하여, 미·중 관계 연구자는 주위 동료보다는 미·중 관계 전문가의 평가에 민감해질 수밖에 없다. *IS* 편집인이 전통적 연구방법을 선호하는 학풍을 공유하기 때문에, 미·중 관계 연구에서 *IS*를 중심으로 전개되고 있다고 추정된다. 반면, 언어 장벽은 연구방법론 선정과 무관해 보인다. 미·중 관계 연구에서 중국측 자료를 인용하는 비중보다는 미국 연구진이 생산한 연구물을 인용하는 비중이 매우 크다. 전통적 연구방법을 사용하는 미·중 관계 연구자가 공식이론이나 통계방법을 사용하는 연구자보다 중국 자료에 더 많이 접근하고 활용한다는 근거를 참고문헌에서 확인할 수 없다.

2) 미·중 관계 관련 연구방법의 미래

미·중 관계 관련 논문에서 사용된 연구방법을 검토하면, 미·중 관계 관련 연구도 서서히 통계방법과 공식이론을 수용할 개연성이 높다. *APSR*을 검토하면, 서술방법에 기반한 연구가 기술 통계치에 기반한 연구방법에 자리를 내주고, 본격적으로 통계방법과 공식이론이 선호되는 현상이 뒤따라왔다. 현재 미·중 관계 관련 연구에서는 서술방법에 기술 통계치를 결합하는 방식이 가장 빈번하다. 그리고 통계적 유의미성을 결합한 기술 통계치가 이미 사용되고 있다. 아직 이용 가능한 자료가 부족하고, 집합체 자료의 한계가 존재하지만, 1990년대 이후 중국 관련 연구에서 통계방법이 점차 비중을 늘려가듯이, 미·중 관계 관련 연구에서도 이 경향이 서서히 나타날 개연성이 크다.

미·중 관계 관련 연구에서 방법론 분화를 예상하는 또 다른 이유는 학문적 활동의 축적과 관련되어 있다. 현재까지 미·중 관계 관련 연구는 기존 주장/이론에 대한 검증에 초점을 맞추기보다는 새로운 주장/이론의 제기에 집중한다. 새로운 주장/이론이 제기될 여지가 점차 줄면서, 학계에 진입하는 새로운 연구진은 기존 주장/이론의 검증으로 내몰릴 수밖에 없다. 이때, 미·중 관계 관련 연구의 세계에 새로 진입한 연구자가 방법론적 엄격성에 기반하여 기존 학문 활동과의 차별성을 찾으려 할 개연성이 크다. 1950년대 미국 박사과정에서 행태주의 연구방법을 습득한 신진 연구자가 1960년대 행태주의 운동을 주도했듯이,[48] 미·중 관계 관련 연구에서도 방법론적 변화가 예상된다.

미·중 관계 연구에 사용될 수 있는 여러 연구방법 가운데, 협상이론에 대한 관심이 필요하다. 복수 행위자가 이익을 나누어 가지는 조합의 총합으로 고안된 공간 개념이 다양한 영역에서 개인 차원의 행위를 설명하는 데 활용되고 있다.[49] 국제정치학계는 협상을 공간에서 합의점을 찾는 과정으로 가정하여, 다양한 협상 결과를 설명하는 데 활용하

---

48 James Farr and Raymond Seidelman, *Discipline and History: Political Science in the United States*(Ann Arbor, MI: University of Michigan Press, 1993), p. 201.

49 e.g., Anthony Downs, *An Economic Theory of Democracy*(New York, NY: Harper and Row, 1957); Duncan Black, *The Theory of Committees and Elections*(New York, NY: Cambridge University Press, 1958).

고 있다.[50] 양국은 G2로 불릴 만큼 국제질서를 형성하는 데 중요한 행위자로서 수많은 쟁점에서 경쟁하면서 협력한다. 이미 양국 간 지적재산권 협상을 공식이론과 협상이론에 의하여 설명하려는 시도가 보여주듯이,[51] 협상이론은 좁은 의미의 양국 간 협상을 분석하는 데 활용되고 있다. 양국간 경쟁과 협력을 협상으로 이해한다면, 기존 협상연구는 미·중 관계 연구에 유용성을 가질 수 있다.

미·중 관계 연구에서 특정 방법의 압도 현상은 일어나지 않을 것으로 예상된다. 각 연구방법이 각자 장단점을 가지고 있어서 특정 연구방법이 우월하다고 할 수 없기 때문이다. 미·중 관계에서도 여러 세부 쟁점에 따라 적합한 연구방법을 선택적으로 사용할 수 있는 마음가짐과 준비가 필요하다. 이는 연구자에게는 부담이지만, 연구 결과의 엄밀성과 가독성을 높이기 때문에 장기적으로 미·중 관계 연구에 긍정적으로 기여할 수 있다.

---

50 e.g., 이정우, "북핵 협상의 공간이론적 해석과 한국의 선택," 『국방연구』 51집 3호(2008); Simon Hug, "Non-Unitary Actors in Spatial Models: How Far Is Far in Foreign Policy?" *Journal of Conflict Resolution*, Vol. 43, No. 3(1999); James D. Morrow, "A Spatial Model of International Conflict," *American Political Science Review*, Vol. 80, No. 4(1986).

51 Mertha and Pahre(2005).

부록 I

미·중 관계 연보 (1949~2013)*

작성자: 김진희, 리우융카이, 유준형

* 본 연보에서 언급되는 '중국'은 모두 '중화인민공화국(中華人民共和國; People's Republic of China)'을 지칭하며, 대만은 '중화민국(中華民國; Republic of China)'을 지칭함.

1949년

1월 21일[1] 대만 총통 장제스(蔣介石)[2]가 하야함.

1월 31일 베이징(北京)이 중국 인민해방군에 의해 함락됨.

4월 23일 당시 대만 정부의 수도였던 난징(南京)이 중국 인민해방군에 의해 함락됨.

8월 1일 주 대만 미국대사인 존 스튜어트(J. Stuart)[3]가 난징에서 일본을 거쳐 미국으로 도피함.

8월 8일 중국 《신화사(新華社)》는 마오쩌둥(毛澤東)의 문장 〈안녕, 스튜어트〉를 통해 "존 스튜어트는 미국의(중국의) 본토 침략 실패를 상징한다"는 내용을 발표함.

8월 5일 대만 정부가 중국 정부에 밀려 광저우(廣州)로 본거지를 옮기자, 미국 대사관도 광저우로 이전함.

8월 18일 대만 정부가 중국 정부에 밀려 충칭(重慶)으로 본거지를 옮기자, 미국 대사관도 충칭으로 이전함.

10월 1일 본토를 점령한 중국 정부는 중화인민공화국을 건국하였으나, 미국은 중국 정부를 '공식 정부'로 인정하지 않음.

12월 10일 장제스 전(前) 총통이 50만 군대와 함께 대만(Formosa, 현재의 대만)으로 넘어와 '중화민국'의 이름으로 국가체제를 정립함.

---

1 미국과 중국은 날짜변경선이 적용되어 보도에 하루가 차이남. 따라서 서면상 같은 사건이라도 중국은 1월 21일로 미국은 1월 20일자로 언급되어 있음. 본 연보에서의 날짜는 한국과 동일한 중국의 일자기준을 따라 서술함.

2 당시 중국 본토를 지배하고 있던 대만(중화민국)의 초대 총통이었던 장제스는 하야 후에도 정치적 영향력을 유지함.

3 존 스튜어트(J. Stuart)는 선교사 부친을 두어 1876년 중국 항저우에서 태어났으며, 지금의 저상대학(浙江大學, 당시 육영서원), 베이징대학(北京大學, 당시 연경대학) 등을 설립함. 27년 동안 베이징대학 교장을 지냈으며, 1949년 중국이 건국되기 직전까지 3년 동안 마지막으로 주 대만 미국대사를 지낸 외교관이었음. 마오쩌둥은 존 스튜어트를 미제국주의 침략정책의 실패를 상징하는 인물로 여겼음.

12월 19일 미국 대사관이 대만으로 이전하고 대만을 중국의 '공식 정부'로 인정함.

12월 30일 미국 국회가 제48/2호 문건 〈미국의 아시아에 대한 입장〉을 통과시킴. 이 문건은 미국이 지나치게 '간섭하는' 이미지는 피하면서도 적절한 정치 및 경제수단을 통해 중국과 소련 간의 불일치를 이용해야 한다는 내용임.

1950년

1월 5일 해리 트루먼(H. Truman) 미국 대통령과 딘 애치슨(D. Acheson) 국무부 장관은 각각 공개 연설 및 성명서를 통해 "대만은 미국의 극동방어선에 포함되지 않으며 대만과 중국 간 군사 분쟁 시 미군은 개입하지 않을 것"이라 발표함.

1월 6일 중국 베이징시 군사관제위원회는 베이징에 있는 미국, 프랑스, 네덜란드 및 영국의 병영 토지 등 기타 건물을 모두 회수한다고 발표함.

3월 1일 장제스가 대만의 총통으로 다시 취임함.

6월 14일 더글러스 맥아더(D. MacArthur)는 "대만은 극동방어선에서 매우 중요하며 만약 전쟁이 일어날 경우 미국이 방어선을 지킬 수 있는지 여부는 대만과 관련이 있다"고 언급함.

6월 25일 한국전쟁이 발발하자 미군이 참전함.

6월 27일 유엔 안전보장이사회는 한국 협조에 대한 결의안을 통과시키고 미국의 한국전 참전을 지지함. 또한 트루먼 미국 대통령은 "공산주의가 무력을 사용하여 독립국의 지위를 가진 국가들을 침공하려는 야심을 드러내었다"고 비판하며 제7함대의 대만해협 진입을 명령하였다고 발표함.[4]

---

4 트루먼 대통령의 이러한 명령은 중국의 공격으로부터 대만을 방어하기 위함도

6월 28일 중국 정부는 공식적으로 미국의 '침략행위'를 비난함.

10월 7일 제5차 유엔총회에서 중국의 유엔 대표권 문제[5]가 최초로 제기됨.

10월 8일 마오쩌둥은 〈중국인민지원군의 입북(入北)작전명령〉을 발표함.

10월 19일 중국이 한국전쟁에 참전하기로 결정함.

10월 25일 미군과 중국군은 운산 온정리 지역에서 최초로 교전함.

11월 1일 (한국 전쟁) 서부전선에서 중국군이 본격적으로 공격하기 시작함.

11월 2일 중국이 방송을 통해 한국전에 참전했음을 공식적으로 발표함.

11월 24일 중국 정부의 특별파견대표단(中國特派代表伍)이 뉴욕으로 가서 미국의 침략 행위를 성토함.

11월 28일 유엔 안전보장이사회에서 중국 대표는 〈미국의 대만에 대한 무력 침략안〉을 제출하고, 미국의 침략행위를 폭로함. 또한 중국은 미국 및 다른 외국 군대의 북한에서의 철수를 요구함.

11월 30일 (한국전쟁) 동부전선에서도 중공군의 공격이 시작됨.

12월 28일 중국 정무원(政務院)[6]은 미국이 미국에 있는 중국인 재산을 동결하였기 때문에 중국도 중국에 있는 모든 미국 정부 및 기업의 재산을 통제하고 동결할 것임을 발표함.

있었으나 중국 본토를 수복하고자 했던 대만 정부의 중국 침공을 막기 위한 목적이었음. 그는 성명을 통해 "대만-중국의 문제는 동북아시아에 평화가 돌아오고 일본과의 평화협정이 마무리되는 것을 기다려야 하며 유엔에서 논의되어야 한다"고 주장함. 미국의 반공산주의자들은 트루먼 대통령의 이러한 결정에 크게 반대하였고 이후 아이젠하워 대통령은 1953년 2월 2일 트루먼 대통령의 이 결정을 번복했음.

5 제5차 유엔총회에서 인도는 중국 공산당 정부에게 유엔의 대표자격이 부여되어야 한다는 결의안을 제출함. 그러나 이 안은 미국 등의 반대에 부딪혀 33 대 16, 기권 10의 투표 결과로 폐기됨. 중국대표권 문제는 중국이 한국전에 개입한 이유를 근거로 미국 측이 지지하여 1951년(제6차 총회)부터 1960년(제15차 총회) 기간 동안 유엔총회에서 공식적으로 거론되지 않았음.

6 중국 건국 초기(1949~1954)의 최고 행정 기관으로 나중에 '국무원(國務院)'으로 개칭됨.

1951년

1월 10일 미국 정부가 영국을 비롯한 서방국가 29개국에 서한을 보내 중국 정부를 승인한 것을 철회해야 한다고 주장함.

1월 25일 딘 애치슨 미국 국무부 장관은 기자회견을 통해 "국제사회가 중국 공산당 정부에 대해 큰 결단을 내려줄 것이라 기대한다"고 발표함.

2월 1일 유엔총회는 중국이 북한에 개입한 행위가 '침략행위'임을 인정한 제498호 결의안을 통과시킴. 유엔은 중국 정부에 유엔군에 대한 대항을 중지하고 북한에서 물러나라고 호소함.

2월 2일 저우언라이(周恩來) 중국 총리 겸 외교부 부장은 "미국은 유엔총회를 조종하여 유엔 내에(중국 정부에 의한) 합법적인 대표 없이 안전보장이사회의 권한을 넘어선 모독적인 결의안을 통과시켰으며 이런 행동은 불법적이고 무효이다"라고 표명함.

3월 8일 미국 군사 원조 고문팀이 대만을 방문함. 4년 동안 공석이었던 주대만 미국 대사에 칼 랜킨(K. Rankin)이 임명됨.

3월 14일 중국 정부의 위생부 부장 및 중국 적십자회 회장 리더취안(李德全)이 국제 적십자회 집행위원회에 서한을 보내 미국이 북한에서 생물학 무기 사용을 금지할 것을 호소함.

4월 11일 맥아더 장군이 중국의 영토까지 공격할 필요가 있다는 중국과의 전면전을 주장한 이후, 미국 대통령 트루먼은 더글러스 맥아더 장군을 총사령관 직위에서 해임시킴. 트루먼 대통령은 또한 11일 밤 성명을 통해 한국전쟁은 한반도에 국한되어야 한다고 주장함.

5월 20일 인도를 방문 중이던 존 덜레스(J. Dulles)[7] 미국 국방부 장관이 인

---

7 존 덜레스(J. F. Dulles)는 1953년 아이젠하워 행정부의 국무장관으로 취임하여 1959년 4월 국무장관직을 사임했음. 반공주의자로서 롤백정책(roll back policy)과 뉴룩정책(new look policy)을 주장하였고, 경우에 따라서는 국지적 무력사용의 가능성도 시사하는 강경책을 취함. 그러나 한편으로는 동남아시아조약기구(SEATO)와 중동조약

도의 네루 수상에게 "한국전쟁이 계속된다면 미국은 중국에게 핵 무기를 사용하는 것을 진지하게 고려할 것"이라고 전달함.[8]

7월 10일 개성에서 미국 측과 중국 측의 대표가 만나 정전회담을 시작함.

12월 6일 조셉 콜린스(J. Collins) 미국 육군참모총장은 "(휴전협상이 실패하더라도) 유엔군은 즉각 중국 본토에 해군과 공군에 의한 강력한 압박을 가할 수 있는 능력을 보유하고 있다"고 발표함.

1952년

3월 4일 중국과 북한 정부가 미군이 생물학 무기를 사용하였다고 비난하자 딘 애치슨 미국 국무부 장관은 "유엔군은 과거에도 현재에도 모든 종류의 생물학 무기를 사용하지 않았고 사용하지 않는다"라는 내용의 성명서를 발표함.

3월 8일 중국의 관영매체들은 "미국이 북한에서 생물학 무기를 사용하였다"고 일제히 보도함. 또한 저우언라이 중국 외교부 부장은 "미국 정부가 생물학 무기를 이용해서 중국 인민을 학살한 것에 대해 강력하게 항의한다"는 내용의 성명서를 발표함.

6월 25일 로버트 로벳(R. Lovett) 미국 국방부 장관은 기자회견을 열고 "유엔군의 필요에 따라 다른 유엔 회원국과 협의 없이도 만주(滿洲) 지역 내 중국 공군기지에 대한 폭격을 명령할 권한이 있다"고 발표함.

11월 29일 미국의 중앙정보국(CIA) 첩보원들이 탑승하고 있던 비행기가 지린(吉林)성 상공에서 중국 공군에 의해 격추당함. 조종사 외 2명의 첩보원들이 사망하였고 생존한 2명은 중국군에 체포됨.

기구(METO)와 같은 집단안전보장체제의 강화를 위해 노력했음.

8 미국은 인도를 통해 중국에 핵무기 사용에 대한 메시지를 전달하고자 했으며 홍콩, 대만정부 등을 통해서도 동일한 메시지를 전달했음.

10월 11일 아서 래드포드(A. Radford) 미국 태평양함대사령관 제독이 대만을 방문함.

10월 27일 애치슨 미국 국무부 장관이 유엔에서의 발언을 통해 중국이 포로 강제송환을 휴전 조건으로 요구한 사실을 강력하게 비난함.

12월 29일 저우언라이 외교부 부장은 프랑스 『휴마니테(*humanité*)』와의 인터뷰를 통해 "전쟁을 원하고 있는 것은 미국"이라고 비판하면서 "유엔군이 공산군 측의 조건을 받아들이지 않는다면 한반도 평화에 대한 희망은 없다"고 언급함.

1953년

2월 2일 드와이트 아이젠하워(D. Eisenhower) 미국 대통령은 대만에서 제7함대를 철수시키고 대만해협에 대한 봉쇄를 해제하겠다고 발표함. 이에 중국의 신화통신은 "아이젠하워 대통령이 한국전쟁을 동아시아 전체로 확산하려 한다"고 강하게 비난함.

2월 10일 스타일스 브릿지스(S. Bridges) 미국 상원의장대행[9]이 한국전쟁을 조기 종결시키기 위하여 중국에 대해 핵무기를 사용해야 하며, 중국의 해안을 봉쇄하고 대만이 중국 본토에 침공하는 것을 지원해야 한다고 주장하며 대통령에게 적극적인 승리를 위한 정책을 주문함.

7월 27일 북한 및 중국 대표와 미국 대표가 판문점에서 〈정전협정〉을 체결함.

7월 28일 김일성, 유엔 연합군 총사령관 마크 클라크(M. Clark)와 중국지원군 총사령관 펑더화이(彭德懷)가 정전협정에 서명함.

9월 5일 소련 정부가 유엔에 대만을 대체하여 중국을 회원국으로 받아들일 것을 건의하였으나 미국 정부 등의 반대로 과반수의 투표를 얻는 데 실패함.

---

9 미국의 상원의장대행(President pro tempore)은 부통령, 하원의장 다음으로 권력승계 3순위에 자리하고 있음.

1954년

1월 12일 존 덜레스 미국 국무부 장관은 미국외교협회(Council on Foreign Relations: CFR)에서 새로운 안보정책[10]을 발표함.

1월 21일 미국 제7함대가 대만해협에서 군사 훈련을 실시함. 중국은 이를 자국에 대한 심각한 군사위협이라고 반발함.

4월 26일 중국은 한반도 문제와 인도-중국 문제에 관한 제네바 회의에 참가함.

7월 25일 24대의 미국 전투기가 중국 하이난다오(海南島) 동남쪽을 상공하던 중, 2대의 중국 전투기를 격추함.

7월 27일 『인민일보』는 「대만을 꼭 해방하라」는 사설을 통해 미국과 대만의 합동 군사훈련을 경고함.

8월 8일 대만 정부는 약 58,000명의 군대를 진먼다오(金門島; Quemoy)에 그리고 약 15,000명의 군대를 마쭈다오(馬祖島; Mazu)에 배치함.

8월 11일 중국 총리 저우언라이가 대만은 "해방되어야 한다"고 선언하고 진먼다오와 마쭈다오에 인민해방군을 파병함.

8월 24일 마오쩌둥이 영국 노동당 대표단을 회견함. 마오쩌둥은 영국을 통해 미국 측에 대만문제에 대한 중국의 확고한 입장을[11] 전달함.

9월 3일 미국의 경고에도 불구하고, 중국 정부는 진먼다오를 폭격함.[12]

9월 12일 미국 합동참모본부(U.S. Joint Chiefs of Staff)는 중국 본토에 핵무

---

10 존 덜레스는 "공산 진영의 막강한 지상 전력에 대응하기 위해서는 대량 보복 전력의 보강에 의존해야 한다 (중략) 공산군이 또 다시 침략한다면, 유엔의 대응은 한반도에 국한되지 않을 것이다"라고 언급함. 이는 애치슨라인과는 달리 한국 방어를 위해서는 공산군의 재래식 공격에 대해서도 핵무기로 보복하고, 전선도 중국으로까지 확대할 수 있다는 '대량 보복 전략'을 공식화한 것이었음.

11 마오쩌둥은 영국 노동당 대표단을 통해 미국 측에 "대만의 일에서 손을 떼라. 대만은 중국의 영토이다"라는 내용의 메시지를 전달함.

12 이것은 제1차 대만해협 위기라고 불리며, 1954년 9월 3일부터 1955년 5월 1일까지 총 7개월 3주 동안의 중국과 대만 간의 군사적 충돌을 의미함.

기의 사용을 권고함. 그러나 아이젠하워 미국 대통령은 제1차 대만해협 위기에 미국의 군대가 개입하거나 핵무기를 사용하는 것에 반대 입장을 표명함.

9월 22일 중국은 진먼다오를 집중 폭격하고, 미국 정부가 이에 비난의 성명을 발표함.

11월 2일 〈미·대 상호 방위 조약〉에 대한 논의가 워싱턴에서 열림.

11월 29일 미·중 대표가 제네바에서 회담을 가짐.

12월 2일 미국은 대만과 〈미·대 상호 방위 조약〉을 체결함.

12월 8일 저우언라이 중국 총리는 "〈미·대 상호 방위 조약〉은 불법이며 전쟁의 조약"이라는 내용의 성명서를 발표함.

1955년

1월 24일 저우언라이 중국 총리는 〈중국의 대만 해방에 대한 미국의 간섭〉이라는 성명서를 발표함.

1월 29일 미국 상·하원이 아이젠하워 대통령에게 대만을 방어하기 위해 미국의 군사력을 사용할 수 있는 권한을 부여하는 "포르모사 결의안(Formosa Resolution)"을 통과시킴.

2월 7일 미국 해군 제7함대가 대만의 다천췬다오(大陳群島)에 있는 대만인들 및 장비들을 모두 대피시킴.

2월 9일 미국 상원은 1954년 12월 2일의 〈미·대 상호 방위 조약〉을 비준함.

2월 10일 중국 인민해방군이 다천췬다오(大陳群島)를 점령함.

3월 30일 미국 국무부 장관 존 덜레스는 미국은 핵 공격을 심각하게 고려하고 있다고 공개적으로 선언함.

3월 31일 로버트 카르니(Robert B. Carney) 미국 제독[13]은 "아이젠하워 대

---

13 로버트 카르니(R. B. Carney)는 남유럽의 NATO 사령관으로서도 복무했던 미국 해군 제독이었음. 1953~1954년 아이젠하워 행정부 기간에 해군 총사령관으로 복무하

통령이 중국의 군사 잠재력을 파괴시킬 계획을 갖고 있다"고 언급함.

4월 2일 미국이 76명의 중국 유학생의 귀국을 허용한 이후, 중국 정부도 4명의 미국 비행사들을 국외로 보냄.

4월 18일 인도네시아의 반둥(Bandung)에서 개최된 제1차 아시아·아프리카 회의(AA회의; 반둥회의)가 개최됨. 저우언라이 중국 총리는 "중국 정부는 극동(極東)의 긴장 상태, 특히 대만지역의 갈등과 분쟁을 완화하기 위해서 미국 정부와 토론과 담판을 원한다"고 발표함.

4월 23일 중국 정부는 "대만사태를 해결하기 위해 미국 정부와 협상할 의지가 있다"고 발표함.

5월 10일 8대의 F-86 미국 전투기가 중국 랴오닝성(遼寧省) 영공을 침입함.

7월 25일 미·중 양국은 영사급 회담을 대사급 회담으로 격상하는 것에 동의함.

7월 30일 저우언라이 중국 총리는 "미국이 중국의 내정을 간섭하지 않으면 중국 정부가 대만과 협상을 통해서 평화적으로 대만을 해방하겠다"라고 재차 천명함.

8월 1일 제1차 미·중 대사급 회담[14]이 제네바(Geneva)에서 열림. 회담에서 민간인 상호송환 문제[15]와 양쪽이 계속해서 대립하는 실질적인 관계 문제를 의제로 다룸.

9월 10일 미·중 양국은 민간인 상호송환에 관해 합의함으로써 중국 내 감금된 70여 명의 미국인 중 4명을 제외하고 모두 석방시킬 수 있는 교섭의 계기를 마련함.

기도 함.

14 중국과 미국은 1955년 제네바회담 이후 1970년 바르샤바 회담까지 대사급 회담을 136회 개최하였음. 이들 회담에서는 양국관계 개선을 위한 제반 현안문제를 협의하고 기타 국제문제에 관한 양국 간 의사소통 기능을 수행함.

15 당시 미·중 간의 민간인 송환 문제는 미국에 있는 중국 유학생 및 과학자들이 미국 측의 허가 없이 마음대로 귀국할 수 없는 상황 및 중국에 있는 약 70여 명의 미국인의 신변보호 및 귀국에 관한 문제가 포함되었음.

1956년

2월 7일 중국 외교부 대변인은 미국이 중국 영공에 군사 정찰용 기구(balloon)를 보내고 중국 영공을 침범하였다는 내용의 성명을 발표함.

4월 9일 중국은 보하이(渤海)만[16] 영공을 침입한 미국 정찰기 한 대를 격추함.

6월 28일 제1회 전국인민대표대회(全國人民代表大會: 全國人大)에서 저우언라이 중국 총리는 "현재 미국은 현재의 중국과 대만의 상태를 유지하고자 하는 한편, 대만의 해방에 간섭하고 있다. 미국이 미·중 대사급 회담을 무기한 지연하는 것을 통해 대만 지역의 현황을 유지하고자 하고 있기 때문에 미·중 회담에 진전이 없는 것이다"라고 지적함.

8월 21일 중국은 미·중 간의 무역 문제 해결에 대한 성명을 발표함. 이 성명을 통해 중국은 미·중 양국이 적극적인 조치를 통해 현재 양국 간의 무역 장애물을 없애야 한다고 주장함. 이에 미국 측은 중국의(대만에 대한) 무력 사용 포기가 선결되어야 한다는 방침을 내세움.

8월 22일 미국 해군 P4M—1Q형 전자 정보 정찰기가 중국 영해를 비행함. 이에 중국은 해당 미국 정찰기를 요격함. 이 사건으로 16명의 탑승요원(crews)이 사망함.

8월 25일 30여 대의 미국 군함이 중국 동해 영해선 근처에 모여 공격태세를 준비함. 중국은 중국 공산당 중앙군사위원회의 지시에 따라 인민해방군 화동군구(華東軍區)가 전시 대비 태세를 갖춤.

9월 22일 중국 정부는 미·중 민간인의 왕래와 문화교류를 제안함. 그러나 미국은 '중국의 무력 사용 포기'라는 선결조건을 견지함.

---

16 보하이(渤海)만은 산둥(山東) 반도와 랴오둥(遼東) 반도 사이의 만을 지칭함.

1957년

5월 7일 미국 정부는 미사일이 탑재된 공군 부대를 대만에 주둔시키겠다고 발표함.

5월 11일 중국 외교부는 미국 공군의 미사일 부대가 대만에 주둔하는 것에 대해 반대 및 분노의 입장을 표명함.

6월 8일 존 덜레스 미국 국무부 장관은 미국은 중국을 공식정부로 승인하지 않을 것이며 유엔 대표권도 부여하지 않을 것이라고 언급함. 또한 미·중 간의 통상과 문화교류 관계도 인정하지 않을 것임을 명백히 표명함.

6월 21일 미국은 군사정전위원회 제75차 회의에서 한국 정전 협정의 제13조 (ㄹ)항[17]을 일방적으로 폐지하겠다고 선포함.

6월 27일 중국은 미국의 한반도 정전 협정 파괴 행위에 항의하는 내용의 성명을 발표함.

7월 28일 제6회 세계청년학생축전(World Festival of Youth and Students) 간담회에 참가한 미국 청년 대표 41명이 간담회가 끝난 후 저우언라이 중국 총리와 만남.

8월 22일 미국 정부는 24개의 미국 언론을 대상으로 중국 본토에 기자를 파견할 수 있도록 시험적으로 허용함.

8월 26일 중국 『인민일보』는 사설을 통해 미국 측의 중국 내 기자파견 및 정보수집 허용에 관한 일방적인 결정을 받아들일 수 없다는 내용을 발표함.

11월 5일 제19회 국제 적십자사연맹 미국 대표단은 각국의 "정식적인 명칭"으로 각국의 대표단을 초청할 것을 제안함. 중국은 이에 대해 "미국이 두 개의 중국[정책]을 시도하려고 하는 것"이라며 반발함.

12월 12일 제73차 미·중 대사급 회담에 미국 정부가 비(非)대사 신분의 대표

17 한국 정전 협정 제13조 (ㄹ)항의 내용은 "무기증강통제" 조항에 관한 것임.

를 파견함. 중국 정부는 [대사급] 회담의 급을 낮추는 이 같은 미국의 행위를 용인할 수 없다는 태도를 표명하고 회담을 중지함.

1958년

3월 14일 존 덜레스 미국 국무부 장관이 대만에 도착하여 장제스와 미·대만 간의 외교적 협력에 대해 논의함.

4월 12일 중국 외교부는 미·중 양국 대사급 회담이 장기적으로 중단된 상태라는 내용의 성명을 발표함.

5월 15일 중국 정부는 "미국이 인도네시아의 내정을 간섭한다"라고 비난함.

6월 30일 중국 외교부는 미국 정부 측이 조속히 '대사급' 대표를 파견하여 미·중 대사급 회담을 열 것을 요구함.

7월 16일 중국 정부는 미국의 레바논 상륙을 강력하게 비난함.

7월 28일 미국은 주 폴란드 미국 대사를 미·중 대사급 회담의 미국 대표로 임명함.

8월 4일 미국의 F-100형 전투기가 대만에 도착함.

8월 11일 미국 국무부는 재외미국공관에 보내는 〈중국정책에 관한 교서〉에서 미국의 '중국 불승인 방침'을 재차 강조함.

8월 15일 저우언라이 중국 총리는 "중국 정부는 미국의 승인 여부에는 관심이 없다"는 내용을 발표함.

8월 23일 오후 6시 중국군은 해안포 600문을 동원하여 진먼다오에 포격을 개시함. 최초 2시간 동안 4만 발의 포격을 가했으며, 이날 총 5만 7천 발 포격으로 대만 측에 440명의 전사자가 발생함.[18]

8월 24일 미국 정부는 제7함대를 파견하여 대만 해군에 물자를 보급함. 또한 해상을 봉쇄하고 대만과 합동훈련을 실시함. 또한 미국 정부

---

18 중국에서는 이 사건을 진먼포전, 대만에서는 823포전으로 각각 지칭하고 있음. 대외적으로는 제2차 대만해협위기라고 지칭되는 사건임.

는 공군 F-104A 전투기를 대만에 배치하고, 대만 육군에 8인치 M115 곡사포를 공급함. 공식적으로 미국 국방부는 제7함대를 비롯한 동아시아 내 미국 해군 부대는 동 지역에서 '예방적 방어 조치'를 취할 것이라고 언급함.

8월 27일 아이젠하워 미국 대통령은 "미국 정부는 중국 정부가 무력으로 대만 정부를 공격한 것에 대한 책임을 묻겠다"라고 발표함.

9월 6일 저우언라이 중국 총리는 펑후다오(澎湖島), 진먼다오, 마쭈다오를 비롯한 대만의 해방이 곧 중국의 주권보호이며 이에 대한 외국 군사의 개입을 불용한다는 방침을 강조함.

9월 8일 미·대 해군은 대만 남부지역에서 연합 군사 훈련을 실시함.

9월 15일 제74차 미·중 대사급 회담이 제네바에서 바르샤바로 옮겨져 개최됨.

9월 24일 진먼다오 상공에서 대만 공군 소속의 F-86F 세이버 전투기 편대는 중국 공군의 MiG-15 편대를 향해 미국이 제공한 공대공 미사일인 GAR-8 미사일을 발사함.

10월 20일 펑더화이 중국 국방부 부장은 "미국인은 중국인의 일에 간섭하지 마라. 이는 민족의 대의이다"라는 내용의 성명을 발표함.

1959년

3월 10일 티베트 봉기가 일어남. 미국은 이 사건을 『뉴욕타임스』 1면에 보도하고 국제적 이슈화의 필요성을 제기함.

3월 26일 대만 정부가 "대만이 중국 본토를 수복한다면 티베트에 독립권을 부여할 용의가 있다"고 선언함. 미국 정부는 대만 정부의 태도에 환영의 뜻을 밝혔으나 대만이 티베트 반란군에게 미국산 무기를 제공하는 것은 미·대 상호방위협정에 어긋난다고 지적함.

3월 28일 중국 정부가 티베트 정부를 해산함.

4월 2일 크리스천 허터(C. Herter) 미국 국무부 차관보는 북대서양조약기구(NATO) 이사회에서 "최근의 티베트 사태에서 볼 수 있듯이 중국 공산주의자들은 확장주의적 정책을 펼치는 데 있어 무력 사용을 서슴지 않고 있기 때문에(중국의) 대만 침략에 대비하여야 한다"고 주장함. 그는 또한 "미국은 미·대 상호방위협정에 의거하여 중국의 침공에 대비하여 대만을 방위하는 데 소홀함이 없을 것"이라고 재차 강조함.

6월 23일 미국 군용기가 시사췬다오[19](西沙群島; Paracel Islands)에 진입함. 같은 날, 중국 외교부가 이에 대해 강력하게 경고함.

9월 16일 유엔 총회 운영위원회는 미국 정부의 발의안[20]을 채택함.

10월 3일 닐 맥켈로이(N. McElroy) 미국 국방부 장관이 대만을 방문하여 미국은 대만을 방위하는 데 있어 협력을 아끼지 않을 것임을 강조함.

10월 28일 미국 해군과 대만 해군이 대만해협에서 4일간의 기뢰소탕합동훈련을 시작함.

11월 29일 중국 외교부는 주 인도(뭄바이) 미국 총영사관 직원이 주 인도(뭄바이) 중국 총영사관 직원을 납치한 사건에 대해 항의한다는 내용의 성명을 발표함.

1960년

1월 14일 중국 외교부는 미일 간의(새로운 방위) 조약 체결에 대해서 반대하는 성명을 발표함.

4월 10일 저우언라이 중국 총리는 "미국이 두 개의 중국 정책을 유지하는

---

19 시사췬다오는 남중국해의 중국 해남도 남쪽 336km, 베트남 동쪽 445km 지점에 위치하고 있는 군도로서, 40여 개의 소도, 사주 및 암초로 구성됨.

20 이 발의안(인도와 소련이 건의한)은 대만을 대체하여 중국을 유엔회원국으로 받아들이는 여부를 논의하지 말자는 내용임.

한 중국은 어떤 국제회의나 국제기구에의 참가도 절대 거부할 것"이라고 언급함.

5월 16일 중국 외교부 대변인은 미·중 간 상호 기자 교환 문제에 대한 성명을 발표함.

5월 25일 미국 군함이 중국 영해를 항해하자, 중국 외교부는 이것을 침입이라고 판단하고 엄중히 경고함.

6월 18일 아이젠하워 미국 대통령이 대만을 공식 방문하여 장제스 대만 총통과 정상회담을 가짐.

9월 6일 제100회 미·중 대사급 회담이 열림.

10월 8일 유엔 총회는(소련에서 요구한) 중국의 유엔 가입문제에 대한 논의를 거부하고 당년 회기 내에 중국 유엔 가입문제를 논의하지 않는다는 내용의 미국이 제출한 결의안을 42 대 34로 통과시킴.

10월 12일 존 케네디(J. F. Kennedy) 미국 민주당 대통령후보는 아이젠하워 정부의 대만 부속도서 방위정책을 비판하며 진먼다오와 마쭈다오에서 대만 병력을 철수해야 한다고 비판함. 케네디 후보는 대선공약으로 "대만의 작은 섬을 지키기 위해 미국의 인명을 희생시키거나 핵전쟁을 불사하는 일은 없을 것"을 내세움.[21]

12월 19일 중국 정부는 미국 정부의 라오스 내정간섭을 비난하는 내용의 성명을 발표함.

12월 25일 중국 『인민일보』는 "미제국주의와 그 괴뢰들의 계획을 규탄한다"고 보도하면서 "유엔이 라오스의 문제에 간섭한다면 라오스 전쟁은 동남아시아에까지 확대될 것"이라고 경고함.

---

21 대만 부속도서의 방위문제는 1960년 미국 선거전에 주요 이슈로 자리 잡으며 큰 관심을 모음. 대만에서는 케네디의 공약에 크게 반발하여 전국적인 반케네디운동이 전개되었으며, 대만 외교부는 성명을 통해 케네디 후보의 견해를 강력하게 비판함.

1961년

1월 3일 중국 외교부 대변인은 미국 군함 및 군용 비행기들이 중국 광둥(廣東), 푸젠(福建) 등 지역의 영해 및 영공을 진입한 것에 대응해 약 100차례 이상 경고함.[22]

1월 17일 미국 국가정보평가보고서(NIE - 61)에서 중·소 양국의 분열에 대하여 '미국이 할 일은 더 이상 없는 것 같다'는 결론을 내림.

1월 25일 존 케네디 미국 대통령은 기자 회견에서 "만약 중국이 식량 문제를 [국제 사회와] 논의하고자 하는 의지가 있다면, 미국은 긍정적으로 고려할 수 있다"고 표명함.[23]

1월 31일 미국 국방부는 아시아에서 중국의 위협이 이미 우리 앞에 있다는 내용의 성명을 발표함.

2월 22일 류사오치(劉少奇)[24] 중국 주석은 콩고 총리에게 "중국은 미 제국주의를 반대하는 콩고 정부의 입장을 지지한다"는 내용을 전달함.

3월 7일 제103회 미·중 대사급 회담이 개최됨.

3월 13일 중국 외교부는 미·중 간의 상호 기자교환 문제에 대해 재차 성명을 발표함.

4월 13일 중국 외교부는 미국이 월남 정부(越南, Republic of Vietnam)에 대

---

22 이와 같은 미국 및 중국의 영해 및 영공에서의 상호 갈등은 1월 3일부터 시작되어 12월 24일까지 지속됨.

23 1961년 1월 케네디 대통령이 취임한 이후, 미국 국무부는 아이젠하워 행정부(1953년 1월~1961년 1월) 시기에 있었던 미·중 대사급 회담에 대한 평가를 통해, 앞으로의 미·중 회담에 대한 건의사항을 제출하였다고 알려짐. 당시 미국 국무부 장관 보울스는 미·중 대사급 회담에 대하여 "[이 같은 회담이] 지금 우리에게 좋은 점이 많지는 않으나 미래에 더 유용할 것이다"라고 하였으며, 그는 케네디 대통령에게 미·중 대사급회담을 지속해야 한다고 건의함.

24 류사오치(劉少奇)는 중국공산당 중앙위원회 부주석, 중앙정치국 상무위원 등을 지내고 1959년 제2기 전국인민대표대회(약칭 전국인대)에서 마오쩌둥에 이어 국가주석이 된 인물임. 그러나 문화대혁명 과정에서 '반마오쩌둥 실권파의 수령'으로 격렬한 비판을 받고 1969년 제9기 전국인대에서 모든 공직을 박탈당함.

한 원조 행위에 대해 반대한다는 내용의 성명을 발표함.

4월 20일 중국 정부는 미국이 쿠바에 행한 무장 침략 행위를 반대한다는 내용의 성명서를 발표함.

5월 21일 중국 외교부는 미국의 월남 정부에 대한 원조 행위를 비난함.

10월 31일 천이(陳毅) 중국 외교부 부장은 미·중 대사급 회담을 장관급 회담으로 승격시킬 것을 제안하였으나, 미국 측은 이 제안을 거절함.

11월 16일 천이 중국 외교부 부장은 쿠바 외교부 장관에게 "중국은 쿠바가 미국의 침략에 반대하는 입장을 지지한다"고 표명함.

11월 29일 중국 외교부 부장 천이는 월맹(越盟, Democratic Republic of Vietnam) 외교부 장관에게 중국 정부는 월맹 정부를 지지하며, 월남 정부에 개입하는 미국의 행위를 중지시켜야 한다는 내용의 성명을 발표함.

12월 5일 제16회 유엔 총회에서 중국의 유엔 대표권 문제에 관한 토의가 재개됨. 그러나 미국은(회원국의) 3분의 2의 나라가 찬성해야 이 의제가 통과될 수 있다는 입장을 고수함.

1962년

1월 11일 중국 외교부 대변인은 미국 군함이나 군용 비행기들이 중국 광둥, 푸젠, 산둥(山東), 저장(浙江), 광시(廣西) 등 지역의 영해 및 영공에 진입한 것에 대해 경고함.

2월 3일 저우언라이 중국 총리는 쿠바 총리와 통화하여 "중국은 미국이 쿠바와 라틴아메리카 국가를 간섭하고 침략하는 행위에 대해 강력히 반대하는 입장임"을 표명함.

2월 24일 중국 외교부는 미국과 월남 정부의 베트남 내 군사개입에 반대한다는 내용의 성명서를 발표하고, 기존의 베트남 정부를 지지한다는 입장을 고수함.

5월 17일 제110회 미·중 대사급 회담에서 미국 측은 미국의 핵무기 감축에 대하여 발표함.

6월 23일 미·중 대사급 회담의 미국 측 대표가 중국 대사관을 방문하여 대만해협의 긴장상황에 대해 논의함. 미국 측 대표는 "미국은 대만의 대륙 반격에 대한 행동을 저지하겠다"고 표명함.

9월 14일 중국 정부는 미국 U-2 비행기가 중국 영공을 침범한 사건에 대하여 미국 정부에 항의서를 제출함.

9월 20일 미·중 양국의 대사는 일정에 없던 특별 회담을 가짐.

10월 25일 중국 정부는 쿠바 정부를 지지하며, 미국의 쿠바에 대한 전쟁을 반대한다는 내용의 성명을 발표함.[25]

10월 31일 저우언라이 중국 총리는 중국을 방문한 영국 국회의원을 만나 "미·중 대사급 회담이 이미 7년이나 진행되어 왔으나 아무 결과가 없었다"고 언급함.

11월 30일 중국 정부는 재차 [미국 정부에 대항하는] 쿠바 정부를 지지한다는 내용의 성명서를 발표함.

1963년[26]

1월 13일 제115회 미·중 대사급 회담이 열림.

4월 30일 케네디 미국 대통령은 장제스 대만 총통에게 서한을 보내 "현재의 [국제적] 상황을 [분석해]봤을 때, 미국은 [대만 정부의] 중국 대륙에 대한 무력 공격을 허용하지 않는다"는 입장을 표명함.

5월 20일 중국 외교부 대변인은 미국의 라오스에 대한 간섭과 침략을 저지한다는 내용의 성명을 발표함.

6월 15일 미국 정부는 중국의 핵기술 발전에 대해 "선제적 공격 수단을 통

25 이는 1962년 10월 22일에 벌어진 쿠바 미사일 사태에 대한 중국 측의 입장임.

26 1월 13일부터 12월 27일까지 중국 외교부 대변인은 미국 군함이나 군용 비행기들의 중국 영해 및 영공 진입에 대해 약 227~274회에 걸쳐 엄중히 경고함.

해 중국의 핵 시설을 파괴할 것"을 고려하고 있다고 밝힘.

7월 18일 중국 외교부는 미국의 베트남전 개입을 재차 반대한다는 입장을 표명함.

8월 5일 미국, 영국, 소련은 〈대기층 및 수중에서의 핵무기 실험 금지 조약〉을 체결하였으며, 중국 정부는 이에 대한 반대 성명을 발표함.

8월 7일 제116회 미·중 대사급 회담이 열림.

8월 8일 마오쩌둥은 베이징에서 몇몇 아프리카 대표들과 회견을 갖고, 미 제국주의의 인종 차별을 반대하며, 미국 흑인들의 인종 차별 반대 투쟁을 지지한다는 내용의 성명서를 발표함.

9월 1일 제117회 미·중 대사급 회담에서 미국 측 대표는 중국의 핵군축 문제에 대한 성명이 [실제 중국의 행위와] 모순됨을 지적함.

9월 10일 천이 중국 외교부 부장은 월맹 외교부 장관에게 월맹의 반미 투쟁을 지지한다는 입장을 표명함.

10월 24일 중국 외교부는 유엔 대표권 의제에 대한 표결문제를 두고, "미국에 의해 유엔이 조종당하고 있다"고 강력히 항의함.

1964년[27]

1월 29일 제119회 미·중 대사급 회담에서 중국은 미·중 양국이 핵무기 선제 사용 금지에 대한 성명을 할 필요가 있다고 언급함.

2월 19일 중국 외교부 대변인은 미국 군함이나 군용 비행기들의 중국 영해 및 영공 침입에 대해 엄중한 경고를 했다고 발표함.

3월 2일 중국 외교부는 재차 미국의 베트남 전쟁 개입에 대한 중국 정부의 반대 입장을 표명함.

---

27 1964년은 중국 정부가 미국의 군함이나 군용 비행기들에 대한 영공 및 영해 침입에 대해 엄중경고 조치를 많이 한 것으로 언급되어 있으며, 구체적인 날짜를 찾을 수는 없었으나 해당 월에 경고 메시지 및 행위를 지속적으로 표출한 것으로 보임.

3월 중국 외교부 대변인은 미국 군함이나 군용 비행기들이 영해 및 영공을 침입한 것에 대해 중국이 엄중 경고를 했다고 발표함.

4월 중국 외교부 대변인은 미국 군함이나 군용 비행기들의 영해 및 영공을 침입한 것에 대해 중국이 엄중한 경고를 했다고 발표함.

4월 8일 제120회 미·중 대사급 회담이 열림.

5월 중국 외교부 대변인은 미국 군함이나 군용 비행기들이 영해 및 영공을 침입한 것에 대해 중국이 엄중한 경고를 했다고 발표함.

6월 중국 외교부 대변인은 윈난(雲南) 등 중국 지역 영해 및 영공에 미국 군함 및 군용 비행기들이 침입한 것에 대해 중국이 엄중 경고를 했다고 발표함.

7월 중국 외교부 대변인은 미국 군함이나 군용 비행기들이 영해 및 영공을 침입한 것에 대해 중국이 엄중 경고를 했다고 발표함.

8월 3일 통킹만 사건[28]이 발생함. 중국은 미국 측이 베트남 전쟁을 확대할 가능성이 있다고 보고 "미국이 베트남을 침범하는 것은 중국을 침범하는 것과 같으며, 중국 인민은 이를 절대 수수방관하지 않을 것이다"라는 내용의 성명서를 발표함.

8월 7월 미국 하원은 《통킹만 결의안(Gulf of Tonkin Resolution)》을 통과시킴. 같은 날, 중국 외교부 대변인은 이에 반대하는 성명서를 발표하고, 미국 군함이나 군용 비행기들의 중국 영해 및 영공을 침입한 것에 대해, 중국이 엄중경고를 하였다고 발표함.

9월 1일 중국 외교부는 미국의 콩고에 대한 군사개입을 강력히 비난하는 내용의 성명서를 발표하고, 중국은 콩고 인민의 민족해방을 적극적으로 지지함을 밝힘.

---

28 1964년 8월 2일 통킹만 사건은 월맹 어뢰정 3척이 통킹 만에서 작전을 수행하고 있는 미 구축함(매독스 호; Destroyer USS Maddox DD-731)을 향해 어뢰와 기관총으로 선제공격을 가하였다고 알려진 사건임. 8월 7일 미국 하원은 '통킹만 결의안'을 통해 본격적으로 베트남 전쟁에 개입함. 그러나 이 사건은 이후 1971년 미국 국방부 펜타곤 내부문건 및 1995년 로버트 맥나마라 회고록에 의해 미국의 자작극인 것으로 밝혀짐.

9월 24일 제122회 미·중 대사급 회담에서 중국 측 대표는 통킹만 사건으로 말미암아 미국이 베트남 전쟁에 적극적으로 개입하는 것에 반대한다는 입장을 표명함.

10월 중국 외교부 대변인은 미국 군함이나 군용 비행기들이 중국 광둥, 푸젠, 윈난 등 지역의 영해 및 영공을 침입한 것에 대해 중국이 엄중 경고를 하였다고 발표함.

10월 16일 중국 정부가 핵실험에 성공했다고 발표함. 미국은 중국의 핵실험 성공이 베트남에서의 미국과 중국 간의 긴장이 심화되는 기간에 일어났음을 강조하며 비판함. 또한 미국 정부는 중국 정부가 베트남 국경지대에 군대를 동원하고 있다고 언급함.

11월 15일 미국 군용 무인 정찰기가 중국 공군에 의해 격추됨.

11월 25일 제123회 미·중 대사급회담에서 중국측 대표는 미국이 양안문제(兩岸問題)[29]와 베트남 문제를 연결시켜서는 안 되며, 이에 대해 신중할 것을 미국 측에 전달함.

11월 26일 미군과 벨기에군은 콩고 반군에게 인질로 잡혀있던 외국인들을 구출하기 위해 공동으로 공수부대를 파견함. 이에 대해 중국 정부는 미국이 콩고를 무장 침략한 것으로 보고 강력히 항의한다는 내용의 성명을 발표함.

12월 중국 외교부 대변인은 미국 군함이나 군용 비행기들이 중국 광둥, 푸젠 등의 영해 및 영공을 침입한 것에 대해, 중국이 엄중경고를 하였다고 발표함.

---

29 양안문제는 중국과 대만 사이의 정치, 역사, 문화, 외교 등 각 방면에 대한 정치적 지위 및 주권 귀속에 관한 문제임. 중국과 대만은 '하나의 중국'이라는 큰 틀에는 모두 동의하고 있으나, 상대방을 국가로 인정하고 있지 않고 양국 모두 자국이 '중국'의 유일한 합법 정부라고 주장하고 있음.

1965년

1월 16일 로버트 맥나마라(R. McNamara) 미국 국무부 장관은 "중국의 핵능력은 미국에게 까다로운 문제가 될 것"이라고 표명함.

1월 20일 중국 외교부는 미국의 라오스 폭격 행위를 강력한 비난한다고 발표함.

2월 9일 중국 정부는 미국 정부가 베트남 전쟁을 확대한 것을 강력히 비난하며, 중국 정부는 베트남 인민을 지원하기 위한 준비를 완료했다는 내용의 성명을 발표함.

2월 13일 중국 정부는 미국 정부가 베트남 전쟁을 확대한 것을 강력히 비난하는 성명을 재차 발표함.

2월 24일 제124회 미·중 대사급회담에서 미국 측 대표와 중국 측 대표는 베트남 전쟁에 관한 문제와 중국의 핵개발 문제에 대해 논의함.

4월 9일 중국 하이난 영공을 비행하던 미국 군용기에 대응해 중국 군용기가 출격함.

4월 21일 제125회 미·중 대사급회담에서 중국측 대표는 베트남 전쟁에 대한 미국의 개입에 강력하게 항의하는 한편, 이것을 양안문제와 연결시키지 말라고 재차 경고함.

5월 3일 중국 외교부는 미국이 도미니카 공화국에서 벌어진 내전에 군대를 보내 개입하자 이를 도미니카 공화국에 무장 개입했다고 보고 강력히 비난하는 내용의 성명을 발표함.

8월 7일 중국 정부는 베트남에서 미국이 병력을 늘리는 것에 강력히 항의하는 내용의 성명을 발표함.

8월 21일 중국 화남지역 상공에서 미국 무인 정찰기 한 대가 중국군에 의해 격추됨.

9월 5일 제127회 미·중 대사급 회담이 열림.

12월 4일 미·중 제128회 대사급 회담에서 미국은 중국 기자들의 미국 방문을 허용함.

1966년

1월 18일 중국 외교부는 미국의 라오스 폭격에 대해 재차 강력하게 비난함.

2월 7일 중국 서남지역 상공에 있던 미국 군용 무인 정찰기 한 대가 격추됨.

2월 16일 미국 군함과 비행기가 중국 영해 및 영공에 진입하였으며, 중국 외교부는 이에 대해 경고하는 내용의 성명을 발표함.

3월 23일 중국 서남지역 상공에 있던 미국 군용 무인 정찰기 한 대가 중국 공군에 의해 격추됨.

3월 30일 미국 하원외교위원회에서 제12회 대중국 정책 공청회가 열림.[30]

4월 5일 중국 외교부 대변인은 미국의 중국 영공 및 영해 침략 행위에 대해 엄중히 경고하였다고 발표함.

4월 12일 미·대 주둔군지위협정이 발효됨. 이에 중국 외교부는 강도 높게 비난함.

4월 30일 존슨(L. Johnson) 행정부는 중국의 유엔 대표권 회복문제 및 무역 통제문제에 관한 새로운 조치 방안을 논의함.

5월 12일 중국 윈난성 상공에서 5대의 미국 전투기가 한 대의 중국 군용기를 격추함. 같은 날, 중국 국방부 대변인은 이를 미국의 도발 행위로 보고 강력하게 항의함.

5월 25일 제130회 미·중 대사급회담에서 미국 측 대표는 중국 측 대표에게 "만약 핵실험 금지조약이 〈핵무기를 먼저 사용하지 않는다〉는 성명과 관계되어 있는 것일 때, 중국 측이 이를 체결할 용의가 있는지"에 대해 제안함.

---

30 3월 30일 하원외교위원회의 공청회에서 일부 아시아 전문가들은 "미국 정부는 중국과의 대화를 통해서 최종적으로 상호 외교 관계를 맺어야 한다"는 의견을 피력함. 또한 아이젠하워 행정부 시기의 '대중국 억제 및 고립 정책'을 탈피하여, '억제하지만 고립시키지 않는 새로운 정책'으로 변화할 필요가 있음을 논의함.

6월 20일 『인민일보』는 5월 25일에 열린 미·중 대사급회담에서의 미국 측의 제안에 대해 비난하는 내용의 사설을 게재함.

6월 31일 미국 중앙정보국(CIA)은 중국이 문화대혁명 때문에 베트남 전쟁에 참전할 가능성이 거의 없다는 보고서를 발표함.

7월 3일 중국 정부는 미국의 베트남 하노이 폭격에 대해 강력하게 항의함.

8월 29일 중국 국방부 대변인은 미국 군용기가 중국 화물선 한 척을 폭격한 사실에 대해 항의하는 성명을 발표함.

9월 7일 제131회 미·중 대사급 회담에서 미국 측과 중국 측은 베트남 전쟁에 대해 논의함.

11월 30일 미국 군용기가 통킹만 공해상의 중국 어선을 2번 포격함.

12월 1일 중국 국방부 대변인은 미국 군용기의 중국 어선 포격에 대하여 미국 측에 강력한 항의와 경고를 표명함.

12월 5일 중국 외교부는 미국의 베트남 하노이에 대한 연속 폭격에 대하여 강력하게 비난하는 성명을 발표함.

12월 15일 중국 외교부는 미국의 베트남 하노이에 대한 연속 폭격에 대하여 강력하게 비난하는 성명을 재차 발표함.

12월 16일 중국 외교부 대변인은 미국 군용기가 주 월맹 중국 대사관을 포격한 행위에 대한 강력하게 항의한다는 성명을 발표함.

1967년

1월 25일 제132회 미·중 대사급 회담에서 중국 측과 미국 측은 상대국에 대한 어떠한 우호적인 입장도 믿지 않고 있음이 드러남. 특히 중국 측은 "미국이 아시아 특히, 동아시아 국가들과의 관계를 강화한 것은 중국의 안전에 대한 위협으로 여긴다"고 재차 천명함.

5월 2일 미국 F-105 전투기 4대가 중국 광시성 상공에 폭탄을 투하함. 이에 곧 중국 외교부 대변인은 미국의 이와 같은 행위에 적극적으로 항의하는 성명을 발표함.

6월 6일 중국 정부는 중국이 아랍 민족 국가들의 반미 전쟁[31]을 지지한다는 내용의 성명을 발표함.

6월 12일 중국 공군은 광시지역 상공에서 미군 무인 정찰기를 격추시킴.

7월 12일 4대의 미국 F-105 전투기가 중국 광시성 상공으로 진입하여 중국 국경수비대에 유도탄 2개를 발사함. 같은 날, 중국 국방부 대변인은 이에 대한 항의 성명을 발표함.

11월 1일 중국 정부는 미국의 베트남 하노이 포격에 대하여 다시 한 번 재차 강력하게 항의하는 내용의 성명을 발표함.

1968년

1월 7일 베트남 항구에 있는 중국 화물선 "홍치(紅旗) 158호"가 미국 군용기에 의해 포격당하는 사건이 발생함. 같은 날, 미국 및 라오스 우파 국적의 비행기가 중국 윈난성 일부 지역(묘족 지역)을 포격함.

1월 15일 중국 정부는 미국 및 라오스 당국에게 1월 7일의 포격에 대하여 항의함.

3월 8일 중국 신화통신은 미국의 무인정찰기 한 대를 중국 남부지역에서 격추하였다고 보도함.

4월 16일 마오쩌둥은 미국에서의 흑인 투쟁을 지지하는 내용의 성명서를 발표함.

7월 10일 중국 외교부는 7월 3일 미국과 월남 국적의 비행기가 캄보디아로 진입한 사건에 대하여 캄보디아 정부의 반미 입장을 지지함.

---

31 중국 측에서 언급하고 있는 '아랍 민족 국가들의 반미 전쟁'이란 1967년 6월 5일에 일어난 '제3차 아랍-이스라엘 전쟁(6월전쟁)'을 의미하는 것으로, 이 전쟁에서 미국이 이스라엘을 지지했기 때문에 중국 측이 이와 같은 용어를 쓴 것으로 보임.

1969년

3월 2일 중·소 국경분쟁이 본격화됨. 이와 같은 중·소 관계의 악화는 미국의 닉슨 행정부로 하여금 소련을 고립시키기 위해 중국과의 관계 개선을 모색하게 하는 계기가 됨.

6월 25일 리차드 닉슨(R. Nixon) 대통령은 아시아에서 미국의 군사적 영향력을 대폭 감소하는 것을 골자로 하는 '닉슨 독트린'을 발표함. 이는 미국의 기존 대중국 봉쇄 정책의 완화로 이어졌으며, 미국 해군은 기존에 정기적으로 실시하던 제7함대의 대만해협 순찰을 중단함.

7월 21일 미국 정부가 대중국 무역제재와 중국에 대한 여행 규제를 일부 완화하겠다고 발표함.

8월 7일 중국 외교부는 미국 군함이 중국 영해에 진입하여 중국이 이에 엄중 경고하였다고 발표함.

10월 10일 중국 정부는 공해상에서 조업하던 중국 어선들에 대해 미군이 무력을 행사한 사실을 비난함.

11월 26일 중국 정부는 미국의 캄보디아 폭격을 강력하게 비난함.

1970년

1월 8일 미국 국무부는 미·중 간 대사급 회담이 바르샤바에서 재개될 것이라고 발표함. 미국 정부는 이 발표문에서 처음으로 중국을 '중화인민공화국(People's Republic of China)'이라는 공식 명칭을 사용하여 표기함.

1월 20일 중국의 문화대혁명으로 인해 중단되었던 제135회 미·중 대사급 회담이 바르샤바에서 재개됨.

2월 18일 닉슨 미국 대통령은 상·하원 의회합동연설에서 "중국 정부에게 친화적인 제스처(gesture)를 보냈다"고 발표함.

2월 20일 중국 정부는 바르샤바에서 열린 미·중 대사급 회담에서 미국이 장관급 인사의 중국 방문을 허용하는 방안을 내놓았다고 발표함.

3월 15일 미국 국무부는 대중국 여행 규제 조치를 완화하기로 결정함.

5월 4일 5월 1일에 미군이 캄보디아를 침공한 것에 대해 중국 정부가 이를 강력하게 비난하는 성명서를 발표함.

5월 18일 중국 정부는 미국의 캄보디아 침공에 대한 항의의 뜻으로 미·중 대사급 회담을 취소함.

9월 21일 중국 정부는 미국 및 미국의 동맹국들의 대중동 외교정책을 비난함.

10월 5일 닉슨 대통령은 『뉴욕타임스』와의 인터뷰에서 "중국을 방문하고 싶다"고 언급함.

10월 25일 론 지글러(R. Ziegler) 미국 백악관 대변인은 "미국은 대만의 탈퇴가 전제조건인 중국의 유엔 가입은 받아들일 수 없다"고 발표함. 같은 날, 닉슨 대통령은 모하메드 칸(M. Khan)[32] 파키스탄 대통령을 통해 중국에서 고위급 회담 개최 의사를 전달함. 또한 미국은 소련과 연합하여 중국을 자극하지 않을 것임을 파키스탄을 통해 중국에 전달함.

12월 9일 저우언라이 총리는 서신을 통해 닉슨 대통령의 특사가 베이징을 방문한다면 환영할 의사가 있음을 밝힘.

1971년

1월 25일 중국 외교부는 미국이 인도차이나 전쟁을 확산시키고 있다고 비난함.

---

32 모하메드 칸(M. Khan) 파키스탄 대통령은 1969년 3월 대통령직을 맡게 되었으며 1970년에는 유엔총회에 참석하여 연설을 하기도 했으나 1971년 인도 파키스탄 전쟁 식선에 부토(Z. Bhutto)에게 물려주고 대통령직에서 물러났음. 당시 미국은 파키스탄을 통하여 중국과 비밀 서신을 교환하고 있었던 것으로 보임.

2월 8일 월남군이 라오스를 침공하자 중국은 이를 중대한 도발행위로 규정하고 파키스탄을 통해 미국과 주고받던 비밀 서신 교환을 중단함.

2월 25일 닉슨 대통령은 의회 연설을 통해 "미국은 중화인민공화국이 국제사회에서 건설적인 역할을 해주리라 기대한다"고 발표함. 또한 이 발표는 미국 대통령이 중국의 공식 명칭을 공석(公席)에서 처음으로 사용한 사례임.

4월 10일 미국의 탁구 대표팀과 수행기자단은 1949년 이후로 미국의 대표단으로는 처음으로 베이징을 방문함.

4월 14일 저우언라이 중국 총리가 미국의 대표단을 만나 "미국과 중국의 관계의 새로운 장을 열었다"고 치하함.

6월 10일 미국 정부는 21년 동안 지속되어 온 대중국 무역봉쇄를 해제함.

7월 9일 헨리 키신저(H. Kissinger)가 대중국 특사로 중국을 비밀리에 방문하여 저우언라이 총리와 회동함.[33]

7월 15일 닉슨 대통령은 "[가까운 미래에] 중국을 방문하여 양국 간의 관계 정상화를 위해 노력하겠다"고 발표함.

10월 20일 헨리 키신저 미국 특사는 닉슨 대통령의 중국 방문을 준비하기 위해 베이징을 공식적으로 방문함.

10월 25일 유엔 총회가 대만을 유엔에서 강제 탈퇴시키고 중국을 대체 회원국으로 받아들이는 내용의 결의안을 통과시킴.

12월 12일 중국이 미국인 수감자 2명을 석방함.

1972년

1월 3일 닉슨 대통령의 중국 방문을 준비하기 위한 선발 대표단이 중국에

33 중국 방문의 비밀을 유지하기 위해 키신저는 사이공, 방콕, 뉴델리, 라왈핀디 등을 순방함. 당시 그는 라왈핀디 순방 중 병을 핑계로 칩거하였다고 알려졌으나, 대외적으로는 이 시기에 보좌관 몇 명과 베이징을 방문했다고 자신의 회고록에서 밝힘.

도착함.

2월 14일 닉슨 대통령의 중국 방문을 중계하기 위한 위성신호 중계기가 중국에 설치됨.

2월 17일 닉슨 대통령과 영부인이 헬리콥터를 이용하여 중국으로 가기 전 기착지인 하와이에 도착함. 하와이 오아후(Oahu)의 해병대 소속 미군 기지에서 19일까지 중국 방문을 준비하였음.

2월 19일 닉슨 대통령과 영부인은 대통령 전용기를 이용하여 8시간 동안 비행 후 괌 국제공항에 날짜경계선을 넘은 2월 20일 저녁 5시에 도착함.

2월 21일 괌 시간으로 오전 7시에 닉슨 대통령과 영부인이 괌 국제공항을 이륙하여 4시간 비행 후 중국 시간으로 오전 9시에 상하이에 도착함. 닉슨 대통령은 상하이에서 차오관화 중국 외교부 부부장의 영접을 받음. 상하이에서 잠시 휴식을 취한 닉슨 대통령은 다시 대통령 전용기를 이용하여 중국 외교부 부부장, 중국 외교부 관료, 중국 측 항해사, 무전 교신관, 그리고 3명의 통역가와 함께 베이징으로 출발함. 닉슨 대통령 일행은 오전 11시 30분에 베이징 수도공항에 도착하여 저우언라이 중국 총리의 영접 및 인민해방군의 사열을 받음. 그 후 저우언라이 총리와 닉슨 대통령은 전용차편을 이용하여 국빈숙소로 사용될 댜오위타이(釣魚臺) 국빈관으로 이동함. 오후에 닉슨 대통령은 마오쩌둥 주석의 자택에서 마오쩌둥 주석과 회견하고 인민대회당에서 저우언라이 총리 및 다른 고위관료들과 만남. 저녁에 닉슨 대통령과 영부인은 저우언라이 총리가 주최한 연회에 참석함.

2월 22일 백악관 각료회의를 원격으로 주관한 닉슨 대통령은 그 후 인민대회당에서 저우언라이 총리와 4시간 정도의 회담을 진행함. 투어를 진행하던 중 영부인은 미국에서 중국에 선물한 물소 2마리에 대한 화답으로 중국에서 미국에 2마리의 팬더곰을 선물할 계획임을 기자들에게 발표함. 오후에 영부인은 베이징의 이허위안(頤和園)을 방문함. 저녁에 닉슨 대통령과 영부인은 저우언라이 총리 부부 및 마오쩌둥 주석의 부인과 함께 발레공연을 감상함.

2월 23일 닉슨 대통령과 저우언라이 총리가 닉슨 대통령이 머물고 있던 게스트하우스에서 만나 4시간 동안의 회담을 진행함. 그동안 영부인은 베이징 서쪽의 에버그린 인민공동체를 방문하고 오후에는 베이징 유리공장을 방문하여 직원들과 이야기를 나눔. 저녁에 닉슨 대통령 부부는 저우언라이 총리와 함께 수도실내종합경기장에서 체조, 배드민턴, 탁구 시범경기를 관람함.

2월 24일 닉슨 대통령 부부가 리셴녠(李先念) 부총리와 함께 베이징 북쪽의 만리장성을 구경하고, 명 왕조 황제들의 무덤을 방문함. 오후에 닉슨 대통령은 다시 저우언라이 총리와 만나 3시간여의 회담을 진행하고 그 이후 저우언라이 총리가 주관한 비공식 저녁식사에 참석함.

2월 25일 닉슨 대통령 부부는 오전에 예젠잉(葉劍英) 중앙군사위원회 부주석과 함께 자금성을 방문함. 오후에 닉슨 대통령은 저우언라이 총리와 회담을 진행하고, 영부인은 베이징 아동병원을 방문함. 베이징에서의 마지막 날 저녁이었던 만큼 닉슨 대통령과 영부인은 저우언라이 총리가 인민대회당에서 주최한 만찬에 참석함.

2월 26일 닉슨 대통령, 저우언라이 총리는 양측 관료들 전체와 함께 전체회의를 베이징 공항에서 약 한 시간 정도 주관함. 그 후, 닉슨 대통령 부부는 저우언라이 총리와 함께 총리의 전용기를 타고 항저우로 이동함. 항저우에서 대통령 부부와 총리는 항저우의 시후(西湖)를 방문함. 그 후 저장성 혁명위원회가 주최한 만찬에 참석함.

2월 27일 닉슨 대통령 부부와 저우언라이 총리는 총리 전용기편으로 항저우를 출발하여 상하이로 돌아옴. 상하이 도착 후 대통령 부부와 총리는 상하이산업엑스포를 관람함. 오후에 닉슨 대통령과 저우언라이 총리는 미·중 관계를 정상화하기 위해 양국이 노력하기로 합의하는 내용을 담은 공동선언문(Shanghai Communique)[34]을 발표함.

2월 28일 닉슨 대통령 부부는 저우언라이 총리 배웅을 받으며 상하이 공항을 떠남.

3월 2일 윌리엄 로저스(W. Rogers) 미국 국무부 장관은 미국이 대만과의 상호방위조약을 준수할 것이라고 발표함.

4월 12일 중국의 탁구대표팀이 미국을 2주간 방문함. 또한 방문 중에 닉슨 대통령을 접견함.

4월 16일 중국 정부는 미국 정부에 팬더 두 마리를 선물함.

6월 12일 중국 정부가 미국이 베트남에서의 공격을 지속하고 있는 것에 대해 비난하는 성명을 발표함.

6월 19일 헨리 키신저가 중국을 방문하여 고위급 회담을 개최하고 베트남 문제에 대해 중국 지도부와 논의함.

11월 22일 닉슨 대통령이 22년 동안 지속되어온 중국여행금지령을 철회함.

1973년

2월 15일 헨리 키신저가 5일간의 일정으로 중국을 방문하여 중국 지도부와 캄보디아 문제에 대해 논의함.

2월 22일 미국과 중국이 워싱턴과 베이징에 연락사무소(liaison office)를 설립하는 것에 합의함.

3월 12일 중국 정부가 미국인 수감자 3명을 추가로 석방함.

5월 1일 베이징과 워싱턴에서 미국과 중국의 연락사무소가 공식 개설됨.

7월 4일 1949년 이래로 중국은행(Bank of China)이 처음으로 체이스 은행

---

34 이 공동성명을 통해 평화공존원칙에 입각한 '패권 추구에 반대' 및 '제3국 대항을 목표로 하지 않는 양국관계 정상화'를 천명함. 또한 대만이 중국의 일부임과 중국인 자신에 의한 타이완 문제의 평화적 해결 필요성을 인정하였으며 정세 추이에 따라 주 대만 미군이 철수될 것임을 밝힘.

(Chase Bank)과 양해각서를 통해 서방에서 영업활동을 시작함.

7월 7일 미국 의회 대표단이 중국을 방문하여 저우언라이 총리를 접견함.

7월 8일 미국 우체국(U.S. Postal Service)이 미국과 중국 간 우편배달 업무를 시작한다고 발표함.

11월 10일 헨리 키신저 미국 국무부 장관이 5일간 중국을 방문하여 저우언라이 중국 총리와 회동함. 키신저는 미국의 워터게이트(Watergate)[35] 사건이 미·중 관계에 악영향을 미치지 않을 것이라고 중국 측을 안심시킴.

11월 14일 미국이 소련의 군사력 증강 현황에 대한 위성 첩보를 중국과 공유하기로 합의함.

1974년

4월 16일 대만 중앙통신이 미국과 대만이 전투기와 헬리콥터를 공동제작하기로 합의하였다고 보도하면서 미국은 대만이 태평양지역안보 및 이익에 있어 전략적 중요성을 이해하고 있으며 워싱턴-베이징 간 접촉이 대만을 희생시키지는 않을 것이라고 보도함.

7월 6일 저우언라이 중국 총리는 헨리 잭슨(H. Jackson) 미국 민주당 하원의원과 부인을 접견함.

8월 9일 8월 8일 닉슨 대통령의 사퇴로 새롭게 대통령이 된 제럴드 포드(G. Ford) 미국 대통령은 마오쩌둥 주석에게 서한을 보내 "미국은 중국과의 관계 정상화를 위해 계속 노력할 것"이라는 의사를 전달함.

---

35 1972년 6월 미국에서 닉슨 미국 대통령의 재선을 획책하려는 비밀공작반이 워싱턴의 워터게이트빌딩에 있는 민주당 전국위원회 본부에 침입하여 도청장치를 설치하려다 발각·체포된 미국의 정치적 사건을 지칭함. 이 사건으로 인하여 닉슨 정권의 선거방해, 정치헌금의 부정·수뢰·탈세 등이 드러났으며 결국 1974년 닉슨은 대통령직을 사임하게 됨.

10월 25일 주 베이징 미국 연락사무소장으로 조지 부시(G. H. W. Bush)[36]가 임명됨.

11월 25일 헨리 키신저 미국 국무부 장관은 중국을 방문하여 덩샤오핑과 저우언라이 총리와 회담을 진행함.

11월 29일 헨리 키신저 미국 국무부 장관은 포드 대통령의 중국 방문에 관한 일을 상의함.

1975년

4월 5일 대만의 장제스 총통이 사망함.

4월 10일 포드 대통령은 의회에서의 연설을 통해 "상하이 공동선언문의 정신을 계승하여 중국과의 관계 개선을 위해 노력할 것"이라고 발표함.

6월 3일 AFP통신은 중국이 미국과의 수교 조건으로 대만에 있는 주 중국 미국대사관을 상업거래소 수준으로 격하할 것을 요구하였다고 보도함.

9월 28일 헨리 키신저 미국 국무부 장관은 차오관화(喬冠華) 중국 외교부 부부장에게 포드 대통령의 방중 기간 중 수교를 맺는 것은 어려울 것이라고 통보함.

10월 14일 중국 정부는 미국의 티베트 정부에 대한 지지는 중국에 대한 내정간섭이라고 비판함.

12월 1일 포드 대통령 부부가 중국 방문을 위해 알래스카를 경유하여 오전 10시 30분 일본 도쿄 하네다 공항에 착륙함. 일본의 키이치 미야자와(M. Kiichi) 외무상과 제임스 호그슨(J. Hodgson) 주 일본 미국대사의 영접을 받고 잠시 휴식을 취한 후, 11시 15분 중국으로 출국함. 포드 대통령이 탑승한 대통령 전용기가 중국 시간 3시 5분

36 제41대 미국 대통령이었던 조지 부시(G. H. W. Bush)는 1974~1975년에 미국 국무부 베이징 연락 사무소장으로 대중국 외교 관계 정상화에 노력하였던 것으로 알려짐.

에 베이징 수도공항에 착륙함. 이후 포드 대통령 부부는 덩샤오핑 부총리와 조지 부시 주 중국 미국연락사무소장의 영접을 받은 후 인민해방군을 사열함. 그 후 저녁에 인민대회당에서 덩샤오핑 부총리 주관으로 열린 환영만찬에 참석함.

12월 2일 포드 미국 대통령은 오전에 덩샤오핑 중국 부총리와 함께 인민대회당에서 미·중 전체회의에 참석함. 그 후 리셴녠 부총리와 함께 톈탄(天壇)공원을 투어한 후, 마오쩌둥 주석의 자택에서 마오쩌둥과 회견함. 저녁에는 리셴녠 부총리와 함께 포드 대통령 부부가 발레 공연을 관람함.

12월 3일 포드 미국 대통령과 덩샤오핑 주석은 약 3시간 동안 회견함. 그 후 포드 대통령은 농업 전시회를 관람하고 오후에는 숙소로 돌아와 제임스 린(J. Lynn) 예산관리본부장과 회의를 함. 저녁에는 덩샤오핑(鄧小平) 부총리 주최로 열린 만찬에 참석한 뒤 수도종합실내경기장에서 체조, 무술, 그리고 탁구 시범경기를 관람함.

12월 4일 오전에 포드 대통령이 덩샤오핑 부총리와 약 2시간 동안 회의를 함. 그 후 포드 대통령 부부는 주 중국 미국연락사무소를 방문하여 직원들을 격려한 후 이허위안을 관람하였고 저녁에는 중국 관료들을 위한 만찬을 주최함.

12월 5일 포드 대통령 부부는 덩샤오핑 부총리의 환송을 받으며 베이징 수도공항에서 9시 30분에 중국을 떠남.

12월 7일 포드 미국 대통령은 귀국하여 미·중 간의 관계 정상화에 대해 촉구함. 또한 아시아 국가들과의 협력을 강조하는 '태평양 독트린'[37]을 발표함.

---

37 태평양 독트린은 월남 패망 후 미국의 대 아시아 정책으로서 이른바 '포드 독트린'이라고도 함. 주요 내용은 "태평양 지역에서 안정된 힘의 균형을 위해 미국의 힘은 기본적인 요소이며, 일본과의 제휴는 미국의 세계 전략의 한 지주라고 할 수 있음. 또한 중국과의 관계 정상화가 요구됨. 동남아의 안정과 안보를 위한 공약을 견지함"으로 요약됨.

1976년

1월 8일 저우언라이 총리가 사망함.

2월 21일 중국 정부의 초대로 닉슨 전(前) 미국 대통령이 9일 동안 중국을 방문함. 중국 정부가 닉슨을 초대한 것은 포드 대통령에 대한 중국의 불만을 나타내는 것으로 미국 측은 해석함.

5월 17일 미국은 주 대만 미군군사고문단의 단장을 기존의 소장에서 준장으로 한 단계 낮은 장군으로 임명함. 이는 주 대만 미군군사고문단이 곧 해체될 것이라는 소문에 힘을 실어주는 계기가 됨.

5월 28일 미국 백악관 대변인 론 네센(R. Nessen)은 "미국과 중국의 수교가 정해진 것이 아니며 중국과 양해가 이루어진 적도 없다"며 당시에 떠돌던 중국수교설과 대만단교설을 부인함.

6월 3일 대만의 중앙통신사(中央通訊社)가 미국의 헨리 키신저 국무부 장관을 인용하여 "미국의 대만 포기 및 상호방위조약 폐기는 전 세계적으로 대미 신임도를 흔들리게 하고 미대관계에 바람직하지 못한 결과를 초래할 것"이라고 보도함.

6월 23일 지미 카터(J. Carter) 미국 민주당 대통령 후보는 "대만을 포기해서는 안 되지만 중국과도 수교를 해야 한다"고 주장함.

6월 24일 주 대만 미군 대변인은 진먼다오와 마쭈다오에 주둔해 있는 미국 군사고문관들을 6월 말까지 철수할 것이라고 발표함.

7월 15일 미국 민주당은 중국과의 실질적인 관계 개선을 공식 대선공약으로 발표함.

8월 18일 포드 미국 대통령이자 공화당 대통령 후보는 "중국과의 관계 개선은 신중하게 다가가야 한다"고 주장함.

9월 9일 중국 국가주석이자 공산당 총서기인 마오쩌둥이 사망함.

1977년

2월 8일 카터 대통령은 주 워싱턴 중국연락사무소 소장 황전(黃鎭)을 만나 "미국은 상하이 공동선언문의 정신을 계승하여 중국과의 관계를 개선하고자 한다"는 내용을 전달함.

5월 12일 카터 대통령은 기자회견을 통해 "대만 문제가 평화롭게 해결된다면 중국과의 수교는 생각보다 빨리 이루어질 것"이라고 언급함.

6월 29일 미국 정부가 중국 정부와의 수교 조건을 발표함. 미국 측은 "하나의 중국 정책에 찬성하며 대만이 중국의 일부임에 동의한다"는 내용을 발표함. 또한 미국은 중국에게 "대만에 대해 무력을 사용하지 않겠다"는 약속을 해줄 것을 요구함.

7월 4일 중국 정부는 미국과의 수교를 환영하지만 대만에 대한 무력 사용의 권한을 포기하지 않겠다고 발표함. 또한 중국 정부도 미국과의 수교 조건을 발표함. 여기에는 "미국이 대만과의 모든 외교 관계를 단절할 것, 대만에서 군대를 철수할 것, 그리고 미국-대만 상호방위조약을 폐지할 것"이라는 요구가 포함되어 있음.

7월 7일 『워싱턴 스타(*Washington Star*)』는 카터 대통령이 중국과의 수교를 1978년 이후로 미루기로 결정하였다고 보도함.

8월 22일 사이러스 밴스(C. Vance) 미국 국무부 장관이 중국을 방문하여 중국 지도부와 회담을 가졌으나 합의점을 도출하는 데 실패함.

9월 6일 덩샤오핑 중국 부주석은 밴스 국무부 장관과의 회담이 실패로 끝났다고 발표함. 또한 중국 정부는 대만에 대하여 무력 사용을 포기한다는 약속을 하지 않을 것임을 재차 언급함.

9월 20일 미국 상원은 청문회를 열어 "중국 정부를 공식 정부로 인정하면서도 동시에 대만 정부와의 관계를 어떤 형식으로 유지할 수 있는가"에 대해 논의함.

10월 23일 『뉴욕 타임스』는 미국의 국무부가 중국을 의식하여 티베트의 달라이

라마의 방미를 거부하였다고 보도함.

1978년

5월 20일 즈비그뉴 브레진스키(Z. Brzezinski) 미국 국가안보보좌관이 베이징을 방문하여 미·중 간의 고위급 회담을 개최함.

9월 19일 카터 미국 대통령은 주 워싱턴 중국 연락사무소의 차이쩌민(柴泽民)과 회담을 갖고 중국과의 수교 조건을 제시함. 여기에는 "대만과의 상업·문화적 교류의 유지, 중국-대만 간 분쟁의 평화적 해결 및 미·중 수교 이후에도 대 대만 방어용 무기 수출의 지속" 등의 내용을 포함함.

11월 4일 미국 정부는 비밀리에 미·중 수교 협약서 초안을 중국 정부 측에 전달함.

11월 25일 덩샤오핑 중국 부총리는 "미국 방문을 희망한다"고 발표함.

12월 4일 중국 정부는 비밀리에 미·중 수교 협약서 초안을 미국 정부 측에 전달함.

12월 11일 미국 정부는 덩샤오핑 부주석을 비공식적으로 초청함. 이에 덩샤오핑 중국 부주석은 이를 수락함.

12월 15일 미국과 중국 양국 정부는 공동선언문을 통해 1979년 1월 1일부로 미국과 중국 간 수교가 이뤄질 것임을 발표함.

1979년

1월 1일 미국과 중국 양국이 공식적으로 수교를 맺음.

1월 28일 덩샤오핑 부총리가 지도자급으로는 처음 미국을 공식 방문함. 이 기간 중 미·중 과학 기술 협력 협정 및 문화 교류 협정이 체결됨.

1월 30일 덩샤오핑 부총리가 미국의 외교정책협회(Foreign Policy Association), 미·중관계위원회(National Committee on U.S.-China Relations) 등이 공동으로 주최한 리셉션에 참석함. 또한 미국 상원 의원들과의 오찬을 가진 후 상원지도부와 개별적으로 면담을 진행하였으며 대만 문제를 논의함.

1월 31일 덩샤오핑 부총리와 미국의 카터 대통령이 미·중 과학 기술 협력 협정 및 문화교류 협정을 체결함. 그 후 덩샤오핑 부총리는 미국 기자단과 오찬을 함께하고 저녁 만찬을 주최함.

3월 1일 베이징과 워싱턴에 각각 양국의 대사관이 설립됨.

3월 16일 황화(黃華) 중국 외교부 부장은 주 중국 미국대사와 회견하고 미국 의회에서 통과된 '[미국의] 대만관계법(Taiwan Relations Act)'[38]에 대한 우려를 표명함.

4월 10일 카터 대통령이 [미국의] 대만관계법에 서명함.

4월 28일 중국 외교부는 미국의 [미국의] 대만관계법을 강하게 비판함. 또한 미국 정부에게 미·중 수교 당시 약속한 원칙을 준수할 것을 요구함.

5월 6일 주아나타 크렙스(J. Kreps) 미국 상무부 장관은 중국을 방문하여 무역과 관련하여 양자 간 협정에 가조인함.[39]

7월 7일 미국과 중국 양국 정부는 미·중 무역협정을 체결하고 상호간에 최혜국대우(MFN)[40]를 유지할 것을 협의함.

8월 25일 월터 먼데일(W. Mondale) 미국 부통령이 중국을 방문함.

---

38 이 법에 따라 미국은 대만과의 외교관계를 유지할 수 있게 됨. 구체적으로 미국은 대만 여권 및 외교관들의 면책특권을 부여할 수 있었으며 대만에 무기를 수출하거나 차관을 제공하는 것이 가능했음.

39 가조인(假調印; Initial signature)이란 외교교섭의 결과 조약이나 협정의 내용이 일단 확정되었을 때, 정식으로 약정된 문서에 서명하기 전에 그 초안에 임시로 서명하는 것을 의미함.

40 최혜국대우란 통상 · 항해조약 등에서 한 나라가 어떤 외국에 부여하고 있는 가장 유리한 대우를 상대국에도 부여하는 일을 지칭함.

1980년

1월 2일 미국 국회는 중국에게 최혜국 대우를 제공하도록 하는 결의안을 통과시킴.

1월 5일 해롤드 브라운(H. Brown) 미국 국방부 장관은 1949년 이후 국방부 장관으로서는 처음으로 중국을 방문하여 미·중 간의 군사교류를 시작함.

2월 1일 미·중 무역협정의 효력이 발생함.

2월 25일 미국 뉴욕시와 중국 베이징시가 자매도시협약을 체결함.

4월 17일 국제통화기금(IMF)이 대만을 대신해 중국을 회원국으로 인정함.

4월 28일 주 상하이 미국 총영사관이 개관함.

5월 15일 세계은행(World Bank)이 대만을 대신하여 중국을 회원국으로 인정함.

5월 11일 미국 정부는 중국 정부로부터 볍씨 교잡종 기술을 구매함.

5월 28일 겅뱌오(耿飈) 중국 국무원 부총리가 워싱턴을 방문하여 미국의 지미 카터 대통령과 회담을 진행함.

5월 29일 중국 정부는 미국 정부로부터 전술 레이더 등의 설비를 구매함.

7월 10일 화궈펑(華國鋒) 중국 국무원 총리와 카터 미국 대통령이 도쿄에서 회담을 가짐.

9월 17일 미국과 중국 정부는 〈미·중 상호경제협정〉을 체결함.

10월 23일 미국과 중국 정부는 〈미·중 식량무역협정〉을 체결함.

11월 11일 미국과 중국 정부는 〈미·중 농업과학기술협력 양해각서〉를 체결함.

1981년

1월 4일 덩샤오핑은 미국 하원 공화당 의원들과 회담을 가짐.

1월 7일 중국 민항(民航; CAAC)의 미국 뉴욕 비행이 처음으로 허용됨.

1월 20일 로널드 레이건(R. Reagan) 행정부는 대만 정부에 최신 무기 공급 정책을 발표함. 같은 날, 중국 정부가 이에 대해 강하게 반발함.

2월 6일 미국 국무원 대변인은 "미국은 미·중 상하이공동성명(1972.2.28)을 계속 지키겠다"는 내용의 성명서를 발표함.

6월 10일 중국 외교부 대변인은 "미국이 대만에 무기를 판매하는 것을 반대한다"는 내용의 성명서를 발표함.

6월 16일 알렉산더 헤이그(A. Haig) 미국 국무부 장관은 미국과 대만의 비공식적인 교류정책을 설명하기 위해서 중국을 방문함.

6월 18일 황화(黃華) 중국 외교부 부장은 "헤이그 장관의 중국 방문은 미국과 중국 사이의 상호 이해를 두텁게 하는 계기가 되었다"고 발표함.

8월 24일 카터 전(前) 미국 대통령이 중국을 방문함.

10월 22일 멕시코 칸쿤(Cancun)에서 열린 남북정상회담(North South Summit)[41]에서 레이건 미국 대통령 및 헤이그 미국 국무부 장관은 자오쯔양(趙紫陽) 중국 총리 및 황화 중국 외교부 부장과 함께 '미국의 대만 무기판매 문제'에 대해 논의함.

12월 4일 미국은 9,700만 달러 상당의 F-5E 전투기 엔진 부품 등을 대만에 공급하기로 결정하였고, 같은 날 중국은 이와 같은 결정에 반발함.

1982년

1월 11일 존 홀드리지(J. Holdridge) 미국 국무부 아시아-태평양 차관보와 장원진(章文晋) 중국 외교부 부부장은 대만 무기판매 의제에 관한

---

41 이 회의는 협력개발 국제회의(International Conference on Cooperation and Development)라고도 지칭됨. 이 회의는 미국, 일본 등 선진 8개국과 사우디아라비아 등 개발도상국 14개국 정상이 모여 주로 남북문제(주로 북반구에 위치한 선진공업국과, 적도 및 남반구에 위치한 저개발국가 사이의 발전 및 소득격차에서 생기는 국제정치·경제의 구조적 문제)를 토의하는 회의임.

회담을 가짐.

1월 12일 중국 외교부는 미국이 대만에 전투기를 판매한 것에 대해 강력히 항의함.

3월 5일 미, 중 양국 정부는 양국의 해운 및 항공기업의 운송 수입 면세에 대해 논의함.

3월 26일 중국 외교부는 미국 정부의 이민 쿼터 정책에 표기된 '두 개의 중국' 항목을 만든 것에 대하여 항의함.

4월 14일 중국 정부는 미국 정부가 대만에 군사용 무기 부품을 판매한 것에 대해 강력하게 항의함.

5월 5일 부시 미국 대통령이 중국을 방문함. 덩샤오핑 중국 주석은 부시 부통령과의 회견자리에서 "미국의 대만 무기 수출은 미·중 관계의 어두운 부분이나, 만약 양국이 이 문제를 해결해 나간다면 이는 양국 정부의 세계 전략에 매우 유리한 것이 될 것"이라고 언급함.

6월 13일 헤이그 미국 국무부 장관이 중국을 방문함.

8월 17일 미국과 중국이 "8.17 공동성명서"[42]를 발표함.

9월 7일 닉슨 전(前) 미국 대통령이 중국을 방문함.

9월 28일 키신저 전(前) 미국 국무부 장관이 중국을 방문함.

10월 6일 〈미·중 방직품에 관한 무역협정〉을 체결하기 위한 제1차 회담이 열림.

1983년

1월 6일 〈미·중 방직품에 관한 무역협정〉 체결을 위한 제2차 회담이 중국 베이징에서 열림.

42 미국의 대만 무기판매로 인해 악화일로를 치닫던 중국과 미국 관계는 1982년 8월 17일 미·중 공동성명(일명 '817'성명) 발표에 의해 양국관계 재정립 기반을 구축하게 됨.

1월 13일 미국은 중국의 방직품에 대해 일방적인 수입 제한 조치를 선포함.

1월 19일 중국은 미국의 목화솜, 화학 섬유, 대두의 수입을 중지하겠다고 선포함.

2월 2일 조지 슐츠(G. Shultz) 미국 국무부 장관이 중국을 방문함. 4일과 5일 각각 자오쯔양 총리과 덩샤오핑 주석과 회견함.

5월 6일 NBC, ABC 등 미국의 주요 방송사는 중국 여객기의 한국 내 미군기지 착륙을 위성중계를 통해 외신 톱뉴스로 보도함.

5월 21일 제1차 미·중 통상무역위원회(中美商貿聯委會; US-China Joint Commission on Commerce and Trade)가 베이징에서 열림.

6월 16일 중국 외교부는 주 워싱턴 중국 대사관에 각서를 보내, 미국의 항공회사가 대만 항로를 이용한 것에 대하여 강력하게 항의함.

7월 16일 미국 국방부는 대만에 레이건 행정부가 들어선 이래 가장 큰 규모인 5억 3천만 달러 상당의 무기판매를 계획하고 있다고 발표함.[43]

8월 27일 덩샤오핑 중국 주석은 제시 잭슨(J. Jackson) 미국 민주당 하원의원과의 회견자리에서 "미국은 중국과의 관계를 진정으로 개선할 필요가 있다. [미국은 이 문제를] 전 지구적 전략으로 인식해야 한다"고 표명함.

9월 25일 캐스퍼 와인버거(C. Weinberger) 미국 국방부 장관이 중국을 방문하여 자오쯔양 총리와 회견함.

9월 28일 와인버거 미국 국방부 장관과 자오쯔양 중국 총리는 공동기자회견을 통해 미국의 레이건 대통령과 자오쯔양 총리가 곧 정상회담을 개최할 것이라고 발표함.

9월 29일 와인버거 장관은 방중 마지막날 "미, 중 양국은 84년부터 군사사절단의 교환 방문을 시작하기로 했다"고 발표함.

11월 29일 앨런 롬버그(A. Romberg) 미국 국무부 대변인 및 래리 스피크스

---

43 판매계획의 구체적인 내용은 다음과 같음. 지대공 미사일 347기, 이동발사대 24대, 공대공 미사일 100기와 그 부품 등으로 요약할 수 있음.

(L. Speakes) 백악관 부대변인은 "중국만이 유일한 합법정부"라는 미국의 입장을 재확인함.[44]

1984년

1월 10일 자오쯔양 중국 총리가 우쉐첸(吳學謙) 중국 외교부 부장과 함께 미국을 방문함. 환영식이 거행된 백악관 밖에서는 친 대만계 화교 약 150명이 시위를 벌임.

1월 11일 자오쯔양 중국 총리는 레이건 미국 대통령과 회담을 갖고 과학·산업·무역의 세 분야에서 양국 간 협력을 증진하기로 한 협약에 서명함.

1월 12일 자오쯔양 중국 총리는 샌프란시스코 지역의 화교를 대상으로 한 연설에서 "(중국)통일은 하나의 완전한 흡수가 아니며, 통일 후 대만에 대한 자유를 보장할 것이다"라고 언급함.

1월 13일 방미 중인 자오쯔양 중국 총리는 기자회견에서 "중국과 대만의 통일은 양측에 의해 해결될 수 있으며 미국 정부의 개입을 거부한다"는 입장을 밝힘.

3월 19일 미국과 중국 정부는 제4차 미·중 합동경제위원회의 개막에 앞서 '〈(2중 과세 방지를 위한) 장기조세협정〉'을 체결키로 합의함.

3월 21일 제4차 미·중 합동경제위원회에 미국 측 수석대표로 도널드 리건(D. Regan) 미국 재무부 장관, 중국 측 수석대표로 왕빙첸(王丙乾) 중국 재정부장이 참석하여 〈장기조세협정〉에 가조인함.[45]

4월 13일 미국 외교부는 중국 외교관 1명이 뉴욕의 중국 외교관 거주 지역을 탈출하여 [미국 정부에] 정치적 망명을 요청하였다고 밝힘.

---

44 이는 미국 상원외교위원회 결의안(대만의 아시아개발은행(ADB)의 계속 참여를 법적으로 지원하는 내용의 결의안)에 대해 중국 정부가 공개적으로 비난한 것에 대한 미국 정부의 대응임.

45 이 협정은 미국이 개도국에게 제시한 조세협정 중 가장 좋은 조건을 담고 있음.

4월 26일 레이건 미국 대통령이 6일간 중국을 방문함. 레이건 대통령은 미·중 수교 이후로는 처음으로 중국을 방문한 미국 대통령으로 영부인과 600여 명의 수행원들과 함께 방문함. 이번 회담에서 레이건 대통령은 "미국은 공동성명서[1982년의 8.17성명]에 있는 의무를 다하고, '하나의 중국' 정책을 따를 것이다"라는 내용을 발표하였고 '상호 존중과 공동의 이득'이 미국의 대중정책임을 발표함.

4월 27일 레이건 미국 대통령은 자오쯔양 총리와 회견자리를 가지고 [미국과 중국을 포함한] 한반도 문제에 대한 4자회담을 제안함. 그러나 자오쯔양 중국 총리는 이에 대해 중국 정부는 이견이 있다는 입장을 전달함.

4월 28일 덩샤오핑 부총리는 레이건 미국 대통령과의 회견자리에서 "중국의 발전이 미·중 관계의 발전"이라고 표명함.

4월 30일 레이건 대통령은 인민대회당에서 열린 3개 협정(무역관세, 문화협력 및 원자력협정) 조인식에 참석하여 이를 "미·중 간의 새 차원에서의 협력사건"이라고 언급함.

5월 1일 미국 정부는 중국 정부에 우주개발에 동참할 것을 촉구함. 같은 날, 미국과 중국 정부는 〈미·중 핵협력협정〉[46]을 맺음.

6월 5일 장아이핑(張愛萍) 중국 국방부 부장은 지난 1979년의 미·중 국교수립 이후 중국 국방부 부장으로는 처음으로 미국을 공식 방문함. 이번 방문은 지난해 9월 와인버거 미국 국방부 장관이 방문한 데에 따른 답방임.

6월 8일 장아이핑 국방부 부장의 방미 결과로 미국 정부와 중국 정부는 조기경보 레이더 방공체제, 대전차 미사일, 지대공 미사일, 장갑차,

---

46 지난 2년 반 동안 베이징과 워싱턴에서 모두 6차례의 팽팽한 협상을 거쳐 합의에 이르게 된 것임. 미·중 핵협력협정의 협상이 이토록 지연된 이유는 미국이 판매하는 핵물질이나 장비가 군사목적에서 전용되거나 미국의 동의 없이 제3국에 팔 수 없도록 되어 있는 미국 국내법 조항 때문임. 중국은 이에 대해 (관련)기술이나 물질의 판매 뒤에 사후규제를 하는 것은 [중국의] 주권 침해라는 입장을 견지해옴.

헬리콥터 등을 합작생산하거나 미국이 중국에 이를 판매할 의사가 있음을 전달함.

10월 27일 미국 정부는 중국 정부가 곡물을 수출하기로 결정한 것은 아시아와 소련의 곡물 시장을 상대로 중국이 미국과 경쟁하겠다는 의욕을 나타낸 것이라며 불만을 표출함.

10월 30일 줄리어스 그로우(J. Grow) 해군 중령은 홍콩에 기항 중인 미국 제7함대 소속 기함 블루리지호에서 가진 기자회견에서 "미·중은 미국 해군 함정의 산둥성 칭다오항에 기항하는 문제를 두고 협의 중에 있다"고 밝힘.

11월 27일 미·중 양국 정부는 미국의 군사정찰위성을 통해 극동 소련함대의 움직임을 철저히 감시하는 등 고도의 군사정보 협력 체제를 형성했다고 발표함.

12월 15일 첸치천(錢其琛) 중국 외교부 부부장은 오는 21일로 예정된 소련 제1부총리 이반 아르히포프(I. Arkhipov)의 중국 방문이 대미 및 대소 관계의 변화를 초래하지 않을 것임을 밝힘. 그러나 미국 외교가는 이와 같은 방문이 최근 증진하고 있는 미·중 간의 군사협력에 우려가 될 것이라는 입장을 표명함.

1985년

1월 12일 존 베시(J. Vessey)는 미국 합동참모본부 의장으로서는 처음으로 중국을 방문함. 12일에는 양더즈(楊得志) 중국 인민해방군 총참모장과 회담을 갖고 '우호적인 군사교류의 확대'에 대해 중점적으로 토의함. 13일에는 베시 미합참의장, 중국 측 장젠(張震) 부총참모장 그리고 류화칭(劉華清) 인민해방군 사령원 등을 비롯하여 약 30명의 양국 군사대표단이 참석하여 회의함.

1월 13일 미국 정부는 중국 정부와 대잠수함 전투장비 판매에 관한 예비협정을 체결했으며, 오는 4월 3척의 미국 해군 구축함이 상하이를 방문하는 것에 합의했다고 발표함.

2월 27일 폴 월포위츠(P. Wolfowitz) 미국 국무부 동아시아-태평양 담당 차관보는 우쉐첸 중국 외교부 부장과 '한반도 긴장 완화 및 대만문제'에 대해 논의함.

4월 10일 후야오방(胡耀邦) 중국 공산당 총서기는 홍콩 기자들과 만난 자리에서 "미국과 중국 양국은 중국 항구를 방문하는 미국 함정들이 핵무기를 적재하지 않기로 합의했다"고 밝힘. 같은 날, 에드워드 제레지언(E. Djerejian) 미국 국무부 대변인은 "5월 상하이 방문 예정인 미국 함정에 핵무기를 적재하지 않기로 [중국 정부에] 약속한 적은 없으며 [발표된] 중국 입장과 [미국 정부의 입장과는] 다르다"고 밝힘.

5월 14일 맬컴 볼드리지(M. Baldridge) 미국 상무부 장관은 〈미·중 산업혁신협정〉[47]을 타결하였다고 발표함.

5월 17일 미국 정부가 상하이 기항 예정이었던 자국 함정의 '핵무기 적재 여부'를 비공개하기로 결정함에 따라, 중국 정부는 "'미·중 군함기항협상'은 완전히 결렬된 것이며 중국 정부는 앞으로 어떠한 핵무기 적재 군함이라도 중국 기항을 계속 거부할 것"이라는 성명을 발표함.

7월 22일 리셴녠[48] 중국 국가주석이 미국을 방문함. 이는 중국 국가원수가 처음으로 미국을 방문한 것임.

7월 23일 레이건 미국 대통령과 리셴녠 중국 국가주석은 정상회담을 통해 그동안 논란이 되어왔던 미·중 간의 〈미·중 핵협력협정〉을 승인

---

47 이로 인해 40만 개의 중국 노후 공장을 개비(改備)하는 데 미국 회사들의 참여가 가능해졌으며 미국의 컴퓨터 회사가 다롄(大連)에 컴퓨터 연수센터를 설립할 것을 약속함.

48 리셴녠은 1970년대에 정치국원 및 당 정치국 상무위원 등을 거쳐 1983년 국가주석에 선출된 인물임.

함. 존 해링턴(J. Harrington) 미국 에너지부 장관과 리펑(李鵬) 중국 국무원 총리는 〈미·중 핵협력협정〉을 정식으로 조인함.

7월 24일 리셴녠 주석은 로스앤젤레스에서 열린 만찬연설에서 "미국과 중국은 전혀 다른 사회제도를 가진 대국이지만 이미 합의된 3개의 공약에 따라 [양국 정부는] 양국 관계가 지속적으로 발전되도록 해야 할 것"이라고 언급함.

7월 28일 미, 중 양국은 〈미·중 핵협력협정〉을 비롯하여 〈미·중 어업협정〉과 〈미·중 교육협정〉도 체결함.

8월 11일 샘 기번즈(S. Gibbons) 미국 하원 세입위원회 무역소위 위원장은 4일간의 중국 방문 결과, 미·중 간에 상호 무역적자에 대한 '엇갈린 견해'가 존재한다고 함. 또한 중국 정부는 공식발표를 통해 "미국 정부가 〈섬유류 수입 규제법〉을 제정할 경우, 어떤 식으로든 보복할 것"이라는 입장을 발표함.

8월 26일 엘리자베스 돌(E. Dole) 미국 운수부 장관과 첸융창(錢永昌) 중국 교통부장은 중국 건국 이후 처음으로 미 육군 공병단이 중국의 항만 및 내륙 수로 개발을 적극 지원하는 내용의 새로운 운수협정을 체결함.

9월 30일 돈 브라운 리(D. B. Lee) 미국 국방부 대변인은 중국 정부에 약 9,800만 달러 상당의 현대적인 포탄 생산 공장 건설을 위한 기술적인 노하우와 장비를 제공하기로 결정했다고 발표함.

10월 13일 조지 부시 부통령은 4번째 주 중국 미국 총영사관(주 청두(成都) 미국 총영사관)의 설립을 환영하고자 중국을 방문함.

10월 15일 조지 부시 미국 부통령은 베이징 인민대회당에서 자오쯔양 중국 총리와 회담을 가짐. 중국 정부는 조지 부시 부통령에게 "중국은 미국의 대만무기판매를 반대한다"는 입장을 전달함.

11월 21일 미국 상원에서 미·중 간의 〈미·중 핵협력협정〉이 통과됨.

12월 4일 미국 하원은 〈섬유류 수입 규제법〉을 통과시킴. 같은 날, 중국 징부는 "이것은 중국과 미국의 무역관계를 매우 위태롭게 할 수 있는 것"이라고 경고함.

12월 11일 미국 하원은 미·중 간의 〈미·중 핵협력협정〉을 찬성 307, 반대 112로 최종 승인함. 그러나 최종 통과된 것은 종래의 승인 내용과는 다른 엄격한 추가조항[49]이 포함된 수정안임. 같은 날, 리자오싱(李肇星) 중국 외교부 대변인은 성명서를 통해 "[미·중 간에] 오랜 협상의 결과인 이 협정에 그 어떤 일방적 조항이 추가되는 것을 강력히 반대한다"는 입장을 발표함.

1986년

1월 1일 미국 상무부는 대공산권수출통제위(COCOM)의 대중국 수출금지품목 중 27개 기술 분야를 해제하기로 결정했다고 발표함.[50]

1월 7일 중국 국가해양조사국 소속의 해양 관측함 샹양홍(向陽紅) 14호는 중국 군함 최초로 미국 하와이 호놀룰루에 입항함.

1월 16일 미국 해군 제7함대와 중국 동해함대의 합동 '통과훈련'이 홍콩 남쪽에서 128킬로미터 떨어진 남중국해 해상에서 실시됨.[51]

3월 10일 미국 정부는 중국 정부에 5억 5천만 달러에 달하는 항공전자장비를 판매하기로 결정함. 또한 미국 정부는 이같은 결정은 미국의 대중국 무기기술 공여로는 전에 없던 규모라고 발표함

4월 13일 중국 정부는 대미 무역 확대를 위해 로스앤젤레스에 중국 대외기

49 이 추가조항은 미국의 모든 대 중국 핵수출은 국제원자력기구(IAEA)의 점검을 받도록 요구하는 것을 주요 내용으로 함.

50 이 조치는 지금까지 중국 정부에 금지된 고도기술 수출품의 75퍼센트를 규제에서 푸는 특혜조치였음. 이 품목에는 대형컴퓨터, 16비트 개인용 컴퓨터, 광섬유, 공업용 로봇 등이 포함되어 있었음.

51 이 미·중 해군의 합동 해상 훈련은 1949년 중국 정부 수립 이후로 처음이었으며, 제7함대 소속의 미국 군함이 중국 상하이 기항이 취소된 것에 따른 양국 군관계의 재정립을 겨냥한 것임.

업복무공사(對外企業服務公司)에 의해 운영되는 '무역진흥사무소(貿易振興事務所)'를 개설함.

5월 1일 미국 하원외교위원회는 중국에 5억 5천만 달러 상당의 항공 전자장비 판매에 동의함.

5월 12일 중국 정부는 1987년에 창정(長征) 3호 로켓을 이용하여 미국 통신위성 2개를 발사해주기로 합의했다고 밝힘.

5월 16일 미국 정부는 중국의 '전화 네트워크 시스템 현대화 계획'에 미국 기술 고문단을 파견하기로 함. 이 협력의 내용은 향후 미국 정부가 중국에 해당 분야의 협력을 위해 6년간 미국에 40억 달러를 투입한다는 것임.

6월 2일 미·중 무역투자회담이 열림.

6월 3일 미·중 무역투자회담에 참가한 중국 측 대표 정퉈빈(鄭拓彬) 대외무역부 부장은 "(미국 입항 전에 중국 선박에 사전요구를 하고 있는) 미국의 규제법이 미·중 간 무역 증대에 장애요인이 되고 있으며, 이는 마땅히 폐기되어야 한다"고 촉구함.

6월 25일 미국 하원외교위원회 아시아-태평양 소위원회와 인권국제기구 소위원회 합동회의에서 중국과 대만에 대해 다같이 '정치권'과 '인권'을 확대하라는 결의안을 채택함. 특히 외교위는 "중국이 더 개방적인 경제 및 정치제도를 채택하면 중국과 미국의 관계는 크게 향상될 것"이라고 언급함.

7월 23일 미국 레이놀즈 사(R. J. Reynolds Tobacco Company)가 2,100만 달러를 투입해서 외국 회사로는 처음으로 중국 정부와 합작담배공장을 설립키로 합의함.

8월 1일 미국 하원은 중국의 산아 제한 계획을 비난하는 결의안을 통과시킴.

10월 11일 중국 전자공업부와 미국 유리 가공업체인 코닝글래스 사(Corning Glass Company)는 50 대 50의 비율로 3개의 합작법인을 설립하기로 함.

12월 15일 미국 최대의 항공기 제작사인 맥도넬 더글러스 사(McDonnell Douglas Corporation)가 이듬해부터 중국에 본격 진출하여 상하이 항공공사와 공동으로 147인용 민간항공기 25대를 1991년까지 공동 생산하기로 합의함. 이는 중국이 외국 기업과 합작 생산을 한 이래로 사상 최대 규모의 결정임.

1987년

2월 26일 존 페어뱅크(J. Fairbanks) 미국 하버드대 명예교수를 포함하여 16명의 미국 내 중국연구학자들은 주 미국 중국대사에게 중국 정부가 진보 지식인에 대해 탄압한 것을 비난하는 서한을 전달함.

3월 1일 조지 슐츠 미국 국방부 장관은 베이징을 방문하여 우쉐첸 중국 외교부 부장을 만남.

3월 2일 덩샤오핑과 조지 슐츠 미국 국방부 장관이 회담을 가짐. 이 회담 자리에서 덩샤오핑은 "중국은 개방정책을 지속할 것이나 완전한 서구화는 있을 수 없다"고 언급함.

3월 3일 조지 슐츠 장관은 다롄(大連)에 있는 한 미국센터를 방문하여 "중국이 대서방 개방정책을 지속하지 않으면 미국과의 관계에 악영향이 있을 것"이라고 언급함.

3월 11일 중국 외교부는 조지 슐츠 장관이 전달한 레이건 대통령의 친서에는 "중국의 고위급 지도자가 올해 안에 미국을 방문해줄 것을 요청한다"는 내용이 있다고 발표함.

5월 11일 중국 정부는 중국은행(Bank of China, 中國銀行)을 통해 약 1억 5천만 달러 자금을 미국 금융시장으로부터 조달하기로 결정함. 이는 제2차 세계대전 이후 처음으로 중국이 미국 금융시장을 통해 자금을 조달하기로 한 결정임.

7월 2일 미·중 양국 정부가 함께 만든 MD-82 신형 여객기가 시험 비행에 성공함.

7월 21일 볼드리지 미국 상무부 장관은 제5차 미·중 통상위원회에 참석하기 위하여 베이징을 방문함.

7월 22일 볼드리지 장관은 개막 연설에서 "지난해 중국의 대미수출은 25퍼센트 상승했으나 미국의 대중국 수출은 19퍼센트 감소하였기 때문에 중국의 대미 수출을 줄일 필요가 있다"고 언급함.

8월 19일 미·중 상호 무역 투자 법률 토론회가 베이징에서 열림.

10월 6일 중국 정부는 미국 하원에서 티베트 문제에 관한 결의안을 통과시킨 것을 두고 "[이는 미국이] 중국 내정을 간섭하는 것"이라고 강하게 항의함.

10월 7일 뉴욕 소재 미·중 무역전국협의회는 최근 미국 주요도시 내에 중국의 무역망(무역·경제사무소)이 약 64개가 설립되어 있다고 발표함.

12월 19일 클레이튼 야이터(C. Yeutte) 미국무역대표부(Office of the United States Trade Representative: USTR)[52] 대표는 미국과 중국은 미국에 대한 중국의 섬유수출을 제한하기 위한 협정을 체결했으며, 이 협정은 88년 1월 1일부터 발효되어 91년까지 효력을 갖게 될 것이라고 발표함.

1988년

1월 1일 필리스 오클리(P. Oakley) 미국 국무부 대변인과 말린 피츠워터(M. Fitzwater) 백악관 대변인은 주 미국 중국 외교관 2명을 스파이 혐의로 미국에서 추방했다고 발표함.

---

52 미국무역대표부(USTR)는 미국의 국제통상 교섭을 담당하는 대통령 직속기관으로 1963년 1월 통상교섭특별대표부(Office of the Special Representative for Trade Negotiations)로 발족, 1980년 1월 카터 대통령이 이를 개조하면서 명칭이 바뀌었음. 미국 무역대표부는 종합무역법 301조에 의한 불공정무역행위에 관한 조사와 관련 상대국과의 협상, 보복조치를 집행하고 있음.

3월 2일 우쉐첸 중국 외교부 부장은 로스앤젤레스에서 미국 기업인의 대중국 합작 투자를 촉구하는 연설을 함.

3월 31일 중국 해군 정허(鄭和) 훈련함이 미국 하와이를 방문함.

4월 21일 미국 정부는 〈종합무역법(the Omnibus Trade Bill of 1988))〉을 통과시킨 후 중국에게 "슈퍼 301조"[53]를 적용함.

5월 9일 윌리엄 베리티(W. Verity) 미국 상무부 장관은 톈지윈(田記雲) 중국 국무원 부총리와 회견함. 미국 측은 중국 측에 보호주의를 철폐하라고 요구하였고, 중국 측은 미국 측에 고급기술제품의 대중국 판매 장벽을 철폐하라고 요구함.

7월 15일 덩샤오핑이 조지 슐츠 미국 국무부 장관을 회견했을 때 "미국이 가장 부유한 나라, 중국이 가장 빈곤한 나라지만 우리 양국이 대국이다. 우리 양국은 발전이 필요하며 광범한 발전 여지가 있다. 유엔에서 신국제경제 질서 설립에 대한 필요성이 제기되고 있는데, [나는] 이와 같은 신경제 질서를 중국과 미국 상호 간에 먼저 설립하고 싶다"고 표명함.

9월 9일 미국은 중국 로켓을 사용하여 위성을 발사함.

10월 18일 주치전(朱啓禎) 중국 외교부 부부장은 베이징에서 열린 미국 재계 대표단과의 회의에서 유례없는 강경한 어조로 미국의 보호[무역]주의가 중국의 대미 수출 잠재력을 위협한다고 주장함.

12월 29일 리자오싱 중국 외교부 대변인은 미국 정부가 미국 주재 중국 외교관의 미국 내 여행을 제한하는 조치를 취한 것에 대해 비난하는 성명서를 발표함.

---

53 슈퍼 301조는 1988년에 제정된 미국종합무역법(omnibus trade bill)에서 개정된 조항으로, 1989년부터 1991년까지 한시적으로 운용되었음. 이 법률의 주요 골자는, 무역흑자를 계속 내면서도 수입을 늘리지 않는 불공정 무역관행을 계속하는 국가에 대해 취하는 '슈퍼 301조'와, 미국기업에 금융시장을 개방하지 않는 나라의 기업에는 정부증권매매 공인업자의 자격을 인정하지 않는 '프라이머리 딜러 조항(primary dealer)', '외국투자 규제조항' '지적소유권 보호조항', '201조(수입규제조항)' 등이 포함됨.

1989년

2월 26일 조지 부시 미국 대통령이 중국을 방문함.

3월 8일 미국 국무부는 중국의 티베트 시위 무력진압과 관련하여 중국 정부를 비난하는 성명서를 발표함. 같은 날, 중국 외교부는 "티베트 문제는 중국 국내문제이며 외국의 정부, 조직 및 개인의 어떠한 간섭도 허락하지 않는다"고 발표함.

4월 27일 15만여 명의 학생 및 노동자들이 천안문 광장으로 행진하며 노래를 부르며 시위함.

5월 13일 2천여 명의 학생이 천안문 광장에서 단식 농성을 벌임.

5월 18일 미국 상원외교위원회는 중국 정부가 중국 내 시위학생들에 대한 폭력사용을 하지 말 것을 촉구하는 결의안을 만장일치로 통과시켰다고 발표함.

5월 20일 중국 정부가 계엄령을 내림. CBS, CNN 등 해외 방송사들의 생방송 중계가 금지됨.

5월 22일 미국 부시 대통령이 중국의 학생시위가 폭력적으로 변하지 않기를 바란다는 성명을 발표하면서 "믿는 것을 위해 저항하라"고 지지성명을 발표함.

5월 22일 완리(萬里) 중국 전국인민대표대회 위원장이 미국을 방문함.

6월 4일 중국 인민해방군이 천안문 광장의 시위에 개입 및 발포함.

6월 5일 미국 대통령 조지 부시가 중국을 인권을 위반한 국가로 비난하고, 중국에 대한 고강도의 제재조치를 선포함.

6월 5일 미국 정부는 천안문 사태를 이유로 중국에 대한 무기판매를 동결시키는 조치를 취한다고 발표함.

6월 6일 딕 체니(R. Cheney) 미국 국방부 장관은 계획되어 있던 미·중 고위급 국방회담을 연기한다고 발표함.

6월 7일 중국 국방부가 체니 미국 국방부 장관의 성명을 비난함.

6월 8일 부시 미국 대통령은 중국 지도자들은 자국민에 대한 무력 사용을 중지해줄 것을 촉구함. 또한 중국 내 민주화운동의 정당성을 인정하지 않는 한 미·중관계는 정상적 관계로 회복되지 않을 것이라고 언급함.

6월 13일 베이커 미국 국무부 장관이 미국행 비자를 요구하는 중국인들에게 비자발급을 재개할 방침[54]을 밝힘. 같은 날, 중국 정부는 이와 같은 미국 정부의 조치를 격렬히 비난하는 성명을 발표함.

6월 14일 중국 정부는 반체제 인사인 팡리즈(方勵之) 부부가 주 베이징 미국 대사관에 피신하자 미국 정부에 대해 주권침해 행위라고 비난함. 같은 날, 중국 정부는 미국인 기자 2명에게 72시간 내에 출국할 것을 명령함.

6월 20일 조지 부시 미국 대통령은 말린 피츠워터 백악관 대변인을 통해 미·중 정부 간 모든 고위급 접촉을 중단시키고 세계은행과 국제통화기금을 통한 대중국 신규차관을 중단하는 제재조치를 단행하도록 지시함.

6월 29일 미국 하원은 천안문 사태를 근거로 하여 중국에 대한 새로운 무역제재 조치를 실시하는 것에 대해 만장일치로 찬성함.

7월 30일 장쩌민 중국 공산당 총서기는 방미 중인 미국 사업가와 함께 TV에 등장해 "미국과 중국이 이념 차이에 관계없이 경제 협조와 우호의 관계를 발전시켜야 한다"고 언급함.

8월 9일 미국 국무부는 천안문 사태로 본국으로 철수했던 260명의 미국 관리들의 가족들이 중국으로 돌아가도 좋다고 허가함.

8월 26일 중국계 미국인 안나 체노트(A. Chenotte)는 지난 1주일 간 중국을 방문하고 왕전(王震) 중국 국가 부주석과 천시퉁(陳希同) 베이징

---

54 미국 정부의 비자관련 방침은 광저우 대사관에서만 취급하던 이민 비자를 베이징 대사관에서도 발급하도록 하는 한편 비(非)이민 비자 발급 업무는 14일부터 베이징과 상하이에서 재개된다는 것임.

시장 등을 만나 "미국이 지난 10년간 지속해온 우호관계를 [빠른 시일 내에] 회복할 수 있기를 바란다"는 내용의 부시 대통령의 개인서한을 전했다고 밝힘.

10월 14일 스티븐 솔라즈(S. Solarz) 미국 하원외교위원회 아시아-태평양 소위원회 위원장은 워싱턴 외국특파원협회 연설에서 "중국 정부가 자국민의 인권문제에 관심을 갖고 배려한다면 미국의 대중국 제재가 크게 완화될 것이지만 그러지 않으면 [중국은] 미국의 지원을 받기 어려워질 것"이라고 발표함.

10월 30일 닉슨 전(前) 미국 대통령은 "미·중 양국의 지도자들은 유혈진압에 대한 현격한 이견에도 불구하고 우호관계를 회복하라"고 촉구함.

11월 7일 미국 상하원 합동협의회는 엄격한 대중국 무역제재를 승인함.[55]

12월 9일 로렌스 이글버거(L. Eagleburger) 미국 국무부 차관을 비롯하여 미국 정부의 고위 대표단이 베이징을 방문함.

12월 14일 중국 정부는 주 베이징 미국 대사관에 피신 중인 팡리즈 부부의 문제가 해결될 수 있음을 시사하고 미·중 관계가 곧 정상화되기를 바란다는 메시지를 발표함.

1990년

1월 10일 중국 정부가 천안문 사태 시 내렸던 계엄령을 해제하기로 결정함. 같은 날, 댄 퀘일(D. Quayle) 미국 부통령은 "계엄령 해제 결정이 [중국의] 인권을 향한 진전"이라며 환영함.

3월 2일 부시 미국 대통령은 중국과의 무역에 있어 최혜국대우와 중국의 인권 상황을 연계하는 법안에 대해 거부권을 행사함. 같은 날, 리

55 천안문 사태로 인한 대중국 무역제재에는 중국에서 활동 중인 미국 기업인에 대한 무역보조 중단, 인공위성 수출 동결, 헬리콥터와 부속품, 탄약판매 중단 및 핵관련 부품의 판매 중단 등이었음.

자오싱 중국 외교부 대변인은 "미국과 한국의 팀스피리트((Team Spirit)) 훈련[56]은 한반도의 긴장완화에 불리하다"며 이 같은 군사 훈련을 중지할 것을 촉구함.

5월 24일 부시 미국 대통령은 중국의 인권상황의 우려에도 불구하고 중국에 대한 최혜국 대우를 1년간 연장하기로 했다고 발표함.

6월 4일 부시 미국 대통령은 [천안문 사태 1주년 즈음하여 발표한] 성명을 통해, "오늘날 중국의 인권 상황에 대해 깊은 우려를 표한다. 일단 중국이 개혁 정책을 채택하면 미국은 중국과 보다 좋은 관계를 수립하기 위해 노력할 것이다"라고 함.

6월 25일 중국 정부는 자국의 반체제 인사인 팡리즈 부부가 피신해 있던 주중국 미국 대사관을 떠나 미국으로 망명하는 것을 허용함.

11월 8일 제임스 베이커(J. Baker) 미국 국무부 장관의 초청으로 첸치천 중국 외교부 부장이 미국을 방문함.

12월 2일 부시 미국 대통령은 "중국에 대한 국제적 고립을 완화할 것"이라는 내용의 성명을 발표함.

1991년

1월 17일 미군이 이라크군에 대해 대대적인 폭격을 감행하며 사막의 폭풍 작전을 시작함. 이에 대해 중국 정부는 "[전쟁] 당사자들이 최대한의 자제력을 발휘하여 국제사회의 평화를 위해 전쟁의 불길이 퍼지는 것을 막을 것을 강력히 호소한다"는 내용의 성명을 발표함.

2월 28일 부시 미국 대통령이 걸프전쟁[57]의 종전을 선언하자 중국 정부는

---

56 팀스피리트(Team Spirit) 훈련은 1976년부터 1992년을 제외한 1993년까지 이뤄진 주한 미군과 대한민국 국군의 합동 군사훈련이었음. 1994년부터 2007년까지는 RSOI(Reception, Staging, Onward Movement and Integration of Forces)로 바뀌었다가, 2008년 3월부터는 '키 리졸브'라는 명칭으로 대체됨.

57 걸프전쟁(페르시아만 전쟁)은 이라크가 쿠웨이트를 침공, 점령한 것에 대해 1991년 1월 17일 미국이 주도한 다국적군이 이라크 공격을 개시하며 시작된 전쟁임.

외교부 대변인 성명을 통해 환영의 뜻을 밝힘.

4월 16일 부시 미국 대통령이 달라이 라마를 접견함. 같은 날, 중국 정부는 이를 내정간섭이라며 강력하게 비난함.

4월 18일 티베트의 달라이 라마가 미국 의회의 초청으로 의회 연설을 함.

5월 18일 중국 정부는 미국산 수입 물품을 늘리기 위해 정부구매 대표단을 파견함.

5월 27일 부시 미국 대통령은 중국 정부의 대외 미사일 수출과 관련하여 대중국 수출에 대한 제약을 발표함. 그러나 중국에 대한 최혜국대우의 무조건적인 갱신은 옹호하는 발언을 함.

6월 8일 미국의 에반젤대학(Evangel University)과 퍼시픽 루터란 대학(Pacific Lutheran University) 소속 미식축구팀이 중국의 베이징, 광저우, 상하이에서 [중국에서는] 처음으로 미식축구 시범경기를 가짐.

7월 10일 미국 하원은 찬성 313 대 반대 112로 중국에 대한 최혜국대우를 갱신하는 법안을 통과시킴. 그러나 추후의 갱신에 대해서는 '인권상황의 개선'을 조건으로 첨부함. 미국 상원 역시 찬성 55 대 반대 44로 중국에 대한 최혜국대우 갱신 법안을 통과시켰으나 역시 추후 갱신에 대해서는 '인권상황의 개선과 군사무기의 확산방지 노력'을 조건으로 함.

11월 16일 제임스 베이커 미국 국무부 장관이 중국을 방문함.

11월 28일 미국 정부는 중국 정부가 미사일기술 통제체제(Missile Technology Control Regime: MTCR)[58]에 가입하자 이에 대한 대가로 기존의 대중국 무역 제재를 일부 해제함. 같은 날, 중국 정부는 이 같은 미국 정부의 조치를 환영한다는 성명을 발표함.

---

58 미사일기술 통제체제는 34개국이 가입한 미사일 기술의 확산을 방지하기 위한 국제조약임. 이 체제는 1987년 4월 캐나다, 프랑스, 독일, 이탈리아, 일본, 영국 그리고 미국에 의해 처음으로 만들어짐.

1992년

1월 31일 유엔안전보장이사회 개회 기간에 부시 미국 대통령과 리펑 중국 총리가 회견함.

2월 24일 중국의 시장개방 논의를 위해 제5차 미·중 무역협상이 열림.

5월 13일 미국 정부는 최근 중국 정부가 시리아 및 파키스탄에 미사일 제조 기술을 제공하려던 결정을 취소했다고 발표함.

9월 2일 부시 미국 대통령은 150대의 F-16을 대만에 "방어적" 목적으로 판매하기로 결정함. 이에 따라 미국 무역대표부의 칼라 힐스(C. Hills)가 대만을 방문함.

9월 10일 중국 정부는 미·중 간 무역마찰이 심화되고 있다며 미국이 중국에 39억 달러의 보복관세를 채택할 경우 중국 정부도 40억 달러의 보복관세를 시행할 것이라고 발표함.

9월 20일 중국 정부는 성명서를 통해 "최근 미국 정책(F-16 대만 판매 결정)과 미·중 간의 무역마찰로 인하여 1억 3천만 달러 상당의 미국산 자동차 수입 [허가]계획을 철회할 수 있다"라는 내용의 성명을 발표함.

10월 5일 부시 미국 대통령은 중국 정부의 강력한 반대에도 불구하고 〈1992년 미·홍콩 정책법안(1992 US-Hong Kong Policy Act)〉을 승인함. 같은 날, 중국 정부는 이같은 미국 정부의 결정에 강한 불만을 표시함.

10월 17일 빌 클린턴 미국 대통령 후보는 중국에 최혜국대우를 해주는 전제 조건은 '인권 상황 개선'이어야 함을 주장하며 부시 행정부의 대중국정책을 강력하게 비판함.

11월 5일 중국 정부는 클린턴의 미국 대통령 당선을 축하하면서도 "중국의 최혜국대우에 어떠한 조건을 부가하는 행위도 받아들일 수 없다"고 언급함.

11월 11일 첸치천 중국 외교부 부장은 중국 공산당 내에서의 연설을 통해 "미국 정부는 패권을 지향하고 있으며 이는 중국의 외교를 간섭하고 있는 것"이라고 함.

12월 2일 미국의 빌 클린턴 대통령 당선인은 연설을 통해 "홍콩과 관련된 긴장관계를 해소하는 데 미국이 건설적인 역할을 하기를 희망한다"고 밝힘.

12월 29일 바버라 프랭클린(B. Franklin) 미국 상무부 장관은 "중국 정부가 홍콩과 제3국이 체결한 사업계획을 이행하는 것을 방해할 경우 국제사회로부터 배척당할 수 있다"고 경고함.

1993년

4월 23일 클린턴 미국 대통령은 윈스턴 로드(W. Lord) 전(前) 주 중국 미국대사를 국무부 동아시아·태평양 차관보로 임명함.

8월 8일 중국 정부는 미국이 중국 국적의 선박 인허(银河)호를 나포한 사건에 대해 강력하게 항의함. 이에 미국 정부는 해당 선박이 이란으로 화학무기를 운반하고 있었다고 주장함.

8월 24일 미국 정부는 중국 정부가 파키스탄에 미사일 기술을 수출한 사실을 근거로 대중국 무역제재를 선포함. 이에 대해 중국 정부는 강력한 항의의 의사를 전달함.

9월 4일 중국 외교부는 사우디아라비아 다만(Daman) 항구에 있는 중국 상선 '인허호'가 화학물질을 운반하였다는 미국 측의 주장을 재차 부인함. 미국 조사단은 중국 선박 인허호를 검색하였으나 어떠한 화학무기 원료를 검출하지 못함. 이에 중국 정부는 "미국 정부가 중국을 의심한 것은 중국에 심각한 도발을 하고 있는 것"이라며 강력히 비난함.

9월 23일 국제올림픽위원회(IOC)는 중국의 2000년 올림픽 유치를 기부하고, 호주 시드니로 개최지를 결정함. 이에 중국 정부는 미국 등의 압력으로 중국의 올림픽 유치가 실패한 것이라는 내용의 비난 성명을 발표함.

10월 5일 중국 정부는 미국 정부의 강력한 반대에도 불구하고 지하에서 핵 실험을 강행함.

10월 12일 존 샤턱(J. Shattuck) 미국 국무부 인권 차관보가 중국을 방문하여 인권문제에 대한 대화를 시도함.

10월 15일 마이크 에스파이(M. Espy) 미국 농업부 장관이 중국을 방문하여 중국의 미국산 곡물 수입, 특히 밀의 수입에 대해 논의함.

11월 1일 찰스 프리먼(C. Freeman) 미국 국방부 차관보는 미·중 국방에 대한 2일 일정의 고위급 회담을 진행함. 이는 1989년 천안문 사태 이후에 열린 가장 고위급의 군사회담임.

11월 3일 미·중 간의 군사회담을 통해, 양국군은 추후 지속적인 대화채널을 갖고 군인사의 방문 및 교류를 하기로 합의함.

11월 17일 270명의 미국 하원의원들이 클린턴 대통령에게 서한을 보내, "중국이 인권문제에 있어 해야 할 일을 모두 하고 있지 않다"라는 우려를 표명함.

11월 18일 미국 국무부는 미국이 더 이상 중국에 대한 '슈퍼컴퓨터의 수출'을 반대하지 않겠다고 발표함.

11월 20일 미국 시애틀에서 열린 아시아-태평양 경제협력체(APEC) 비공식 회의 기간에 장쩌민 중국 국가주석과 클린턴 미국 대통령이 회견함. 이 자리에서 클린턴 미국 대통령은 "하나의 중국" 정책에 대해 지지를 표명함.

1994년

1월 1일 중국은 기존의 이중환율정책을 하나의 환율로 변경하면서 위안화의 가치를 33퍼센트 하락시킴. 이에 따라 기존의 5.8 대 1이었던 위안화-달러 환율이 8.7 대 1이 됨.

1월 6일 미국이 중국의 불법 섬유 수출에 대항하여 중국산 섬유제품의 쿼터를 25퍼센트에서 최대 30퍼센트 정도 축소시키겠다고 발표함.

1월 14일 중국 정부가 미국 정부에 10억 달러 상당의 채권을 발행함.

1월 20일 중국 정부는 베이징을 방문한 로이드 벤센(L. Bentsen) 미국 재무부 장관이 중국 내 죄수 수용소 5곳[59]을 방문해 [죄수들의] 검사를 허락한다고 통보함.

1월 21일 천안문 사건 이래로 폐지되었던 중국-미국 공동경제위원회를 재개하고자 하는 논의가 로이드 벤센 미국 재무부 장관의 주도로 시작됨.

1월 24일 워렌 크리스토퍼(W. Christopher) 미국 국무부 장관은 첸치천 중국 외교부 부장을 파리에서 만남.

1월 30일 샘 넌(S. Nunn) 미국 상원군사위원회 위원장은 북한의 핵위협과 관련하여 중국의 협력이 필요한 지금 시점에서 중국에 대한 최혜국대우를 철회하는 것은 '닭 잡는데 소 잡는 칼을 사용하는 것'이라는 의견을 밝힘.

3월 11일 워렌 크리스토퍼 미국 국무부 장관은 중국의 인권상황과 최혜국대우에 대한 논의를 위해 베이징을 방문함.

5월 26일 클린턴 미국 대통령은 인권문제와 최혜국대우를 "별개의 문제"로 고려하기로 결정함. 또한 미국 정부는 중국산 총기류, 탄약 중 일

---

59 이 수용소들은 미국이 기존에 죄수들의 노동력을 착취하고 있다고 비판해오던 수용소로, 중국 정부가 이 수용소들에 대한 검사를 허락함으로써 1992년 서명한 죄수 노동력에 대한 미·중 양해각서를 이행할 수 있게 됨.

부 종류에 대해 수입 금지 조치를 취함.

5월 28일 미국의 중국산 무기에 대한 수입 금지 조치가 발효됨.

6월 2일 클린턴 미국 대통령은 중국에 대한 최혜국 대우를 1년 더 연장할 것을 의회에 권고함.

6월 10일 중국이 핵실험을 실시함. 이에 대해 미국 정부는 유감을 표명함.

8월 9일 미국 하원은 클린턴 대통령의 권고안[60]에 대한 반대 결의안을 부결시킴.

8월 17일 윌리엄 페리(W. Perry) 미국 국방부 장관은 워싱턴을 방문 중이던 중국 인민해방군 부총참모장을 만남.

9월 2일 로널드 브라운(R. Brown) 미국 상무부 장관은 미국 기업의(약 50억 달러 상당의) 계약 성사를 촉진하는 차원에서 중국을 방문함.

9월 7일 미국 정부는 대만과의 협력을 증진하는 정책을 발표함. 이에 대해 중국 정부는 공식적인 항의 서한을 발송함.

10월 4일 중국의 미사일기술통제 체제 준수와 관련하여 미, 중 양국 정부가 공동 성명을 발표함. 미국은 1993년 8월 24일 발효된 무역제재를 철회하기로 약속하였고 중국에 위성기술을 수출하기로 함.

10월 7일 중국 정부가 핵실험을 강행함. 이는 1994년에 들어서 두 번째임.

10월 19일 페리 미국 국방부 장관은(1989년 이래로 중단되었던) 미·중 고위급 군사회담에 참석함.

11월 1일 미국 정부는 1993년 8월 24일부로 발효되었던 대중국 무역제재를 철회함.

12월 7일 중국 정부는 미국 정부에 중국의 〈관세 및 무역에 관한 일반 협정(General Agreement on Tariffs and Trade: GATT)〉 가입을 지지하지 않으면 미·중 간의 무역협정을 철회하겠다고 발표함.

---

60 이 권고안은 중국에 대한 최혜국대우를 연장하고, 인권문제와 최혜국대우 문제를 별개로 보자는 내용임.

1995년

1월 15일 존 샤턱(J. Shattuck) 미국 국무부 차관은 인권문제와 관련하여 중국 정부와 고위급 회담을 갖기 위해 중국을 방문함.

1월 2일 미국 정부는 미국의 대중국 무역적자가 1994년 한 해 300억 달러가 넘는다고 발표함.

2월 4일 미국 정부가 지적재산권 침해를 근거로 10억 달러 규모의 대중국 무역 제재를 발효함. 이 같은 미국의 제재에 대응하는 차원에서 중국 정부도 비슷한 규모의 대미국 무역제재를 발효함.

2월 22일 미국 정부가 중국의 인권상황을 비판하는 유엔 결의안을 지지함. 중국 정부가 이와 같은 미국 정부의 입장에 항의함.

2월 26일 지적재산권 분쟁과 관련한 미·중 합의서가 발표됨.

3월 12일 미, 중 양국 정부는 중국의 세계무역기구(World Trade Organization, 이하 WTO) 가입을 위한 8가지 합의 사항에 서명함.

3월 22일 미국 함정이 천안문 사태 이후 6년 만에 중국을 방문함.

3월 31일 미국 국무부는 1997년 7월 1일 이전까지 중국과 영국 간 홍콩 문제가 해결되지 않는다면 정치적 불안정 사태가 발생할 수 있음을 공식 보고서를 통해 경고함.

4월 6일 중국 외교부 대변인은 미국 국무부의 홍콩 문제에 대한 보고서를 공개적으로 비판함.

5월 2일 미국 하원은 찬성 396 대 반대 0으로 대만 총통 리덩후이(李登輝)의 미국 방문 허용에 대한 결의안을 통과시킴.

5월 5일 미국 상원도 대만 총통 리덩후이 미국 방문 허용에 대한 하원의 결의안을 찬성 97 대 반내 1로 통과시킴.

5월 9일 미국 국무부는 대만 총통 리덩후이가 미국을 방문하는 것은 "[미·중 관계에] 심각한 결과를 초래할 수 있다"는 우려를 표명함.

5월 17일 미국 정부는 홍콩 문제를 해결하기 위해 1995년 3월 중순부터 태스크포스(task force)를 운영해 왔다고 발표함.

5월 22일 클린턴 미국 대통령은 대만 총통 리덩후이가 미국의 모교를 방문하는 것을 허용하기로 결정함.[61]

5월 26일 중국 정부는 대만 총통 리덩후이의 미국 방문 허용을 이유로 미국에서 개최하기로 예정되어 있던 미·중 국방장관회담의 연기를 통보함.

6월 2일 클린턴 미국 대통령은 중국에 대한 최혜국대우를 1년 더 연장할 것을 재가함.

6월 16일 중국 정부는 미국 정부가 리덩후이 대만 총통의 방미를 허용한 것에 대한 항의의 표현으로 주 미국 중국대사를 자국으로 소환함.

6월 19일 중국 정부는 미국 여권과 정당한 중국 비자를 가지고 있었음에도 중국계 미국인이자 인권운동가인 해리 우(H. Wu)를 체포함.

7월 20일 미국 하원은 1995년 대중국 정책법안(The China Policy Act of 1995)을 찬성 460 대 반대 10으로 통과시킴.

8월 15일 중국은 10일 동안 대만 해협에서 대규모 해군 군사훈련 및 미사일 발사 실험을 실시함.

8월 24일 중국 정부는 해리 우를 스파이 혐의로 기소하고 15년 징역형을 선고한 후 중국에서 강제 추방함.

9월 4일 제4회 유엔 국제 여성회의가 베이징과 베이징 근교도시인 화이러우(懷柔)에서 개최됨. 이 회의에 참석차 미국 힐러리 클린턴 영부인이 중국을 방문함.

10월 24일 클린턴 미국 대통령과 장쩌민 중국 국가주석은 미, 중 양국의 긴장 국면을 해소하고자 뉴욕에서 정상회담을 개최함.

11월 17일 조셉 나이(J. Nye) 미국 국방부 국제안보담당 차관보가 중국 베이징을 방문함.

---

61 이 결정은 지난 15년간 미국 정부가 대만 지도자들에게 비자를 발급하지 않았던 기존의 정책에 반하는 것임.

1996년

2월 6일 클린턴 미국 대통령은 〈국제관계승인법(Foreign Relations Authorization Act)〉에서 규정한 대중국 무역 규제 항목 중에서 인공위성 수출에 대한 대중국 규제를 폐지할 것을 발표함.

2월 22일 존 더치(J. Deutch) 미국의 중앙정보국(CIA) 국장이 "중국이 이란에 순항미사일을 판매하였고, 파키스탄에 우라늄 농축용 고리자석과 M-11 미사일을 수출하였다"고 공개발언하면서 중국 정부를 비난함.

3월 8일 중국 인민해방군이 대만 근처에서 탄도미사일 훈련을 실시함. 미국 정부 및 의회는 이 같은 중국의 행위를 강하게 비난함.

3월 10일 미국 국방부는 대만 해협에서 실시된 중국군의 미사일 및 사격 훈련에 대응하여 2척의 항공모함을 파견함.

3월 22일 윌리엄 페리 미국 국방부 장관은 미국에서 개최되도록 예정된 미·중 국방부 장관 회담을 연기함.

3월 23일 대만의 첫 번째 자유선거에서 리덩후이가 54퍼센트의 득표율로 당선됨. 선거 이후 대만 해협에서 진행되었던 중국의 있는 군사훈련이 종료됨. 또한 미국의 함대도 대만 해협을 떠나 복귀함.

4월 3일 미국무역대표부는(1995년의 지적재산권 협정을 지키지 않아 발효된) 대중국 특별무역제재 301호와 관련하여 중국을 "우선 협상 대상국"으로 지정함.

5월 10일 미국 국무부는 중국이 파키스탄에 우라늄 농축용 고리자석을 수출했다는 주장과 관련하여, 어떠한 대중국 무역제재 조치도 가하지 않을 것이라고 발표함. 미국의 수출입은행(Export-Import Bank)도 미국의 대중국 차관제공과 관련한 업무를 정상적으로 처리함.

5월 11일 중국 정부는 세이프가드 조치를 취하지 않은 대외 핵시설을 지원하지 않겠다고 약속함.

5월 15일 미국무역대표부는 6월 17일 전에 중국 정부가 미국 정부와 지적재산권 협정을 지키기 위한 노력을 하지 않는다면 대중국무역에 전반적인 무역제재조치를 취하겠다고 선언함.

5월 20일 클린턴 미국 대통령은 의회에 중국에 대한 최혜국대우를 갱신해 달라고 요청함.

5월 31일 클린턴 미국 대통령은 '대통령 재가 96-29호'를 통해 중국의 최혜국대우를 1년 더 갱신함.

6월 11일 리펑 중국 총리는 미국 정부가 중국 정부의 정책을 바꾸기 위해 압력을 가하는 행위를 중단하지 않는다면 중국 정부는 미국 기업이 아닌 다른 국가의 기업들과 우선적으로 거래하겠다고 경고함.

6월 13일 미국 국무부는 중국 정부가 M-11 미사일을 파키스탄에 수출한다면 미국은 대중국 무역제재 조치를 취하겠다고 경고함.

6월 17일 미국무역대표부의 샤를린 바쉐프스키(C. Barshefsky)는 1995년 지적재산권 협정을 지키기 위한 중국 정부의 노력을 미국 정부가 충분히 인지하였다고 발표함. 또한 앞으로 이 문제와 관련하여 미국 정부가 중국에 무역제재 조치를 취하지 않는다고 발표함.

6월 21일 클린턴 미국 대통령은 '대통령 재가 96-33호'를 통해 관세 및 비관세 무역장벽을 낮추기 위한 중국의 노력에 대해 만족을 표함. 이에 따라 미·중 간의 무역 협정이 1998년 1월 31일까지 연장됨.

6월 27일 미국 하원은 중국에 대한 최혜국대우를 연장하도록 한 클린턴 대통령의 재가를 거부하는 결의안을 찬성 141 대 반대 286로 부결시킴.

7월 10일 안토니 레이크(A. Lake) 미국 국가안보보좌관은 중국 측과 미·중 고위급 회담을 가짐.

7월 24일 미, 중 양국 정부는 미·중관계 개선을 목적으로 고위급 회담을 개최하기로 함. 고위급 회담에는 워렌 크리스토퍼 미국 국무부 장관, 린 데이비스(L. Davis) 국무부 차관, 존 홀룸(J. Holum) 군축청장의 중국 방문과 츠하오톈(遲浩田) 중국 국방부 부장, 류화치우(劉華秋) 중국 국방부 부부장의 미국 방문 등이 포함됨.

7월 24일 프랭크 머코우스키(F. Murkowsky) 미국 상원의원은 인터뷰를 통해 [미국 정부는]중국에 최혜국대우를 영구적으로 허용해주어야 한다고 주장함.

7월 29일 중국 정부는 7월 30일부로 핵실험을 중단하겠다고 발표함.

8월 23일 미국 국방부는 중국 정부의 극심한 반대에도 불구하고 4억 2천만 달러 상당의 군사 장비를 대만에 판매할 것을 발표함.

8월 27일 미국 정부가 스팅어 미사일(Stinger Missiles)을 대만에 수출하기로 결정하자 중국이 이에 강력하게 반대하는 성명을 발표함.

11월 25일 클린턴 미국 대통령과 장쩌민 중국 국가주석은 필리핀 마닐라에서 개최된 제8차 아시아 태평양 경제협력체에 참석하여 정상회담을 가짐. 두 정상은 2년 안에 서로 방문하기로 합의함.

11월 29일 중국 정부는 다른 국가에 '핵무기 관련 기술 및 미사일'을 수출하거나 이전하지 않겠다는 내용의 성명을 발표함.

12월 3일 미국 국방부는 보잉사와 6천 3백만 달러 상당의 계약을 함. 이 계약의 목적은 대만을 위한 대공미사일 시스템을 건설하는 것이었음.

12월 5일 츠하오톈 중국 국방부 부장은 클린턴 미국 대통령 및 국방부장 윌리엄 페리와 회담을 가짐. 이 회담에서 츠하오톈 부부장은 "홍콩의 중국 반환 이후 미국 군함의 중국 방문을 허용할 것"이라는 입장을 표명함.

12월 18일 미국 하원 국제관계위원회 산하 국제관계인권 소위원회가 1989년 천안문 사태와 관련하여 공개청문회를 실시함.

1997년

1월 6일 미국 국무부는 롄잔(連戰) 대만 부총통의 방미를 위한 경유 비자를 발급함.

1월 14일 장쩌민 중국 주석은 베이징에서 미국 의회대표단과 회견함.

1월 15일 중국 정부는 미국에 제2차 세계대전 당시 희생된 미국 공군 장병의 유골을 반환함.

1월 28일 클린턴 미국 대통령은 기자회견에서 "중국에 대한 '건설적인 관여' 정책이 중국의 인권상황을 개선하는 데 큰 도움이 되지 못한 것 같다"고 발언함.

1월 30일 미국 국무부는 인권보고서를 통해 중국 정부가 중국 내 반대여론을 억압하고 추방 및 감금 등의 방법을 통해 반정부인사를 탄압해 왔다고 비판함.

2월 2일 미, 중 양국은 〈섬유산업협정〉[62]을 체결함.

2월 6일 중국 정부는 관영매체를 통해 "미국 국무부의 인권보고서는 중국 내 인권상황에 대한 악의적인 거짓말로 가득 차 있다"고 비판함.

2월 13일 미국 법무부는 선거자금에 대한 조사를 하던 중 1996년 대선 직전 중국 정부로부터 불법적인 선거자금 기부가 있었음을 밝혀냈다고 발표함. 중국 정부는 이를 즉각 부인하였으나 클린턴 미국 대통령은 이에 대해 명백히 조사할 필요가 있다고 주장함.

2월 19일 덩샤오핑이 사망함.

2월 24일 매들린 올브라이트(M. Albright) 미국 국무부 장관는 중국과 고위급 회담을 열고, 핵비확산 문제를 논의함. 논의 결과 미, 중 양국은 관련 의제에 대한 전문가급 회담을 열기로 합의함.

3월 9일 중국 해군함대 하얼빈(哈爾濱)호, 주하이(珠海)호, 난창(南昌)호가

---

62 4년 동안 중국의 대미국 섬유·의류 수출 쿼터를 늘리는 데 합의하였고, 중국 역시 미국산 섬유 및 의류 제품들이 중국 시장에 쉽게 접근할 수 있도록 하는 데 합의함.

미국 하와이와 샌디에이고를 방문함.

2월 28일 미국 연방수사국(FBI)은 중국 정부에 의한 선거 개입 의혹을 본격적으로 조사하기 시작함.

3월 3일 토머스 유잉(T. Ewing) 미국 하원의원은 중국이 WTO에 가입하는 날부터 중국에 최혜국대우를 영구적으로 부여하자는 내용의 법안을 발의함.

3월 14일 샤를린 바르쉐프스키 미국무역대표부 대표는 기자회견에서 "중국은 WTO에 가입하기 전에 현재보다 시장을 더 개방해야 한다"고 언급함.

3월 24일 알버트 고어(A. Gore) 미국 부통령이 중국을 방문함. 이는 1989년 천안문 사태 발생 이래로 최고위급의 방문임.

3월 28일 뉴트 깅리치(N. Gingrich) 미국 하원의장이 고위급 회담의 참석을 위해 중국 베이징을 방문함.

4월 21일 티베트의 정신적 지주인 달라이 라마가 미국 워싱턴을 방문함. 중국 정부는 이를 비난하는 성명을 발표함.

4월 23일 달라이 라마가 클린턴 대통령을 접견함.

4월 25일 미국은(10년 유효기간의) 복수 비자 발급 대상에 홍콩 여권 소지자도 포함됨을 발표함.

4월 27일 미국 국방부가 미·중 간의 국방관계 개선을 위한 정책 가이드라인을 발표함.[63]

4월 29일 첸치천 중국 외교부 부장이 미국을 방문함. 그는 방미 중 "홍콩 주민들은 영국 통치하에 있을 때보다 [중국 정부에 귀속되면] 더 많은 자유를 누릴 수 있을 것"이라고 언급함. 또한 중국 정부는 "미국의 대통령 선거에 어떤 형태로도 개입한 적이 없다고 주장함.

5월 9일 장쩌민 중국 국가주석은 베이징에서 열린 미국 CNN 기자들과의

63 해당 가이드라인에는 고위급 방문, 다국적 국방회의 참가 및 신뢰구축소치 실시 등이 포함됨.

인터뷰에서 "중국과 미국이 전쟁을 할 가능성은 없다"고 표명함.

5월 29일 클린턴 미국 대통령이 중국에 대한 최혜국대우를 1년 더 연장할 것을 미국 의회에 권고함.

6월 11일 미국 상원금융위원회가 중국에 대한 최혜국대우 연장과 관련해 청문회를 개최함.

6월 17일 미국 상원은 〈국제관계승인법〉을 통과시켜 대통령에게 대사급으로 대티베트 특별 사절을 임명할 것을 촉구함.

6월 18일 윌리엄 코헨(W. Cohen) 미국 국방부 장관이 중국의 대이란 대함정 순항미사일의 수출이 걸프만 지역에 새로운 분쟁을 촉발시킬 것이라고 경고함. 또한 그는 이 같은 행위가 차후에 중국과 미국으로 향하는 원유수송을 방해할 수도 있다고 언급함.

6월 24일 미국 하원은 찬성 173 대 반대 259로 중국에 대한 최혜국대우를 연장을 거부하는 내용의 법안을 부결시킴.

7월 1일 홍콩이 중국 통치하로 들어감.

7월 22일 미국 국무부는 "종교의 자유를 지지하는 미국의 정책: 기독교인을 중심으로"라는 제목의 보고서[64]를 발표함.

7월 24일 중국 정부는 미국 국무부의 보고서를 "중국 내 종교 상황에 대한 무지의 결과"라며 비판함.

7월 29일 매들린 올브라이트 미국 국무부 장관은 티베트 문제를 전담하는 직책을 국무부 내에 만들 것이라고 발표함.

8월 6일 중국 종교단체의 간부들이 미국 국무부의 종교 자유에 대한 보고서를 "불경스럽다"고 비판함.

8월 17일 새뮤앨 버거(S. Berger) 미국 국가안보보좌관과 중국 장쩌민 국가주석이 1997년 10월로 예정된 미·중 정상회담을 논의하기 위해 만남. 이 자리에서 새뮤앨 버거 보좌관은 중국 측에게 정치범 왕단(王丹)과 웨이징성(魏京生)을 석방할 것을 제의함.

---

64 이 보고서는 중국 정부의 종교탄압정책을 비판하는 것을 주요 내용으로 함.

8월 20일 프랭크 울프(F. Wolf) 미국 하원의원은 티베트를 극비리에 방문했다고 발표함. 그는 티베트인들에 대한 중국 정부의 억압과 고문을 비판함.

8월 24일 중국의 신화통신은 프랭크 울프 미국 하원의원을 비난하며 그가 악의적인 의도로 티베트 상황을 악화시키려 한다고 비판함.

9월 11일 중국 정부는(미국으로부터 구입하여) 불법적으로 군사기관에 설치한 슈퍼컴퓨터를 [미국에] 반환하기로 합의함.

9월 24일 중국 정부는 미국과 일본 정부에 신 미·일 상호안보조약에 대만을 포함하지 말 것을 요구함.

9월 25일 로버트 루빈(R. Rubin) 미국 재정부 장관은 장쩌민 중국 국가주석과 주룽지(朱镕基) 부총리를 만나 장쩌민 주석의 미국 국빈방문에 대해 논의함.

10월 28일 미·중 정상회담[65]이 개최됨. 이 회담으로 장쩌민 중국 국가주석은 1985년 이후로는 처음으로 미국을 국빈 방문한 중국 정상이 됨.

11월 16일 중국 정부는 정치범으로 14년간 수감되었던 웨이징성을 건강상의 이유로 가석방한 뒤 미국으로 출국을 허용함.

12월 20일 윌리엄 코헨 미국 국방부 장관은 장쩌민 중국 국가주석으로부터 "중국은 이란에게 더 이상 대함정순항미사일을 수출하지 않을 것"이라는 약속을 받았다고 발표함.

1998년

1월 12일 클린턴 미국 대통령은 중국 정부로부터 "중국은 비핵국가들의 핵무기 개발을 돕고 있지 않다"는 메시지를 전달받았다고 발표함.

---

65 이 회담에서 미·중 정상은 무기 확산, 아시아-태평양 안보, 무역불균형, 법적·정치적 개혁, 인권 그리고 평화적 핵협력 등이 논의됨. 회담 종료 후 클린턴 대통령은 중국과 핵에너지 협력을 본격적으로 시작할 준비가 되었다고 발표함.

1월 30일 클린턴 미국 대통령은 '대통령 재가 98-13호'를 통해 중국이 관세 및 비관세 무역장벽을 낮추기 위해 충분히 노력하고 있음을 인정하고 미·중 무역협정을 2년 더 연장한다고 발표함.

2월 4일 미국 하원 국제관계소위원회는 중국의 핵확산 방지 노력을 인정한 클린턴 대통령의 발언 내용에 대한 청문회를 개최함.

3월 12일 미국 상원은 중국의 인권상황을 규탄하는 결의안을 찬성 95 대 반대 5로 통과시킴.

4월 30일 매들린 올브라이트 미국 국무부 장관이 고위급 회담을 위해 중국을 방문함. 회담 결과, 양국 정부는 〈미·중 고위급 핫라인 구축에 대한 협정〉을 체결함.

5월 6일 미, 중 양국은 〈미·중 평화적 핵에너지 협력에 관한 8가지 시행안〉을 체결함.

6월 3일 클린턴 미국 대통령은 중국에 대한 최혜국대우를 1년 더 연장하도록 의회에 권고함.

6월 4일 미국 하원 국제관계위원회와 정부개혁위원회가 공동 청문회를 열어 중국 정부가 사형수들의 장기를 수거해 판매한다는 주장에 대해 논의함.

6월 18일 미국 하원은 대중국 기술이전에 대해 면밀하게 살필 것을 촉구하는 결의안을 찬성 409 대 반대 10으로 통과시킴.

6월 24일 클린턴 미국 대통령이 중국을 국빈 방문함. 클린턴 미국 대통령은 9일간의 일정으로 중국 시안(西安), 베이징, 구이린(桂林), 상하이, 홍콩을 방문함. 홍콩 방문 중에 클린턴 대통령이 '미국은 대만의 독립을 반대하며, 유엔과 같은 국제기구에서 대만을 정식 정부로 승인하는 것에 반대한다'는 점을 밝힘.

7월 22일 미국 하원은 찬성 166 대 반대 264의 결과로 중국에 대한 최혜국대우 연장을 거부하는 내용의 결의안을 부결시킴.

9월 2일 미국의 코카콜라사가 현재 가동 중인 중국 내 21개의 공장 외에

10개 공장을 추가적으로 건설할 것이라고 발표함.

9월 14일 미국이 해충 감염을 이유로 중국산 원목 수입을 금지함.

9월 24일 데이비드 애런(D. Aaron) 미국 통상부 차관이 미·중 양자 간의 시장접근성 강화와 중국의 WTO 가입에 대한 논의가 늦어지고 있는 것에 대해 우려를 표명함.

10월 20일 제2차 미·중 국방자문회의가 열림.

12월 17일 중국산 원목에 모든 해충을 박멸하기 위한 화학처리가 되었다는 것을 증빙하는 조건으로 중국산 원목의 대미 수출이 다시 허용됨.

1999년

4월 6일 주룽지 중국 총리가 미국을 방문함.

4월 8일 주룽지 중국 총리와 클린턴 미국 대통령은(미국이 중국의 WTO 가입을 지지한다는 내용의) 연합성명을 발표함.

5월 8일 베오그라드에 대한 나토(NATO)군의 공습작전 중 미군에 의해 주유고슬라비아 중국 대사관 폭격 사건이 발생함.[66]

5월 10일 중국 외교부 대변인은 베오그라드 폭격사건으로 인해 미, 중 양국의 고위급 교류가 지연될 수 있다고 발표함.

5월 11일 윌리엄 코헨 미국 국방부 장관은 국방부 기자회견을 통해 "미군은 유고슬라비아 연방정부의 군수지휘부(Federal Directorate for Supply and Procurement)를 폭격하고자 하였으나 전략지도가 업데이트되지 못했고, 첩보수집 과정에서 오류가 있었다"고 시인함.

6월 16일 토머스 피커링(T. Pickering) 미국 국무부 차관이 미국대표단과 함께 중국을 방문하여 중국의 외교부 간부들을 만났음. 미국 측은 베

66 이 사건으로 3명의 사망자와 27명의 부상자가 발생함. 이에 중국 정부는 이 사건을 미국 정부에 의한 "야만적인 행위"라며 강력하게 반발하였으며 미국 정부는 클린턴 대통령이 직접 나서서 이것이 오폭이었음을 인정하고 사과함. 그러나 이 사건으로 인해 중국 내 주요도시에서 대대적인 반미 시위가 발생되기도 함.

오그라드 폭격 사건에 대해 해명하고 장쩌민 국가 주석에게 클린턴 대통령의 친서를 전달함.

7월 30일 미국 정부가 "(자발적인) 인도적 지원금" 명목으로 중국 대사관 폭격 사건의 피해자들에게 450만 달러를 지급하기로 결정함. 미국 정부는 중국 정부에 피해자와 피해자 가족들에게 지원금이 직접 지급될 것을 요구함.

8월 25일 미국 정부의 "(자발적인) 인도적 지원금"이 중국 정부에게 지급됨.

9월 11일 클린턴 미국 대통령과 장쩌민 중국 국가주석은 뉴질랜드 오클랜드에서 열린 제11차 아시아-태평양 경제협력 비공식 회의기간에 회견함.

11월 15일 미, 중 양국 정부는 중국의 WTO 가입에 [미국 정부가] 협조하는 내용의 양자협약을 체결함.[67]

12월 16일 데이비드 앤드루스(D. Andrews) 미국 국무부 법률고문은 양국 정부가 지속적인 고위급 회담을 통해 재산피해 보상액에 합의하였다고 발표함.[68]

2000년

1월 12일 미국 국무부는 2000년 3월 스위스 제네바에서 개최될 예정인 유엔인권위원회 정례회의에서 중국의 인권 상황을 비판하는 결의안

---

67 중국의 WTO 가입 노력은 1986년 이래로 13년 동안 지속되었음. 중국은 WTO 가입을 통해 대외적으로 최혜국 대우를 안정적으로 확보하고 수출과 투자를 늘리고자 하였으며, 국내 경제적 측면에서는 시장을 개방하여 경제성장을 더욱 촉진하고자 했음. 남아있는 유럽과의 교섭은 형식적인 협상이었기 때문에 1999년 11월 15일의 미·중 교섭 타결은 사실상 중국의 WTO 회원자격 획득을 의미했음.

68 발표 내용에 따르면 미국 정부는 중국 정부에 2,800만 달러를 지급하여 베오그라드 대사관의 피해를 보상하고, 중국 정부는 287만 달러를 미국 정부에 지급하여 과격한 시위로 인해 주 중국 미국 영사관 및 대사관들이 입은 피해를 보상하기로 합의함.

을 제출할 것이라고 밝힘.

1월 24일 슝광카이(熊光楷) 중국 인민해방군 부총참모장은 3일 일정으로 미국 국방부 고위 관계자들과 회담을 갖고 미·중 군사교류 방안을 논의함.

2월 17일 올브라이트 미국 국무부 장관은 취약한 미·중 안보관계의 확립을 위해 중국을 방문함.

2월 22일 미국 정부는 대만이 양안 통일문제에 관한 협상을 무기한 거부할 경우 무력을 사용할 수도 있다는 중국의 경고에 대해 깊은 우려를 표명함.

2월 27일 에드윈 스미스(E. Smith) 미국 태평양함대 총사령관이 중국을 방문함.

2월 29일 미, 중 양국 정부는 군사교류, 무기판매 및 대만문제에 관한 의견을 교환함.

3월 17일 미, 중 양국 정부는 〈교육 교류 및 협력에 관한 협정〉을 체결함.

3월 18일 빌 클린턴 미국 대통령은 18일 대만의 총통 선거에서 천수이볜(陳水扁) 후보가 당선된 것을 축하하는 한편, "미국은 '하나의 중국' 정책을 통해 대만과 비공식적인 관계를 유지할 것"이라고 말해 중국에 대한 신뢰도 함께 표명함.

4월 9일 미국 중앙정보국(CIA)은 베오그라드 폭격 사건과 관련하여 간부 1명을 해직시키고 관련 조직원 6명에게 징계조치를 내렸다고 발표함.

4월 24일 미국 하원은 중국에 항구적 정상무역관계(Permanent Normal Trade Relations: PNTR)[69]의 지위를 부여하는 법안을 통과시킴.

---

69 항구적 정상 무역 관계(Permanent Normal Trade Relations: PNTR)'는 미국에서 사용하는 통상용어임. 미국이 특정 교역국과 무역을 할 때 다른 국가들과 동일한 통상조건을 적용하는 '정상무역관계(NTR)' 지위를 '항구적으로' 부여하는 것을 의미함. 여기에서 정상무역관계란 통상조약 등에서 교역국에 부여하는 가장 유리한 대우라는 의미의 통상용어인 '최혜국대우(MFN: Most Favored Nation)'와 동일한 뜻으로 1998년부터

5월 7일 중국 정부는 NATO의 주 유고슬라비아 중국 대사관 폭격 1주년을 하루 앞두고 "이 사건을 다시 철저히 조사해 중국 국민이 만족할 수 있도록 설명하라"고 미국 정부에 촉구함.

5월 24일 미국 하원은 대중국 항구적 정상무역관계 법안을 통과 시켰으며, 25일 중국은 표결 통과에 대해서 '현명한 처리'라고 평가하며 수용함.

5월 30일 미국 하와이에서 2000년도 미·중 해상군사안전협상 회의가 열림.

7월 11일 윌리엄 코헨 미국 국방부 장관이 중국을 방문함.

7월 31일 미국 해군 태평양함대 소속 유도탄순양함 챈설러즈빌(Chancellors-ville)함이 중국 칭다오를 방문함.

9월 8일 미국 뉴욕에서 열린 밀레니엄 기념 제55차 유엔 총회(유엔 밀레니엄 총회)에서 장쩌민 중국 국가주석과 클린턴 미국 대통령이 회담을 가짐. 양측은 미·중 관계를 비롯하여 국제 및 지역문제에 관한 서로의 의견을 교환함. 이 회담에서 클린턴 미국 대통령은 미국은 계속 '하나의 중국' 정책을 지키겠다고 언급함.

9월 19일 미국 상원은 하원에 이어 중국에 항구적 정상무역관계의 지위를 부여하는 법안을 압도적 표차로 통과시킴.

10월 10일 클린턴 미국 대통령이 미·중관계법(US-China Relations Act)에 서명함. 본 법에 의거하여 미국은 중국에게 영구적으로 최혜국대우의 지위를 부여하게 됨.

10월 25일 위융보(于永波) 중국 인민해방군 총정치부[70] 주임이 미국을 방문함.

11월 16일 브루나이 공화국 반다르세리베가완(Bandar Seri Begawan)에서 열린 제12차 아시아-태평양 경제협력체 비공식 회의기간에 장쩌민 중국 국가주석과 클린턴 미국 대통령이 회견함.

미국 의회는 'MFN'이라는 용어를 'NTR'로 변경하여 사용함.

70 인민해방군 총정치부는 1937년 2월 17일 중앙혁명군사위원회 총정치부로 처음 설립되었고 1954년 12월 인민해방군 총정치부로 개칭되었음. 총정치부는 군 전체의 정치사상 업무를 지도 및 감독하는 기관으로서, 군내의 당무(黨務) 활동을 관장함.

2001년

3월 13일 데니스 블레어(D. Blair) 미군 태평양함대 사령관이 중국을 방문함.

4월 1일 미국 해군의 신호정보수집용 EP-3E 정찰기와 중국 해군의 J-8 전투기가 대치하다 충돌함. 이 사건으로 중국 조종사가 실종되고 미군 정찰기는 중국 하이난섬에 긴급 착륙하는 사태가 발생함. 미군의 정찰기에 탑승하고 있던 24명의 미군들은 중국군 측에 억류되고 정찰기는 해체되어 중국군에 의해 압수됨.

4월 14일 미국은 4월 1일 발생한 미·중 군용기 충돌사건의 책임이 중국 전투기 조종사에 있다고 주장하였고, 중국은 미국의 이 같은 주장은 미·중 관계를 더욱 손상시킬 수 있다고 경고함.

7월 25일 도널드 럼즈펠드 미국 국방부 장관은 "미국이 장래 중국의 위협을 억지하기 위해 아시아에 강력한 군사력을 유지할 필요가 있다"고 밝힘.

9월 2일 미국 정부는 미사일방어(MD) 구축에 대한 중국의 반대를 무마하기 위해 중국의 소규모 핵미사일 증강계획에 반대하지 않는다는 입장을 중국에 전달할 것이라고 발표함.

9월 11일 미국에서 '9·11 테러 사건'이 발생하자 장쩌민 국가주석은 즉각 미국 조지 부시 대통령에게 미국 정부와 미국 국민에 대한 위로의 말을 전달함. 또한 장쩌민 국가주석은 "우리는 미국 및 국제사회와 대화를 강화하고 협력을 확대할 것이며, 테러리즘 방지에 적극 협력하겠다"고 표명함.

9월 14일 미·중 해상군사안전협상 회의가 미국 괌에서 열림.

10월 8일 장쩌민 주석과 조지 부시 대통령이 통화함. 장쩌민 주석은 중국은 모든 테러리즘에 반대하며 세계에서 중요한(영향력의) 위치에 있는 미국과 중국이 아시아-태평양 및 세계평화를 유지하고 보호할 책임이 있다"고 천명함.

10월 18일 중국 상하이에서 개최된 제13차 아시아-태평양 경제협력체 비공식 회의에 조지 부시 미국 대통령이 참석함. 이는 9·11 테러 이후 미국 대통령의 첫 해외 방문임.

10월 19일 조지 부시 대통령은 장쩌민 주석과 3시간 동안 회담을 갖고, 미·중 관계 및 대만 문제에 대한 서로의 의견을 교환함.

11월 10일 중국이 WTO에 정식으로 가입함.[71]

11월 13일 장쩌민 주석은 부시 대통령에 전화를 걸어 미국에서 발생한 여객기 추락 사건의 조난자에 대한 애도의 메시지를 전달함.

12월 6일 미·중 해상군사안전협상회의가 베이징에서 열림.

12월 27일 조지 부시 대통령은 중국에 항구적 정상무역관계를 부여하는 법안에 최종 서명함.

2002년

1월 1일 미국 정부의 중국 정부에 대한 항구적 정상무역관계법이 발효됨.

2월 21일 조지 부시 미국 대통령이 중국을 방문함.

2월 22일 조지 부시 미국 대통령과 장쩌민 중국 국가주석이 공식 회담을 가짐. 양측은 미·중 관계와 중대한 국제 및 지역문제에 관한 심도 있는 의견을 나누고 광범위한 분야에서의 상호 공감대를 확인함.

2월 28일 〈미·중 상하이 공동성명서〉 발표 30주년을 기념해 장쩌민 국가 주석과 조지 부시 대통령이 서로 축하의 메시지를 주고받음.

3월 16일 리자오싱 중국 외교부 부장은 주중 미대사를 불러, 탕야오밍 대만 국방부장이 최근 미국을 방문했을 때 폴 월포위츠 미 국방부 부장관 등 미국 관리들이 탕 부장과 회담하고 대만 해협 정세 등을 논의한 것에 대해 항의함.

---

71 카타르 도하에서 열린 제4차 각료회의에서 143번째 회원국으로 중국의 WTO 가입이 승인됨. 또한 다음날 11일 대만 역시 WTO 회원국이 됨.

4월 23일 장쩌민 중국 국가주석은 중국을 방문한 미국의 돈 에반스 상무장관을 맞이하고 "(미국은) 대만 문제에 대한 약속을 지켜야 한다."며 대만 문제로 인한 양국의 경제협력 손실 가능성을 언급함.

4월 27일 후진타오(胡錦濤) 중국 국가 부주석이 미국을 방문함.

4월 28일 후진타오 부주석이 조지 부시 대통령과 회담을 가짐.

4월 29일 후진타오 부주석은 미국 정계 지도자 및 각계 인사와 회담을 가짐.

7월 15일 중국 외교부는 미국 국방부가 '중국 국방 보고서'에서 중국의 군사력 강화를 우려한 것에 대해 "중국은 평화를 사랑하는 나라이며, 방어가 중국의 국방정책"이라며 "중국의 국방비 지출 규모는 주요 국가들 가운데 가장 낮은 수준"이라고 반박함.

9월 6일 장쩌민 중국 국가 주석은 미·중 간의 '건설적 협력(合作)관계' 등에 관하여 부시 대통령과 통화함.

9월 26일 중국 정부는 미국 해군 함정이 황해에서 중국의 경제 수역을 침범하고 중국 어선과도 충돌해 미국 정부에 여러 차례 항의했다고 공개함.

10월 22일 장쩌민 중국 국가주석이 미국을 방문함.

10월 25일 장쩌민 주석과 조지 부시 대통령은 텍사스주 크로퍼드(Crawford)에 있는 조지 부시 대통령의 개인 목장에서 만남을 가짐.

2003년

2월 11일 중국 정부는 북한 핵개발 저지 노력에 더 적극적으로 동참해 달라는 미국의 요청을 '미국과 북한 양자 간의 문제'라며 거부함.

3월 2일 미군 공군사관학교 대표단이 중국을 방문함.

4월 8일 미국 하와이에서 미·중 해상군사안전협상협의가 열림.

6월 1일 후진타오 주석과 조지 부시 대통령은 남북지도자 비공식 회의에서 회견을 가짐.[72]

---

72 이 회의에서 부시 대통령은 중국 정부가 중증 급성 호흡기 증후군(Severe Acute

9월 22일 미국 해군 유도탄순양함 카우펜스(Cowpens)함과 미사일탑재 호위함 프리깃(Frigate)호가 중국 광둥성 잔장(湛江)을 방문함.

10월 15일 중국 해군 구축함 선전(深圳)호와 보급선 칭하이후(青海湖)호가 미국 괌을 방문함.

10월 19일 태국 방콕에서 열린 제15차 아시아-태평양 경제협력체 비공식 회의 전날인 19일에 후진타오 중국 국가주석과 조지 부시 대통령이 회견자리를 가짐.

10월 27일 차오강촨(曺剛川) 중앙군사위원회 부주석, 국무위원 겸 국방부 부장이 미국을 공식 방문함. 조지 부시 미국 대통령을 비롯해 콜린 파월(C. Powell) 국무부 장관과 럼스펠드(D. Rumsfeld) 국방부 장관과 회담을 가짐.

10월 28일 미국 상무부는 중국 베이징에서 중국 정부의 보호무역 움직임에 대해 공개 경고하며, 중국이 개방 노력을 회피할 시 미국도 중국에 빗장을 걸어 잠글 것이라고 함.

11월 12일 주원취안(朱文泉) 난징 군관구 사령원이 미국을 방문함.

11월 19일 미국 상무부는 일부 중국산 섬유 제품에 대해 잠정적 쿼터 부과 방침을 결정함.

12월 7일 원자바오(溫家寶) 중국 국무원 총리가 미국을 방문함.

12월 8일 미국 정부는 대만의 내년 3월 국민투표가 대만 내 독립운동을 부추김으로써 양안관계를 악화시킬 우려가 있다며, 이를 실시하지 말라고 강력히 촉구함.

Respiratory Syndrome: SARS) 발생 시에 적극적인 노력을 통해 예방에 뚜렷한 성과를 보인 점을 높게 평가함. 후진타오 주석은 대만문제에 관한 중국의 입장과 원칙을 미국 측에 재차 표명함. 북핵문제에 대해서는 한반도의 비핵화를 지지하는 양국의 입장을 확인함. 부시 대통령은 미국과 중국 간의 대테러리즘 방지에 대한 공감대를 형성함.

2004년

1월 13일 리처드 마이어스(R. Myers) 미국 합동참모회의 의장이 중국을 방문함.

1월 14일 마이어스 의장은 장쩌민 중국 중앙군사위원회 주석, 궈보슝(郭伯雄) 중앙군사위원회 부주석, 리자오싱 외교부 부장 그리고 량광례(梁光烈) 총참모장과 각각 회견 자리를 가짐. 미, 중 양측은 미·중 관계, 대만문제 및 양국 군사왕래에 관하여 서로 의견을 교환함.

2월 24일 로버트 윌러드(R. Willard) 미국 해군 제7함대 총사령관이 지휘함 USS 블루리지(Blue Ridge)를 이끌로 중국 상하이를 방문함.

3월 9일 제4차 미·중 해상군사안전협상 회의가 중국 상하이에서 열림.

7월 18일 토머스 파고(T. Fargo) 미국 태평양함대 총사령관이 중국을 방문함.

8월 10일 장신성(章新勝) 중국 교육부 부장이 수행단과 함께 미국을 방문함.

10월 19일 량광례 중국 인민해방군 총참모장이 미국을 방문함.

11월 20일 후진타오 중국 국가주석과 조지 부시 미국 대통령은 제16차 아시아-태평양 경제협력체 비공식 회의 기간에 회견함. 이 자리에서 양국 정상은 과거 4년간 미·중 양국의 건설적 협력관계를 통해서 얻은 성과를 긍정적으로 평가하고, 양국이 국제 및 지역문제에 대한 협력을 계속 강화해 나갈 것을 약속함.

2005년

4월 10일 제7차 미·중 국방부 차관급 국방사무 협상회의가 열림.

5월 18일 미국 재무부는 6개월 이내에 환율 제도를 개선하지 않을 경우 중국을 환율 조작국으로 지정하겠다고 경고함.

6월 8일 미국 정부는 중국 정부에 북한이 핵개발을 포기하도록 더 직극적인 압력을 가해줄 것을 요구함.

7월 7일 조지 부시 미국 대통령과 후진타오 중국 국가주석은 영국 스코틀랜드에서 열린 G8 및 중국, 인도, 브라질, 남아프리카, 맥시코 5개국 국가 지도자 대화 기간에 회견을 함.

7월 8일 중국 칭다오에서 제5차 미·중 해상군사안전협상 회의가 열림.

8월 1일 다이빙궈(戴秉國) 중국 외교부 부부장과 로버트 졸릭(R. Zoellick) 미국 국무부 부장관이 베이징에서 제1차 미·중 전략대화를 가짐. 이후 정기적인 미·중 전략대화가 미·중 간의 대화 채널의 역할을 하도록 상호 합의함.

9월 7일 윌리엄 팰런(W. Fallon) 미군 태평양함대 본부 사령관이 중국을 방문함.

9월 13일 유엔 창립 60주년 경축을 위한 자리에서 후진타오 중국 국가주석과 조지 부시 미국 대통령이 회견을 함. 이 자리에서 양국 정상은 상호 신뢰를 통해 협력을 강화하겠다고 밝힘.

10월 19일 럼스펠드 미국 국방부 장관이 취임한 이후 처음으로 중국을 방문함.

11월 8일 미국과 중국 양국 정부는 '직물(fabric)' 문제에 관한 사전협의를 통해 영국 런던에서 〈직물과 의류무역에 관한 양해각서〉를 체결함.

11월 20일 조지 부시 미국 대통령이 중국을 방문하여 후진타오 국가 주석과 정상회담을 함. 양국 원수는 상호 이해를 강화하고 공감대를 확대하며 상호 신뢰를 더욱 돈독히 하는 것을 통해 '21세기 미·중 건설적 협력관계'를 전면적으로 추진하는 것에 동의함.

2006년

2월 14일 랍 포트먼(R. Potman) 미국 무역대표부 대표는 중국의 시장개방을 요구하며 중국의 국제무역법 준수 여부를 감시하고 집행할 태스크포스를 미국 무역대표부 내에 구성하겠다고 발표함.

3월 9일 중국은 미국의 연례 인권보고서에 대응하여 '2005년 미국의 인권기록'을 발표하고 미국을 인권침해국으로 규정함.

3월 26일 미국 탁구대표단이 '핑퐁외교' 35주년을 기념해 중국을 방문함.

4월 18일 후진타오 중국 국가주석이 미국을 방문함.

4월 20일 백악관에서 부시 미국 대통령과 후진타오 중국 국가주석 간의 정상회담이 열림. 12개의 미국 단체에 의해 주최된 저녁 연회에서 후진타오 주석은 "중국과 미국 양국은 건설적 협력관계를 전면적으로 추진한다"는 내용의 연설을 함.

7월 15일 러시아 상트페테르부르크(St. Petersburg)에서 열린 G8과 개발도상국 지도자 회의기간에 후진타오 주석과 부시 대통령은 회견 자리를 가짐.

7월 16일 궈보슝 중국 중앙군사위원회 부주석이 럼즈펠드 미국 국방부 장관의 초청으로 미국을 방문함.

9월 20일 쩡페이옌(曾培炎) 중국 국무원 부총리와 헨리 폴슨(H. Paulson Jr.) 미국 재무부 장관이 "미·중 경제·전략대화" 채널을 가동함.

10월 15일 콘돌리자 라이스(C. Rice) 미국 국무부 장관은 중국이 유엔의 대북제재활동에 적극 동참할 것을 촉구함.

10월 26일 중국의 디젤 잠수함 한 척이 일본 오키나와 인근 해상에서 미국 키티호크(Kitty Hawk) 항모 전단을 미행하다 미 정찰기에 발각됨.

11월 18일 베트남 하노이에서 열린 제18차 아시아-태평양 경제협력체 비공식회의기간에 부시 대통령과 후진타오 주석을 회견의 자리를 가짐.

12월 3일 미국 국방대학교 국가전략연구소 대표단이 중국을 방문함.

12월 15일 제1차 미·중 경제·전략대화[73]가 중국 베이징에서 열림.

---

73 미, 중 양국 정부는 "중국의 발전 경로와 전략"이라는 주제를 둘러싸고 도시와 농촌의 균형 발전, 중국 경제의 지속적인 성장, 무역 촉진 및 투자, 에너지, 환경 등 5개의 대주제에 관해 토론함. 이 회의는 경제 제반 문제에 대한 양국의 입장을 상호 이해하는 대화 채널 역할을 함.

2007년

1월 28일 거전펑(葛振峰) 중국 인민해방군 부총참모장이 미국을 방문함.

2월 2일 수전 슈워브(S. Schwab) 미국 무역대표부 대표는 중국 정부가 자국 기업들에게 불법적인 산업 보조금을 제공하는 것에 대해 미국 정부가 이를 WTO에 제소할 것이라고 밝힘.

3월 4일 미국 국방부가 대만에 미사일을 판매하기로 결정한 사안에 대해, 리자오싱 중국 외교부 부장은 중국을 찾은 존 네그로폰테((J. Negroponte) 미국 국무부 장관에게 대만에 무기를 팔지 말 것을 요구함.

3월 22일 피터 페이스(P. Pace) 미국 합동참모본부 의장이 중국을 방문함.

3월 23일 페이스 의장은 궈보슝 중앙군사위원회 부주석과 리자오싱 외교부 부장 등과 회담을 자리를 가짐.

3월 24일 페이스 의장은 량광례 인민해방군 총참모장과 회담 자리를 가짐.

4월 1일 우성리(吳勝利) 중국 해군 총사령원은 해군 대표단과 함께 미국을 방문하여 애쉬튼 카터(A. Cater) 미국 국방부 부장관과 회견 자리를 가짐.

5월 9일 부시 대통령과 후진타오 주석이 통화를 함. 양국 원수는 "미·중 관계가 전반적으로 양호한 발전추세를 유지하고 있으며 상호 간의 대화채널을 강화할 필요가 있다"는 의견에 동의함.

5월 18일 우이(吳儀) 중국 부총리는 미·중간의 무역으로 인해 미국 경제가 이윤을 창출하고 있음을 언급하며 무역 문제를 정치화하지 말 것을 주장함.

5월 25일 미국 국방부는 〈2007 중국 군사력 보고서〉에서 중국이 개발 중인 핵잠수함과 핵탄도미사일 등 전략 핵무기 전력에 대해 깊은 우려를 표함.

6월 8일 독일에서 열린 G8과 개발도상국 지도자 간 대화 회의기간에 미국 부시 대통령과 후진타오 주석이 회견 자리를 가짐. 이 자리에서 후진타오 국가 주석이 〈미·중 관계에 관한 5가지 의견서〉[74]을 제시함.

9월 6일 호주 시드니에서 열린 제19차 아시아-태평양 경제협력체 비공식 회의기간에 부시 대통령과 후진타오 주석이 회담 자리를 가짐.

11월 4일 로버트 게이츠(R. Gates) 미국 국방부 장관이 중국을 방문함. 후진타오 중국 국가주석, 궈보숑 중앙군사위원회 부주석, 다이빙궈 외교부 부장을 각각 회견함.

11월 5일 게이츠 국방부 장관은 차오강촨 중앙군사위원회 부주석, 국무위원 겸 국방부 부장과 회담 자리를 가짐.

12월 3일 미국 워싱턴에서 제9차 미·중 국방부 차관급 국방사무 협상회의가 열림. 중국 총참모부 부총참모장 마샤오톈(馬曉天)과 미국 국방부 차관 에릭 에델만(E. Edelman)이 참석함.

12월 6일 조지 부시 미국 대통령과 후진타오 중국 국가주석이 전화 통화로 북한 핵 문제를 비롯한 양국 현안을 논의함.

12월 12일 제3차 미·중 전략·경제대화가 중국의 대미 무역 흑자와 위안화 환율 인하 문제 등을 쟁점으로 베이징에서 열림.

---

74 5가지 의견서의 내용을 요약하면 다음과 같음. "첫째, 상대국의 전략적 의도를 정확하게 이해하기 위해 양국 간의 대화를 계속 강화하며 상호 신뢰와 공감대를 확대하고 협력을 촉진시킨다. 둘째, 대만해협의 평화적 안정과 이와 관련한 미·중 공동의 전략적인 이익을 함께 수호한다. 셋째, 미·중 간의 경제 및 무역 협력의 급속한 성장과정에서 발생한 문제를 객관적으로 보고 해결하도록 하며, 미·중 간 경제·전략대화 등의 메커니즘을 통하여 양국 간의 경제 및 무역관계를 건전하게 발전시킨나. 넷쌔, 에너지의 개발, 환경보호, 기후변화 등 영역에서 양국은 적극적으로 협력한다. 에너지관련 전략 대화와 양자 기후 변화 협상을 통하여, 국제 에너지 안보 및 기후 변화의 대처에 공헌하도록 한다, 다섯째, 양국 간에 중대한 국제 및 지역문제에 대한 협상과 협조를 강화하는 것을 통해 미 · 중 양국은 아태지역에서의 안정, 평화, 번영을 지키고 촉진시킨다."

2008년

1월 13일 티모시 키팅(T. Keating) 미국 태평양 사령부 사령관이 중국을 방문하여 궈보슝 중국 중앙군사위원회 부주석, 천빙더(陳炳德) 중국 인민해방군 총참모장과 회견 자리를 가짐.

1월 14일 티모시 키팅 사령관이 양제츠(楊潔篪) 중국 외교부 부장과 회담을 가짐.

2월 11일 미국 법무부는 미국의 첨단 국방 기밀을 중국에 넘긴 혐의로 미국 국방부 직원 3명 등을 포함한 4명을 적발했다고 밝힘.

2월 28일 제10차 미·중 국방사무 협력회의가 중국 상하이에서 열림. 본 회의의 결과 미, 중 양국은 정식으로 〈미합중국 국방부와 중화인민공화국 국방부 간 직통 비밀전화 통신선로 설치에 관한 협정〉을 체결함.

4월 10일 량광례 국무위원 겸 국방부 부장은 로버츠 게이츠 미국 국방부 장관과 처음으로 양국 국방부 직통 전화를 이용해 통화함.

7월 9일 일본 홋카이도에서 열린 G8 및 개발도상국 지도자 간 대화 회의에서 후진타오 중국 주석과 부시 미국 대통령이 회담 자리를 가짐.

8월 7일 부시 미국 대통령은 중국 정부의 초청을 받아 베이징 올림픽대회 개막식 및 이와 관련된 활동에 참석함.

8월 10일 중국 베이징 중난하이(中南海)에서 부시 대통령과 후진타오 주석이 회견 자리를 가짐.

9월 22일 부시 미국 대통령과 후진타오 중국 국가주석이 미국 금융 문제에 관하여 상호 의견을 교환하는 전화통화를 나눔.

10월 3일 미국 정부는 대만 정부에 "PAC-3" 대탄도미사일 시스템 등 선진 무기 판매를 결정함. 이 결정으로 인해 중국 정부는 10월에 개최되기로 한 제10차 미·중 국방사무 협상회의를 당분간 중단할 것이라고 미국 정부에 통보함.

10월 21일 후진타오 중국 국가주석과 조지 부시 대통령이 국제금융위기 협력 방안 등에 관하여 전화 통화를 나눔.

11월 8일 후진타오 중국 국가주석이 버락 오바마(B. Obama) 후보의 미국 대통령 당선을 축하하는 전화 통화를 가짐.

11월 21일 페루 수도 리마(Lima)에서 열린 제20차 아시아-태평양 경제협력체 비공식 회의기간에 오바마 미국 대통령과 후진타오 중국 주석이 회담 자리를 가짐. 이번 회담에서 양측 정상은 미·중의 국제금융위기 대처 및 세계 평화 수호 등과 같은 중대한 국제문제에 관한 서로의 의견을 공유함.

2009년

1월 4일 2009년 1월 1일의 미·중 수교 30주년을 기념하여 오바마 미국 대통령과 후진타오 중국 국가주석은 전화로 양국 관계의 발전 및 성과를 서로 축하함.

1월 23일 양제츠 중국 외교부 부장은 전화 통화를 통해 힐러리 클린턴(H. Clinton) 의원의 신임 국무부 장관 취임을 축하함. 양제츠 외교부 부장과 힐러리 신임 미국 국무부 장관은 미·중 간의 고위급 인사의 왕래, 전략적 대화와 각 영역별 협력 강화 그리고 국제금융위기 등의 문제에 대해 양국 정부가 적극 협력하기로 함.

1월 27일 힐러리 클린턴 미국 국무부 장관은 부임한 후 첫 기자회견에서 "오바마 정부는(기존의 토대 위에서) 중국과의 전면적 대화를 원한다"고 표명함.

1월 30일 후진타오 중국 국가주석이 오바마 미국 대통령과 [전화]통화를 함. 후진타오 주석은 "새로운 시대에 중국과 미국이 함께 양국의 기본 발전 방향을 파악하고, 상호 대화를 통한 신뢰 및 협력을 강화하는 것은 중요하다. 양국의 핵심 이익을 존중하고 고려하여 진

세계적 도전에 양국이 함께 대처해 지속적이고 안전한 발전을 해 나가는 것이 중요하다"라는 내용을 오바마 대통령에게 전달함. 오바마 대통령은 "세계에서 가장 중요한 두 개의 경제 주체인 미국과 중국이 상호간의 협력을 강화해 나가는 것은 매우 중요하다"고 표명함.

2월 20일 힐러리 클린턴 미국 국무부 장관이 중국을 방문함.

2월 27일 미·중 국방사무 협력회의가 중국 베이징에서 열림.

3월 8일 스트워트 업튼(S. Upton) 미국 국방부 대변인은 중국 하이난다오(海南島) 인근 남중국해에서 활동하고 있는 미국 해양관측선 USNS 임페커블(Impeccable)이 정보함 1척을 포함한 중국 선박 5척으로부터 위협을 받았다고 밝힘.

3월 11일 양제츠 중국 외교부 부장이 미국 워싱턴을 방문하여 힐러리 클린턴 미국 국무부 장관과 티모시 가이트너(T. Geithner) 미국 재무부 장관과 각각 회담 자리를 가짐.

3월 12일 양제츠 중국 외교부 부장은 백악관에서 오바마 미국 대통령을 만남.

3월 19일 미국 하원외교위원회 아시아-태평양 소위원회는 "미국은 〈[미국의] 대만관계법〉을 확고히 지지한다"는 입장을 천명하는 결의안을 만장일치로 통과시킴.[75]

4월 1일 영국 런던에서 처음으로 미국 오바마 대통령과 후진타오 주석이 회견함. 양국 정상은 보호무역주의에 반대, 군사관계를 개선 및 전략·경제대화 채널를 설립할 것에 모두 동의함.

4월 20일 미국 철강노동자연합회는 "중국에서 대량 수입한 타이어가 미국 현지 타이어 산업에 피해를 끼치고 있다"며 미국 국제무역위원회에 중국산 타이어를 제소함.

4월 28일 미국 국제무역위원회가 중국산 타이어 상품에 대한 조사에 착수함.

---

75 이 결의안은 오바마 정부가 〈[미국의] 대만관계법〉을 이행하고 미국과 대만 간의 양자관계를 안정시킬 것을 요구함.

5월 1일 중국 어선 2척과 미국 해군 정찰함 한 척이 중국과 북한 사이의 황해(동해) 해역에서 대치함.

5월 6일 오바마 미국 대통령과 후진타오 중국 국가주석이 최근 발생한 미·중 간의 경제(중국산 타이어 제소문제) 및 안보(황해 해역에서의 대치)상의 문제로 [전화]통화를 가짐.

5월 24일 미국 국회 하원의원 일부가 중국을 방문함. 하원의원들은 후진타오 중국 국가주석, 원자바오 중국 총리 및 우방궈(吳邦國) 전국인대 상무위원장과 각각 만남.

6월 1일 오바마 대통령을 대표하여 미국 재무부 장관 티모시 가이트너가 중국을 방문함. 후진타오 중국 국가 주석 및 원자바오 국무원 총리를 각각 접견함.

6월 2일 티모시 가이트너 장관은 왕치산(王岐山) 중국 국무원 부총리와 회담 자리를 가짐. 미국과 중국 측은 국제금융 추세, 미, 중 양국의 금융과 경제 추세 및 제1차 미·중 전략·경제대화의 준비 등에 관한 상호 입장을 확인함.

6월 3일 오바마 미국 대통령과 후진타오 중국 국가주석이 [전화] 통화를 함.

6월 23일 제10차 미·중 국방사무 협상회의가 중국 베이징에서 열림. 이는 미국 오바마 정부가 출범한 이래로 미·중 국방사무 부문에 관한 최고위급의 회의임. 이 협상에서 양국 대표는 양군관계, 대만문제 및 국제와 지역 안보 등과 관련한 제반 문제에 대해 논의함.

6월 30일 미국 국제무역위원회가 중국산 타이어에 3년 동안 특별 관세를 부과할 필요가 있다는 결정을 내림.

7월 9일 이탈리아 라퀼라(L'Aquila)에서 열린 G8 및 개발도상국 지도자 확대회의에서 후진타오 주석을 대신해 다이빙궈 외교담당 국무위원이 오바마 대통령과 회담을 가짐.

7월 10일 미국 정부가 상하이 세계박람회(EXPO)에 참가하기로 결정함.

7월 26일 왕치산 국무원 부총리는 미국 워싱턴에서 후진타오 주석의 특별대표로 릭 라슨(R. Larson)등 미국 하원의원들과 회견 자리를 가짐. 라슨 등 하원의원들은 "미국 측은 곧 열릴 미·중 전략·경제대화를 매우 중요시하고 있다"는 뜻을 전달함.

7월 27일 제1차 미·중 전략·경제대화(Strategic and Economic Dialogue; S&ED)가 워싱턴에서 열림. 오바마 대통령과 후진타오 주석은 개막식 연설을 통해 이 대화 채널이 21세기 적극적·전면적·협력적 미·중관계를 발전시키기 위한 새로운 원동력이 될 것이라고 발표함.

8월 20일 미국 하원외교외원회 특별대표단이 중국을 방문함. 우방궈 전국인대 상무위회 위원장, 왕치산 중국 국무원 부총리 그리고 양제츠 중국 외교부 부장과 회담 자리를 가짐.

8월 20일 조지 케이시(G. Casey) 미국 육군참모총장이 중국을 방문하여 천빙더 중앙군사위원회 위원이자 총참모장과 회담 자리를 가짐.

9월 8일 우방궈 전국인대 위원장이 미국을 공식 방문함.

9월 9일 미국 뉴욕에서 오바마 대통령과 후진타오 주석이 접견함.

9월 14일 미국 정부는 세이프가드(긴급수입제한) 조치를 발동해 중국산 타이어에 35퍼센트 관세를 부과하기로 결정함. 보복성 조치로 중국 정부도 미국산 자동차 제품과 닭고기 및 나일론에 관세를 부과하기로 결정함.[76]

9월 22일 미국 뉴욕에서 오바마 대통령과 후진타오 주석이 접견함.

10월 22일 쉬차이허우(徐才厚) 중앙군사위원회 부주석이 미국을 방문하여 미군의 지휘 기구, 부대 및 학교를 참관함.

10월 23일 제1차 "미·중 친환경 에너지 실무협력 전략 포럼"이 중국 베이징에서 11월 3일까지 열림. 리커창(李克强) 중국 국무원 부총리가 참석하여 "미·중 간 [에너지 부문과 관련하여]실질적인 협력을 강

---

76 이는 미국의 중국산 타이어 세이프가드 조치로 인해 격화된 미·중 간의 무역 분쟁으로 '타이어 분쟁'이라고도 불림.

화하고 지속적인 발전을 촉진시키자"는 내용의 연설을 함. 힐러리 클린턴 미국 국무부 장관도 원격화상을 통해 연설을 함.

10월 27일 중국에서 열린 제20차 미·중 상무무역연합회에 톰 빌섹(T. Vilsack) 미국 농무성 장관이 참석함. 후이량위(回良玉) 중국 국무원 부총리와 회담을 갖고 미·중 간의 농업 협력에 관한 서로의 의견을 공유함.

11월 16일 오바마 미국 대통령이 중국을 공식 방문하여 후진타오 중국 국가주석과 정상회담을 가짐. 양국 정상은 〈미·중 연합 성명서〉를 발표함. 이 연합 성명의 주요 내용은 "21세기 적극적·전면적·협력적 미·중 관계를 건설하기 위해 양국이 노력하자"는 것임.

11월 17일 오바마 대통령과 우방궈 전국인대 상무위원회 위원장이 회견함. 우방궈 위원장은 오바마 대통령이 미·중 간 입법기구의 교류를 적극적으로 지지한 것에 깊은 공감을 표명함. 우방궈 위원장은 "중국의 입법기구인 전국인대가 미국 국회와의 교류를 원하고 있으며, 전국인대는 미국과 중국 간의 우호와 협력을 위해서 함께 노력하겠다"고 밝힘.

11월 18일 오바마 대통령은 다이빙궈 국무위원, 양제츠 중국 외교부 부장, 장핑(張平) 국가발전개혁위원회 주임 등과 회견 자리를 가짐.

12월 18일 덴마크에서 코펜하겐 기후변화 회의(Copenhagen Climate Change Conference)[77]에 원자바오 중국 총리와 오바마 미국 대통령이 참석하여 회담 자리를 가짐.

---

77 코펜하겐 기후변화 회의는 덴마크 코펜하겐 벨라 센터에서 2009년 12월 7일에서 18일까지 개최됨. 기후 변화에 관한 국제 연합 기본 협약의 제15차 회의와 교토 의정서 제5차 회의(COP/MOP 5)를 겸해 열림.

2010년

1월 21일 힐러리 클린턴 미국 국무부 장관의 "인터넷 공간에서의 언론의 자유"에 대한 연설에서 "최근 중국에서 [중국 정부에 의한] 구글 및 기타 미국 회사가 당한 조치에 대하여 철저하고 투명한 조사가 필요하다"고 언급함.

1월 29일 미국 정부는 대만 정부에 64억 달러 상당의 무기를 판매하기로 결정함. 같은 날, 중국 정부는 이와 같은 미국 정부의 행위를 비난하는 성명을 발표함.

2월 17일 미국 항공모함 USS 니미츠호(Nimitz)가 중국 홍콩을 방문함.

3월 2일 힐러리 미국 국무부 장관이 미·중 간 긴장 관계를 완화시킬 목적으로 중국을 방문함.

3월 15일 130명의 미국 국회의원들이 "(달러-인민폐)환율문제"에 관한 압력을 넣기 위해 오바마 대통령에게 서한을 보냄.

3월 30일 힐러리 미국 국무부 장관은 대중매체를 통해 "미국은 하나의 중국의 원칙을 견지하는 동시에 대만과 비공식적인 관계를 유지하고 있다. 또한 티베트는 중국의 일부라는 것을 인정하나 중국의 중앙정부와 달라이 라마가 원활한 소통을 통해 해당문제를 조속히 해결하기를 바란다"는 입장을 밝힘.

4월 2일 오바마 대통령과 후진타오 주석이 [전화] 통화를 함. 후진타오 주석은 "대만 및 티베트 문제가 중국의 주권, 국가 통합 및 중국의 핵심 이익과 연관되어 있기 때문에, 이런 문제가 잘 처리되는 것이 미·중 관계의 안정적 발전에 있어서도 매우 중요하다"는 점을 오바마 대통령에게 전달함.

4월 12일 2010년 핵안보정상회의(核安全峰會, Nuclear Security Summit)가 미국 워싱턴 컨벤션센터에서 열림. 오바마 대통령과 후진타오 주석이 이 회의에 참석하여 별도의 회견 자리를 가짐. 이 자리에서 후진타오 주석은 5개의 주장[78]을 제시함.

5월 24일 제2차 미·중 전략·경제대화가 중국 베이징 인민대회당에서 개막됨. 후진타오 주석이 개막식을 주재함. 왕치산 중국 국무원 부총리, 힐러리 클린턴 미국 국무부 장관, 다이빙궈 중국 국무위원, 가이트너 미국 재무부 장관이 연설을 함. 이어서 각 해당 부문별로 에너지 안보, 기후 변화, 유엔의 평화유지, 대 테러리즘 대처 등에 대한 협상과 회담이 이루어짐.

6월 28일 캐나다 토론토에서 열린 제4차 G20 정상회의 기간에 오바마 대통령과 후진타오 주석이 회견함. 오바마 대통령은 "미국 정부는 중국 정부의 [경제]발전과 성공에 찬사를 보내며, 앞으로의 [발전적인] 양자관계를 추진하기 위해서 [양국 정부가] 함께 노력할 필요가 있다. 또한 양국 공동의 이익을 확대시키자"는 의견을 표명함. 후진타오 주석은 "국제 형세가 복잡하게 변화하고 있다. 중국 정부는 미국 정부와 함께 실무적인 협력을 심화하여 중대한 국제문제 및 지역문제에 관해 소통과 협조를 강화하겠다"고 답변함.

7월 8일 미국 재무부가 국회에 〈국제경제와 환율정책보고서〉를 제출함. 이 보고서를 통해 재무부는 중국이 인민폐와 미 달러 간의 환율을 조작하고 있다는 문제를 제기함.

8월 6일 미국 국방부 대변인은 한미연합 군사훈련에 미국이 USS 조지 워싱턴(George Washington) 항공모함을 파견한다는 계획을 발표함.

8월 16일 미국 국방부가 〈미 의회 연차보고서: 2010년 중국의 군사안보발전〉을 발표함.

---

78 후진타오 주석이 언급한 5개의 주장 내용을 요약하면 다음과 같음. 첫째, 미·중 관계가 나아갈 정확한 방향을 견지하고, 실제적인 행동을 취해 진면적 전략적 협력 관계를 점진적으로 발전시켜 나간다. 둘째, 서로의 핵심이익을 존중하고 배려한다. 셋째, 각 부문의 고위급 및 그 이하급의 교류를 유지하고, 제2차 미·중 전략 및 경제 대화에서 논한 것을 추진하도록 하며, 양국간의 인문 교류 메커니즘을 구축한다. 넷째, 실무적인 협력을 심화시킨다. 다섯째, 중대한 국제 및 지역 문제에 대한 상호간의 소통과 협조를 강화해 나간다.

8월 25일 미국 미·중 전국산업위원회(US-China Business Council: USCBC)는 "미국 정부가 중국산 타이어에 대한 관세조치(세이프가드)를 실시한 지 1년이 되었지만, 미국의 타이어 제조업에 도움이 되기보다는 미국의 소비자의 부담을 가중시켰다"고 발표함.

9월 23일 미국 뉴욕에서 원자바오 중국 총리와 오바마 대통령이 회견함. 원자바오 총리는 이 자리에서 "미·중 관계가 이미 양국관계를 넘어서 세계에서 가장 중요한 영향을 미치고 있다. [미·중의 이익이] 일치하지 않는 것 보다 공동의 이익이 훨씬 크다. [미·중 간의] 모순과 불일치는 대화와 협력을 통해서 해결할 수 있으며 미·중 관계가 계속 앞으로 발전할 수 있다"는 내용을 오바마 대통령에게 전달함.

9월 28일 첸리화(錢利華) 중국 국방부 외사판공실 주임과 게이츠 미국 국방부 장관은 중국 베이징에서 국방부 최고위급 회담을 가짐. 이들은 양국 군의 발전과 협력에 대한 의견을 나눔.

9월 29일 미국 하원이 찬성 348 대 반대 79의 결과로 〈환율 개혁을 통한 공정한 무역 추진법〉을 통과시킴. 중국 측은 이 법안이 자국에 압력을 넣기 위한 것이라며 반발함.

10월 11일 베트남 하노이에서 열린 아세안 국방부장 확대회의를 참석한 량광례중국 국무위원 겸 국방부 부장과 게이츠 미국 국방부 장관은 별도의 회담 자리를 갖고, 양국 군관계의 상호 발전에 대한 의견을 나눔.

11월 11일 한국 서울에서 제5회 G20 정상회담이 개최됨. 오바마 대통령과 후진타오 주석이 정상회담에 참석하여 회견함.

12월 6일 후진타오 주석과 오바마 대통령이 [전화]통화를 함. 후진타오 주석은 "중국 정부가 한반도 [긴장]상황에 있어서 미국과 함께 긴밀한 소통과 협조를 할 것이며 한반도와 동북아의 안정을 유지하고 보호할 것이다"라는 입장을 전달 함. 오바마 대통령은 "한반도의 상황이 동아시아의 안보에 영향을 미치며, '한반도의 비핵화'와 같은 공통된 목적을 위해서 미국이 중국이 함께 긴밀한 협력을 하기를 원한다."라고 의견을 표명함.

12월 10일 미국에서 열린 제11차 미·중 국방부 국방사무 협상회의에 마샤오톈 중국 인민해방군 부총참모장과 게이츠 미국 국방부 장관이 참석하여 회의를 주관함. 양측은 미·중 양군의 관계, 양국의 국방과 군대건설, 국제문제 및 지역문제에 관한 의견을 교환함.

2011년

1월 10일 게이츠 미국 국방부 장관이 중국을 방문하여 중국 국가 부주석 겸 중앙군사위원회 부주석 시진핑(習近平)을 만남. 시진핑 부주석은 양국 군이 사이 활발히 교류할 필요가 있다는 입장을 전달함.

1월 11일 게이츠 미국 국방부 장관은 중국 국가주석 겸 중앙군사위원회 주석인 후진타오와 회담 자리를 가짐.

1월 18일 후진타오 중국 국가주석이 미국을 방문함.

2월 28일 중국 정부는 미국 정부가 중국산 새우 및 다이아몬드 공구에 반덤핑 제재 조치를 취한 것에 반발하여 WTO에 미국을 제소함.

5월 11일 제3회 미·중 전략·경제대화와 제1회 미·중 전략안보 대화가 미국 워싱턴에서 개최됨.

5월 16일 천빙더 중국 인민해방군 총참모장이 미국을 방문함.

7월 10일 마이크 뮐렌(M. Mullen) 미국 합동참모본부 의장이 중국을 방문함.

7월 16일 중국 정부의 상한 반발에도 불구하고 오바마 대통령이 티베트의 달라이 라마를 접견함.

8월 18일 조 바이든(J. Biden) 미국 부통령이 중국을 방문함.

9월 20일 중국 정부가 미국산 닭고기 수입에 대해 보복성 반덤핑 조치를 취하자 미국 정부가 중국을 WTO에 제소함.

9월 21일 오바마 정부가 58억 달러 상당의 대만에 대한 무기수출 계획을 의회에 통보함. 이 계획에는 대만의 F-16 A/B 전투기 145대를 업그레이드하는 계획이 포함되어 있음. 같은 날, 중국 정부는 이를 강력하게 비판함.[79]

10월 3일 중국이 러시아와 함께 유엔 안전보장이사회의 시리아 규탄 결의안에 거부권을 행사하자 미국은 이를 강력하게 비난함.

11월 12일 미국 하와이에서 개최된 제23차 아시아-태평양 경제협력체 회의에서 오바마 미국 대통령은 중국이 포함되어 있지 않은 '환태평양 자유무역지역'에 대한 계획을 발표함.

11월 19일 인도네시아에서 개최된 제6회 동아시아 정상회의(East Asia Summit: EAS)[80]에 미국 정부가 18번째 회원국으로 가입함. 본 회담에서 오바마 대통령이 미얀마(버마)와의 관계 개선 계획을 발표함. 이에 중국《신화통신》은 "미국의 아시아 중시전략이 중국을 봉쇄하기 위한 정책이 아닌가?"라고 보도함.

2012년

1월 5일 미국이 새로운 '방위전략지침'(Defense Strategic Guidance: DSG)[81]을 발표함. 같은 날, 오바마 대통령은 〈미국의 전 세계 지도자 지위 유지: 21세기 국방의 우선 임무〉발표에서 "중국은 이미 지역 대국

---

79 그러나 이번의 중국 측의 항의에는 종래에 미국 정부의 대 대만 무기판매 결정 시에 지속적으로 언급되었던 "미·중 군사 관계를 단절"의 언급은 없었음.

80 동아시아 정상회의는 1997년 아시아 금융위기에 대한 공동 대처를 목표로 아세안 10개국과 한·중·일 3개국이 참여하는 아세안+3 외무장관회의에서 출발하여 2005년 12월 공식 출범함.

81 미국은 본 지침은 "중국과 이란이 비균형적인 방법을 통해 미국의 군사력 투사를 억제하려 한다. 이를 뛰어넘기 위해 미국은 필요한 만큼 투자할 것"이라는 주요 내용을 포함하고 있음.

이며, 여러 방면에서 미국 경제와 안보 이익에 영향을 미칠 수 있는 능력을 가지고 있다"고 언급함.

1월 24일 오바마 대통령은 '공정무역조사'를 전담하는 부서를 신설할 것임을 연두교서를 통해 발표함. 또한 오바마 대통령은 "이 같은 부서가 불공평한 무역조치를 취하는 중국과 같은 나라를 조사하는 역할을 할 것"이라고 언급함.

2월 4일 중국이 러시아와 함께 시리아의 알아사드(Bashar al-Assad) 대통령에게 사퇴를 요구하는 유엔 안전보장이사회의 결의안에 거부권을 행사함. 이에 힐러리 클린턴 국무부 장관은 중국의 이러한 선택을 "비열(despicable)"하다고 비판함.

2월 6일 왕리쥔(王立軍) 중국 충칭(重慶)시 부시장이 미국 총영사관에 보호 및 망명을 신청하고 충칭시의 당서기인 보시라이(薄熙來)를 고발함. 그 후 왕리쥔은 중국 공안에 자수하였으며 이로 인해 중국 전역에 보시라이 사건[82]이 알려짐.

2월 13일 시진핑 부주석이 미국 워싱턴 등을 방문함.

3월 12일 미국 정부는 중국 정부가 미국산 희토류 수출을 제한한 조치에 대해 WTO에 제소함.

4월 27일 중국의 민주운동가 천광청(陳光誠)이 주 중국 미국 대사관에서 6일 동안 숨어 지냈다는 사건이 알려짐. 미국 정부는 그에게 의료적 지원 등을 제공하기 위해 중국 정부와 협의를 진행함.

5월 2일 중국 베이징에서 제4차 미·중 전략·경제대화와 제2차 미·중 전략안보대화가 개최됨.

5월 19일 중국 정부는 민주운동가 첸광청의 미국 망명을 허용함.

5월 25일 중국 정부는 미국 정부가 중국산 제품에 대해 무역 규제조치를 한

82 보시라이 사건은 보시라이 충칭시 당서기의 심복이었던 왕리쥔이 충칭시 공안국장에서 직위 해제된 직후인 2012년 2월 6일 미국 총영사관에 망명을 시도하면서 보시라이와 관련된 비리들이 드러난 초대형 정치 스캔들을 의미함.

것에 대해 WTO에 제소함.

6월 2일 싱가포르에서 열린 제11차 아시아 안보회의[83](일명 샹그리라 대화)에서 미국 측은 2020년까지 상당부분의 미국 해군 전함을 태평양 지역으로 파견할 예정임을 발표함. 그러나 동시에 이와 같은 미국의 계획이 중국을 억제하고자 하는 것이 아님을 재차 강조함.

7월 5일 중국 정부가 미국산 자동차에 대한 보복성 관세를 부과하자 미국 정부는 이를 WTO에 제소함.

7월 31일 미국 정부가 중국의 쿤룬은행(崑崙銀行)에 대해 이란과 거래한 혐의로 제재조치를 취함.

9월 5일 힐러리 클린턴 미국 국무부 장관이 중국을 방문하여 후진타오 국가 주석, 시진핑 부주석, 원자바오 국무원 총리, 리커창 국무원 부총리 등과 회견 자리를 가짐.

9월 17일 리온 파네타(L. Panetta) 미국 국방부 장관이 중국을 방문함. 이는 파네타가 2011년 취임한 이후 처음으로 중국을 방문한 것임. 파네타는 이번 중국을 방문의 목적을 "남중국해 분쟁에 대해 관련 국가들 간에 평화적 해결을 바란다는 미국 측의 입장을 전달하기 위한 것"이라고 언급함.

10월 8일 미국 하원 정보위원회는 화웨이(華爲)[84] 등 중국 기업이 미국의 지적 소유권을 위협하고 있다는 내용의 보고서를 발표함.

11월 7일 미국 국제무역위원회는 중국의 태양전지 반덤핑 문제에 관한 투표를 실시함. 투표 결과 본 위원회는 중국산 태양전지가 미국 국내 산업에게 실질적 손실을 준다고 만장일치로 인정함.

11월 20일 캄보디아 프놈펜에서 열린 제7회 동아시아 정상회의에 참석한 오바마 미국 대통령과 원자바오 중국 국무원 총리가 회담 자리를 가

---

83 아시아 안보회의는 영국 국제전략문제연구소(IISS)가 지난 2002년부터 매년 주관해 온 회의로 첫 회의가 싱가포르 샹그리라 호텔에서 개최돼 '샹그리라 대화'라고도 함.

84 중국 최대의 통신장비업체로서 중국의 대표적인 사영기업(私營企業)임.

짐. 오바마 대통령은 "미·중 간 협력이 아태지역과 더 나아가 세계 안전과 번영에 매우 중요하다"고 표명함. 이 회담에서 원자바오 총리는 "미·중 관계는 세계에서 가장 중요한 양자관계 중의 하나이다"라는 표현을 사용함.

12월 4일 미국 하원은 '댜오위다오(釣魚島, 일본명 센카쿠열도) 문제'에 관한 〈2013년 국방 수권법 수정안〉[85]을 통과시킴.

2013년

1월 24일 미국 하원에서 열린 국무부 장관 청문회에서 존 케리(J. Kerry) 의원은 "중국을 적수가 아닌 협력 동반자로 본다"고 표명하고 아태지역에 군대를 증가하는 것을 강력히 반대함.

3월 14일 중국의 새 국가주석으로 당선된 시진핑은 당선 후 바로 미국 대통령 오바마와 전화 통화를 함. 양국은 전략적 갈등이 아닌 건강한 경쟁을 바탕으로 한 "신형 대국 관계"를 만들기 위해 함께 노력하기로 합의함.

3월 19일 시진핑 중국 주석이 제이콥 루(J. Lew) 미국 재무부 장관과 회견 자리를 가짐. 이는 제이콥 루 미국 대통령 특사이자 재무부 장관이 장관으로 취임한 이후 첫 외국 방문임. 또한 제이콥 루는 시진핑 중국 국가주석이 주석 당선 이후 처음으로 접견한 외국 고위관료임.

3월 20일 왕이(王毅) 중국 외교부 부장이 존 케리 국무부 장관과 통화함.

4월 13일 시진핑 중국 국가주석이 케리 국무부 장관과 회견 자리를 가짐. 시진핑 주석은 "상호간의 핵심 이익과 [경제]발전 경로의 자주적 선

---

85 이 수정안은 미국이 댜오위다오의 최종 주권에 대한 입장을 표명하는 것은 아니었으나 일본 측이 이 섬에 대해 시행한 '행정관할권'을 [미국 정부가] 인정하는 것을 주요 내용으로 함.

택을 존중하고 [미·중 간의] 불일치를 잘 처리해야 큰 갈등을 피할 수 있을 것"이라고 지적함. 같은 날, 미국의 존 케리 국무부 장관은 중국의 국무원 총리 리커창과도 회견함.

4월 15일 제2차 미·중 주지사 논단(China-U.S. Governors Forum)이 중국의 베이징과 텐진(天津)에서 열림.

4월 21일 마틴 뎀프시(M. Dempsey) 미국 합동참모본부 의장이 중국을 방문함. 이는 미국과 중국의 지도부 교체 이후 양국 군대의 고위급 인사가 처음으로 접촉한 것임.

4월 22일 뎀프시 의장이 팡펑후이(房峰輝) 중국 인민해방군 총참모장과 회담을 가짐.

4월 23일 뎀프시 의장이 중국의 시진핑 주석을 만남. 시진핑은 "미국과 중국 양군의 관계가 양국 협력 관계의 중요 부분"이라고 언급함.

4월 24일 뎀프시 의장이 중국 국방대학교를 방문함.

5월 28일 왕양(汪洋) 중국 국무원의 부총리가 중난하이에서 미국 대통령 국가안전보좌관인 토머스 도닐런(T. Donilon)을 접견함.

6월 7일 미국에서 오바마 미국 대통령과 시진핑 중국 국가주석이 정상회담을 개최함. 회담 이후의 공식발표를 통해 "(양국 정상은) 신형 대국 관계를 위해 함께 노력하고 서로 존중하여 양국 모두 이익을 취하고, 양국뿐만 아니라 전 세계에 평화를 가져오기 위해 노력하기로 합의하였다"고 함.

7월 10일 제5차 미·중 전략·경제대화가 미국 워싱턴에서 열림. 왕양 중국 국무원 부총리, 양제츠 국무위원, 존 케리 미국 국무부 장관 그리고 제이콥 루 미국 재무부 장관이 함께 회의를 주재함.

7월 30일 미, 중 양국 정부가 윈난성 쿤밍(昆明)시에서 인권회담을 개최함. 리쥔화(李軍華) 외교부 국제사(司, 한국의 국에 해당) 사장과 우즈라 제야(U. Zeya) 미국 국무부 민주주의·인권·노동 담당 차관보가 수석 대표로 참석함.

9월 6일 시진핑 중국 주석이 러시아의 상트페테르부르크(St. Petersburg)에서 오바마 미국 대통령을 회견함. 양국 정상은 "신형 대국 관계 구축을 위해 함께 노력하고, 대화와 협력을 심화시키고, 양자관계에서 더 많은 협력점을 찾으며, 소통과 협조를 강화하기 위해 노력할 것"임을 재천명함.

9월 9일 미국 하와이에서 미국 해군과 중국 인민해방군 해군이 공동 수색구조훈련(Search and Rescue: SAR)을 진행함.

10월 30일 어니스트 모니즈(E. Moniz) 미국 에너지부 장관이 중국을 방문함.

11월 5일 왕이 중국 외교부 부장이 메리트 폴슨(M. Paulson) 전(前) 미국 재무부 장관을 만남. 양측은 미·중 관계 및 양국 경제무역협력 등 문제에 관하여 의견을 교환함.

11월 7일 리커창 중국 국무원 총리가 중난하이에서 메리트 폴슨 전(前) 미국 재무부 장관과 회견함.

11월 8일 미국의 핵추진 항공모함 USS 조지 워싱턴호가 홍콩을 방문함.

11월 15일 시진핑 중국 국가주석은 댜오위타이(釣魚臺) 국빈관에서 제이콥 루 미국 대통령의 특사 겸 재무부 장관을 접견함.

11월 18일 시진핑 중국 국가주석은 인민대회당에서 전(前) 미국 대통령 빌 클린턴과 회견함.

참고문헌

■ 한국어 원문 자료

네이버 뉴스라이브러리 데이터베이스 원문검색(1949-1999)

http://newslibrary.naver.com

■ 영어 원문 자료

ABC News(1949~2010)

http://www.abcnews.go.com/WN/China/fullpage?id=5444365

BBC News(1949~2002)

http://news.bbc.co.uk/2/hi/1258054.stm

Reuters(1949~2008)

http://www.reuters.com/article/2009/11/16/idUSPEK38632

CFR(Council on Foreign Relations)(1949~2012)

http://www.cfr.org/china/us-relations-china-1949---present/p17698

CRS(Congressional Research Service) Report(1992~2000)

http://wlstorage.net/file/crs/97-484.pdf

US Department of State(Chronology of U.S.-China Relations)(1784~2000)

http://history.state.gov/countries/issues/china-us-relations

Stratfor Global Intelligence(2008~2013)
http://www.stratfor.com/topics/politics/u.s.-china-relations

PBS(Public Broadcasting Service)(1945~2003)
http://www.pbs.org/wgbh/pages/frontline/shows/china/etc/cron.html

NPR Timeline(U.S. China Economic Relations)(1972~2009)
http://www.npr.org/templates/story/story.php?storyId=120404238

Timelines of History
http://www.timelines.ws/20thcent/1978.HTML

▣ 중국어 원문 자료

□ 단행본

劉連第編著. 2001. 中美關系的軌跡-1993-2000年大事縱覽. 北京：時事出版社.

劉連第、汪大為編著. 2000. 中美關系的軌跡：建交以來大事縱覽.北京: 時事出版社.

陶文釗. 2004. 中美關系史.上海：上海人民出版社.

______. 2004. 中美關系史：1972—2000 . 下卷. 上海：上海人民出版社.

陶文釗、仲掌生合著. 2001. 中美關系100年. 北京：中國社會科學出版社.

夏林根、於喜元 主編. 1992. 中美關系辭典. 大連：大連出版社.

熊誌勇. 2009. 中美關系60年. 北京：人民出版社.

中華人民共和國通鑒編委會(編). 2000. 中華人民共和國通鑒(1949-2000年). 沈阳：遼寧人民出版社.

□ 웹사이트

奧巴馬第一任期内中美關系大事記(2009-2012)
http://www.sdccass.cn/web/c_000000120007002/d_4386.htm

路透社: 2010年中美關系大事記
http://cn.reuters.com/article/wtNews/idCNCHINA-2014220100401?pageNumber=1&virtualBrandChannel=0

美國大使館：雙邊關系大事記(1979-2008)
http://chinese.usembassy-china.org.cn/bilateral.html

搜狐：中美關系大事記(1972-2008)
http://news.sohu.com/20081210/n261134795.shtml

網易：中美關系大事記(1949-1991)
http://news.163.com/09/0811/20/5GFCGBQ900013KCL.html

網易：2012年中美關系大事記
http://news.163.com/12/1224/07/8JFL2GG300014AED.html

新華社：中美政治關系大事記（1971-2008）

http://www.chinamil.com.cn/site1/xwpdxw/2009-04/02/content_1711113.htm

1995年5月22日, 1998年3月14日

新華社：中美經貿關系大事記(1979-2007)

http://www.chinamil.com.cn/site1/xwpdxw/2008-12/31/content_1604419.htm

新華網：中美軍事交流(1989-2008)

http://news.xinhuanet.com/ziliao/2002-01/28/content_257250.htm

新華網：1972年以來中美雙邊關系大事記(1972-2012.2)

http://news.xinhuanet.com/ziliao/2002-10/18/content_600350.htm

新華網：中美關系

http://news.xinhuanet.com/ziliao/2006-03/21/content_4325921.htm

中國國情網：中美關系

http://guoqing.china.com.cn/node_7151374.htm

中共中央文獻研究室：鄧小平與1989-1993年的中美關系

http://www.wxyjs.org.cn/wxzj_1/dbzb/201309/t20130906_144486.htm

中國與美國教育交流簡況

http://www.sino-education.org/exchange/brief.htm

1972年以來的中美高層會晤與接觸

http://news.xinhuanet.com/ziliao/2012-02/15/c_122705407.htm

2009年終盤點：中美關系--國際--人民網

http://world.people.com.cn/GB/8212/177063/

부록 Ⅱ

국내에서 출간된 미·중 관계 관련 자료 목록(1972~2014. 3)

* 본 자료는 국회도서관, 국립중앙도서관 등의 국가 데이터베이스와 대학 도서관의 데이터베이스를 활용해 수집하였으며, 제목과 키워드에서 연구 중점이 미중관계에 있음이 명확하게 드러난 자료를 중심으로 정리하였음.

1. 학술지

논문명	저자명	수록지명	발행자	발행년
미-중관계의 진화: '전략적 경쟁' 단계로의 진입?	정재호	중소연구, 제37권 제4호	한양대학교 아태지역 연구센터	2014. 03
탈냉전 이후 미중관계와 향후 전망	박한규	사회과학연구, 제25권 제1호	충남대학교 사회과학 연구소	2014. 01
미국과 중국의 패권경쟁과 북한의 전략	구본학	신아세아, 제20권 제4호	신아시아 연구소	2013. 12
아태지역에서의 G2 체제	김성한	전략연구, 제60권	한국전략 문제연구소	2013. 11
사이버 안보와 미중관계	장노순	JPI Peace Net, 제11호	제주평화 연구원	2013. 11
"새로운 형태의 강대국 관계" 구상과 미-중관계	김재철	중소연구, 제37권 제3호	한양대학교 아태지역 연구센터	2013. 09
시진핑시기 미중 새로운 강대국 관계 형성 전망과 대한반도 정책	김흥규	국방연구, 제56권 제3호	국방대학교 안보문제 연구소	2013. 09
중국의 패권경쟁 가능성과 미국의 정책대응	박홍석	평화연구, 제21권 제2호	고려대학교 평화연구소	2013. 09
불안한 미중관계와 한반도의 미래	서보혁	내일을 여는 역사, 제52권	내일을 여는 역사	2013. 09
글로벌 금융위기 이후 중미 관계와 대만문제	신종호	국방연구, 제56권 제3호	국방대학교 안보문제 연구소	2013. 09
미 · 중 민족주의의 특성과 양국관계: 메시아니즘과 천자관의 조우	서정경	국가전략, 제19권 제3호 통권 제65호	세종연구소	2013. 08
중미관계에 대한 중국의 인식: '이익 상관자', 'G2'와 '신형강대국관계'를 중심으로	이정남	현대중국연구, 제15집 1호	현대중국 학회	2013. 08
미국의 대(對)중국 외교안보 전략	신성호, 임경한 [공저]	전략연구, 제20권 제3호 통권 제59호	한국전략 문제연구소	2013. 07

논문명	저자명	수록지명	발행자	발행년
미 · 중관계와 한미동맹: 연루상황하 약소국의 전략적 선택	손한별	신아세아, 제20권 제2호 통권75호	신아시아 연구소	2013. 06
미 · 중관계의 변화 전망과 북한의 '자주적 생존전략'의 미래	김학성	세계지역연구논총, 제31집 1호	한국세계 지역학회	2013. 04
중국과 미국 간 발생한 WTO 저작물 유통사건에 관한 국제 통상법적 고찰	서은아	국제소송법무, 통권 제6호	한양대학교 법학연구소 국제소송법 센터	2013. 04
북한 핵문제와 미 · 중관계	안병준	외교, 제105호	한국외교 협회	2013. 04
미–중의 동아시아지역 질서관 비교 분석	주재우	아태연구, 제20권 제1호	경희대학교 국제지역 연구원	2013. 04
미중의 지역내 패권경쟁 가능성과 우리의 전략적 선택 방향	박창권	전략연구, 제57권	한국전략 문제연구소	2013. 03
제2기 오바마 행정부의 동아시아 전략과 미중관계: 남북한 한반도 정치에 미치는 영향과 대응방안	이수형	국방연구, 제56권 제1호	국방대학교 안보문제 연구소	2013. 03
중미관계의 변화와 한국의 선택	이재봉	한국동북아논총, 제18권 제1호 통권 66집	한국 동북아학회	2013. 03
중국의 부상을 보는 미국의 시각: 미 · 중 협력관계와 동북아 평화	김동현	국가와 정치, 제19집	성신여자대 학교 동아 시아연구소	2013. 02
중국의 미국 국채 보유 결정요인에 관한 실증연구	송정석, 손설남 [공저]	Journal of the Korean data analysis society, 제15권 제1호(B)	The Korean Data Analysis Society	2013. 02
중국의 부상에 대한 미국의 인식과 전략	박인휘	성균차이나브리프, 제1권 제1호 통권26호	성균관대학교 동아시아학술원 성균중국 연구소	2013. 01
미국의 對중국 포위전략과 한국의 대응방안	이재명	논문집, 제76집 1권–인문 · 사회과학편	육군3사관 학교	2013. 01

논문명	저자명	수록지명	발행자	발행년
미국의 대중국정책과 한반도 안보환경: 미국 패권의 상대적 쇠퇴 가능성과 중국의 부상과 관련하여	강근형	신아세아, 제19권 제4호 통권73호	신아시아 연구소	2012. 12
중국의 에너지안보정책과 중미관계 전망	박병광	동북아연구, 제27권 제2호 통권 제35호	조선대학교 사회과학연구원 동북아연구소	2012. 12
미 · 중 관계의 재설정	박봉식	북한, 통권492호	북한연구소	2012. 12
오바마 행정부의 동남아시아 접근정책과 미 · 중 관계	변창구	한국동북아논총, 제17권 제4호 통권65집	한국동북아 학회	2012. 12
미 · 중관계의 국제지형 변화와 한반도: 협력과 갈등의 이중주	유호근	정치 · 정보 연구, 제15권 제2호 통권 31호	한국정치 · 정보학회	2012. 12
1989년 이후 이중적 중미관계: 장저민과 클린턴의 인지지도 분석을 중심으로	정다훈	한국 시스템 다이내믹스 연구, 제13권 제3호	한국 시스템 다이내믹스 학회	2012. 10
미 · 중관계 변화와 한국의 외교전략	김주삼	한국동북아논총, 제17권 제3호 통권64집	한국동북아 학회	2012. 09
미중관계와 아시아 투자 거버넌스의 동학	김치욱	한국정치학회보, 제46집 제4호	한국정치 학회	2012. 09
중국의 '새로운 형태의 대국관계' 구상과 미 · 중 관계	이동률	동아시아브리프, 제7권 제3호 통권25호	성균관대학교 동아시아학술원 동아시아지역 연구소	2012. 08
China and the United States in East Asia: Dynamics of Contending	Shi Yinhong	전략연구, 제55권	한국전략문제연구소	2012. 07
중미관계변화와 한반도평화	곽덕환	사회과학연구, 제23권 제3호	충남대학교 사회과학 연구소	2012. 07
반복게임과 엔드게임 사이에 갇힌 한반도: 「분단의 히스테리: 공개문서로 보는 미중관계와 한반도」, 홍석률 저: 「북미 대립: 탈냉전 속의 냉전 대립」, 상달중 · 이정철 · 임수호 저 〈서평〉	김준형 [평]	통일과 평화, 제4집 제1호	서울대학교 통일평화 연구원	2012. 06

논문명	저자명	수록지명	발행자	발행년
신 브레튼 우즈 체제와 미중관계의 경제적 구조	백창재, 조형진	한국정치연구, 제21집 제2호	한국정치 연구소	2012. 06
미중일 관계의 전망에 대한 이론적 검토: 통합적 이론으로서 위협균형/위협전이론	신욱희	아시아 리뷰, 제2권 제1호	서울대학교 아시아연구소	2012. 06
미 · 중 전략대화와 미중관계의 전개	한석희	정세와 정책, 통권194호	세종연구소	2012. 06
중국의 엘리트 정치와 중미 관계 회복, 1969년 1월~1972년 2월	씨아야펑 [저]; 박대진 [역]	신아세아, 제19권 제1호 통권70호	신아시아 연구소	2012. 03
아세안(ASEAN)의 강대국 외교관계: 미국과 중국 사이에서	이동윤	국제관계연구, 제17권 제1호 통권 제32호	고려대학교 부설 일민국제 관계연구원	2012. 03
2008년 경제위기와 미중관계의 변화, 한국의 전략	전재성	한국과 국제정치, 제28권 제1호 통권 제76호	경남대학교 출판부	2012. 03
시진핑의 방미와 미중 관계	한국국제문제연구원 국제문제 편집실 [편]	국제문제, 제43권 3호 통권499호	한국국제 문제연구원	2012. 03
G2 관계 변화와 미국의 대중정책의 딜레마	김준형	국가전략, 제18권 제1호 통권 제59호	세종연구소	2012. 02
세계무역불균형과 미국의 대중 경제제재의 실효성	김동훈	국방연구, 제54권 제3호	국방대학교 안보문제 연구소	2011. 12
미중관계의 장래와 한국 외교	백창재	한국과 국제정치, 제27권 제4호 통권 제75호	경남대학교 출판부	2011. 12
미국이 선택한 '아시아 태평양 시대'는 중국 견제?	박계향	군사세계, 통권192호	21세기군사 연구소	2011. 11
미–중 관계의 변화와 한국의 중견국가 전략: 이론, 인식과 정책	윤대엽	통일연구, 제15권 제2호	연세대학교 통일연구소	2011. 11
G2시대 미중 세력관계의 변화와 글로벌안보환경: 한국의 안보정책에 미치는 영향	박인휘	안보학술논집, 제22집 상	국방대학교 안보문제 연구소	2011. 10
미–중관계의 변화와 한국의 외교전략	김재철	중소연구, 제35권 제3호 통권131호	한양대학교 아태지역연구센터	2011. 09

논문명	저자명	수록지명	발행자	발행년
중-미 양국정부 국제분계인지의 전략소계: 권력전이의 이론적관점 분석	김남이	한국비교정부학보, 제15권 제2호	한국비교 정부학회	2011. 08
(The) global financial crisis and a change in China's View of the U.S.: Analaysis of academic Perspectives	이정남	세계지역연구논총, 제29집 2호	한국세계 지역학회	2011. 08
G2시대의 세계질서 전망과 한국의 외교정책	박인휘	정책연구, 통권169호	국가안보 전략연구소	2011. 06
미중관계의 과거, 현재, 미래: 협력자 혹은 경쟁자	주형민	평화연구, 제19권 1호	고려대학교 평화와 민주주의 연구소	2011. 04
미국의 대중정책과 향후 미 · 중 관계 전망	최우선	외교, 제97호	한국외교 협회	2011. 04
21세기 변화 중의 미중관계와 북핵문제	김흥규	한국과 국제정치, 제27권 제1호 통권 제72호	경남대학교 출판부	2011. 03
기후변화의 국제정치와 미-중관계	신범식	국제정치논총, 제51집 1호	한국국제 정치학회	2011. 03
미중 군사관계의 미래	이동선	전략연구, 제18권 제1호 통권 제51호	한국전략 문제연구소	2011. 03
새 시대의 중미관계와 한반도의 길	강정구	평화누리 통일누리, 통권 제101호	평화와 통일을여는 사람들	2011. 01
갈등과 협력의 G2체제에 대한 분석과 전망	김재관	안보학술논집, 제21집 제1호	국방대학교 안보문제 연구소	2010. 12
탈냉전시기 중국군 현대화와 미-중 관계의 상관관계 분석	김흥규	안보학술논집, 제21집 제1호	국방대학교 안보문제 연구소	2010. 12
미중분쟁 가능성과 한국의 안보전략	정경영	군사논단, 통권 제64호	한국군사 학회	2010. 12
미중관계와 동북아	이수훈	한반도 포커스, 제10호	경남대학교 극동문제 연구소	2010. 11
한 · 미 연합 훈련과 미 · 중 관계	나영주	국제문제, 제41권 8호 통권480호	한국국제 문제연구원	2010. 08

논문명	저자명	수록지명	발행자	발행년
미중관계의 변화전망과 한국의 대외 안보협력 방향	박창권	국방정책연구, 제26권 제2호 통권 제88호	한국국방연구원	2010. 07
동아시아지역을 둘러싼 미중관계: 중국의 해양대국화를 중심으로	서정경	국제정치논총, 제50집 2호	한국국제정치학회	2010. 06
미국 의회의 중국비판과 미-중관계: 부시행정부 시기를 중심으로	김재철	국제정치논총, 제49집 4호	한국국제정치학회	2009. 12
동아시아에서의 중국의 부상과 중미관계	이동률	국제문제연구, 제9권 제4호 통권36호	국가안보전략연구소	2009. 12
얄타회담 전후를 통해 본 중미관계	정형아	역사와 실학, 제40집	역사실학회	2009. 11
미국 대외정책의 관습과 21세기 미중관계의 전망	이현휘	미국사연구, 제29집	한국미국사학회	2009. 05
최근 미 · 중 통상관계의 특성: 미국 발 금융위기의 영향을 중심으로	한광수	동북아경제연구, 제21권 제1호	한국동북아경제학회	2009. 04
오바마 시대의 미중관계: 세력균형과 이익균형의 사이	박홍서	동아시아브리프, 제4권 제1호 통권13호	성균관대학교 동아시아학술원 동아시아지역연구소	2009. 03
신자유주의 시각에서 본 미 · 중 경제협력: 전략경제대화(Strategic Economic Dialogue)를 사례로	서정경	국제정치논총, 제49집 1호	한국국제정치학회	2009. 03
양안관계에 있어서 미국의 변수와 역할	박광득	사회과학연구, 제15집 제1호	대구대학교 사회과학연구소	2009. 02
미중 경제, 구조적 상호의존 관계: 미국은 중국의 자본에… 중국은 미국의 시장에	김기수	친디아 저널, vol. 29	포스코경영연구소	2009. 01
미중 관계구도에 새로운 변화 오나: 중국의 정책 의지가 미중 관계에 미치는 영향 커질 듯	이동률	친디아 저널, vol. 29	포스코경영연구소	2009. 01
오바마 시대, 미중 관계와 한국의 선택: 미국이 북한과 직접대화에 나서게 되는 경우	한광수	친디아 저널, vol. 29	포스코경영연구소	2009. 01

논문명	저자명	수록지명	발행자	발행년
탈냉전 초기 중국의 대미안보전략	이원봉	아태연구, 제15권 제2호	경희대학교 아태지역 연구원	2008. 11
중국의 다자안보협력 전략과 미·중 관계: ARF, SCO, 6자회담 분석을 중심으로	신종호	중소연구, 제31권 제4호 통권 제116호	한양대학교 아태지역 연구센터	2008. 02
미중 경제관계의 전략적 이해: 상호의존과 경쟁	김기수	세종정책연구, 제3권 제2호 통권 제6호	세종연구소	2007. 11
21세기 동아시아의 지정학: 미국의 동아태지역 해양패권과 중미관계	이삼성	국가전략, 제13권 제1호 통권 제39호	세종연구소	2007. 04
미중관계와 한반도핵문제	안인해	중국학논총, 제20집	고려대학교 중국학 연구소	2006. 09
미국의 대중국·대만관계를 본다	국제문제 연구소 편집부 [편]	국제문제, 제37권 제8호 통권432호	국제문제 연구소	2006. 08
후진타오의 방미와 미·중 관계	김재철	정세와 정책, 통권 제119호	세종연구소	2006. 05
동북아 국제관계와 한국의 국가이익: 미·중·일 세력관계를 중심으로	박인휘	국가전략, 제11권 제3호 통권 제33호	세종연구소	2005. 09
미중 관계의 변화와 한국의 선택	이남주	황해문화, 통권 제48호	새얼문화 재단	2005. 09
국제전략환경의 변화와 중미관계	신종호	중소연구, 제29권 제2호 통권 제106호	한양대학교 아태지역 연구센터	2005. 08
미국의 MD 전략: 동북아 패권질서를 추구하는가	최종철	국제문제연구, 제5권 제2호 통권18호	국제문제 조사연구소	2005. 08
미국의 대만정책과 미·중 관계: 부시 행정부를 중심으로	한종수	한국동북아논총, 제10권 제2호 통권 제35호	한국동북아 학회	2005. 06
대만위기, 미-중관계, 그리고 동북아 안보	김재철, 박인휘 [공저]	전략연구, 제12권 제1호 통권 제33호	한국전략 문제연구소	2005. 03
부시 2기 행정부 등장과 중·미관계 전망	박병광	국제문제연구, 제5권 제1호 통권17호	국제문제 조사연구소	2005. 03

논문명	저자명	수록지명	발행자	발행년
미중 주도하의 세계경제 성장 구조와 신자유주의적 함정	조혜경	시민과 세계, 제7호	참여연대 참여사회 연구소	2005. 01
탈냉전 이후 중국과 미국의 관계: 협력과 갈등을 중심으로	서창호	한국동북아논총, 제9권 제4호 통권 제33호	한국동북아 학회	2004. 12
팍스 시니카 vs. 팍스 아메리카나	조해경	극동문제, 제 26권 제7호 통권 제305호	극동문제 연구소	2004. 07
한국전쟁과 중미관계의 변화: 미국의 중국이미지를 중심으로	강나영	동아시아연구, 제8호	고려대학교 BK21 동아시아 교육연구단	2004. 06
9 · 11 이후 미중관계 변화와 한반도	이태환	신아세아, 제11권 제2호 통권 제39호	신아세아질 서연구회 부설 신아세아 연구소	2004. 06
중국의 대미전략과 미중관계: 대만과 북핵문제를 중심으로	이태환	외교, 제69호	한국외교 협회	2004. 04
중국경제의 부상과 한반도에 대한 영향: 미 · 중 관계 및 동아시아 경제환경의 변화를 중심으로	한광수	동북아발전연구, 제7집	인천대학교 동북아발전 연구원	2004. 03
부시 행정부와 변화하는 미국의 대중정책: 적인가 동반자인가?	징동 유안	극동문제, 제25권 제11호 통권 제297호	극동문제 연구소	2003. 11
중미관계의 변화와 호금도체제의 대외정책 전망	형혁규	아태지역동향, 통권 제136호	한양대학교 아태지역 연구센터	2003. 05
21세기 중국의 대국화 신안보 전략: 미중 간의 안보외교를 중심으로	김재관	한국과국제정치, 제19권 제1호 통권 제40호	경남대학교 극동문제 연구소	2003. 03
중미관계와 동북아 안보	예세웅 [저]; 곽덕환 [역]	한국통일연구, 제8권 제1호	충남대학교 통일문제 연구소	2003. 03
미중일 관계와 동북 아시아의 안전: 중국과 미일 안보동맹을 중심으로	전배량 [저]; 방연실 [역]	국제학논총, 제8집	계명대학교 국제학 연구소	2003. 03

논문명	저자명	수록지명	발행자	발행년
패권, 다극화, 그리고 중-미 관계: 세계질서를 둘러싼 경쟁?	김재철	국제정치논총, 제42집 제4호	한국국제 정치학회	2002. 12
탈냉전기 중-미관계에 있어서 중국 민족주의의 역할	한석희	중소연구, 제26권 제3호 통권 제95호	한양대학교 아태지역 연구센터	2002. 11
게임 이론적 관점에서 본 탈냉전기 미중 관계: 미중 간의 갈등 관리 능력을 중심으로	최미진	동아시아연구, 제5호	고려대학교 BK21 동아시아 교육연구단	2002. 09
탈냉전기 중국의 대미 외교 전략	이동률	인문과학연구, 제8집	동덕여자대학교 인문과학연구소	2002. 04
9.11 테러 이후 미중관계 변화와 한반도	이태환	외교, 제61호	한국외교 협회	2002. 04
부시의 對중국정책의 변화: 對대만 군사안보정책의 강화	한양대학교 아태지역연구센터 [편]	아태지역동향, 통권 제123호	한양대학교 아태지역 연구센터	2002. 04
미 · 중 · 일 관계의 변화와 한국의 선택: MD를 둘러 싼 안전보장 문제를 중심으로	차주호	국제지역연구, 제11권 제1호	서울대학교 국제지역원	2002. 03
중-미 관계와 한반도의 평화 및 통일	김수현	동아시아연구, 제4호	고려대학교 동아시아 교육연구단	2002. 02
미 · 중 관계 변화가 한반도에 미치는 영향	김호준	국제정치연구, 제4집 제2호	동아시아 국제정치학회	2001. 12
강택민 시대 중국군 현대화와 중-미관계	이진영	사회과학논총, 제19집	경희대학교 사회과학 대학	2001. 12
중국의 종교정책과 미중관계	상마승	극동문제, 제23권 제11호 통권 제273호	극동문제 연구소	2001. 11
중국 민족주의가 대외관계에 미치는 영향: 중미관계를 중심으로	이동률	국제정치론총, 제41집 제3호	한국국제 정치학회	2001. 11
부시 행정부의 대중정책과 미중관계	신상진	국가경영전략, 제1권 제1호	성균관대학교 국가경영 전략 연구소	2001. 08

논문명	저자명	수록지명	발행자	발행년
부시의 대중정책 변화와 미–중관계: 전략적 경쟁관계를 중심으로	한석희	동서연구, 제13권 제1호	연세대학교 동서문제 연구원	2001. 08
미국 신행정부의 대중국 정책: '미 정찰기 충돌사건' 이후 미 · 중 관계 전망	김성한	외교	한국외교 협회	2001. 07
미국 부시행정부 출범 이후의 중 · 미 관계: 정찰기 충돌사건을 중심으로	강준영	국제지역연구, 제5권 제2호	한국외국어 대학교 외국학종합 연구센터	2001. 06
동북아에서의 중미 관계 변화와 남북한 관계	이기종	시민정치학회보, 제4권	시민정치 학회	2001. 06
미국과 중국의 숙명적 대결: 동북아 긴장의 기본구조	이상우	신아세아, 제27권	신아세아질 서연구회	2001. 06
미국 · 중국관계는 "1보 후퇴, 2보 전진"	국제문제 연구소 [편]	국제문제, 제369권	국제문제 연구소	2001. 05
동북아정세변동과 중미관계	최충식	사회과학논총, 제17호	상지대학교 사회과학 연구소	2001. 05
혼미속의 중미관계, 신냉전의 도래?	한양대학교 아태지역연구센터 [편]	아태지역동향, 제111호	한양대학교 아태지역 연구센터	2001. 04
미국의 NMD/TMD 체제 구상에 따른 동아시아의 국제질서: 미국과 중국의 관계를 중심으로	김재형	동아시아연구, 제2권	고려대학교 동아시아 교육연구단	2001. 02
부시 미대통령 후보의 당선과 중미관계	한양대학교 아태지역연구센터 [편]	아태지역동향, 통권 제108호	한양대학교 아태지역 연구센터	2001. 01
동북아의 정치적 안전보장 현황 1	로버트 A 스칼라피노	극동문제, 제255권	극동문제 연구소	2000. 05
불투명한 미 · 중관계	슈토 마시	극동문제, 제249권	극동문제 연구소	1999. 11
21세기 초반의 미–중 관계: 새로운 패러다임의 전개	고성빈	국방정책연구, 제45권	한국국방 연구원	1999. 07

논문명	저자명	수록지명	발행자	발행년
중 · 미관계의 오늘과 내일	전락희	국제문제, 제347권	국제문제 연구소	1999. 07
중국의 대미 정책과 미 · 중 관계 전망	박두복	외교안보연구, 제3권	외교안보 연구원	1998. 12
클린턴 대통령 방중을 계기로 본 미중 관계 변화와 전망	박원곤	국방논집, 제44권	한국국방 연구원	1998. 12
탈냉전 시기 중국의 외교 전략: 국내외 환경의 변화와 중미 갈등을 중심으로	한인희	정정, 제11호	건국대학교 대학원 정치학과	1998. 12
세기 교체시기의 중미관계	왕집사	중국학지, 제5권	한국중국학 연구센터	1998. 10
미중관계 전망과 한반도의 장래	안병준	통일연구, 제2권, 제1집	연세대학교 통일연구원	1998. 06
중국의 장래와 미국 · 일본과의 관계	로널드 모스	극동문제, 제229호	극동문제 연구소	1998. 03
동북아 신 국제질서에서의 미 · 중 관계	모세원	임해지역개발연구, 제17호	목포대학교 임해지역개발연구소	1997. 12
미국과 중국관계의 장래	송영우	정정, 제10호	건국대학교 대학원 정치학과	1997. 12
'문제영역(Issue-Area)'을 통해 본 탈냉전기 중-미관계 연구	박홍서	중국연구, 제19호	한국외국어대학교 외국학종합연구센터 중국연구소	1997. 06
중국 국방장관의 미 · 중관계에 관한 연설: 대만문제는 금후 미 · 중관계 발전의 열쇠	지호전	국제문제, 제321호	국제문제 연구소	1997. 05
구소련해체후 미중관계와 향후전망	안병준	전략연구, 제9호	한국전략 문제연구소	1997. 03
천안문사건 이후의 중 · 미 관계: 대만문제를 중심으로	문흥호	사회과학연구, 제10호	서원대학교 사회과학 연구소	1997. 02
중미 관계를 통해 본 남북 관계	안인해	통일경제, 제17호	현대경제 사회연구원	1996. 05

논문명	저자명	수록지명	발행자	발행년
중국의 대미정책	김호준	중국연구, 제14호	건국대학교 중국문제 연구소	1995. 12
냉전 후의 중미관계; 현황과 전망	예세웅, 이희옥, 우병국 [공저]	중소연구, 제60호	한양대학교 중소연구소	1993. 12
미 · 중관계의 안보적 중요성과 미국의 정책	금창환	국제문제, 제158호	국제문제사	1983. 10
미 · 중공군와 일 · 소 관계: 미–중공 「합의」와 「양해」의 아시아적 구조	이합식	정경연구, 제86호	정경연구소	1972

2. 단행본

도서명	저자명	발행지	발행자	발행년
한국의 전략적 선택: 미중 '소프트 패권경쟁' 시대	이상국, 서주석, 이명철 [공저]	서울	한국국방연구원	2013
미중관계와 한반도의 미래	이태환	파주	한울아카데미	2013
시진핑 시대 미중관계와 한국의 대중 전략	이태환	성남	세종연구소	2013
시진핑과 오바마: 미국과 중국 사이를 헤쳐 나가야 할 대한민국의 미래	이하원	파주	김영사	2013
미, 중 군사전략의 충돌 가능성과 한국의 대응	정철호	성남	세종연구소	2013
미중관계 2025	김병국, 전재성, 차두현, 최강 [공편]	서울	동아시아연구원: EAI	2012
중국의 굴기(崛起)와 미국의 전략(戰略): 미국과 중국, 전략적 동반자로 발전할 것인가 불가피한 적으로 남을 것인가	신성원	서울	행복에너지	2012
미중 소프트 패권경쟁시대 한국의 선택	이상국, 서주석, 이명철	서울	한국국방연구원	2012
미중 패권 경쟁과 한국의 전략적 선택	이춘근	서울	한국경제연구원	2012
동아시아 미 · 중 해양패권 쟁탈전: 미 · 중 해양력 세력전이와 천안함 피격사건을 중심으로	차도회	성남	북코리아	2012
제국의 전쟁: 중국 vs. 미국 누가 세계를 지배할 것인가	프랑수아 랑글레 [저]; 이세진 [역]	서울	소와당	2012
분단의 히스테리: 공개문서로 보는 미중관계와 한반도	홍석률	파주	창비	2012
미중관계 전망과 한국의 전략적 대응방향	박창권	서울	한국국방연구원	2010
오바마 행정부의 출범에 따른 미 · 중관계의 변화와 한반도	배정호	서울	통일연구원	2009
세계경제위기와 미 · 중관계 변화 연구: 북한 핵문제에 미치는 영향	황병덕, 신상진 [공저]	서울	통일연구원	2009

도서명	저자명	발행지	발행자	발행년
동북아시아 국제질서와 대미관계 1	김수현, 정욱식 [공저]	서울	진보정치연구소	2007
중국 · 미국관계와 대만문제: 한반도 문제와의 상관성 분석을 중심으로	문흥호	서울	국회 정보위원회	2006
21세기 미중관계: 적인가, 동반자인가?	류동원	부산	신지서원	2004
미–중 관계의 변화와 한반도의 미래: 위기로 맞을 것인가, 기회로 활용할 것인가	한광수	서울	삼성경제연구소	2003
미국 부시 행정부의 동아태 전략	김성한	서울	외교안보연구원	2002
미 · 중 · 일 삼각관계와 한반도	김성한	서울	외교안보연구원 연구실	2000
중 · 미관계와 한반도: 외교안보 및 통일문제를 중심으로	신상진	서울	통일연구원	2000
중국과 미국: 패권의 딜레마	Harry Harding [저]; 안인해 [역]	서울	나남출판	1995

3. 세미나

자료명	저자명	발행자	발행년
한국정치의 쟁점: 복지 논쟁과 미 · 중 관계	한국정치학회, 관훈클럽 [주최]	한국정치학회, 관훈클럽 주최	2011
북핵, 미중관계, 전시작전통제권과 한국의 안보	한림국제대학원대학교 외교안보정책연구소; 신아시아연구소 [공동주최]	한림국제대학원대학교, 신아시아연구소 [공동주최]	2006
한국의 평화를 위한 미 · 중 · 일 관계	서울평화상 문화재단	서울평화상 문화재단	2001
페리조정관 방북결과 및 미 · 중관계 코소보사태 평가	한국전략문제연구소	한국전략문제연구소	1999
국제정치구조 개편과 동북아 지역의 평화환경	박근	한양대학교 중소연구소	1995

4. 학위논문

논문명	저자명	대학	학위 년도
오바마정부의 아시아 중시 정책: 2008년 세계경제 위기, 중국의 부상 그리고 미국의 패권 재건축	김대홍	중앙대학교 대학원, 서울	2013
중국의 대미무역수지가 중국의 미국국채 보유량에 미치는 영향에 관한 연구	손설남	중앙대학교 대학원, 서울	2013
G2시대의 중 · 미관계와 영토분쟁: 남중국해와 센카쿠 열도를 중심으로	손진아	연세대학교 대학원, 서울	2013
21세기 미중관계와 동아시아 안보질서: 세력전이이론의 비판적 검토	유가	인천대학교 대학원, 인천	2013
미국과 중국의 관계변화가 한국의 안보정책에 미치는 영향 연구	정상순	상지대학교 평화안보상담심리대학원, 원주	2013
미중관계와 한반도 평화에 관한 연구	김종범	인천대학교 행정대학원, 인천	2012
미국과 중국의 긴장된 협력에 관한 연구 –9/11 사태를 분기점으로	김주환	인하대학교 대학원, 인천	2012
미.중 관계속에서 미래 한미동맹 연구	유영환	국방대학교 국방관리대학원, 고양	2012
미중관계와 대만문제의 상호작용 연구	문성진	한양대 국제학대학원, 서울	2011
미 · 중관계와 중국의 대북동맹관리에 관한 연구: 1, 2차 북핵위기를 중심으로	박승훈	국방대학교 안전보장대학원, 고양	2010
패권전쟁이론을 통한 미–중 관계 연구	김영삼	경희대 행정대학원, 서울	2009
중국과 미국 간 무역 및 직접 투자 관계	서평	부산대 대학원, 부산	2009
북핵문제와 미중관계에 관한 연구: 양자 · 다자관계 복합분석을 중심으로	최기영	연세대 대학원, 서울	2009
중 · 미 관계의 변화와 대만문제의 전개	박경선	충남대학교 행정대학원, 대전	2008
냉전 이후 미중 관계 분석: 클린턴과 부시행정부의 정책변화 양상을 중심으로	정현진	연세대 행정대학원, 서울	2008
중 · 미 통상마찰의 정치경제적 원인 연구	허보람	한국외국어대 대학원, 서울	2007
미국의 중국정책 딜레마: 국제체계적, 사회적 요인과 헤징전략(Hedging Strategy)의 형성	김상기	중앙대 대학원, 서울	2006

논문명	저자명	대학	학위 년도
중미관계의 변화와 전망	오원대	부산외국어대 대학원, 부산	2006
미국의 대중전략: 부시(미 43대 대통령) 행정부를 중심으로	임수미	고려대 정책대학원, 서울	2006
중 · 미 관계가 한국안보에 미치는 영향	정연우	조선대학교 정책대학원, 광주	2006
미국의 대중국정책과 미 · 중 관계: 중국위협론의 분석을 중심으로	한명훈	경기대 정치전문대학원, 수원	2005
(The) Position of Taiwan in United States – China relations	Chuong Thi Hoang Yen	세종대 대학원, 서울	2004
한국전쟁과 중미관계의 변화: 미국의 중국이미지를 중심으로	강나영	고려대 대학원, 서울	2004
중 · 미 관계와 대만문제에 관한 연구	강승규	국방대학교 안전보장대학원, 서울	2004
탈냉전 이후 동북아시아에서의 중 · 미관계: 협력과 갈등을 중심으로	이경민	한국외국어대학교 대학원, 서울	2004
부시 행정부 하의 미중관계 변화연구: 2001년 미정찰기 충돌사건과 9.11 테러 사태 비교 분석	이광일	고려대 정책대학원, 서울	2004
탈냉전기 중국의 군비증강이 중 · 미 관계에 미친 영향에 관한 연구	손도심	고려대학교 정책대학원, 서울	2003
중 · 미관계의 변화가 한반도에 미치는 영향: 한반도 냉전구조 완화를 중심으로	송은진	한국외국어대학교 대학원, 서울	2003
중국의 국력상승이 미 · 중 관계에 미치는 영향	고성규	충북대 대학원, 청주	2002
게임이론적 관점에서 본 탈냉전기 미중 관계	최미진	고려대 대학원, 서울	2002
21세기 중미관계에 대한 전망	김혜영	가톨릭대 국제대학원, 서울	2001
U.S. human rights diplomacy in a post-Cold War Era: with a particular reference to the case of most-favored nation status toward China	박선경	서울대 대학원, 서울	2001
동북아시아 지역국제체제 변동 연구: 역외 · 역내세력간 세력전이를 중심으로, 1842-1992	오유성	연세대 대학원, 서울	2001
탈냉전 이후 미중관계 연구	정한범	고려대 대학원, 서울	2000
탈냉전기 중미관계에 대한 분석	조진수	연세대 대학원, 서울	2000

논문명	저자명	대학	학위 년도
(The)Impacts of US–China relations on the stability of the Korean Peninsula: focusing on the Shanghai communique and the Tiananmen incident	최은희	서울대 대학원, 서울	2000
미국 인권 외교정책의 이론적 접근: 미국과 중국과의 관계를 사례로	이현석	고려대 대학원, 서울	1999
남북한의 통합과 미 · 중관계: 하나의 한국과 미국 중국간의 삼각관계 형성을 중심으로	손기영	고려대 정책대학원, 서울	1998
'문제영역(Issue–Area)'을 통해 본 탈냉전기 중–미관계 연구	박홍서	한국외국어대 대학원, 서울	1997
천안문 사태 이후의 중미관계와 인권문제	배순철	한국외국어대 대학원, 서울	1997
신세계질서 하의 중–미관계 전망: 대만문제를 중심으로	김한종	서강대 공공정책대학원, 서울	1996
Sino–American relations since the Tiananment incident	이은선	연세대학교 국제대학원, 서울	1996

5. 인터넷 자료

자료명	저자명	발행지	발행자	원문 소재 웹사이트	발행년
제5차 미 · 중 전략 및 경제대화의 주요 내용과 시사점	나수엽, 이호진 [공저]	서울	대외경제 정책 연구원	http://www.kiep.go.kr	2013
미중정상회담 이후 한반도: 대북공진독트린과 한중정상회담의 과제	김양규, 이동률, 전재성, 하영선 [공저]	서울	동아시아 연구원	http://www.eai.or.kr	2013
미국과 중국의 동상이몽과 북한의 비핵화	이기현	서울	통일 연구원	http://www.kinu.or.kr	2013
미 · 중관계의 동향과 전망	최우선	서울	국립 외교원 외교안보 연구소	http://www.knda.go.kr	2013
오바마 · 시진핑 정부하 미 · 중관계와 한국의 전략	최우선	서울	국립 외교원 외교안보 연구소	http://www.knda.go.kr	2013
미중관계 브리핑: The Limits of "Assertive" Behavior: US China Relations and the South China Sea	Stephen Ranger	서울	동아시아 연구원	http://www.eai.or.kr	2012
세력전이와 미국의 대중국 인권외교	김영진	서울	동아시아 연구원	http://www.eai.or.kr	2012
중국의 에너지안보정책과 중미관계	박병광	서울	동아시아 연구원	http://www.eai.or.kr	2012
글로벌 금융위기 이후 중국 금융분야의 변화: 중미 관계에 대한 영향을 중심으로	서봉교	서울	동아시아 연구원	http://www.eai.or.kr	2012
대만문제와 중미관계: 글로벌 금융위기 이후의 변화를 중심으로	신종호	서울	동아시아 연구원	http://www.eai.or.kr	2012
포스트 교토체제하 중국의 기후정책과 미중관계	원동욱	서울	동아시아 연구원	http://www.eai.or.kr	2012

자료명	저자명	발행지	발행자	원문 소재 웹사이트	발행년
G2시대 중국의 대외전략과 미중관계, 한국외교의 도전	이문기	서울	미래전략연구원	http://www.kifs.org	2012
미국의 '중요한' 국가 이익과 중국의 '핵심이익': 남중국해 문제를 중심으로	이수진	서울	한국국방연구원	http://www.kida.re.kr	2012
미중관계의 변화와 한국의 미래 외교 과제	전재성, 주재우 [공저]	서울	동아시아연구원	http://www.eai.or.kr	2012
수세적 협력에서 균형적 협력으로: 미국의 통상공세와 중국의 대응	정환우	서울	동아시아연구원	http://www.eai.or.kr	2012
미국의 새로운 방위전략과 아시아 안보	최우선	서울	국립외교원 외교안보연구소	http://www.ifans.go.kr	2012
미국을 사랑한 중국: 제28화 미중협력이 남북한에 미치는 영향 2	한광수	서울	포스코경영연구소	http://www.posri.re.kr	2012
미국을 사랑한 중국: 제29화 미중협력이 남북한에 미치는 영향 3	한광수	서울	포스코경영연구소	http://www.posri.re.kr	2012
국제정치 이론에서 본 중미관계의 미래: 2008년 세계금융위기 이후를 중심으로	한석희	서울	동아시아연구원	http://www.eai.or.kr	2012
Hegemonic Shift? Public Perceptions of U.S.-China Relations	Stephen Ranger	서울	동아시아연구원	http://www.eai.or.kr	2011
G-2 체제의 등장과 한국의 외교안보전략모색	국회입법조사처	서울	국회입법조사처	http://www.nars.go.kr	2011
미중 정상회담의 평가와 향후 동아시아 질서 전망	김기수	서울	한국발전연구원	http://www.hanpal.com	2011
미중관계 브리핑: 핵심이익의 충돌과 미중관계의 미래	김양규	서울	동아시아연구원	http://www.eai.or.kr	2011
제3차 미 · 중 전략 및 경제대화의 주요 내용과 시사점	나수엽	서울	대외경제정책연구원	http://www.kiep.go.kr	2011

자료명	저자명	발행지	발행자	원문 소재 웹사이트	발행년
글로벌 위기 이후 미 · 중 통상관계	김형찬	서울	미래전략 연구원	http://www.kifs.org	2011
미국과 중국의 상호대응전략: 군사안보분야	김형찬	서울	미래전략 연구원	http://www.kifs.org	2011
미 · 중 정상회담에 대한 평가와 함의	박병광	서울	한국국방 연구원	http://www.kida.re.kr	2011
제3차 미 · 중 전략경제대화(S&ED)와 'G-1.5' 체제의 외교안보적 함의	이지용	서울	국립 외교원	http://www.knda.go.kr	2011
중국의 부상과 미국의 대응	최우선	서울	외교안보 연구원	http://www.ifans.go.kr	2011
미중 정상회담 이후 한국: 비대칭 연미 · 연중전략과 한반도 비핵평화체제의 모색	하영선	서울	동아시아 연구원	http://www.eai.or.kr	2011
중 · 미 간 반덤핑 및 상계관세 분쟁 격화의 경과와 배경	나수엽 [저]; 대외경제정책연구원 [편]	서울	대외경제 정책 연구원	http://www.kiep.go.kr	2010
세계금융위기(2007~2010) 이후 미중관계의 전개와 도전	김형찬	서울	미래전략 연구원	http://www.kifs.org	2010
미 · 중 외교 갈등의 함의와 전망	박병광	서울	동아시아 연구원	http://www.eai.or.kr	2010
제2차 미 · 중 전략 및 경제대화의 내용과 시사점	박월라, 나수엽 [공저]	서울	대외경제 정책 연구원	http://www.kiep.go.kr	2010
미 · 중 경쟁구도의 대두와 미 · 북 상호 강압의 특징: 2003~2006년 강압국면과의 비교를 중심으로	박형중	서울	통일 연구원	http://www.kinu.or.kr	2010
G2, 상호 불신하는 이익상관자: 미중간 '갈등적 협조체제'의 출현과 그 전망	박홍서	서울	코리아 연구원	http://www.knsi.org	2010
갈등보다 협력, 2010년 중국 대외관계: 주요국과 우호 관계 진전	천펑쥔	서울	포스코 경영 연구소	http://www.posri.re.kr	2010

자료명	저자명	발행지	발행자	원문 소재 웹사이트	발행년
중국과 미국간 타이어 통상 분쟁 해결 전망과 시사점	기주영	서울	한국수출입은행 해외경제연구소	http://keri.koreaexim.go.kr	2009
미중 경제, 구조적 상호의존 관계: 미국은 중국의 자본에 중국은 미국의 시장에	김기수	서울	포스코 경영 연구소	http://www.posri.re.kr	2009
미 · 중 전략 · 경제대화 분석: 한반도 현안에 대한 함의와 더불어	김흥규	서울	외교안보 연구원	http://www.ifans.go.kr	2009
미 오바마정부 출범 이후 중–미관계 전망	박병광	서울	국가안보 전략 연구소	http://www.inss.re.kr	2009
미 · 중 전략 및 경제대화의 내용과 시사점	박월라, 배승빈, 박현정 [저]; 대외경제정책연구원 [편]	서울	대외경제 정책 연구원	http://www.kiep.go.kr	2009
미중 관계 구도에 새로운 변화 오나: 중국의 정책 의지가 미중 관계에 미치는 영향 커질 듯	이동률	서울	포스코 경영 연구소	http://www.posri.re.kr	2009
미국, 중국과 한반도 평화체제 구축	이태환	성남	세종 연구소	http://www.sejong.org	2009
미중 전략경제대화와 북한	이태환	서울	통일부 통일 교육원	http://www.uniedu.go.kr	2009
미중 경제협력, 보호주의 파고에 직면: 국제 협력과 보호주의 사이 줄타기 계속	한광수	서울	포스코 경영 연구소	http://www.posri.re.kr	2009
오바마 시대, 미중 관계와 한국의 선택: 미국이 북한과 직접대화에 나서게 되는 경우	한광수	서울	포스코 경영 연구소	http://www.posri.re.kr	2009
미중일 삼각관계와 동북아시아 전략균형: 새로운 국제정치경제 틀의 모색	김기수	성남	세종 연구소	http://www.sejong.org	2008

자료명	저자명	발행지	발행자	원문 소재 웹사이트	발행년
세계경제 불균형(Global Imbalances): 미국과 중국의 전략적 이해 변수를 중심으로	김기수	성남	세종연구소	http://www.sejong.org	2008
동북아안보정세분석: 미 신정부에 대한 중국의 입장과 미중관계 전망	이창형	서울	한국국방연구원	http://www.kida.re.kr	2008
'상해협력기구'(SCO)와 미국: 상호인식과 관계 전망	정은숙	성남	세종연구소	http://www.sejong.org	2008
중국의 부상, 위협인가 기회인가: 세계여론을 통해 본 중국의 현재와 미래	이내영, 정한울 [저]; 동아시아연구원 [편]	서울	동아시아연구원	http://www.eai.or.kr	2007
동북아안보정세분석: 美 국방부의『2007 중국 군사력 보고서』와 중국의 반응	이창영	서울	한국국방연구원	http://www.kida.re.kr	2007
미중 관계에 대한 FPRI 보고서	전국경제인연합회	서울	전국경제인연합회	http://www.fki.or.kr	2007
미 · 중 경제전략대화: 중국위협론에서 중국책임론으로	지만수 [저]; 대외경제정책연구원 [편]	서울	대외경제정책연구원	http://www.kiep.go.kr	2007
중–미 무역관계의 최근 현황과 향후 전망	대외경제정책연구원	서울	대외경제정책연구원	http://www.kiep.go.kr	2004

찾아보기

ㄴ

ㄷ

ㅅ

ㅇ

ㅊ

ㅋ

ㅌ